COMO LICITAR OBRAS E SERVIÇOS DE ENGENHARIA

Leis nº 5.194/66 e nº 6.496/77

Resoluções e Normatizações do CONFEA

Súmulas, Decisões e Acórdãos do TCU

Rolf Dieter Oskar Friedrich Bräunert

Prefácio

Jair Eduardo Santana

COMO LICITAR OBRAS E SERVIÇOS DE ENGENHARIA

Leis nº 5.194/66 e nº 6.496/77

Resoluções e Normatizações do CONFEA

Súmulas, Decisões e Acórdãos do TCU

2ª edição revista, atualizada e ampliada

Belo Horizonte

Editora Fórum

2010

Editora Fórum

Luís Cláudio Rodrigues Ferreira
Presidente e Editor

Coordenação editorial: Olga M. A. Sousa
Revisão: Marcelo Belico
Bibliotecário: Ricardo José dos Santos Neto – CRB 2752 – 6ª Região
Capa e projeto gráfico: Walter Santos
Formatação: Derval Braga

Av. Afonso Pena, 2770 – 15º/16º andares – Funcionários – CEP 30130-007
Belo Horizonte – Minas Gerais – Tel.: (31) 2121.4900 / 2121.4949
www.editoraforum.com.br – editoraforum@editoraforum.com.br

B894c Bräunert, Rolf Dieter Oskar Friedrich

Como licitar obras e serviços de engenharia: Leis nº 5.194/66 e nº 6.496/77: resoluções e normatizações do CONFEA: súmulas, decisões e acórdãos do TCU/ Rolf Dieter Oskar Friedrich Bräunert; prefácio Jair Eduardo Santana. 2. ed. rev. atual. e ampl. Belo Horizonte: Fórum, 2010.

343 p.
ISBN 978-85-7700-342-6

1. Licitação. 2. Licitação (Obras e serviços de engenharia). 3. Licitação (fases). 4. Conselho Federal de Engenharia, Arquitetura e Agronomia (Brasil) (Confea.). I. Santana, Jair Eduardo. II. Título.

CDD: 341.3527
CDU: 351.712.2

Informação bibliográfica deste livro, conforme a NBR 6023:2002 da Associação Brasileira de Normas Técnicas (ABNT):

BRÄUNERT, Rolf Dieter Oskar Friedrich. *Como licitar obras e serviços de engenharia*: Leis nº 5.194/66 e nº 6.496/77: resoluções e normatizações do CONFEA: súmulas, decisões e acórdãos do TCU. 2. ed. rev. atual. e ampl. Belo Horizonte: Fórum, 2010. 343 p. ISBN 978-85-7700-342-6.

Com muito amor e carinho dedico à Diana, minha querida esposa e companheira, e à Renata, minha querida filha, pelo incentivo que me prestaram e compreensão pelas infindáveis horas que me afastei de seu convívio para a elaboração deste trabalho.

Agradecimentos

Ao Luís Cláudio Rodrigues Ferreira, pelo apoio e incentivo; aos funcionários da Editora Fórum, pela colaboração. A todos os participantes com quem convivi nos eventos e com os quais muito aprendi.

Nota da 2ª edição

O rápido esgotamento da 1ª edição de *Como licitar obras e serviços de engenharia*, para nosso conforto, evidenciou a necessidade e a oportunidade de rever a obra e atualizá-la de forma a facilitar a atividade daqueles que pretendem ou atuam no complexo tema das licitações, principalmente no que concerne a obras e serviços de engenharia.

Esta obra foi ampliada, atualizada e elaborada, não só para àqueles que atuam na área técnica, especificamente, na seara das profissões vinculadas ao sistema CONFEA/CREA, mas também, para as demais profissões envolvidas no assunto. Acréscimo de informações tocantes a sustentabilidade, ao exercício regular da profissão — Engenheiro, Arquiteto e Engenheiro-Agrônomo (leis nº 5.194/66 e nº 6.496/77) — à orçamentação de obras e serviços de engenharia e outros novos enfoques, foram incluídos nesta obra. Atualizações na legislação do sistema CONFEA/CREA, bem como novas orientações jurisprudenciais, também foram incluídas.

O livro continua seguindo seu propósito inicial, ou seja, relacionando lições plurais remidas dos setores de engenharia e jurídicos, e abordando com simplicidade os aspectos teóricos com a experiência prática.

Nosso desejo é que esta publicação, elaborada com o objetivo de facilitar àqueles que se dedicam ao trabalho licitatório pautados em conhecimento, experiência e técnica, possa atingir os objetivos almejados.

Novamente, como dito na 1ª edição, destacamos que o presente trabalho não é concludente e não tem a pretensão de esgotar o assunto, podendo e devendo sofrer os aprimoramentos necessários, em face da dinâmica do tema.

Reafirmando o já exposto na apresentação da 1ª edição: "E que não sejam, ao executá-lo, desleais ao bem que está em nós, por uma submissão covarde ao mal que está na sociedade, que expressa um modo de agir que tem a si mesmo como fim. A esperança é o andaime da vida". Portanto, é chegada a hora de concluir que nesse terreno difícil da licitação, teremos que ser os mais cautelosos, objetivos, claros, transparentes e precisos, para que esta venha a se dar dentro de um propósito ético.

Sugestões, críticas e observações serão bem-vindas. Elas podem ser enviadas através dos e-mails: <rolfdieter@ig.com.br> ou <braunert@gmail.com>.

O Autor

Sumário

PARTE 2

FASES DA LICITAÇÃO

Legislação

Jurisprudência

Prefácio

Recebi o convite para prefaciar esta obra com honra e surpresa. É que fui escolhido pelo autor dentre tantos outros amigos comuns que poderiam dar testemunho a propósito de Rolf e de seu escrito. Tomo a incumbência, assim, como um valioso presente.

Rolf é engenheiro, antes de tudo. Mas a sua bagagem na área das licitações — onde habitualmente deixa lições por todo o Brasil — o transforma num doutrinador. Mas não daqueles que desconhecem o lado prático do assunto.

O livro *Como licitar obras e serviços de engenharia* vem em boa hora: instante de compartilhar conhecimentos entre os diversos domínios das Ciências, notadamente para sincronizar saberes em relação ao Direito e à Engenharia, locais de fácil trânsito para o experiente autor.

O leitor encontrará neste livro material fértil para licitar obras e serviços de engenharia, especialmente em razão do enfoque planificador que o autor sabe ser necessário incutir em servidores públicos, gestores e demais responsáveis pelas contratações correlatas.

E não apenas por isso. O singular conhecimento que o autor reúne em sua pessoa permite o aprofundamento em questões específicas de dificílimo trato. Muitos conceitos que faltam ao domínio jurídico são explicados pelo Professor Rolf de maneira surpreendentemente simples.

Não há dúvida qualquer que reunir, num só livro, lições plurais resgatadas dos setores jurídico e de engenharia é uma excepcional iniciativa, especialmente quando acompanhadas de orientações jurisprudenciais (Superior Tribunal de Justiça e Tribunal de Contas da União, por exemplo).

Professor Rolf, sei que todos aqueles que transitam no domínio das licitações públicas ficarão enriquecidos com o compartilhamento das suas lições.

Jair Eduardo Santana

Mestre em Direito do Estado pela PUC de São Paulo. Professor em cursos de pós-graduação, atua na capacitação de servidores públicos das três esferas de governo. Autor da obra *Pregão presencial e eletrônico*: sistema de registro de preços: manual de implantação, operacionalização e controle (3. ed., Editora Fórum).

Apresentação

A maneira mais usual de formalizar o compromisso entre a Administração Pública e o particular, com vistas à execução de uma atividade, é o Contrato Administrativo. Bénoit ensina que, para a contratação, é fundamental selecionar "o particular melhor qualificado, em melhores condições para obter o melhor resultado possível". Assim, a Administração deve, utilizando-se das legislações, com destaque para a Lei Geral de Licitações nº 8.666/93, realizar um procedimento prévio à contratação com o intuito de selecionar o futuro contratado e definir o contrato mais vantajoso ao interesse público.

Quando se trata de obras públicas, deve-se tomar muito cuidado vez que o conjunto de diretrizes que regulam a matéria se avoluma extraordinariamente em face das peculiaridades próprias de cada obra pública.

Nesse sentido, o instrumento técnico jurídico que estabelece as diretrizes a serem adotadas para selecionar a proposta mais vantajosa deve ser elaborado segundo uma sucessão ordenada de atos a serem observados pela Administração Pública e pelos particulares, propiciando igualdade de oportunidades a todos os interessados e atuando como fator de eficiência e moralidade nos negócios administrativos.

O procedimento prévio à contratação, denominado de licitação, está sujeito a determinados princípios que, uma vez observados, conduzirão o processo à obtenção de contrato mais vantajoso e, se descumpridos, irão descaracterizar todo o procedimento e invalidar seu resultado.

Dúvidas são levantadas quanto à eficácia da licitação, em face das frequentes denúncias de desvios de recursos públicos, procedimentos irregulares, contratações inoportunas, anulações de procedimentos licitatórios, despesas impostas aos particulares para participar de um certame e inadimplências contratuais e/ou se a legislação não tem se mostrado insuficiente, pouco clara, permitindo interpretações duvidosas e usadas, às vezes, de forma inconveniente e inadequada.

Posso afirmar com toda a certeza que é possível realizar uma licitação digna, justa e vantajosa para a Administração e para o contratado, desde que se tenha pleno conhecimento do processo e se observe estritamente a legislação vigente, elaborando-se com probidade o instrumento convocatório, que é a Lei interna da licitação, e conduzindo-se o procedimento licitatório dentro dos princípios da eficiência, eficácia e da ética.

O presente trabalho tem como escopo mostrar àqueles que pretendem atuar em licitação a ordem sequencial dos atos e etapas a ser seguida, bem como orientar, de forma simples e objetiva, como proceder à montagem do instrumento convocatório, seus modelos, anexos, adendos e demais elementos e documentos necessários.

E que não sejam, ao executá-lo, desleais ao bem que está em nós, por uma submissão covarde ao mal que está na sociedade, que expressa um modo de agir que tem a si mesmo como fim. A esperança é o andaime da vida. É chegada a hora de concluir que nesse terreno difícil da licitação, teremos que ser o mais cauteloso, objetivo, claro, transparente e preciso, para que esta venha a se dar dentro de um propósito ético.

O presente trabalho não é concludente e não se tem a pretensão de esgotar o assunto, podendo e devendo sofrer os aprimoramentos necessários, em face da dinâmica do tema.

Sugestões, críticas e observações serão bem-vindas. Elas podem ser enviadas através dos e-mails: <rolfdieter@ig.com.br> ou <braunert@gmail.com>.

Curitiba, 4 de setembro de 2008.

O Autor

Parte 1

Preceitos Gerais

Capítulo 1

Fundamentos

Sumário: **1.1** Origem da palavra – **1.2** Conceito de licitação e finalidade – **1.3** Legislação – **1.3.1** A Constituição Federal – **1.3.2** Função e subordinação da Lei nº 8.666/93 – **1.3.3** O regular exercício do profissional do Sistema CONFEA/CREA – **1.3.3.1** Sinopse histórica da legislação profissional no Brasil – **1.3.3.2** Legislação e organização do CREA e do CONFEA – **1.3.3.3** Exercício da profissão – **1.3.3.3.1** Requisitos básicos – **1.3.3.3.2** Requisitos específicos para a pessoa física – **1.3.3.3.3** Requisitos específicos para a pessoa jurídica – **1.3.3.3.4** Alteração do registro – **1.3.3.4** Responsabilidades – **1.3.3.4.1** Responsabilidade técnica e ético-profissional – **1.3.3.4.2** Responsabilidade civil – **1.3.3.4.3** Responsabilidade penal – **1.3.3.4.4** Responsabilidade trabalhista – **1.3.3.5** Atividades e atribuições das pessoas físicas e jurídicas – **1.3.3.6** Atividades das diferentes modalidades profissionais – **1.3.3.7** Responsabilidade técnica – **1.3.3.7.1** Responsabilidade da pessoa jurídica ou do responsável técnico – **1.3.3.7.2** Alteração da responsabilidade técnica – **1.3.3.8** Exercício ilegal da profissão – **1.3.3.9** Anotação de Responsabilidade Técnica – **1.3.3.9.1** Anotação de Responsabilidade Técnica (ART) – **1.3.3.9.2** Acervo técnico profissional – **1.3.3.9.3** Certidão de Acervo Técnico (CAT) – **1.3.4** Lei Complementar nº 123/06 – **1.3.4.1** Subordinação à Lei Complementar nº 123/06 – **1.3.4.2** Modalidades e tipos de licitação que abarcam a Lei Complementar nº 123/06 – **1.3.4.3** Julgamento das propostas de preços e desempate – **1.3.4.3.1** Licitação modalidade concorrência, tomadas de preços ou convite – **1.3.4.3.2** Licitação modalidade pregão presencial ou eletrônico – **1.3.4.4** Habilitação – **1.3.4.4.1** Habilitação no caso de modalidade concorrência, tomada de preços e convite – **1.3.4.4.2** Habilitação no caso de licitação modalidade pregão – **1.3.5** Plano plurianual – **1.3.6** Lei de Responsabilidade Fiscal (LRF) – **1.3.7** CONAMA – **1.4** Princípios jurídicos – **1.4.1** Princípio da indisponibilidade e do interesse público – **1.4.2** Princípio da legalidade – **1.4.3** Princípio da impessoalidade e do julgamento objetivo – **1.4.4** Princípio da moralidade – **1.4.5** Princípio da isonomia ou igualdade – **1.4.6** Princípio da publicidade – **1.4.7** Princípio da probidade administrativa – **1.4.8** Princípio da vinculação ao instrumento convocatório – **1.4.9** Princípio da eficiência – **1.4.10** Princípio da economicidade – **1.4.11** Princípio da adjudicação compulsória – **1.4.12** Princípio do sigilo – **1.4.13** Princípio da razoabilidade – **1.4.14** Princípio da proporcionalidade – **1.4.15** Princípio do interesse público sobre o particular – **1.4.16** Princípio do procedimento formal e formalismo moderado – **1.4.17** Princípio da motivação – **1.4.18** Princípio da oficialidade – **1.4.19** Princípio da prevenção ou precaução (princípio ambiental) – **1.4.20** Princípio da cooperação (princípio ambiental) – **1.4.21** Princípio da publicidade e da participação popular (princípio ambiental) – **1.4.22** Princípio do poluidor-pagador – **1.4.23** Princípio *in dubio pro natura* (princípio ambiental) – **1.5** Definições para fins da lei – **1.5.1** Obra – **1.5.1.1** Construção – **1.5.1.2** Reforma – **1.5.1.3** Fabricação – **1.5.1.4** Recuperação – **1.5.1.5** Ampliação – **1.5.2** Serviços – **1.5.2.1** Serviços de engenharia – **1.5.2.2** Distinção entre serviço comum e serviço de engenharia – **1.5.2.3** Serviços técnicos profissionais especializados – **1.5.3** Obras, serviços e compras de grande vulto – **1.5.4** Obras e serviços de engenharia e o meio ambiente

1.1 Origem da palavra

O vocábulo licitação possui vários significados. Dentre deles podemos citar a concepção de "oferecer, arrematar, fazer preço sobre a coisa, disputar ou concorrer".[1] Sua origem vem da palavra latina *licitatione*, significando ato ou efeito de licitar; oferta de lanços num leilão ou hasta pública, conforme o dicionário Aurélio.

1.2 Conceito de licitação e finalidade

O particular que apresenta proposta (documentação, proposta técnica, quando for o caso, e proposta de preços) para a execução da unidade a ser licitada geralmente é chamado de *concorrente*, *competidor*, *licitante*, *ofertante* ou *proponente*. A nosso ver, a expressão mais apropriada é *proponente*. Palavra masculina ou feminina, de origem latina que significa: que propõe, pessoa que apresenta alguma proposição ou faz uma proposta.[2] Por outro lado, a palavra *licitante*, largamente empregada por quem apresenta proposta, deve ser utilizada com cautela para não ser interpretada como aquele que instaura a licitação, principalmente se o instrumento convocatório for dúbio em relação a este vocábulo.

Licitação é o procedimento administrativo formal, pautado em regras e critérios estabelecidos pela Administração em instrumento próprio, com o objetivo de selecionar, entre várias propostas apresentadas, a mais vantajosa e definir a conveniência da contratação.

Por um longo tempo, prevaleceu, na legislação brasileira, o vocábulo concorrência significando procedimento adotado "para selecionar, entre várias propostas apresentadas por particulares que pretendam oferecer serviços ou bens ao estado, a que mais atende ao interesse da coletividade", conforme Cretella Júnior.

A Lei nº 4.401/64, que estabelecia as normas para licitação, introduz o vocábulo *licitação* de forma abrangente a todas as modalidades de seleção.

A finalidade da licitação é a escolha da proposta mais vantajosa para a Administração. A proposta mais vantajosa é aquela que satisfaz os critérios fixados no instrumento convocatório (qualidade do objeto), estabelecidos pela Administração, proporcionando a igualdade de participação e oportunidades entre os proponentes e que apresenta a melhor condição econômica, ou seja, o menor preço.

O eminente jurista Marçal Justen Filho cita:

> A licitação destina-se a selecionar a proposta mais vantajosa para a Administração Pública (com observância ao princípio da isonomia). A vantagem se caracteriza em face da adequação e satisfação ao interesse público por via da execução do contrato. A maior vantagem possível configura-se pela conjugação de dois aspectos complementares. Um dos ângulos relaciona-se com a prestação a ser executada por parte da Administração; o outro se vincula à prestação ao cargo do particular. A maior vantagem se apresenta

---

[1] MOTTA. *Eficácia nas licitações e contratos*: estudos e comentários sobre as leis nº 8.666/93 e nº 8.987/95, com redação dada pela Lei nº 9.648, de 27.5.98.

[2] MICHAELIS: moderno dicionário da língua portuguesa.

quando a Administração assumir o dever de realizar a prestação menos onerosa e o particular se obrigar a realizar a melhor e mais completa prestação. Configura-se, portanto, uma relação de custo-benefício. A maior vantagem corresponde à situação de menor custo e maior benefício para a Administração.[3]

1.3 Legislação

Ensina Hely Lopes Meirelles:

> A Administração Pública, por suas entidades estatais e autárquicas, realiza obras e serviços, faz compras e aliena bens. Para essas atividades precisa contratar, mas seus *contratos* dependem, em geral, de um procedimento seletivo prévio, que é a *licitação*. Licitação e contrato administrativo são, pois, temas conexos, porque estes dependem daqueles. Toda licitação conduz a um contrato; todo contrato objetiva uma obra, um serviço, uma compra ou uma alienação de interesse público. Daí por que as licitações e os contratos administrativos aconselham estudo conjunto ou pelo menos sucessivo. A licitação é o antecedente necessário do contrato administrativo; o contrato é o conseqüente lógico da licitação. A licitação é o procedimento administrativo preparatório do contrato; é condição para a sua formalização.

Os dispositivos legais que orientam a licitação visando a contratação de obras e serviços de engenharia pela Administração Pública não se limitam à Lei nº 8.666/93, mas sim a um conjunto normativo mais amplo que estabelece diretrizes concernentes a diversos procedimentos legais, técnicos, administrativos e econômicos, dentre eles: a Constituição Federal; a Lei Complementar nº 123/06, que estabelece normas gerais relativas ao tratamento diferenciado e favorecido a ser dispensado às microempresas e empresas de pequeno porte no âmbito dos Poderes da União, dos Estados, do Distrito Federal e dos Municípios; a Lei nº 5.194/66, que regula o exercício das profissões de Engenheiro, Arquiteto e Engenheiro-Agrônomo; as Resoluções do CONFEA; os Atos dos CREA; bem como as leis, decretos, instrumentos normativos e súmulas correlatas à matéria, servindo de ferramenta de pesquisa aos que buscam amparo legal a suas obrigações.

Abarcando de forma sintética o conjunto normativo que estabelece as diretrizes necessárias, pode-se desenhar o seguinte quadro:

1.3.1 Constituição Federal

A Constituição Federal estabelece, em seu art. 37:

> A administração pública direta e indireta de qualquer dos Poderes da União, dos Estados, do Distrito Federal e dos Municípios obedecerá aos princípios de legalidade, impessoalidade, moralidade, publicidade e eficiência (...).

---

[3] JUSTEN FILHO. *Comentários à lei de licitações e contratos administrativos*: com comentários à MP 2.026, que disciplina o pregão.

Igualmente, o inciso XXI da Carta Magna estatui que a contratação de obras, serviços, compras e alienações se darão mediante licitação pública que assegure igualdade de condições a todos os concorrentes, com cláusulas que estabeleçam obrigações de pagamento, mantidas as condições efetivas da proposta, nos termos da Lei, o qual somente permitirá as exigências de qualificação técnica e econômica indispensáveis à garantia do cumprimento das obrigações.

Ainda no art. 22, inciso XXVII, da CF, estabelece que é de competência privativa da União estabelecer normas gerais de licitação e contratação, em todas as modalidades, para as administrações públicas diretas, autárquicas e fundacionais da União, Estados, Distrito Federal e Municípios, obedecido ao disposto no art. 37, XXI, e para as empresas públicas e sociedades de economia mista, nos termos do art. 173, §1º, III.

Os artigos 170, inciso IX, e 179 da Constituição Federal consagraram o tratamento diferenciado às microempresas e empresas de pequeno porte, a saber:

> Art. 170. A ordem econômica, fundada na valorização do trabalho humano e na livre iniciativa, tem por fim assegurar a todos existência digna, conforme os ditames da justiça social, observados os seguintes princípios: (...)
>
> IX - tratamento favorecido para as empresas de pequeno porte constituídas sob as leis brasileiras e que tenham sua sede e administração no País. (...)
>
> Art. 179. A União, os Estados, o Distrito Federal e os Municípios dispensarão às microempresas e às empresas de pequeno porte, assim definidas em Lei, tratamento jurídico diferenciado, visando a incentivá-las pela simplificação de suas obrigações administrativas, tributárias, previdenciárias e creditícias, ou pela eliminação ou redução destas por meio de Lei.

1.3.2 Função e subordinação da Lei nº 8.666/93

Em 22 de junho de 1993 foi aprovada a Lei nº 8.666, que regulamenta o art. 37, XXI, da Constituição Federal, e institui normas gerais sobre licitações e contratos administrativos concernentes a obras, serviços, bens, serviços de publicidade, alienações e locações, conforme disposto no art. 1º da referida Lei:

> Art. 1º Esta lei estabelece normas gerais sobre licitações e contratos administrativos pertinentes a obras, serviços, inclusive de publicidade, compras, alienações e locações no âmbito dos poderes da união, dos estados, do distrito federal e dos municípios.

Entende-se por normas gerais "(...) o rótulo ou denominação técnico-jurídica que identifica um conjunto de preceitos editados pela união, no exercício de competência constitucional, que devem ser observados pela própria união, estados, distrito federal, e municípios, cujos conteúdos enunciam prescrições uniformizadoras para os referidos entes políticos. As normas gerais são comandos-diretrizes de âmbito nacional".[4]

Com relação à competência exclusiva da União editar normas sobre Licitação e contratação é importante ressaltar, do não cabimento da competência concorrente pelos entes federados. O renomado autor professor Jorge Ulisses Jacoby Fernandes preceitua:

[4] MENDES. *Lei de licitações e contratos anotada.*

Em primeiro plano, cabe asserir que a expressão "normas gerais", utilizado no artigo 22, tem significado próprio e bastante diferente do mesmo termo que é utilizado nos quatro parágrafos do artigo 24 da Constituição Federal, que versa sobre a competência concorrente. A falta de distinção tem ensejado equívocos de alguns intérpretes que sustentam a tese de que a competência da União para editar normas sobre Licitação e contratação não exclui a competência dos Estados e Municípios e Distrito Federal, numa alusão indireta e, em alguns casos, direta ao conteúdo do parágrafo 2º do artigo 24 da CF. (...)

A competência privativa da União, nos termos elencados no artigo 22, inadmite, em regra, competência concorrente de outras esferas do governo. Só mediante lei complementar da União é que os Estados poderão legislar sobre questões específicas. Esta regra é uma condição suspensiva, imposta no parágrafo único do art. 22, que demonstra, a toda evidência, que a competência do Estado-membro para legislar sobre os assuntos desse artigo não é regra, mas exceção.

Conclui o autor:

A melhor exegese do inciso XXVII do art. 22 da Constituição Federal é aquela que assegura à expressão "normas gerais", conteúdo diverso do que é utilizado segundo o art. 24 da CF.

Admite-se a competência legislativa dos Estados apenas para normatizar "questões específicas", nos casos que a matéria privativa elencado no art.22 seja precedida da expressão "normas gerais" e, ainda, assim, só após a expedição da lei complementar referida no parágrafo único.

Nesse âmbito das "questões específicas", a competência legislativa está contida até o advento da lei complementar referida. Até esse momento, as unidades de federação só possuem competência supletiva. Não concorrem, nem contemplam o texto legal em condições de igualdade com a esfera federal.[5]

Sujeitam-se à Lei nº 8.666/93, conforme preceitua o art. 1º, parágrafo único:

Subordinam-se ao regime desta Lei, além dos órgãos da administração direta, os fundos especiais, as autarquias, as fundações públicas, as empresas públicas, as sociedades de economia mista e demais entidades controladas direta ou indiretamente pela União, Estados, Distrito Federal e Municípios.

A ela também estão vinculados os três poderes, ou seja, o Poder Executivo, o Poder Judiciário e o Poder Legislativo.

Marçal Justen Filho destaca que "a disciplina da Lei nº 8.666/93 vincula os Três Poderes das entidades políticas. A expressão 'Administração', utilizada de modo generalizado, não deve ser interpretada como 'Poder Executivo'".[6]

---

[5] FERNANDES. *Contratação direta sem licitação*: dispensa de licitação, inexigibilidade de licitação, comentários às modalidades de licitação, inclusive o pregão, procedimentos exigidos para a regularidade da contratação direta, p. 30.

[6] JUSTEN FILHO. *Comentários à lei de licitações e contratos administrativos*: de acordo com a Emenda Constitucional nº 19, de 4 de junho de 1998, e com a Lei Federal nº 9.648, de 27 de maio de 1998, p. 15.

Quando da análise do conteúdo da Lei de Licitações, constata-se que algumas diretrizes, regras e critérios nele estabelecidos, extrapolam o cunho de norma geral estabelecido na Carta Magna. Por esse motivo, Marçal Justen Filho afirma que "apenas as normas 'gerais' são de obrigatória observância para as demais esferas de governo, que ficam liberadas para regular diversamente o restante, exercendo competência legislativa irredutível para dispor acerca de normas específicas".[7]

1.3.3 O regular exercício do profissional do Sistema CONFEA/CREA

1.3.3.1 Sinopse histórica da legislação profissional no Brasil

Com a vinda da Família Real Portuguesa, fugindo das tropas napoleônicas para o Brasil, em 1808, D. João VI criou novos estabelecimentos governamentais militares, científicos, culturais e de formação profissional, até então limitados ou proibidos na Colônia.

Em 1880, com o Decreto Imperial nº 3.001, fixaram-se novos requisitos para que os Engenheiros Civis, Geógrafos e Agrimensores pudessem exercer cargos e funções de nomeação do Governo.

Já em 1890, o exercício da profissão de Agrimensor e a criação do grau de "Doutor em Ciências" e do "distintivo" de Engenheiro, respectivamente, foram regulados por dois decretos — o de nº 9827 e o de nº 1073.

No ano seguinte, com a aprovação da nova Constituição, foi transferida aos Estados a responsabilidade de criar as faculdades de ensino e, também, a incumbência de controlar as profissões técnicas dentro dos seus respectivos territórios.

Em outubro de 1933, o Decreto nº 23.196 vem regulamentar a profissão agronômica e em dezembro desse mesmo ano um novo decreto, nº 23.569, vem regulamentar, especificamente três profissões: engenheiro, arquiteto e agrimensor.

Com o avanço tecnológico, novos campos de atuação profissional fizeram-se presentes e foi necessária nova regulamentação para o exercício do engenheiro, arquiteto e agrônomo, através da Lei Federal nº 5.194/66 que regula e estabelece normas complementares.[8]

1.3.3.2 Legislação e organização do CREA e do CONFEA

Cabe ao estado, por ser interesse dele o bom desempenho do exercício profissional, controlando e fiscalizando o exercício da atividade profissional, mediante órgãos competentes, criados por Lei e com todos os dispositivos, patrimônio e recursos próprios; no caso específico, os Conselhos de Fiscalização das diversas profissões (Engenharia, Arquitetura e Agronomia).

A profissão dos engenheiros, arquitetos e engenheiros-agrônomos, é regulamentada pela Lei nº 5.194/66, de 24.12.1966, editada com fundamento no art. 22, inciso XVI, da Constituição Federal, que atribui à União competência privativa para legislar sobre condições para o exercício de profissões.

---

[7] JUSTEN FILHO. *Comentários à lei de licitações e contratos administrativos*: de acordo com a Emenda Constitucional nº 19, de 4 de junho de 1998, e com a Lei Federal nº 9.648, de 27 de maio de 1998, p. 13-14.

[8] Cf. CREA-PR. *Manual do profissional da engenharia, arquitetura e agronomia.*

De acordo com o art. 24 da referida Lei, a aplicação das normas nela contidas e a fiscalização do exercício da profissão serão reguladas pelo Conselho Federal de Engenharia, Arquitetura e Agronomia (CONFEA), por meio de Resoluções, e pelos Conselhos Regionais de Engenharia, Arquitetura e Agronomia (CREA), mediante Atos.

O CONFEA é a instância máxima do sistema, e é de sua competência emitir Resoluções para regulamentar as leis profissionais e estabelecer as normas gerais de operação para os CREA de todo o território nacional.

O CREA é um conselho que representa as entidades de classe e as instituições de ensino superior em diversas regiões do Território Nacional, e é de sua competência emitir Atos e designar Comissões ou Grupos de Trabalho, formado por conselheiros ou dentre estes juntamente com membros da comunidade, para estudar assuntos de relevância e sua condução.

O CREA possui, ainda, *setores* que atendem e executam serviços de rotinas relativos à: fiscalização, registro e cadastro, administração, consultoria jurídica, contabilidade, informática etc.

Assim, tanto a Lei quanto as Resoluções e Atos contêm, além de regras específicas para o exercício das atividades em questão, também definições técnicas de extrema relevância, que reclamam à devida atenção da Administração Pública ao realizar licitações para contratar obras e serviços de engenharia.

Portanto a árvore normativa se compõe de:

- *Resolução* – é o ato normativo de competência exclusiva do Plenário do CONFEA, destinado a explicar a Lei para sua c orreta execução e para disciplinar casos omissos;
- *Decisão normativa* – é o ato de caráter imperativo, de exclusiva competência do Plenário do CONFEA, destinado a fixar entendimentos ou a determinar procedimentos a serem seguidos pelos CREA visando à uniformidade de ação;
- *Ato* – é a norma expedida pelos CREA julgada necessária para o cumprimento, em suas jurisdições, da Lei e das Resoluções do CONFEA.

Também é necessário tomar conhecimento de outra Lei, a de nº 6.496/77 que institui a Anotação de Responsabilidade Técnica na prestação de serviços de Engenharia, de Arquitetura e Agronomia; autoriza a criação, pelo CONFEA, de uma Mútua de Assistência Profissional.

1.3.3.3 Exercício da profissão

Para o fiel cumprimento das responsabilidades profissionais, é imprescindível, além da habilitação técnica ou científica, também a habilitação legal.

Assim como a Lei estabelece privilégios ao graduado, em contrapartida, são também exigidos alguns requisitos básicos para a sua prática, por meio de uma regulamentação profissional.

Não basta ter obtido o diploma para atuar na profissão. Há dispositivos legais que devem, antes, ser atendidos para a habilitação legal. E, para obtê-la, é imprescindível providenciar o registro nos organismos credenciados para a fiscalização e controle de trabalho.

Uma vez providenciado o devido registro, o profissional está apto, ou seja, habilitado e qualificado, perante a sociedade, para exercício da sua profissão.

Considerando as normas legais que regem a atividade profissional, é necessário que, para melhor cumprir os deveres e obrigações e garantir seus direitos, tome o profissional conhecimento das leis que regulam a profissão.

Em face do exposto, conclui-se que o exercício da profissão de engenharia, arquitetura e agronomia está sujeita ao atendimento de requisitos básicos e específicos. Requisitos básicos são aqueles relacionados com a formação profissional tanto no âmbito da graduação, como na extensão, pós-graduação e outros. São requisitos específicos os relacionados ao cumprimento de exigências formais e materiais estabelecidos para fins de controle e fiscalização.

1.3.3.3.1 Requisitos básicos

De acordo com o art. 2º da Lei nº 5.194/66, podem exercer a profissão da Engenharia, Arquitetura e Agronomia no País:

- aquele que possuir, devidamente registrado diploma de faculdade ou escola superior de engenharia, arquitetura ou agronomia, oficiais ou reconhecidas, no País;
- aquele que possuir, devidamente revalidado e registrado no País, diploma de faculdade ou escola estrangeira de ensino superior de engenharia, arquitetura ou agronomia, bem como os que tenham esse exercício amparado por convênios internacionais de intercâmbio;
- aos estrangeiros contratados que, a critério dos Conselhos Federal e Regionais de determinada especialidade e o interesse nacional, tenham seus títulos registrados temporariamente.

1.3.3.3.2 Requisitos específicos para a pessoa física

Podem exercer a profissão da Engenharia, Arquitetura e Agronomia aqueles que cumpriram as exigências formais e materiais, a saber:

- registro no Conselho Regional (CREA);
- visto no registro;
- pagamento da anuidade.

a) *Registro no Conselho Regional (CREA)*

De acordo com o estabelecido no art. 55 da Lei nº 5.194/66, "os profissionais habilitados na forma estabelecida nesta lei só poderão exercer a profissão após o registro no Conselho Regional, sob cuja jurisdição se achar o local de sua atividade".

O registro é a ferramenta de controle que materializa o vínculo entre o profissional, em uma localidade, e a entidade fiscalizadora (CREA). É através do registro que o Conselho toma conhecimento daqueles profissionais que exercem a engenharia, arquitetura e agronomia e procede sobre eles a adequada fiscalização.

Conforme reza o art. 56 da Lei nº 5.194/66:

> Aos profissionais registrados de acôrdo com esta lei será fornecida carteira profissional, conforme modelo, adotado pelo Conselho Federal, contendo o número do registro, a natureza do título, especializações e todos os elementos necessários à sua identificação.

(...)
§2º A carteira profissional, para os efeitos desta lei, substituirá o diploma, valerá como documento de identidade e terá fé pública.

O art. 57 da Lei nº 5.194/66 estabelece:

Os diplomados por escolas ou faculdades de engenharia, arquitetura ou agronomia, oficiais ou reconhecidas, cujos diplomas não tenham sido registrados, mas estejam em processamento na repartição federal competente, poderão exercer as respectivas profissões mediante registro provisório no Conselho Regional.

b) *Visto no registro*

O art. 58 da Lei nº 5.194/66 prevê que o profissional, firma ou organização que exercer atividade em região distinta daquela que se encontra registrado deverá visar, no Conselho Regional do local da atividade, o seu registro. A Resolução nº 191 do CONFEA, de 20.3.1970, disciplina especificamente a matéria.

Isto está a afirmar que, quando o profissional está atuando fora da jurisdição (área de competência) do Conselho Regional perante o qual ele está registrado faz-se necessário o visto do registro no Conselho Regional em que ele for atuar, trazendo ao conhecimento do Conselho Regional do local da execução o exercício de atividade de engenharia do profissional, em sua jurisdição, viabilizando, assim, a continuidade do controle e da fiscalização, a rigor exercidos pelo Conselho Regional de origem.

Saliente-se que, para participar da licitação não há necessidade de apresentar o visto no registro. A participação na licitação não configura exercício de atividade profissional.

Somente o futuro contratado é que realmente exercerá atividade engenheiral, tornando-se, neste caso, obrigatória a apresentação do visto do registro no Conselho Regional onde se dará a execução do empreendimento, antes da assinatura do Contrato de Empreitada ou de Serviços. Nesse mesmo sentido é a decisão do Tribunal de Contas da União:

13. Note-se que a exigência de visar o registro em outro Conselho regional somente surge quando o profissional vai exercer atividade profissional em outra região. S.M.J., participar de licitação não significa exercer atividade profissional em sentido estrito. O exercício da atividade profissional técnica, que demanda visto no registro, fica caracterizado com a contratação, pois, só então, o profissional exercerá sua atividade técnica.

14. Ademais, exigir visto do registro profissional pelo simples fato de participar da licitação parece ser exigência acima daquela fixada pelo legislador ordinário, o que acaba por restringir, além do necessário, a competitividade do certame. Lembremonos de que o art. 30, I, da Lei nº 8.666/93 exige, para efeitos de qualificação técnica, apenas o registro ou inscrição na entidade profissional competente, não mencionando qualquer necessidade de visto do registro no Conselho Regional do local da obra, o que reforça o entendimento de que somente por força do art. 58 da Lei nº 5.194/66 surge tal necessidade e apenas no momento da contratação.[9]

[9] TCU. Decisão nº 279/98. *DOU*, 3 jun. 1998.

c) *Pagamento de anuidade*

O art. 67 da Lei nº 5.194/66 dispõe:

> Embora legalmente registrado, só será considerado no legítimo exercício da profissão e atividades de que trata a presente lei o profissional ou pessoa jurídica que esteja em dia com o pagamento da respectiva anuidade.

O art. 64 da Lei nº 5.194/66 estatui:

> Será automàticamente cancelado o registro do profissional ou da pessoa jurídica que deixar de efetuar o pagamento da anuidade, a que estiver sujeito, durante 2 (dois) anos consecutivos sem prejuízo da obrigatoriedade do pagamento da dívida.

Por outro lado, "o profissional ou pessoa jurídica que tiver seu registro cancelado nos têrmos dêste artigo, se desenvolver qualquer atividade regulada nesta lei, estará exercendo ilegalmente a profissão (...)" (art. 64, parágrafo único, Lei nº 5.194/66).

O art. 69 da Lei nº 5.194/66 estabelece que "só poderão ser admitidos nas concorrências públicas para obras ou serviços técnicos e para concursos de projetos, profissionais e pessoas jurídicas que apresentarem prova de quitação de débito ou visto do Conselho Regional da jurisdição onde a obra ou serviço técnico ou projeto deva ser executado", requisito esse considerado muitas vezes necessário e obrigatório para que um profissional e pessoa jurídica possam participar de uma licitação.

Por outro lado, surge para muitos, dúvida sobre a possibilidade de que essa exigência figure entre os requisitos de habilitação. Como já foi visto anteriormente, a participação na licitação não configura exercício de atividade profissional. Somente o futuro contratado é que realmente exercerá atividade engenheiral.

A Lei nº 8.666/93, posterior à nº 5.194/66 e específica sobre licitações e contratos, não consignou nenhuma exigência nesse sentido. Ademais, o art. 30, inciso I, da Lei nº 8.666/93 estabelece que "a documentação relativa à qualificação técnica limitar-se-á registro ou inscrição na entidade profissional competente".

Por mais que o inciso IV do art. 30 da Lei nº 8.666/93 permita a exigência de requisitos previstos em legislação especial, entende-se que estes se relacionam exclusivamente com a capacidade técnica do proponente para executar a obra ou serviço.

Como já visto anteriormente, o profissional ou pessoa jurídica que não vier a recolher sua anuidade a partir do dia 1º de janeiro de cada ano e não o fizer durante dois anos consecutivos, terá seu registro ou da pessoa jurídica automaticamente cancelado. Assim, enquanto não houver o cancelamento do registro, a tolerância da situação do profissional e pessoa jurídica pelo Conselho Regional não obstará o exercício da profissão.

1.3.3.3.3 Requisitos específicos para a pessoa jurídica

De acordo com o art. 59 da Lei nº 5.194/66:

> As firmas, sociedades, associações, companhias, cooperativas e empresas em geral, que se organizem para executar obras ou serviços relacionados na forma estabelecida nesta lei, só poderão iniciar suas atividades depois de promoverem o competente registro nos Conselhos Regionais, bem como o dos profissionais do seu quadro técnico.

Ainda em conformidade com o art. 60 da Lei nº 5.194/66:

> Toda e qualquer firma ou organização que, embora não enquadrada no artigo anterior tenha alguma seção ligada ao exercício profissional da engenharia, arquitetura e agronomia, na forma estabelecida nesta lei, é obrigada a requerer o seu registro e a anotação dos profissionais, legalmente habilitados, delas encarregados.

Ainda mais, o art. 11 da Resolução nº 336 do CONFEA preceitua que somente ao profissional habilitado é facultado constituir-se em firma individual para prestação de serviços profissionais ou execução de obras, desde que proceda o seu respectivo:

> (...) somente ao profissional habilitado é facultado constituir-se em firma individual para prestação de serviços profissionais, ou execução de obras desde que proceda o Registro no CREA, nos moldes da Resolução nº 336 do CONFEA.

Podem exercer as atividades as firmas, sociedades, associações, companhias, cooperativas e empresas em geral que cumpriram as exigências formais e materiais, a saber:

- registro no Conselho Regional (CREA);
- visto no registro;
- pagamento da anuidade.

a) *Registro no Conselho Regional (CREA)*

a.1) Documentação – condições legais para o registro no Conselho Regional

Entre a documentação que deverá ser apresentada pela pessoa jurídica para obter seu registro no Conselho Regional, conforme estabelece a Resolução nº 336 do CONFEA no seu art. 8º, dispõe especificamente:

> O requerimento de registro deve ser instituído com os seguintes requerimentos:
>
> I - Instrumento de constituição da pessoa jurídica, devidamente arquivado, registrado em órgão competente, bem como suas modificações subseqüentes até a data da solicitação do Registro no CREA.
>
> II - Indicação do ou dos responsáveis técnicos pelas diversas atividades profissionais, bem como dos demais profissionais integrantes do quadro técnico da pessoa jurídica.
>
> III - Prova do vínculo dos profissionais referidos no item anterior com a pessoa jurídica, através de documentação hábil, quando não fizerem parte do contrato social.
>
> IV - Comprovante de solicitação da ART de desempenho de cargos e funções de todos os profissionais do quadro técnico da pessoa jurídica.

a.2) Registro do(s) responsável(eis) técnico(s)

A pessoa jurídica só obterá registro junto ao Conselho Regional, conforme o art. 6º da Resolução nº 336, se apresentar responsável técnico que mantenha residência em local que, a critério do CREA, torne praticável a sua participação efetiva nas atividades que a pessoa jurídica pretenda exercer na jurisdição do respectivo órgão regional.

Com relação ao responsável técnico poder ser responsável por várias pessoas jurídicas, o art. 18 da Resolução CONFEA nº 336, que dispõe sobre o registro de pessoas jurídicas nos Conselhos Regionais de Engenharia, Arquitetura e Agronomia, estabelece:

> (...) um profissional pode ser responsável técnico por uma única pessoa jurídica, além da sua firma individual, quando estas forem enquadradas por seu objetivo social no artigo 59 da Lei nº 5.194/66 e caracterizadas nas classes A, B e C do artigo 1º desta Resolução.
>
> Art. 1º A pessoa jurídica que constitua para prestar ou executar serviços e/ou obras ou que exerça qualquer atividade ligada ao exercício profissional da Engenharia, Arquitetura, Agronomia, Geologia, Geografia ou Meteorologia enquadra-se, para efeito de registro, em uma das seguintes classes:
>
> CLASSE A – De prestação de serviços, execução de obras ou serviços ou desenvolvimento de atividades reservadas aos profissionais de Engenharia, Arquitetura, Agronomia, Geologia, Geografia ou Meteorologia;
>
> CLASSE B – De produção técnica especializada, industrial ou agropecuária, cuja atividade básica ou preponderante necessite do conhecimento técnico inerente aos profissionais da Engenharia, Arquitetura, Agronomia, Geologia, Geografia ou Meteorologia;
>
> CLASSE C – De qualquer outra atividade que mantenha seção, que preste ou execute para si ou para terceiros serviços, obras ou desenvolva atividades ligadas às áreas de Engenharia, Arquitetura, Agronomia, Geologia, Geografia ou Meteorologia.

Os dispositivos da Resolução em consideração deixam claro e conclusivo que é facultado ao profissional ser responsável técnico pela empresa individual de sua propriedade e assumir simultaneamente a responsabilidade técnica de outra pessoa jurídica.

Pode assim ocorrer que numa licitação compareçam dois proponentes com o mesmo responsável técnico. Isso ocorrerá quando o responsável técnico além de ser indicado por uma pessoa jurídica a cujo quadro permanente se acha vinculado, participe na licitação com sua empresa individual, atuando como responsável técnico. Entendemos que tal fato contraria contundentemente o princípio do sigilo, uma vez que o responsável técnico conhecerá sua proposta (empresa individual) e poderá ter conhecimento da proposta da outra pessoa jurídica. Tal hipótese, ou seja, um mesmo profissional conhecer a proposta de duas empresas, numa mesma licitação, é inadmissível acarretando obviamente a nulidade do certame. Todavia nada obsta que o mesmo responsável técnico responda por sua empresa individual e por uma outra pessoa jurídica, desde que as duas empresas não participem da mesma licitação.

O parágrafo único do art. 18 da Resolução nº 336 estabelece que em casos excepcionais, e com expressa autorização do plenário do Conselho Regional, o profissional poderá, desde que haja compatibilização de tempo e área de atuação, ser responsável técnico por até três pessoas jurídicas, além da sua firma individual. Observe-se que para este caso, também prevalecem os mesmos comentários do parágrafo anterior.

Os dispositivos da Resolução em consideração deixam claro e conclusivo que é facultado ao profissional ser responsável técnico pela empresa individual de sua propriedade e assumir simultaneamente a responsabilidade técnica de outra pessoa jurídica.

a.3) Registro dos profissionais legalmente habilitados que integram o seu quadro técnico

A pessoa jurídica só obterá registro junto ao Conselho Regional se todos os profissionais do seu quadro técnico forem devidamente registrados, conforme determina o art. 59 e 60 da Lei nº 5.194/66. Esta determinação se estende, também, às demais firmas ou organizações que tenham alguma seção ligada ao exercício profissional de Engenharia, Arquitetura e Agronomia (ART – desempenho de cargo e função).

Também o art. 13 da Resolução CONFEA nº 336 estabelece:

> Só será concedido registro à pessoa jurídica na plenitude de seus objetivos sociais de sua ou dos objetivos de suas seções técnicas, se os profissionais do seu quadro técnico, cobrirem todas as atividades a serem exercitadas.

Consta no parágrafo único deste artigo:

> O registro será concedido com restrições das atividades não cobertas pelas atribuições dos profissionais até que a pessoa jurídica altere seus objetivos ou, contrate profissionais com atribuições capazes de suprir aqueles objetivos.

a.4) Designação do seu nome

A pessoa jurídica só obterá registro junto ao Conselho Regional, se atender o constante no art. 9º da Resolução nº 336:

> Só será concedido registro à pessoa jurídica cuja denominação for condizente com suas finalidades e quando seu ou seus responsáveis técnicos tiverem atribuições coerentes com os objetivos sociais da mesma.

Os artigos 14 e 15 da Resolução CONFEA nº 336 instituem que as qualificações de Engenheiro, Arquiteto, Engenheiro-Agrônomo, Geólogo, Geógrafo ou Meteorologista só poderão constar da razão social ou denominação de pessoa jurídica, se estas forem compostas exclusivamente por profissionais que possuam aqueles títulos. As palavras Engenharia, Arquitetura, Agronomia, Geologia, Geografia e Meteorologia só poderão constar em denominação ou razão social de pessoas jurídicas cuja direção for composta, na sua maioria, por profissionais habilitados.

b) *Visto no registro*

Quando a pessoa jurídica exercer atividade fora da região na qual se encontra registrada, ela deve requerer ao Conselho Regional da região onde for executar a atividade visto em seu registro, assim como ocorre com o profissional pessoa física, conforme preceitua o art. 58 da Lei nº 5.194/66. Ou seja, se o profissional, firma ou organização, registrado em qualquer Conselho Regional, exercer atividade em outra Região, ficará obrigado a nela visar o seu registro, ratificado pelo art. 5º da Resolução CONFEA nº 336, que estabelece a atividade da pessoa jurídica em região diferente daquela em que se encontra registrada, obrigando ao visto do registro na nova região.

A pessoa jurídica só obterá visto junto ao Conselho Regional, conforme o art. 6º da Resolução nº 336, se apresentar responsável técnico que mantenha residência em local que, a critério do CREA, torne praticável a sua participação efetiva nas atividades que a pessoa jurídica pretenda exercer na jurisdição do respectivo órgão regional.

O art. 1º da Resolução nº 413 do CONFEA estabelece hipótese em relação à concessão de visto:

> Será concedido visto ao registro da pessoa jurídica originário de outro Conselho regional, para os seguintes efeitos e prazos de validade:
>
> I - execução de obras ou prestação de serviços.
>
> Prazo: não superior a 180 (cento e oitenta) dias.
>
> II - participação em licitações.
>
> Prazo: até a validade da certidão de registro.

Com relação ao item I do art. 1º, cabe ressaltar que o visto concedido pelo Conselho Regional deverá explicitar, no original e na cópia da certidão:

> Válido para exercer as atividades abaixo, com os respectivos responsáveis técnicos, na jurisdição deste CREA.

De acordo o estabelecido no art. 7º da Resolução nº 413: "o prazo de validade de 180 (cento e oitenta) dias referido no item 'I' do art. 1º da Resolução nº 413 é improrrogável".

A Resolução nº 413, por outro lado, flexibilizou este fato, permitindo, conforme o seu art. 8º:

> Poderá ser concedido novo "visto", nos seguintes casos:
>
> I - para a finalidade descrita no item I do art. 1º:
>
> a) como complemento ao prazo de 180 (cento e oitenta) dias, caso a limitação concedida no art. 6º desta Resolução impeça sua concessão integral, mediante apresentação de nova certidão de registro;
>
> b) após 180 (cento e oitenta) dias do encerramento das atividades da pessoa jurídica na jurisdição do Conselho Regional.
>
> II - para a finalidade descrita no item "II" do art. 1º, mediante apresentação de nova certidão de registro.

Com relação ao item "II" do art. 1º, cabe ressaltar que o visto concedido pelo Conselho Regional deverá explicitar, no original e na cópia da certidão:

> Válido somente para participação em licitações, na jurisdição deste CREA.

Este visto não tem validade para a execução de obras ou prestação de serviços, conforme art. 5º da Resolução nº 413.

Com respeito ao item II do art 1º ("II - participação em licitações. Prazo: até a validade da certidão de registro"), por uma interpretação errônea poderia se concluir que o visto do registro de pessoas jurídicas é requisito obrigatório para que se possa participar de uma licitação.

A Resolução do CONFEA é um ato normativo de competência exclusiva do Plenário do CONFEA, destinado a explicitar a Lei para sua correta execução e para disciplinar casos omissos, de forma que o seu conteúdo deve ater-se aos limites da Lei, propriamente dita. Ela é um ato infralegal, ou seja, está hierarquicamente abaixo da Lei. Assim, entendemos que a referida Resolução não foi editada para estabelecer pressupostos obrigatórios para participação em licitação (habilitação). Entende-se sim, que o objetivo do item II do art. 1º da Resolução nº 413 foi somente regular ou estabelecer as hipóteses em que haverá concessão de visto, e não a obrigatoriedade de sua apresentação em uma licitação, visto que a mesma é regulada taxativamente pela Lei nº 8.666/93 no seu art. 27, conforme já visto anteriormente.

Assim sendo, entendemos que os editais de licitação não devem exigir o visto como requisito habilitatório.

c) *Pagamento de anuidade*

O art. 67 da Lei nº 5.194/66 dispõe:

> Embora legalmente registrado, só será considerado no legítimo exercício da profissão e atividades de que trata a presente lei o profissional ou pessoa jurídica que esteja em dia com o pagamento da respectiva anuidade.

O art. 64 da Lei nº 5.194/66 estatui:

> Será automàticamente cancelado o registro do profissional ou da pessoa jurídica que deixar de efetuar o pagamento da anuidade, a que estiver sujeito, durante 2 (dois) anos consecutivos sem prejuízo da obrigatoriedade do pagamento da dívida.

Por outro lado, "o profissional ou pessoa jurídica que tiver seu registro cancelado nos têrmos dêste artigo, se desenvolver qualquer atividade regulada nesta lei, estará exercendo ilegalmente a profissão (...)" (art. 64, parágrafo único, Lei nº 5.194/66).

O art. 69 da Lei nº 5.194/66 estabelece que "só poderão ser admitidos nas concorrências públicas para obras ou serviços técnicos e para concursos de projetos, profissionais e pessoas jurídicas que apresentarem prova de quitação de débito ou visto do Conselho Regional da jurisdição onde a obra, o serviço técnico ou projeto deva ser executado", requisito esse considerado muitas vezes necessário e obrigatório para que um profissional e pessoa jurídica possam participar de uma licitação.

Por outro lado, surge para muitos a dúvida sobre a possibilidade de que essa exigência figure entre os requisitos de habilitação. Como já foi visto anteriormente, a participação na licitação não configura exercício de atividade profissional. Somente o futuro contratado é que realmente exercerá atividade engenheiral.

A Lei nº 8.666/93, posterior à nº 5.194/66, e específica sobre licitações e contratos, não consignou nenhuma exigência nesse sentido. Ademais, o art. 30, inciso I, da Lei nº 8.666/93 estabelece que "a documentação relativa à qualificação técnica limitar-se-á registro ou inscrição na entidade profissional competente".

Por mais que o inciso IV do art. 30 da Lei nº 8.666/93 permita a exigência de requisitos previstos em legislação especial, entende-se que estes se relacionam exclusivamente com a capacidade técnica do proponente para executar a obra ou serviço.

Como já visto anteriormente, o profissional ou pessoa jurídica que não vier a recolher sua anuidade a partir do dia 1º de janeiro de cada ano e não o fizer durante dois anos consecutivos, terá seu registro ou da pessoa jurídica automaticamente cancelado. Assim, enquanto não houver o cancelamento do registro, a tolerância da situação do profissional e pessoa jurídica pelo Conselho Regional não obstará o exercício da profissão.

1.3.3.3.4 Alteração do registro

O art. 10 da Resolução CONFEA nº 336 estabelece:

> As pessoas jurídicas registradas na forma desta resolução, sempre que efetuarem alterações nos seus objetivos, no seu quadro técnico ou na atividade de seus profissionais, deverão no prazo de 30 (trinta) dias comunicar ao CREA.

Ainda, o art. 16 da Resolução CONFEA nº 336 institui:

> O registro de pessoa jurídica deverá ser alterado quando:
>
> I - Ocorrer qualquer alteração em seu instrumento constitutivo;
>
> II - Houver a baixa da responsabilidade técnica do(s) profissional(is) dela encarregado(s).

No entanto, será procedida simples averbação no registro quando houver alteração que não implique em mudança dos objetivos sociais, da direção da pessoa jurídica, da denominação ou razão social ou da responsabilidade técnica.

1.3.3.4 Responsabilidades

Com o exercício profissional surgem responsabilidades, em maior ou menor incidência, às quais não se pode fugir.

Tais responsabilidades se enquadram em quatro modalidades, a saber: técnicas e ético-profissionais, civis, penais ou criminais, e trabalhistas.

São responsabilidades independentes e inconfundíveis entre si, decorrentes de fatos ou atos distintos, ou, ainda, de um mesmo fato ou ato ligado à atividade que o profissional está exercendo.

No caso de desabamento de uma obra, executada por um profissional devidamente habilitado, motivada por imperícia, imprudência ou negligência e, que provoque prejuízos a terceiros e lesões nos operários em serviço, configurar-se-á, simultaneamente a ocorrência dos quatro tipos de responsabilidades, sendo aplicáveis várias sanções:

- punição a nível profissional pelo descumprimento da legislação específica e/ou código de ética (responsabilidade técnica e ético-profissional);

- reparação dos prejuízos causados ao cliente pela comprovação da culpa (responsabilidade civil);
- punição criminal pela comprovação da culpa (responsabilidade penal);
- indenização aos operários acidentados (responsabilidade trabalhista).

1.3.3.4.1 Responsabilidade técnica e ético-profissional

É a que se estabelece entre o profissional e o Poder Público, através do sistema CONFEA/CREA. Significa que o Poder Público e, por extensão, a comunidade, sentem-se prejudicados toda vez que houver infração nesse âmbito.

Para isso existe uma legislação específica, prevista nas leis nº 5.194/66 e nº 6.496/77, complementadas por resoluções do CONFEA e pelo Código de Ética (Resolução nº 205/71), que define e caracteriza os tipos de infrações e estabelece as penas cabíveis.

1.3.3.4.2 Responsabilidade civil

É aquela que, quando praticado o dano, requer reparação pelo profissional, se caracterizada e julgada a sua culpa à pessoa lesada. Caberá a esta compensação não apenas pelo prejuízo efetivo, como também por aquilo que ela deixou de ganhar ou pelas despesas que tiver.

O Código Civil brasileiro é que rege tais ocorrências e seus defeitos. Nesses casos, a responsabilidade civil, segundo a referida legislação, dura cinco anos a partir do momento da entrega da obra (art. 618), podendo, em certos casos chegar a perdurar por dez anos (Código do Consumidor).

A responsabilidade civil abrange os seguintes itens em relação à obra:

- execução;
- solidez e segurança;
- escolha e emprego de materiais;
- danos a vizinhos e prejuízos a terceiros.

1.3.3.4.3 Responsabilidade penal

Qualquer infração caracterizada como crime ou contravenção torna o profissional responsável criminalmente, impondo-lhe penas de acordo com a gravidade, que variam desde a perda da liberdade (reclusão, detenção ou prisão simples) a outras de natureza pecuniária (multas) ou de restrição ao exercício de um direito ou de atividade (interdições).

As infrações podem ter, também, agravantes. Se forem cometidas com a intenção de sua ocorrência ou sabendo o agente causador do risco de sua prática, mesmo desconhecendo o resultado, a infração será dolosa. Quando, porém, decorre de um ato de imprudência, imperícia ou negligência, em que se caracteriza a falta de intenção do causador e excluído o conhecimento do risco de sua prática, a infração é culposa. É esta última a de maior incidência na atividade profissional.

1.3.3.4.4 Responsabilidade trabalhista

Englobam-se, nesta, quaisquer responsabilidades decorrentes de relações contratuais ou legais, assumidas com os empregados que realizam o serviço, bem como as obrigações provenientes do trabalho e previdenciárias em relação aos empregados.

A Consolidação das Leis do Trabalho (CLT) legisla a relação entre empregado e empregador. No seu art. 1º estabelece como "empregador" a empresa, individual ou coletiva que, assumindo os riscos da atividade econômica, admite, assalaria e dirige a prestação pessoal de serviços.

Configura-se também como empregador o profissional liberal, quando contratante de trabalhadores empregados.

1.3.3.5 Atividades e atribuições das pessoas físicas e jurídicas

O art. 7º da Lei nº 5.194/66 relaciona as atividades e atribuições profissionais do Engenheiro, Arquiteto e Engenheiro-Agrônomo, e as Resoluções CONFEA nº 218/73 e nº 1.010/06 discriminam as atividades das diferentes modalidades profissionais.

> Art. 7º As atividades e atribuições profissionais do engenheiro, do arquiteto e do engenheiro-agrônomo consistem em:
>
> a) desempenho de cargos, funções e comissões em entidades estatais, paraestatais, autárquicas, de economia mista e privada;
>
> b) planejamento ou projeto, em geral, de regiões, zonas, cidades, obras, estruturas, transportes, explorações de recursos naturais e desenvolvimento da produção industrial e agropecuária;
>
> c) estudos, projetos, análises, avaliações, vistorias, perícias, pareceres e divulgação técnica;
>
> d) ensino, pesquisas, experimentação e ensaios;
>
> e) fiscalização de obras e serviços técnicos;
>
> f) direção de obras e serviços técnicos;
>
> g) execução de obras e serviços técnicos;
>
> h) produção técnica especializada, industrial ou agro-pecuária.

Em conformidade com o art. 8º da Lei nº 5.194/66, somente as atividades enumeradas nas alíneas "a", "b", "c", "d", "e" e "f" do art. 7º da mesma Lei são de competência das pessoas físicas, para tanto legalmente habilitadas, ou seja, somente poderão ser executadas por profissionais pessoas físicas.

O art. 9º da Lei nº 5.194/66 permite, desde que observados os preceitos da Lei nº 5.194/66, que as atividades enumeradas nas alíneas "g" e "h" do art. 7º sejam exercidas, indistintamente, por profissionais ou pessoas jurídicas.

O parágrafo único do art. 8º da Lei nº 5.194/66 estatui que as pessoas jurídicas e organizações estatais só poderão exercer as atividades discriminadas no art. 7º, com exceção das contidas na alínea "a", com a participação efetiva e autoria declarada de profissional legalmente habilitado e registrado pelo Conselho Regional, assegurados os direitos que a Lei lhes confere.

PESSOAS JURÍDICAS
(parágrafo único, art. 8º, Lei nº 5.194/66)

↓

Com participação efetiva e autoria declarada de profissional habilitado e registrado

~~Desempenho de cargos, funções e comissões em entidades estatais, paraestatais, autárquicas, de economia mista e privada~~

Planejamento ou projeto, em geral, de regiões, zonas, cidades, obras, estruturas, transportes, explorações de recursos naturais e desenvolvimento da produção industrial e agropecuária

Estudos, projetos, análises, avaliações, vistorias, perícias, pareceres e divulgação técnica

Ensino, pesquisas, experimentação e ensaios

Fiscalização e direção de obras e serviços técnicos

1.3.3.6 Atividades das diferentes modalidades profissionais

De acordo com o art. 1º da Resolução CONFEA nº 218, para efeito de fiscalização do exercício profissional correspondente as diferentes modalidades da Engenharia, Arquitetura e Agronomia, em nível superior e em nível médio, ficam designadas as seguintes atividades:

Atividade 01	Supervisão, coordenação e orientação técnica
Atividade 02	Estudo, planejamento, projeto e especificação
Atividade 03	Estudo de viabilidade técnica econômica
Atividade 04	Assistência, assessoria e consultoria
Atividade 05	Direção de obra e serviço técnico
Atividade 06	Vistoria, perícia, avaliação, arbitramento, laudo, parecer técnico
Atividade 07	Desempenho de cargo e função técnica
Atividade 08	Ensino, pesquisa, análise, experimentação, ensaio e divulgação técnica, extensão
Atividade 09	Elaboração de orçamento

Atividade 10	Padronização, mensuração e controle de qualidade
Atividade 11	Execução de obra e serviço técnico
Atividade 12	Fiscalização de obra e serviço técnico
Atividade 13	Produção técnica especializada
Atividade 14	Condução de trabalho técnico
Atividade 15	Condução de equipe de instalação, montagem, operação, reparo ou manutenção
Atividade 16	Execução de instalação, montagem e reparo
Atividade 17	Operação e manutenção de equipamento e instalação
Atividade 18	Execução de desenho técnico

Os artigos 2º ao 24 definem a competência de cada profissional. Tomamos como exemplo:

> Art. 2º Compete ao arquiteto ou engenheiro-arquiteto o desempenho das atividades 01 a 18 referente a edificações, conjuntos arquitetônicos e monumentos, arquitetura paisagística e de interiores, planejamento físico, local, urbano e regional; seus serviços afins e correlatos. (...)
>
> Art. 6º Compete ao engenheiro cartógrafo ou ao engenheiro de geodésia e topografia ou engenheiro geógrafo o desempenho das atividades 01 a 12 e 14 a 18 referente levantamentos topográficos, batimétricos, geodésicos e aerofotogramétricos; elaboração de cartas geográficas; seus serviços afins e correlatos.
>
> Art. 7º Compete ao engenheiro civil ou ao engenheiro de fortificação e construção o desempenho das atividades 01 a 18 referente a edificações, estradas, pistas de rolamento e aeroportos; sistemas de transportes, de abastecimento de água e de saneamento; portos, rios, canais, barragens e diques; drenagem e irrigação; pontes e grandes estruturas; seus serviços afins e correlatos.

1.3.3.7 Responsabilidade técnica

Nesta seção, aborda-se o assunto referente à responsabilidade técnica, considerando:

- responsabilidade da pessoa jurídica ou do responsável técnico;
- alteração da responsabilidade técnica;
- responsabilidade pela solidez da obra.

1.3.3.7.1 Responsabilidade da pessoa jurídica ou do responsável técnico

A responsabilidade técnica pela execução da obra ou serviços técnicos será sempre a do profissional ou dos profissionais indicados como responsável técnico ou responsáveis técnicos.

A Resolução CONFEA nº 336 não deixa dúvidas de quem é a responsabilidade técnica pela execução da obra ou serviços técnicos ao estatuir no art. 12 desta Resolução:

> A responsabilidade técnica por qualquer atividade exercida no campo da Engenharia, Arquitetura, Agronomia, Geologia, Geografia e Meteorologia é sempre do profissional dela encarregado, não podendo, em hipótese nenhuma, ser assumida pela pessoa jurídica.

Por outro lado, é importante ressaltar que a baixa da ART do profissional no Conselho Regional não desvincula totalmente das suas responsabilidades. O profissional responderá pelas etapas realizadas até a data da baixa.

O parágrafo único do art. 20 da Lei nº 5.194/66 estabelece:

> Responsabilidade técnica pela ampliação, prosseguimento e conclusão de qualquer empreendimento de engenharia, arquitetura ou agronomia caberá ao profissional ou entidade registrada que aceitar esse encargo, sendo-lhe, também, atribuída a responsabilidade das obras, devendo o Conselho Federal adotar resolução quanto às responsabilidades das partes já executadas ou concluídas por outros profissionais.

1.3.3.7.2 Alteração da responsabilidade técnica

a) *Substituição do responsável técnico*

A substituição do(s) responsável(eis) técnico(s) indicado(s) por ocasião do registro da pessoa jurídica poderá ocorrer, e sua responsabilidade técnica por pessoa jurídica, conforme o art. 17 da Resolução CONFEA nº 336, fica extinta, devendo a mesma ser alterada, a partir do momento em que:

> I - for requerido ao Conselho Regional, por escrito, pelo profissional ou pela pessoa jurídica, o cancelamento desse encargo;
>
> II - for o profissional suspeito do exercício ilegal da profissão;
>
> III - mudar o profissional de residência para local que, a juízo do Conselho Regional, torne impraticável o exercício dessa função;
>
> IV - tiver o profissional seu registro cancelado;
>
> V - ocorram outras condições que a critério do CREA, possam impedir a efetiva prestação da assistência técnica.

A pessoa jurídica deve no prazo de 10 (dez) dias, promover a substituição do responsável técnico, conforme prevê o §1º do 17 art. da Resolução CONFEA nº 336.

Nos parágrafos 2º e 3º do art. 17 da Resolução 336 do CONFEA, institui-se que quando o cancelamento da responsabilidade técnica for de iniciativa da pessoa jurídica, deve esta, no seu requerimento, indicar o novo responsável técnico, preenchendo os requisitos previstos na Resolução e os documentos pertinentes.

Institui-se, ainda, que a baixa de responsabilidade técnica requerida pelo profissional só pode ser deferida na ausência de quaisquer obrigações pendentes em seu nome, relativas ao pedido, junto ao Conselho Regional.

Havendo baixa de responsabilidade técnica do(s) profissional(is) indicado(s) por ocasião do registro da pessoa jurídica o registro no Conselho Regional deverá ser alterado (art. 16 da Resolução CONFEA nº 336).

b) *Trabalhos de engenharia iniciados ou concluídos sem a participação efetiva do responsável técnico*

No caso de um empreendimento ter iniciado ou concluído sem participação efetiva de responsável técnico, o art. 1º da Resolução CONFEA nº 229 determina:

> Constatada a existência de empreendimento de Engenharia, Arquitetura ou Agronomia iniciado sem a participação efetiva de responsável técnico habilitado, o Conselho Regional da jurisdição deverá requerer, administrativa ou judicialmente, as medidas que visem a:
>
> I - impedir o prosseguimento da obra ou serviço ou o uso do que foi concluído;
>
> II - averiguar as condições técnicas da obra ou serviço realizados.

O empreendimento poderá ser legalizado, independentemente de já estar em curso a medida judicial se o interessado apresentar, conforme estabelece o art. 3º da Resolução CONFEA nº 229:

> I - os projetos respectivos, nos quais conste o levantamento das etapas já efetuadas e das que serão executadas com a participação de responsável técnico.
>
> II - Relatório elaborado pelo responsável técnico no qual comprove que vistoriou minuciosamente o empreendimento, com justificativa de que os trabalhos já concluídos apresentam condições técnicas para seu aproveitamento.

c) *Responsabilidade pela solidez da obra*

A Lei nº 8.666/93, no art. 70, prevê:

> O contratado é responsável pelos danos causados diretamente à Administração ou a terceiros, decorrentes de sua culpa ou dolo na execução do contrato, não excluindo ou reduzindo essa responsabilidade a fiscalização ou o acompanhamento pelo órgão interessado.

Se a obra ou serviço técnico foi recebido provisória ou definitivamente não exclui a responsabilidade civil pela solidez e segurança da obra ou do serviço, nem a ético-profissional pela perfeita execução do contrato, dentro dos limites estabelecidos pela lei ou contrato, conforme estatui o §2º do art. 73 da Lei nº 8.666/93.

1.3.3.8 Exercício ilegal da profissão

O art. 6º da Lei nº 5.194/66 considera ilegal o exercício da profissão de Engenheiro, Arquiteto ou Engenheiro-Agrônomo nas seguintes situações:

a) pessoa física ou jurídica que realizar atos ou prestar serviços, público ou privado, reservados aos profissionais de que trata a Lei nº. 5.194/66;

b) pessoa física ou jurídica que não possui registro nos Conselhos regionais;

c) o profissional que se incumbir de atividades estranhas às atribuições discriminadas em seu registro;

d) o profissional que emprestar seu nome a pessoas, firmas, organizações ou empresas executoras de obras e serviços sem sua real participação nos trabalhos delas;
e) o profissional que, suspenso de seu exercício, continue em atividade;
f) a firma, organização ou sociedade que, na qualidade de pessoa jurídica, exercer atribuições reservadas aos profissionais de engenharia, da arquitetura e da agronomia, com infringência do disposto no parágrafo único do art. 8º da Lei nº 5.194/66.

1.3.3.9 Anotação de Responsabilidade Técnica

O Conselho Regional tem como competência o exercício controlador e fiscalizador das atividades exercidas pelos profissionais da área de Engenharia, Arquitetura e Agronomia.

Como ferramenta para o controle e fiscalização das atividades profissionais foi implantada a obrigatoriedade do "registro", através do qual os Conselhos Regionais tomam conhecimento daqueles profissionais que exercem a engenharia, arquitetura e agronomia e procede sobre eles a adequada fiscalização.

Com a finalidade de viabilizar o controle e a fiscalização das atividades no âmbito da Engenharia, Arquitetura e Agronomia, foram criados alguns instrumentos específicos, previstos em Resoluções editadas pelo CONFEA. Entre eles destacamos:

- Anotação de Responsabilidade Técnica (ART);
- Acervo técnico profissional; e
- Certidão de Acervo Técnico (CAT).

1.3.3.9.1 Anotação de Responsabilidade Técnica (ART)

O art. 3º da Resolução CONFEA nº 1.025/09 dispõe:

> Todo contrato escrito ou verbal para execução de obras ou prestação de serviços relativos às profissões abrangidas pelo Sistema CONFEA/CREA fica sujeito ao registro da ART no CREA em cuja circunscrição for exercida a respectiva atividade.
>
> Parágrafo único. O disposto no caput deste artigo também se aplica ao vínculo de profissional, tanto a pessoa jurídica de direito público quanto de direito privado, para o desempenho de cargo ou função técnica que envolva atividades para as quais sejam necessários habilitação legal e conhecimentos técnicos nas profissões abrangidas pelo Sistema CONFEA/CREA.

A anotação de toda a obra ou serviço de engenharia junto ao respectivo Conselho Regional é necessária, permitindo identificar-se facilmente, quando for necessário, o profissional responsável pela obra ou serviço de engenharia.

O art. 2 da Resolução nº 1.025/09 estabelece:

> A ART é o instrumento que define, para os efeitos legais, os responsáveis técnicos pela execução de obras ou prestação de serviços relativos às profissões abrangidas pelo Sistema CONFEA/CREA.

O art. 29 da Resolução nº 1.025/09 prevê:

> A coautoria ou a corresponsabilidade por atividade técnica, bem como o trabalho em equipe para execução de obra ou prestação de serviço obriga ao registro de ART, vinculada à ART primeiramente registrada.

Em face desta necessidade, o art. 28 da Resolução CONFEA nº 1.025/09 estabelece:

> A ART relativa à execução de obra ou prestação de serviço deve ser registrada antes do início da respectiva atividade técnica, de acordo com as informações constantes do contrato firmado entre as partes.

Quanto ao prazo para que se efetue o registro da ART, de obras públicas, o §1º do art. 28 da Resolução CONFEA nº 1.025/09 estatui:

> No caso de obras públicas, a ART pode ser registrada em até dez dias após a liberação da ordem de serviço ou após a assinatura do contrato ou de documento equivalente, desde que não esteja caracterizado o início da atividade.

Enfoca o art. 4º da Resolução nº 1.025/09:

> O registro da ART efetiva-se após o seu cadastro no sistema eletrônico do CREA e o recolhimento do valor correspondente.

Quanto aos tipos de ART, elas podem ser classificadas conforme o art. 9º da Resolução nº 1.025/09, em:

> I - ART de obra ou serviço, relativa à execução de obras ou prestação de serviços inerentes às profissões abrangidas pelo Sistema CONFEA/CREA;
>
> II - ART de obra ou serviço de rotina, denominada ART múltipla, que especifica vários contratos referentes à execução de obras ou à prestação de serviços em determinado período; e
>
> III - ART de cargo ou função, relativa ao vínculo com pessoa jurídica para desempenho de cargo ou função técnica.

A ART pode ser classificada quanto à forma de registro, conforme o art. 10 da Resolução CONFEA nº 1.025/09, em:

> I - ART complementar, anotação de responsabilidade técnica do mesmo profissional que, vinculada a uma ART inicial, complementa os dados anotados nos seguintes casos:
>
> a) for realizada alteração contratual que ampliar o objeto, o valor do contrato ou a atividade técnica contratada, ou prorrogar o prazo de execução; ou
>
> b) houver a necessidade de detalhar as atividades técnicas, desde que não impliquem a modificação da caracterização do objeto ou da atividade técnica contratada.
>
> II - ART de substituição, anotação de responsabilidade técnica do mesmo profissional que, vinculada a uma ART inicial, substitui os dados anotados nos casos em que:

a) houver a necessidade de corrigir dados que impliquem a modificação da caracterização do objeto ou da atividade técnica contratada; ou

b) houver a necessidade de corrigir erro de preenchimento de ART.

A ART pode ser classificada quanto à participação técnica, conforme o art. 11 da Resolução CONFEA nº 1.025/09, em:

I - ART individual, que indica que a atividade, objeto do contrato, é desenvolvida por um único profissional;

II - ART de coautoria, que indica que uma atividade técnica caracterizada como intelectual, objeto de contrato único, é desenvolvida em conjunto por mais de um profissional de mesma competência;

III - ART de corresponsabilidade, que indica que uma atividade técnica caracterizada como executiva, objeto de contrato único, é desenvolvida em conjunto por mais de um profissional de mesma competência; e

IV - ART de equipe, que indica que diversas atividades complementares, objetos de contrato único, são desenvolvidas em conjunto por mais de um profissional com competências diferenciadas.

No caso em que haja subcontratação é obrigatório o registro de ART, conforme reza o art. 30 da Resolução CONFEA nº 1.025/09, a saber:

A subcontratação ou a subempreitada de parte ou da totalidade da obra ou do serviço obriga ao registro de ART, da seguinte forma:

I - o profissional da pessoa jurídica inicialmente contratada deve registrar ART de gestão, direção, supervisão ou coordenação do serviço subcontratado, conforme o caso; e

II - o profissional da pessoa jurídica subcontratada deve registrar ART de obra ou serviço relativa à atividade que lhe foi subcontratada, vinculada à ART de gestão, supervisão, direção ou coordenação do contratante.

Parágrafo único. No caso em que a ART tenha sido registrada indicando atividades que posteriormente foram subcontratadas, compete ao profissional substituí-la para adequação ao disposto no inciso I deste artigo.

Visto que, a Anotação de Responsabilidade Técnica, da obra ou serviço de engenharia junto ao respectivo Conselho Regional é obrigatória, compete ao profissional, conforme art. 32 da Resolução CONFEA nº 1.025/09, cadastrar a ART de obra ou serviço no sistema eletrônico e efetuar o recolhimento do valor relativo ao registro no CREA em cuja circunscrição for exercida a atividade, nos seguintes casos:

I - quando o profissional for contratado como autônomo diretamente por pessoa física ou jurídica; ou

II - quando o profissional for o proprietário do empreendimento ou empresário.

Com relação à atividade desenvolvida como responsável técnico em nome da pessoa jurídica, reza o art. 33 da Resolução nº 1.025/09:

Compete ao profissional cadastrar a ART de obra ou serviço no sistema eletrônico e à pessoa jurídica contratada efetuar o recolhimento do valor relativo ao registro no CREA em cuja circunscrição for exercida a atividade, quando o responsável técnico desenvolver atividades técnicas em nome da pessoa jurídica com a qual mantenha vínculo.

A Resolução nº 1.025/09 criou uma nova figura denominada de "Obra ou Serviço de Rotina".

Caso não deseje registrar diversas ARTs específicas, é facultado ao profissional que execute obras ou preste serviços de rotina anotar a responsabilidade técnica pelas atividades desenvolvidas por meio da ART múltipla, conforme estabelece o art. 34 da Resolução nº 1.025/09. Estatui o parágrafo único do artigo:

> O disposto no *caput* deste artigo também se aplica ao serviço de rotina executado por profissional integrante do quadro técnico de pessoa jurídica.

O art. 35 da Resolução menciona que a atividade técnica relacionada à execução de obra ou à prestação de serviço de rotina pode ser caracterizada como aquela que é executada em grande quantidade de forma repetitiva e continuada. Menciona o parágrafo único deste artigo:

> Poderá ser objeto de ART múltipla contrato cuja prestação do serviço seja caracterizada como periódica.

Outro aspecto importantíssimo é o que se refere ao cadastro de ART de Cargo ou Função. "O vínculo para desempenho de cargo ou função técnica, tanto com pessoa jurídica de direito público quanto de direito privado, obriga à anotação de responsabilidade técnica no CREA em cuja circunscrição for exercida a atividade", conforme estabelece o art. 43 da Resolução nº 1.025/09.

A ART relativa ao desempenho de cargo ou função deve ser registrada após assinatura do contrato ou publicação do ato administrativo de nomeação ou designação, de acordo com as informações constantes do documento comprobatório de vínculo do profissional com a pessoa jurídica, conforme reza o §1º art. 43 da Resolução CONFEA nº 1.025/09.

Caso haja alteração do cargo, da função ou da circunscrição onde for exercida a atividade, o §2º do art. 43 da Resolução CONFEA nº 1.025/09 preceitua:

> Somente a alteração do cargo, da função ou da circunscrição onde for exercida a atividade obriga ao registro de nova ART.

O art. 44 da Resolução estatui:

> O registro da ART de cargo ou função de profissional integrante do quadro técnico da pessoa jurídica não exime o registro de ART de execução de obra ou prestação de serviço — específica ou múltipla.

O registro da ART de cargo ou função somente será efetivado após a apresentação no CREA da comprovação do vínculo contratual, conforme reza o art. 45 da Resolução CONFEA nº 1.025/09.

O vínculo entre o profissional e a pessoa jurídica pode ser comprovado por meio de contrato de trabalho anotado na Carteira de Trabalho e Previdência Social (CTPS), contrato de prestação de serviço, livro ou ficha de registro de empregado, contrato social, ata de assembleia ou ato administrativo de nomeação ou designação do qual constem a indicação do cargo ou função técnica, o início e a descrição das atividades a serem desenvolvidas pelo profissional (parágrafo único do art. 45 da Resolução CONFEA nº 1.025/09).

Compete ao profissional cadastrar a ART de cargo ou função no sistema eletrônico e à pessoa jurídica efetuar o recolhimento do valor relativo ao registro no Crea da circunscrição onde for exercida a atividade (art. 46 da Resolução CONFEA nº 1.025/09).

É considerada nula a ART se, conforme o art. 25 da Resolução CONFEA nº 1.025/09:

> I - for verificada lacuna no preenchimento, erro ou inexatidão insanáveis de qualquer dado da ART;
>
> II - for verificada incompatibilidade entre as atividades desenvolvidas e as atribuições profissionais do responsável técnico à época do registro da ART;
>
> III - for verificado que o profissional emprestou seu nome a pessoas físicas ou jurídicas sem sua real participação nas atividades técnicas descritas na ART, após decisão transitada em julgado;
>
> IV - for caracterizada outra forma de exercício ilegal da profissão;
>
> V - for caracterizada a apropriação de atividade técnica desenvolvida por outro profissional habilitado; ou
>
> VI - for indeferido o requerimento de regularização da obra ou serviço a ela relacionado.

Para os efeitos legais, somente será considerada concluída a participação do profissional em determinada atividade técnica a partir da data da baixa da ART correspondente (art. 13 da Resolução CONFEA nº 1.025/09).

O parágrafo único do artigo 13 da Resolução CONFEA nº 1.025/09, disserta que a baixa da ART não exime o profissional ou a pessoa jurídica contratada das responsabilidades administrativa, civil ou penal, conforme o caso.

O término da atividade técnica desenvolvida obriga à baixa da ART de execução de obra, prestação de serviço ou desempenho de cargo ou função (art. 14 da Resolução CONFEA nº 1.025/09).

O art. 15 reza:

> Para efeito desta resolução, a ART deve ser baixada em função de algum dos seguintes motivos:
>
> I - conclusão da obra ou serviço, quando do término das atividades técnicas descritas na ART; ou
>
> II - interrupção da obra ou serviço, quando da não conclusão das atividades técnicas descritas na ART, de acordo com os seguintes casos:
>
> a) rescisão contratual;

b) substituição do responsável técnico; ou

c) paralisação da obra e serviço.

A baixa da ART deve ser requerida ao CREA pelo profissional por meio eletrônico e instruída com o motivo, as atividades concluídas e, nos casos de baixa em que seja caracterizada a não conclusão das atividades técnicas, a fase em que a obra ou serviço se encontrar (art. 16 da Resolução CONFEA nº 1.025/09).

A baixa de ART pode ser requerida ao CREA pelo contratante ou pela pessoa jurídica contratada por meio de formulário próprio, conforme o Anexo III, desde que instruída com informações suficientes que comprovem a inércia do profissional em requerê-la (art. 17 da Resolução CONFEA nº 1.025/09).

Conforme estatui o art. 19 da Resolução nº 1.025/09, deverá ser objeto de baixa automática pelo CREA:

> I - a ART que indicar profissional que tenha falecido ou que teve o seu registro cancelado ou suspenso após a anotação da responsabilidade técnica; e
>
> II - a ART que indicar profissional que deixou de constar do quadro técnico da pessoa jurídica contratada.

1.3.3.9.2 Acervo técnico profissional

O acervo técnico é o conjunto das atividades, desenvolvidas ao longo da vida do profissional, compatíveis com suas atribuições e registradas no CREA por meio de anotações de responsabilidade técnica (art. 47 da Resolução CONFEA nº 1.025/09).

Conforme o parágrafo único do art. 47:

> Constituirão o acervo técnico do profissional as atividades finalizadas cujas ARTs correspondentes atendam às seguintes condições:
>
> I - tenham sido baixadas; ou
>
> II - não tenham sido baixadas, mas tenha sido apresentado atestado que comprove a execução de parte das atividades nela consignadas.

A capacidade técnico-profissional de uma pessoa jurídica é representada pelo conjunto dos acervos técnicos dos profissionais integrantes de seu quadro técnico (art. 48 da Resolução CONFEA nº 1.025/09).

De acordo com o parágrafo único do art. 48:

> A capacidade técnico-profissional de uma pessoa jurídica varia em função da alteração dos acervos técnicos dos profissionais integrantes de seu quadro técnico.

1.3.3.9.3 Certidão de Acervo Técnico (CAT)

A Certidão de Acervo Técnico (CAT) é o instrumento que certifica, para os efeitos legais, que consta dos assentamentos do CREA a anotação da responsabilidade técnica pelas atividades consignadas no acervo técnico do profissional (art. 49 da Resolução CONFEA nº 1.025/09).

A CAT deve ser requerida ao Crea pelo profissional por meio de formulário próprio, conforme o Anexo III, com indicação do período ou especificação do número das ARTs que constarão da certidão (art. 50 da Resolução CONFEA nº 1.025/09).

O parágrafo único do art. 50 reza:

> No caso de o profissional especificar ART de obra ou serviço em andamento, o requerimento deve ser instruído com documento que comprove a efetiva participação do profissional na execução da obra ou prestação do serviço, caracterizando, explicitamente, o período e as atividades ou as etapas finalizadas.

A CAT é válida em todo o território nacional (art. 53 da Resolução CONFEA nº 1.025/09).

O §1º do art. 53 estabelece:

> A CAT perderá a validade no caso de modificação dos dados técnicos qualitativos e quantitativos nela contidos, bem como de alteração da situação do registro da ART.

O §2º do art. 53 estatui:
A validade da CAT deve ser conferida no site do CREA ou do CONFEA.

É facultado ao profissional requerer o registro de atestado fornecido por pessoa física ou jurídica de direito público ou privado contratante com o objetivo de fazer prova de aptidão para desempenho de atividade pertinente e compatível em características, quantidades e prazos (art. 57 da Resolução CONFEA nº 1.025/09).

O atestado é a declaração fornecida pela contratante de obra ou serviço, pessoa física ou jurídica de direito público ou privado, que atesta a execução de obra ou a prestação de serviço e identifica seus elementos quantitativos e qualitativos, o local e o período de execução, os responsáveis técnicos envolvidos e as atividades técnicas executadas (parágrafo único, art. 57 da Resolução CONFEA nº 1.025/09).

As informações acerca da execução da obra ou prestação de serviço, bem como os dados técnicos qualitativos e quantitativos do atestado devem ser declarados por profissional que possua habilitação nas profissões abrangidas pelo Sistema CONFEA/CREA conforme reza o art. 58 da Resolução CONFEA nº 1.025/09.

O parágrafo único do art. 53 estabelece:

> No caso em que a contratante não possua em seu quadro técnico profissional habilitado, o atestado deverá ser objeto de laudo técnico.

O atestado que referenciar serviços que foram parcialmente concluídos deve explicitar o período e as parcelas executadas (art. 60 da Resolução CONFEA nº 1.025/09).

O atestado que referenciar serviços subcontratados ou subempreitados deve estar acompanhado de documentos hábeis que comprovem a anuência do contratante original ou que comprovem a efetiva participação do profissional na execução da obra ou prestação do serviço, tais como trabalhos técnicos, correspondências, diário de obras ou documento equivalente (art. 61 da Resolução CONFEA nº 1.025/09).

No caso de obra própria, o atestado deve estar acompanhado de documento público que comprove a conclusão da obra ou serviço expedido pela prefeitura, por agência reguladora ou por órgão ambiental, entre outros (art. 62 da Resolução CONFEA nº 1.025/09).

1.3.4 Lei Complementar nº 123/06

Em 14 de dezembro de 2006 foi editada a Lei Complementar nº 123/06, instituindo tratamento diferenciado e favorecido para as microempresas e empresas de pequeno porte, conforme prevê o seu art. 1º:

> Esta Lei Complementar estabelece normas gerais relativas ao tratamento diferenciado e favorecido a ser dispensado às microempresas e empresas de pequeno porte no âmbito dos Poderes da União, dos Estados, do Distrito Federal e dos Municípios, especialmente no que se refere:
>
> I - à apuração e recolhimento dos impostos e contribuições da União, dos Estados, do Distrito Federal e dos Municípios, mediante regime único de arrecadação, inclusive obrigações acessórias;
>
> II - ao cumprimento de obrigações trabalhistas e previdenciárias, inclusive obrigações acessórias;
>
> III - ao acesso a crédito e ao mercado, inclusive quanto à preferência nas aquisições de bens e serviços pelos Poderes Públicos, à tecnologia, ao associativismo e às regras de inclusão.

Atendo-se ao conteúdo do inciso III do art. 1º da Lei Complementar nº 123/06, observa-se que ela deu preferência nas aquisições de bens e serviços pelo Poder Público. No presente caso não cabem maiores ponderações quanto à aquisição de bens, visto que, neste trabalho, são abordados, exclusivamente, os assuntos referentes a obras e serviços de engenharia.

O art. 1º, inciso III, da Lei nº 123/06, conduz ao entendimento de que o tratamento diferenciado e favorecido é aplicável à licitações que envolvem apenas aquisições de bens e serviços excluindo as contratações de obras de engenharia.

Por outro lado, o art. 42 da LC 123/06 menciona expressamente "licitações públicas" de forma genérica, o que envolve compras, obras, serviços, alienações etc.

Entende José Anacleto Abduch Santos:

> O tratamento diferenciado e favorecido previsto na lei complementar, do ângulo das contratações públicas se direciona para as aquisições de bens e serviços, conforme art. 1º, inciso III, da LC. Aquisição de bens, nos termos da Lei nº 8666/93, equivale às compras, definidas no artigo 6º como sendo *toda a aquisição remunerada de bens para fornecimento de uma só vez ou parceladamente.*
>
> A definição de serviços também está contemplada no referido artigo 6º da lei de licitações, como sendo toda atividade destinada a obter determinada utilidade de interesse para a Administração, tais como: demolição, conserto, instalação, montagem,

operação, conservação, reparação, adaptação, manutenção, transporte, locação de bens, publicidade, seguro ou trabalhos técnico-profissionais. A disposição legal expressa e excludente dos demais objetos passíveis de contratação leva à conclusão de que estão afastadas da incidência do tratamento diferenciado e favorecido a contratação de obras, as alienações, e as concessões de serviços públicos.[10]

Já o eminente professor e jurista Carlos Pinto Motta entende:

Estabelece o art. 1º do Decreto em exame que o acesso das microempresas e empresas de pequeno porte (ME, EPP)[11] ao mercado da Administração Pública federal abrange as contratações *de bens, serviços e obras*, prosseguindo os ditames para o tratamento favorecido, diferenciado para tais empresas, estabelecido na Lei Complementar nº 123/06.

O texto regulamentar, de plano, busca cumprir seu propósito básico de operacionalizar a Lei, ao dirimir eventuais dúvidas sobre um relevante aspecto conceitual. A Lei, em seu Capítulo V. Ao designar essa matéria contratual pelo subtítulo "Das Aquisições Públicas", induziu talvez o leitor menos avisado a uma compreensão restritiva do tema. O Decreto vem esclarecer: não se trata apenas de "aquisições", no seu sentido mais comum de "compra", definida como "obrigação de dar" (art. 6º, III, Lei 8.666/93). *O art. 1º em tela, ao falar em 'bens, serviços e obras', redimensiona corretamente o alcance de aplicação do texto legal, porquanto a expressão 'serviços' tem o sentido de 'fruição' e deve ser entendida em sentido lato.*

O regulamento especifica, pois, acertadamente o que as regras dos art. 42 a 49 da LC 123/06 já permitiam afirmar: *as contratações de micro e pequenas empresas estendem-se da compra de bens à fruição de serviços e ao empreendimento de obras*; e tais empresas, a toda evidência, podem participar de certames regidos não apenas pela Lei Nacional de Licitações 8.666/93, ou pela Lei do pregão 10.520/02, mas também pela Lei 8.987/95, que rege as concessões comuns e permissões.[12]

A expressão "contratações públicas" tanto pode significar avenças que tenham cobertura orçamentária (Lei 4.320, art. 60, e LC 101/00, arts. 15 e 16), como contratos não remunerados pela Administração, a exemplo das concessões comuns, da concessão de direito real de uso, das franquias, dos credenciamentos e outros.[13] Em ambos os casos (orçamentação ou desorçamentação),[14] a participação da micro e pequena empresa ficará condicionada à sua *receita bruta anual* (art. 3º, I e II da LC 123/06 e art. 11 do Decreto).[15]

---

[10] SANTOS. As licitações e o estatuto da microempresa. *Revista JML de Licitações e Contratos.*

[11] Art. 72, LC nº 123/06.

[12] MOTTA. Apontamentos ao regulamento licitatório das microempresas e empresas de pequeno porte: Decreto Federal nº 6204/2007. *Revista Zênite de Licitações e Contratos – ILC.*

[13] Para conceituação de tais formas contratuais, vide BRÄUNERT. *Eficácia nas concessões, permissões e parcerias*, p. 29. Cf., ainda, Decisão TCU nº 207/95; e FORTINI. *Contratos administrativos*: franquia, concessão, permissão e PPP, p. 53 *et seq.*

[14] Há autores que criticam o conceito de *desorçamentação*; nossa concepção a respeito baseia-se na leitura do especialista português António Figueiredo Pombeiro, notadamente em seu *As PPP/PFI*: parcerias público privadas e a sua auditoria, e está expressa em nosso *Eficácia nas concessões, permissões e parcerias*, p. 188-190.

[15] MOTTA. Apontamentos ao regulamento licitatório das microempresas e empresas de pequeno porte: Decreto Federal nº 6204/2007. *Revista Zênite de Licitações e Contratos – ILC.*

Nota-se portanto que existem correntes diversas a respeito, ou seja, não há uniformidade de entendimento na doutrina.

É importante ressaltar que certos requisitos de habilitação principalmente os de habilitação jurídica, qualificação econômico-financeira e qualificação técnica devem ser avaliados, de forma que, as microempresas e empresas de pequeno porte cumpram os requisitos determinados pela Lei nº 8.666/93, não se aventando qualquer tratamento diferenciado em relação a essas exigências.

Com relação aos serviços, é cristalino que os serviços e obras não se confundem uma vez que a própria Lei nº 8.666/93 os define e os caracteriza em separado, como será comentado mais adiante.

Quanto aos serviços, é mister tomar cuidado se a intenção da Lei está voltada somente para os serviços ou também aos serviços de engenharia. Novamente não se fará maiores comentários em se tratando de serviços, em face de o nosso trabalho estar voltado exclusivamente a serviços de engenharia. É necessário verificar com muita cautela o que se entende por serviço. Ele é ou não um serviço de engenharia. Assunto que será debatido nos próximos capítulos. A Lei Complementar nº 123/06 ao estabelecer o tratamento diferenciado e favorecido para as microempresas e empresas de pequeno porte, torpedeia as licitações com os seus artigos 42 a 45, e 47 a 49.

Por se tratar de um assunto específico que envolve microempresas e empresas de pequeno porte, entendemos que a melhor forma metodológica é apartar os requisitos concernentes aos artigos 42 a 45 isoladamente, de modo que possam ser filtrados e facilmente ser incluídos nos respectivos tópicos, assuntos e demais disposições desse trabalho.

1.3.4.1 Subordinação à Lei Complementar nº 123/06

Sujeitam-se à Lei Complementar nº 123/06 a União, Estados, Distrito Federal, Municípios e todos os Poderes, ou seja, o Poder Executivo, o Poder Judiciário e o Poder Legislativo, como também, os Tribunais de Contas, Ministério Público e os órgãos e entidades da Administração Direta e Indireta. Com relação, as empresas públicas e sociedades de economia mista, o legislador fixou prazo de um ano para que tais entidades promovam à adaptação dos seus respectivos estatutos ao disposto na Lei Complementar nº 123/06, conforme estatui o art. 77:

> Art. 77. Promulgada esta Lei Complementar, o Comitê Gestor expedirá, em 6 (seis) meses, as instruções que se fizerem necessárias à sua execução. (...)
>
> §2º As empresas públicas e as sociedades de economia mista integrantes da administração pública federal adotarão, no prazo previsto no §1º deste artigo, as providências necessárias à adaptação dos respectivos estatutos ao disposto nesta Lei Complementar.

1.3.4.2 Modalidades e tipos de licitação que abarcam a Lei Complementar nº 123/06

São seis as modalidades de licitação. Cada uma das modalidades regula o procedimento licitatório de forma própria. Cada uma delas possui suas peculiaridades, variando estas quanto à complexidade de cada fase do procedimento licitatório e quanto à destinação de cada uma dessas fases. Elas são: a concorrência, tomada de preços, convite, concurso, leilão e pregão. A Lei Complementar nº 123/06 "estabeleceu critérios de preferência a serem observados por ocasião de licitações que visem aquisição de bens e contratação de serviços". Assim ao aplicarmos um critério residual ou excludente, é possível de imediato, sustentar que a Lei Complementar talvez não produza qualquer impacto em licitações nas modalidades *concurso* e *leilão*, tendo em vista as suas respectivas finalidades e aplicabilidades.

Restam assim, integralmente submissas às disposições da LC nº 123/06, "a *concorrência, tomada de preços, convite* e *pregão*, exceção feita apenas nas situações em que tais modalidades contemplem em seus objetos *concessões* ou *permissões de serviços públicos*".[16]

Quanto ao emprego do tipo de licitação que são do tipo menor preço, melhor técnica, técnica e preços, maior lance ou oferta serão vistos mais adiante. Com relação à aplicabilidade dos mesmos, a Lei Complementar nº 123/06 nada fundou a respeito.

Nas licitações tipo "melhor técnica" e tipo "técnica e preços" considera-se a técnica aliada ao preço, ou seja, o preço não é preponderante para a determinação do vencedor da licitação. Portanto estes tipos de licitação, que implicam em critérios específicos objetivos e complexos, não se aplicam ao regime jurídico contemplado nos artigos 44 e 45 da Lei Complementar nº 123/06, porquanto ela não estabelece a sistemática e os critérios que devem ser empregados, de forma que se possa determinar a proposta mais vantajosa. O assunto concernente ao tipo maior lance ou oferta não será abordado, uma vez que foge de nosso trabalho (obras e serviços de engenharia).

1.3.4.3 Julgamento das propostas de preços e desempate

O instrumento convocatório deve estabelecer claramente os critérios de julgamento e classificação das propostas de preços para que os interessados possam elaborar suas propostas adequadamente e dentro de uma previsibilidade lógica de julgamento. A Comissão de Licitação ou o Pregoeiro, quando do julgamento das propostas de preços, deve ser objetivo (princípio da objetividade) e levar em conta o interesse público. Todos os dispositivos contidos no instrumento convocatório devem ser observados pela Comissão de Licitação e o Pregoeiro, não sendo admissível, a pretexto de selecionar a melhor proposta, que as garantias e os interesses dos demais proponentes sejam aviltados.

[16] SANTANA; GUIMARÃES. *Licitações e o novo estatuto da pequena e microempresa*: reflexos práticos da LC nº 123/06.

Com o advento da Lei Complementar nº 123/96, houve uma modificação substancial no procedimento licitatório em todas as modalidades licitatórias. No caso de participação de empresas de médio e grande porte não existe alteração no julgamento, ou seja, segue-se a rotina normal. O que modifica a rotina licitatória, independentemente da modalidade, é a presença na licitação de microempresas e/ou empresas de pequeno porte. Assim sendo, o instrumento convocatório deve contemplar todos os pressupostos exigidos e determinados para microempresas, empresas de pequeno porte, empresas de médio e grande porte. É importante que a microempresa e empresa de pequeno porte, que pretenda usufruir o tratamento diferenciado que a Lei Complementar nº 123/06 lhe permite, tomem precaução para que a sua condição jurídica seja aceita pela Comissão de Licitação e/ou o Pregoeiro.

1.3.4.3.1 Licitação modalidade concorrência, tomadas de preços ou convite

Na eventualidade de participarem numa mesma licitação microempresa e/ou empresa de pequeno porte e empresa média e/ou de grande porte, fica estabelecido por força da Lei Complementar, que a empresa média e/ou de grande porte estará empatada com a microempresa e/ou de pequeno porte, mesmo que o valor da proposta desta ultima seja superior ao valor da proposta da primeira, obedecido, como limite máximo, um determinado percentual (até 10% para as modalidades concorrência, tomada de preços e convite).

Deve-se alertar que, neste caso, considera-se que todas as propostas de preços já foram analisadas convenientemente de acordo com todos os requisitos técnicos e legais exigidos no instrumento convocatório.

Portanto a Lei Complementar criou a figura do empate artificial, denominado de empate FICTO. É o que estabelecem o §1º do art. 44 da Lei Complementar nº 123/06, a saber:

> Entende-se por empate aquelas situações em que as propostas apresentadas pelas microempresas e empresas de pequeno porte sejam iguais ou até 10% (dez por cento) superiores à proposta mais bem classificada.

Proposta (limite até 10%)			
Empresa	**A**	**B**	**C**
Tipo de empresa	Grande porte	Médio porte	Micro ou pequeno porte
Valor	R$1.050,00	R$1.000,00	R$1.100,00
			Empate FICTO entre as empresas "B" e "C"

Procede-se o desempate FICTO conforme estabelecido no inciso I do art. 45 da LC:

> Para efeito do disposto no art. 44 desta Lei Complementar, ocorrendo o empate, proceder-se-á da seguinte forma:

I - a microempresa ou empresa de pequeno porte mais bem classificada poderá apresentar proposta de preço inferior àquela considerada vencedora do certame, situação em que será adjudicado em seu favor o objeto licitado.

Como há a possibilidade de participarem em uma mesma licitação diversos tipos de empresa (microempresas, empresas de pequeno porte, empresas de médio e grande porte), várias situações, abaixo arroladas, podem emergir, quando se trata de licitações modalidade concorrência, tomadas de preços ou convite.

1. *Presença na mesma licitação de empresas de médio e grande porte, de microempresas e empresas de pequeno porte*

- 1ª hipótese

Se, após a *classificação provisória*,[17] constatar-se empate ficto entre empresas de grande, médio e pequeno porte e/ou microempresa, há a necessidade de se proceder ao desempate. A microempresa e/ou empresa de pequeno porte que se encontra em situação de empate ficto, a Lei Complementar assegura à mesma a possibilidade de proceder novo lance, que deverá ser menor do que aquela classificada em primeiro lugar, mesmo depois de encerrada a disputa, conforme reza o inciso I do art. 45 da Lei Complementar nº 123/06.

Proposta (limite até 10%)			
Empresa	**A**	**B**	**C**
Tipo de empresa	Grande porte	Médio porte	Micro ou pequeno porte
Valor	R$1.050,00	R$1.000,00	R$1.100,00
Empate FICTO entre as empresas "B" e "C"			
Solicitado apresentar nova oferta à Empresa C			
Valor da nova oferta apresentada pela Empresa C:			R$999,99
Empresa mais bem classificada:			Empresa C

- 2ª hipótese

Se após a *classificação provisória* constatar-se empate ficto entre empresas de grande, médio e pequeno porte e/ou microempresa, há a necessidade de se proceder ao desempate. A microempresa e/ou empresa de pequeno porte, mais bem classificada, que se encontra em situação de empate ficto, a Lei Complementar assegura à mesma a possibilidade de proceder novo lance, que deverá ser menor do que aquela classificada em primeiro lugar, mesmo depois de encerrada a disputa, conforme reza o inciso I do art. 45 da Lei Complementar nº 123/06.

[17] SANTANA; GUIMARÃES. *Licitações e o novo estatuto da pequena e microempresa*: reflexos práticos da LC nº 123/06.

Proposta (limite até 10%)			
Empresa	**A**	**B**	**C**
Tipo de empresa	Médio ou grande porte	Micro ou pequeno porte	Micro ou pequeno porte
Valor	R$1.000,00	R$1.040,00	R$1.030,00
			Empate FICTO entre as empresas "A" e "C"
Solicitado apresentar nova oferta à Empresa C			
Valor da nova oferta apresentada pela Empresa C:			R$999,99
Empresa mais bem classificada:			Empresa C

- 3ª hipótese

Se, após a *classificação provisória*, duas ou mais microempresas e/ou empresas de pequeno porte encontram-se na situação de empate autêntico dentro do empate ficto, e ainda que, na mesma licitação também participam empresas de médio e grande porte será procedido mediante sorteio (entre as em empate autêntico), a identificação daquela que primeiro poderá apresentar a melhor oferta, conforme reza o art. 45. III:

> (...) no caso de equivalência dos valores apresentados pelas microempresas e empresas de pequeno porte que se encontrem nos intervalos estabelecidos nos §§1º e 2º do art. 44 desta Lei Complementar, será realizado sorteio entre elas para que se identifique aquela que primeiro poderá apresentar melhor oferta.

Proposta (limite até 10%)			
Empresa	**A**	**B**	**C**
Tipo de empresa	Médio ou grande porte	Micro ou pequeno porte	Micro ou pequeno porte
Valor	R$1.000,00	R$1.040,00	R$1.040,00
			Empate AUTÊNTICO entre "B" e "C"
			Empate FICTO entre as empresas "A", "B" e "C"
Sorteio entre as empresas B e C			
Vencedora do sorteio:			Empresa C
Solicitado apresentar nova oferta à Empresa C			
Valor da nova oferta apresentada pela empresa C:			R$999,99
Empresa mais bem classificada:			Empresa C

- 4ª hipótese

Se a microempresa ou empresa de pequeno porte melhor classificada (classificação provisória) não seja a vencedora, deverá ser convocada a melhor classificada dentre as demais microempresas ou empresas de pequeno porte remanescentes, para apresentar nova oferta, desde que suas propostas estão do limite estabelecido no art. 44, §1º da Lei Complementar nº 123/06.

Proposta (limite até 10%)			
Empresa	**A**	**B**	**C**
Tipo de empresa	Médio ou grande porte	Micro ou pequeno porte	Micro ou pequeno porte
Valor	R$1.000,00	R$1.040,00	R$1.010,00
		Empate FICTO entre as empresas "A" e "C"	
Solicitado apresentar nova oferta à Empresa C			
Valor da nova oferta apresentada pela Empresa C:			R$1.000,01
Convocação da empresa remanescente:			Empresa B
Valor da nova oferta apresentada pela Empresa B:			R$999,99
Empresa mais bem classificada:			Empresa B

OBSERVAÇÃO IMPORTANTE: Como a Lei Complementar nº 123/06 nada estabelece quanto ao prazo para apresentar nova oferta, quando se trata de licitação modalidade concorrência, tomada de preços e convite, o instrumento convocatório deverá fixar o prazo para apresentar nova oferta.

2. Presença na mesma licitação somente de microempresas e empresas de pequeno porte

Na eventualidade de participarem numa mesma licitação somente microempresas e empresas de pequeno porte a classificação se dá a quem apresentar a proposta mais vantajosa. Neste caso, evidentemente não existe a figura do empate FICTO. Em igualdade de condições, ou empate autêntico, o desempate deve levar em conta os critérios referidos no art. 3º, §2º, da Lei nº 8.666/93.

Como regra, o desempate será decidido mediante sorteio, ficando vedada à utilização de qualquer outro critério ou procedimento. O sorteio deve ser realizado em solenidade pública, amplamente divulgada. Devem ser adotadas cautelas que assegurem a imparcialidade do resultado, permitindo-se ampla fiscalização por parte dos interessados.

Proposta (limite até 10%)			
Empresa	**A**	**B**	**C**
Tipo de empresa	Pequeno porte	Micro ou pequeno porte	Micro ou pequeno porte
Valor	R$1.100,00	R$1.060,00	R$1.040,00
Empresa mais bem classificada:			Empresa C

3. Presença na mesma licitação somente de empresas médias e de grande porte

Se participarem numa mesma licitação somente empresas de médio e grande porte, a classificação se dará normalmente conforme reza a Lei nº 8.666/93, assunto que vai ser tratado mais adiante.

1.3.4.3.2 Licitação modalidade pregão presencial ou eletrônico

1. *Presença na mesma licitação de empresas de médio e grande porte, de microempresas e empresas de pequeno porte*

Caso participem, em uma mesma licitação, microempresa e/ou empresa de pequeno porte e empresa média e/ou de grande porte, e após o encerramento da disputa (por meio de lances) verifica-se a ordem de mérito das empresas participantes e aplica-se o estabelecido por força da Lei Complementar, ou seja, a empresa média e/ou de grande porte estará empatada com a microempresa e/ou de pequeno porte, mesmo que o valor da proposta desta ultima seja superior ao valor da proposta da primeira, obedecido, como limite máximo, um determinado percentual (até 5% para modalidade pregão).

Portanto a Lei Complementar criou a figura do empate artificial, chamado de empate FICTO. É o que estabelece no §2º do art. 44 da Lei Complementar nº 123/06:

> Na modalidade de pregão, o intervalo percentual estabelecido no §1º deste artigo será de até 5% (cinco por cento) superior ao melhor preço.

	Proposta (limite até 5%)	
Empresa	**A**	**B**
Tipo de empresa	Médio ou grande porte	Micro ou pequeno porte
Valor	R$1.000,00	R$1.050,00
		Empate FICTO entre as empresas "A" e "B"

Procede-se o desempate FICTO conforme estabelecido na LC:

> Art. 45. Para efeito do disposto no art. 44 desta Lei Complementar, ocorrendo o empate, proceder-se-á da seguinte forma:
>
> I - a microempresa ou empresa de pequeno porte mais bem classificada poderá apresentar proposta de preço inferior àquela considerada vencedora do certame, situação em que será adjudicado em seu favor o objeto licitado; (...).

Como há a possibilidade de participarem em uma mesma licitação diversos tipos de empresa (microempresas, empresas de pequeno porte, empresas de médio e grande porte), várias situações, abaixo arroladas, podem emergir, quando se trata de licitações modalidade pregão.

2. *Presença na mesma licitação de empresas de médio e grande porte, de microempresas e empresas de pequeno porte*

- 1ª hipótese

Como existe empate ficto entre empresas de grande, médio e pequeno porte e/ou microempresa, há a necessidade de se proceder ao desempate. A microempresa e/ou empresa de pequeno porte que se encontra em situação de empate FICTO, a Lei Complementar assegura à mesma a possibilidade de proceder novo lance, que deverá ser menor do que aquela classificada em primeiro lugar, mesmo depois de encerrada a disputa, conforme reza o inciso I do art. 45 da Lei Complementar nº 123/06.

Proposta (limite até 5%)			
Empresa	**A**	**B**	**C**
Tipo de empresa	Grande porte	Médio porte	Micro ou pequeno porte
Valor	R$1.010,00	R$1.000,00	R$1.050,00
			Empate FICTO entre as empresas "B" e "C"
Solicitado apresentar nova oferta à:			Empresa C
Valor da nova oferta apresentada pela empresa C			R$999,99
Empresa melhor classificada			Empresa C

- 2ª hipótese

Quando existe empate ficto entre empresas de grande, médio e pequeno porte e/ou microempresa, há a necessidade de se proceder ao desempate. A microempresa e/ou empresa de pequeno porte, mais bem classificada, que se encontra em situação de empate ficto, a Lei Complementar assegura à mesma a possibilidade de proceder novo lance, que deverá ser menor do que aquela classificada em primeiro lugar, mesmo depois de encerrada a disputa, conforme reza o inciso I do art. 45 da Lei Complementar nº 123/06.

Proposta (limite até 5%)			
Empresa	**A**	**B**	**C**
Tipo de empresa	Médio ou grande porte	Micro ou pequeno porte	Micro ou pequeno porte
Valor	R$1.000,00	R$1.040,00	R$1.030,00
			Empate FICTO entre as empresas "A" e "C"
Solicitado apresentar nova oferta à:			Empresa C
Valor da nova oferta apresentada pela Empresa C:			R$999,99
Empresa mais bem classificada			Empresa C

- 3ª hipótese

No caso em que duas ou mais microempresas e/ou empresas de pequeno porte encontram-se na situação de empate autêntico dentro do empate ficto, e ainda que, na mesma licitação também participam empresas de médio e grande porte será procedido mediante sorteio (entre as em empate autêntico), a identificação daquela que primeiro poderá apresentar a melhor oferta.

Proposta (limite até 5%)			
Empresa	**A**	**B**	**C**
Tipo de empresa	Médio ou grande porte	Micro ou pequeno porte	Micro ou pequeno porte
Valor	R$1.000,00	R$1.040,00	R$1.040,00
Empate AUTÊNTICO entre "B" e "C"			
Empate FICTO entre as empresas "A", "B" e "C"			
Sorteio entre as empresas B e C			
Vencedora do sorteio:			Empresa C
Solicitado apresentar nova oferta à: Empresa C			
Valor da nova oferta apresentada pela empresa C:			R$999,99
Empresa mais bem classificada:			Empresa C

- 4ª hipótese

Se a microempresa ou empresa de pequeno porte melhor classificada (classificação provisória) não seja a vencedora, deverá ser convocada a melhor classificada dentre as demais microempresas ou empresas de pequeno porte remanescentes, para apresentar nova oferta, desde que suas propostas estão do limite estabelecido no art. 44, §1º da Lei Complementar nº 123/06.

Proposta (limite até 5%)			
Empresa	**A**	**B**	**C**
Tipo de empresa	Médio ou grande porte	Micro ou pequeno porte	Micro ou pequeno porte
Valor	R$1.000,00	R$1.040,00	R$1.010,00
Empate FICTO entre as empresas "A" e "C"			
Solicitado apresentar nova oferta à empresa C			
Valor da nova oferta apresentada pela Empresa C:		R$1.000,01	
Convocação da empresa remanescente:		Empresa B	
Valor da nova oferta apresentada pela Empresa B:		R$999,99	
Empresa mais bem classificada:		Empresa B	

É imperioso observar que quando se trata de licitação modalidade pregão (presencial ou eletrônico) o microempresário ou empresário de empresa de pequeno porte esteja presente quando da disputa. Sua ausência o impede de efetuar lances, recorrer e exercitar o seu direito de preferência se ocorrer o empate ficto. Nesse sentido o §3º do art. 45 da Lei Complementar nº 123/06 estabelece:

> No caso de pregão, a microempresa ou empresa de pequeno porte mais bem classificada será convocada para apresentar nova proposta no prazo máximo de 5 (cinco) minutos após o encerramento dos lances, sob pena de preclusão.

Somente após a aplicação do art. 45, §3º, da Lei Complementar nº 123/06 se deve aplicar o disposto no art. 4º, inciso XVII, da Lei nº 10.520/00.

1.3.4.4 Habilitação

As condições de "Habilitação" comandadas pela Lei nº 8.666/93 estão descritas na seção 5.4.2.5, no Capítulo 5 deste trabalho. A Comissão de Licitação ou Pregoeiro, em observância aos princípios básicos, tem sempre por obrigação proceder a uma análise minuciosa e detalhada dos documentos apresentados pelos proponentes, independentemente da fase em que se encontra o procedimento licitatório. Não é válido somente o exame formal, ou seja, não é satisfatória a simples apresentação dos documentos exigidos no instrumento convocatório. É dever da Comissão de Licitação ou do Pregoeiro verificar, além da regularidade formal dos documentos, sua autenticidade e seu conteúdo.

A habilitação ou habilitação preliminar é a análise que a administração realiza a fim de verificar se a pessoa física ou jurídica que pretende com ela contratar reúne condições de ordem jurídica, fiscal, técnica e econômico-financeira.

A Lei Complementar nº 123/06, também, trouxe novidades, na habilitação dos proponentes. O privilégio outorgado às microempresas e empresas de pequeno porte concerne somente à regularidade fiscal. A Lei Complementar, no que concerne à regularidade fiscal, estatui:

> Art. 42. Nas licitações públicas, a comprovação de regularidade fiscal das microempresas e empresas de pequeno porte somente será exigida para efeito de assinatura do contrato.
>
> Art. 43. As microempresas e empresas de pequeno porte, por ocasião da participação em certames licitatórios, deverão apresentar toda a documentação exigida para efeito de comprovação de regularidade fiscal, mesmo que esta apresente alguma restrição.
>
> §1º Havendo alguma restrição na comprovação da regularidade fiscal, será assegurado o prazo de 2 (dois) dias úteis, cujo termo inicial corresponderá ao momento em que o proponente for declarado o vencedor do certame, prorrogáveis por igual período, a critério da Administração Pública, para a regularização da documentação, pagamento ou parcelamento do débito, e emissão de eventuais certidões negativas ou positivas com efeito de certidão negativa.

§2º A não-regularização da documentação, no prazo previsto no §1º deste artigo, implicará decadência do direito à contratação, sem prejuízo das sanções previstas no art. 81 da Lei nº 8.666, de 21 de junho de 1993, sendo facultado à Administração convocar os licitantes remanescentes, na ordem de classificação, para a assinatura do contrato, ou revogar a licitação.

1.3.4.4.1 Habilitação no caso de modalidade concorrência, tomada de preços e convite

Esse assunto (habilitação) será tratado mais adiante, porém faz-se necessário, pela sua complexidade, um breve comentário. Em licitações cuja modalidade é a concorrência, a tomada de preços ou o convite a análise da documentação relativa à regularidade jurídica, regularidade fiscal, qualificação técnica e qualificação econômico-financeira se procede na etapa preliminar, chamada de habilitação ou habilitação preliminar. Independentemente de uma suposta habilitação, não se sabe *a priori* se a microempresa ou a empresa de pequeno porte ou a empresa de médio porte ou a empresa de grande porte vai se consagrar vencedora, uma vez que, o resultado final somente se dará após o conhecimento e análise das respectivas propostas de preço. Portanto, a habilitação sempre antecede a análise das propostas de preços, salvo em alguns casos (Bahia e Paraná) onde já está instituída oficialmente a inversão de fases.

Deve-se atentar que a leitura dos textos da Lei de forma literal muitas vezes não é apropriada, visto que, poderá conduzir a interpretações falsas. No caso do art. 42 se evidencia tal fato. Não é possível que a documentação da regularidade fiscal seja apresentada somente no ato da formalização do contrato. Para se atingir a fase de formalização do contrato é necessária que tenha havido a homologação e adjudicação (para as modalidades concorrência, tomada de preços e convite). Ora, para se efetivar a homologação é necessário que todas as fases tenham sido concluídas. Por outro lado, como se abriria o prazo recursal se a licitação já se encontra concluída. Portanto, não é cabível que a documentação da regularidade fiscal seja apresentada somente no ato da formalização do contrato para somente então ser efetuada a análise da referida documentação.

A Lei Complementar nº 123/06 ordena que as microempresas e as empresas de pequeno porte quando da apresentação da documentação relativa à regularidade fiscal, e estas apresentarem alguma restrição, elas têm o prazo de dois dias úteis, prorrogáveis por igual período, para a devida regularização, cujo termo inicial corresponderá ao momento em que o proponente for declarado o vencedor do certame, em cumprimento ao art. 43.

Art. 43. As microempresas e empresas de pequeno porte, por ocasião da participação em certames licitatórios, deverão apresentar toda a documentação exigida para efeito de comprovação de regularidade fiscal, mesmo que esta apresente alguma restrição.

§1º Havendo alguma restrição na comprovação da regularidade fiscal, será assegurado o prazo de 2 (dois) dias úteis, cujo termo inicial corresponderá ao momento em que o proponente for declarado o vencedor do certame, prorrogáveis por igual período, a critério da Administração Pública, para a regularização da documentação, pagamento ou parcelamento do débito, e emissão de eventuais certidões negativas ou positivas com efeito de certidão negativa.

Se for analisado o conteúdo do §1º do art. 43, de início pergunta-se: como é possível a microempresa ou a empresa de pequeno porte proceder à regularização de documentos (concernente à regularidade fiscal), que apresentam restrições, após ela ter sido declarada vencedora? Voltamos aos demais artigos, particularmente aos de julgamento (artigos nº 44 e 45) onde estão implícitos, conforme já mencionado anteriormente, a expressão "vencedor provisório, classificada provisoriamente ou classificação provisória", por mais que nos referidos artigos se utilizem somente as expressões "mais bem classificada", "ordem classificatória" ou "vencedora". No ato da análise dos referidos artigos, verifica-se que só foi possível atingir uma lógica sequencial de raciocínio e aplicabilidade da legislação, quando se introduziram as expressões "classificada provisoriamente" e "classificação provisória", sem, no entanto, ferir ou se desviar da legislação. Assim sendo, entende-se que para este caso deve-se utilizar a mesma lógica sequencial de raciocínio, ou seja, onde se lê "for declarado vencedor do certame" (art. 43, §1º) interprete-se como "for declarado vencedor provisório do certame".

Isto posto, torna-se cristalino qual a sequência lógica que se deve adotar, de forma que seja observado o aspecto temporal do procedimento de regularização de documentos (concernente à regularidade fiscal) que apresentam restrições.

No caso de uma microempresa ou empresa de pequeno porte quando, da fase inicial ou de habilitação, apresentar algum documento relativo à regularidade fiscal com restrição a Comissão de Licitação não pode inabilitá-la sumariamente, em face do tratamento diferenciado a que ela tem direito, por imposição legal (Lei Complementar nº 123/06). O procedimento licitatório tem seu prosseguimento normal com a presença da microempresa ou a empresa de pequeno porte, no certame. Abertas as propostas de preços de todos os proponentes habilitados inclusive a microempresa ou a empresa de pequeno porte (com restrição documental fiscal) procede-se a análise profunda das propostas de preços, conforme aposto em capítulo próximo, e procede-se a uma classificação provisória. No caso em que a microempresa ou a empresa de pequeno porte for a "vencedora provisória", e após sua regular intimação, abre-se o prazo de dois dias úteis, prorrogável por igual período, para que ocorra a devida regularização.

Verifica-se destarte, que foi obedecido o constante no §1º do art. 43, tanto no que concerne o prazo de dois dias úteis quanto da regularização documental quando declarada "vencedora".

No caso em que a microempresa ou a empresa de pequeno porte não proceda à regularização documental, conforme previsto no §2º do art. 43, a mesma será inabilitada e estará sujeita às penalidades cabíveis. Fato este que obviamente implica na perda do direito de contratar.

Art. 43. As microempresas e empresas de pequeno porte, por ocasião da participação em certames licitatórios, deverão apresentar toda a documentação exigida para efeito de comprovação de regularidade fiscal, mesmo que esta apresente alguma restrição.

§2º A não-regularização da documentação, no prazo previsto no §1º deste artigo, implicará decadência do direito à contratação, sem prejuízo das sanções previstas no art. 81 da Lei nº 8.666, de 21 de junho de 1993, sendo facultado à Administração convocar os licitantes remanescentes, na ordem de classificação, para a assinatura do contrato, ou revogar a licitação.

Observe-se que a Lei Complementar nº 123/06 nada estabelece ou normatiza quanto a forma de se proceder no caso da necessidade de chamamento de proponente remanescente, visto que o vencedor não se habilitou ao certame. Assim sendo, é factível o apoio legal na Lei Federal nº 8.666/93.

Estabelece a Lei nº 8.666/93 no art. 27 que para a habilitação nas licitações exigir-se-á dos interessados, exclusivamente, documentação relativa a:

I - habilitação jurídica;
II - qualificação técnica;
III -qualificação econômico-financeira;
IV -regularidade fiscal;
V - cumprimento do disposto no inciso XXXIII do art. 7º da Constituição Federal.[18]

O proponente que deixar de apresentar qualquer documento solicitado no instrumento convocatório, quer seja relativa a regularidade jurídica, quer relativa a qualificação técnica, quer relativa a qualificação econômico-financeira, quer a regularidade fiscal ou outros requisitos é de pronto inabilitado. Maiores detalhes serão vistos mais adiante.

O art. 41, §4º, da Lei nº 8.666/93, reza:

A inabilitação do licitante importa preclusão do seu direito de participar das fases subseqüentes.

Em face do artigo e parágrafo acima, torna-se cristalino que um proponente inabilitado não poderá sob hipótese alguma participar da fase subsequente, que no caso é a etapa comercial (preços).

Estabelece ainda o §3º do art. 45 da Lei nº 8.666/93:

No caso da licitação do tipo "menor preço", entre os licitantes considerados qualificados a classificação se dará pela ordem crescente dos preços propostos, prevalecendo, no caso de empate, exclusivamente o critério previsto no parágrafo anterior.

Note-se que, em conformidade com o estabelecido acima, os proponentes que lograram habilitação, e depois de analisadas as propostas serão classificadas em ordem

[18] Emenda Constitucional nº 20, de 1998: "Art. 7º São direitos dos trabalhadores urbanos e rurais, além de outros que visem à melhoria de sua condição social: (...) XXXIII - proibição de trabalho noturno, perigoso ou insalubre a menores de dezoito e de qualquer trabalho a menores de dezesseis anos, salvo na condição de aprendiz, a partir de quatorze anos".

crescente dos preços propostos. Cabe ressaltar, que as propostas dos proponentes inabilitados não devem ser consideradas, aliás, nem o podem, visto que os envelopes, contendo as respectivas propostas de preços, dos proponentes inabilitados sequer foram abertos, de acordo com que preceitua o:

> Art. 43. A licitação será processada e julgada com observância dos seguintes procedimentos: (...)
>
> II - devolução dos envelopes fechados aos concorrentes inabilitados, contendo as respectivas propostas, desde que não tenha havido recurso ou após sua denegação;

Desta forma, em uma licitação, independentemente da modalidade for concorrência, tomada de preços ou convite, sempre haverá uma ordem de mérito que indicará o vencedor, o 2º colocado, o 3º colocado, e assim por diante.

A Lei Complementar nº 123/06 nada disciplina quanto ao chamamento de proponentes remanescente, entende-se que se deva adotar o seguinte critério, sempre se considerando o possível empate ficto:

a) Estabelece-se, em uma nova lista, a ordem de mérito dos proponentes habilitados;
b) Caso o primeiro colocado da nova ordem de mérito for novamente uma microempresa ou empresa de pequeno porte, procede-se da mesma forma anterior se a documentação fiscal apresentar alguma restrição. Caso contrário, ele será declarado vencedor, após ter sido verificado se não há empate ficto e necessidade de negociação, e assim sucessivamente;
c) Caso o primeiro colocado na nova ordem de mérito não for uma microempresa ou empresa de pequeno porte, o proponente será considerado vencedor, desde que não haja empate ficto e necessidade de negociação.

1.3.4.4.2 Habilitação no caso de licitação modalidade pregão

O Pregão foi instituído por meio da Medida Provisória nº 2.026, de 4 de maio de 2000. Posteriormente ela foi transformada na Lei nº 10.520, publicada em 18 de julho de 2002, que a institui como a sexta modalidade licitatória. Portanto, o pregão é regido pela Lei nº 10.520/02 e os decretos nº 3.555/00 e nº 5.450/05, que regulamentam o pregão presencial e eletrônico, respectivamente. O pregão está voltado para proceder a licitações visando à aquisição de bens e serviços comuns. No pregão opera-se a inversão das fases de licitação, ou seja, primeiro são julgadas as propostas, para depois proceder à habilitação. Ou seja, na mesma sessão são recebidas as propostas de preços, procede-se a respectiva disputa, tem-se o vencedor, habilita-se e, não havendo recurso, adjudica-se.

Na etapa de habilitação serão analisadas: a documentação relativa à regularidade jurídica, a qualificação técnica, a qualificação econômico-financeira e a regularidade fiscal do proponente vencedor da primeira etapa, com o intuito de verificar se as exigências do instrumento convocatório foram cumpridas. Caso o mesmo não atenda os ditames exigidos no instrumento convocatório, ele será sumariamente desclassificado.

Caso o vencedor da primeira etapa for uma microempresa ou uma empresa de pequeno porte e verificar-se que, na documentação relativa a regularidade fiscal, ocorreu alguma restrição, o mesmo poderá pleitear o direito de regularização, conforme dita o art. 42 da Lei Complementar nº 123/06:

> Nas licitações públicas, a comprovação de regularidade fiscal das microempresas e empresas de pequeno porte somente será exigida para efeito de assinatura do contrato.

Se houver a regularização por parte da microempresa ou empresa de pequeno porte, o certame seguirá sua rotina normal até a contratação do vencedor.

Como já visto anteriormente, não é possível que a documentação da regularidade fiscal seja apresentada somente no ato da formalização do contrato. Para se atingir a fase de formalização do contrato é necessário que tenha havido a adjudicação. Ora, para que se efetive a adjudicação é indispensável que todas as fases tenham sido concluídas. Por outro lado, como se abriria o prazo recursal se a licitação já se encontra concluída. Portanto, não é cabível que a documentação da regularidade fiscal seja apresentada somente no ato da formalização do contrato para somente então ser efetuada a análise da referida documentação.

Caso a microempresa ou a empresa de pequeno porte não proceda à regularização documental, conforme previsto no §2º do art. 43, a mesma será inabilitada e estará sujeita às penalidades cabíveis. Fato este que obviamente implica na perda do direito de contratar.

Se, a microempresa ou a empresa de pequeno porte, não procedeu a sua regularização e, consequentemente, por força legal foi inabilitada, o instaurador deverá adotar a mesma rotina empregada para o vencedor, para o proponente remanescente em ordem de mérito (segundo colocado). Deverá iniciar pelo julgamento da proposta, visto que poderá ter havido o empate ficto na classificação das propostas de preços, procedendo-se a seguir a negociação e partindo-se em sequência para a etapa da habilitação, proclamação do vencedor, se for o caso, e partindo-se para a fase recursal, e assim sucessivamente, conforme dita o art. 4º, inciso XVI, da Lei nº 10.520/02:

> (...) se a oferta não for aceitável ou se o licitante desatender às exigências habilitatórias, o pregoeiro examinará as ofertas subseqüentes e a qualificação dos licitantes, na ordem de classificação, e assim sucessivamente, até a apuração de uma que atenda ao edital, sendo o respectivo licitante declarado vencedor.

1.3.5 Plano plurianual

Planos plurianuais, como o nome está indicando, são os destinados a se realizar durante anos.

Supõe-se que os planos são originários da Rússia; mas essa suposição não é verdadeira. Em 1916, Henri Fayol, mostrou que sempre fizera planos decenais, com enorme sucesso, para as empresas que dirigia. Portanto Fayol, entre outros, já fazia planos plurianuais muito antes de ser elaborado o primeiro plano quinquenal russo.

A elaboração de planos plurianuais é imprescindível, para satisfação de vários subprincípios do Planejamento, principalmente o da Síntese e Análise, no tempo.

Em consonância com o art. 165, §1º, da Carta Magna, o Plano Plurianual, aprovado por Lei, tem como finalidade instituir de forma regionalizada, as diretrizes, objetivos e metas da administração pública federal para as despesas de capital e outras delas decorrentes e para as relativas aos programas de duração continuada.

A Lei, com periodicidade quadrienal, tem por meta planejar e normatizar às ações do Governo. Torna-se imperioso, portanto, que o Estado seja um agente fiscalizador, de planejamento e de incentivo para o setor público. Qualquer obra ou serviço de engenharia só pode ser licitado ou executado se estiver contemplado nas metas fixadas no Plano Plurianual, conforme preceitua o §2º, inciso IV, do art. 7º.

> Art. 7º (...)
>
> §2º As obras e os serviços somente poderão ser licitados quando: (...)
>
> IV - o produto dela esperado estiver contemplado nas metas estabelecidas no Plano Plurianual de que trata o art. 165 da Constituição Federal, quando for o caso.

Por outro lado, se a execução de uma obra ou serviço de engenharia não concluir no Plano Plurianual e, por algum fato, não estiver contemplado nas metas do Plano Plurianual subsequente, o contrato de empreitada se extingue.

1.3.6 Lei de Responsabilidade Fiscal (LRF)

A Lei Complementar nº 101/2000 (Lei de Responsabilidade Fiscal), que deve ser cumprida por todos os subordinados a ela, estabelece normas de finanças públicas direcionadas para a responsabilidade na gestão fiscal, ou seja, "estabelece o regime de gestão fiscal responsável, impondo, dentre outras práticas, a realização de atos de planejamento dos gastos, realização racional das despesas e busca do cumprimento das metas da Administração Pública de forma eficiente e eficaz".[19]

A referida Lei "é o mais importante instrumento já criado para estimular e assegurar o planejamento das finanças públicas, além de possibilitar a transparência dos registros e facilitar o controle, tanto dos órgãos competentes, quanto pela própria sociedade, em benefício desta e das gerações futuras".[20]

1.3.7 CONAMA

A execução de qualquer obra ou serviço de engenharia indubitavelmente causa impacto, de maior ou menor intensidade, no meio ambiente. Com o intuito de anular este impacto, a execução de qualquer obra ou serviço de engenharia somente

[19] SANTANA. *Pregão presencial e eletrônico*: manual de implantação, operacionalização e controle.

[20] RODRIGUES. Tribunal de Contas da União, Lei de Responsabilidade Fiscal e municípios. *Revista do Tribunal de Contas da União*.

é autorizada desde que esta seja desenvolvida de acordo com as normas específicas aprovados pelos órgãos ou entidades ambientais competentes.

A Resolução CONAMA nº 237/97, em seus artigos 4º a 6º, define as competências do Instituto Brasileiro do Meio Ambiente e dos Recursos Naturais Renováveis (Ibama) e dos demais órgãos estaduais ou municipais ambientais.

A Resolução CONAMA nº 307/02, em seus artigos, estabelece diretrizes, critérios e procedimentos para a gestão dos resíduos da construção civil. Ela abarca definições e estabelece que para a implantação da gestão dos resíduos da construção civil deverá ser elaborado pelos Municípios e pelo Distrito Federal o Plano Integrado de Gerenciamento de Resíduos da Construção Civil, bem como outras diretrizes.

A Instrução Normativa nº 01/10, de 19 de janeiro de 2010, dispõe sobre critérios de sustentabilidade ambiental na aquisição de bens, contratação de serviços ou obras pela Administração Pública Federal direta, autárquica e fundacional e dá outras providências.

1.4 Princípios jurídicos

Na linguagem técnica, a palavra *princípio* significa proposição diretora de uma ciência, à qual todo o desenvolvimento posterior dessa ciência deve estar subordinado, ou seja, é o início de uma cadeia de deduções.

Na Engenharia, a Mecânica, vetorial ou clássica, sob o ponto de vista geral, pode ser definida como a ciência que descreve e prediz as condições de repouso ou movimento de corpos sob a ação de forças. A Mecânica é o fundamento da maioria das ciências de Engenharia e é um pré-requisito indispensável a seu estudo. Ela não é uma ciência abstrata ou mesmo pura; Mecânica é uma ciência aplicada.

Newton (1642-1727) encontrou uma formulação satisfatória a partir de seus princípios fundamentais, válidos e aplicados até a atualidade. Assim, a Mecânica Newtoniana ainda constitui a base das ciências atuais de Engenharia.

O estudo da Mecânica repousa em seis Princípios Fundamentais, que representam o ponto de partida, a origem, o início e sobre os quais se construiu todo arcabouço da Mecânica Newtoniana, um dos três pilares da Engenharia. Somente como curiosidade, os mencionamos:

- Lei do Paralelogramo para adição de forças;
- Princípio da transmissibilidade;
- 1ª Lei de Newton;
- 2ª Lei de Newton;
- 3ª Lei de Newton;
- Lei de gravitação de Newton.

Da mesma forma, a expressão princípio é aproveitada no Direito, uma vez que eles consolidam a base, o início, o ponto de partida, a estrutura, a fundação sobre a qual se constrói o ordenamento jurídico. Assim, tanto na Mecânica Newtoniana, por conseguinte na Engenharia, quanto no Direito, para que se possa compreender as leis, é fundamental que se compreenda o que deu origem a elas, ou seja, os princípios.

Os princípios jurídicos são importantíssimos no âmbito do Direito, pois constituem fonte e origem das normas, vez que estão implícitos nas mesmas e das quais não podem ser separados enquanto a Lei vigorar.

Os processos administrativos de contratação dos quais participa o particular regem-se por uma série de princípios. Segundo a lição de Odete Medauar:

> (...) no direito administrativo, os princípios revestem-se de grande importância. Por ser um direito de elaboração recente e não codificado, os princípios auxiliam a compreensão e consolidação de seus institutos, (...) sobretudo para possibilitar a solução de casos não previstos, para permitir melhor compreensão dos textos esparsos e para conferir certa segurança aos cidadãos quanto à extensão dos seus direitos e deveres.[21]

Os princípios jurídicos que regem a licitação, contidos na Constituição Federal e na Lei nº 8.666/93, qualquer que seja a modalidade, resumem-se, entre outros, em:

1.4.1 Princípio da indisponibilidade e do interesse público

Pode ser indicado como o fundamento do exercício da função dos gestores nos processos de contratação; tais gestores podem ser os responsáveis pela elaboração do instrumento convocatório e respectivos modelos e anexos, incluindo aí a minuta de contrato. Esclarece o modo como devem ser tratados os bens e interesses públicos pelos agentes da Administração. É o "cerne da função pública. A satisfação do interesse público é a finalidade da função administrativa. Por isto, o dinheiro público tem que ser gasto com parcimônia. As contratações não podem ser realizadas ao alvedrio do administrador. Então, onde houver bem e gestão de coisa pública, ali o dever de licitar. Tanto que as próprias empresas públicas e sociedades de economia mista, apesar de regidas pelo direito privado, submetem-se, por força dos artigos 22, XXVII, e 37, XXI da CF, a este dever".[22]

1.4.2 Princípio da legalidade

A licitação sujeita a obediência à legislação e ao instrumento convocatório que a regem. Essa obrigação decorre não só da Lei, mas também do próprio instrumento convocatório e seus modelos, anexos e adendos. Assim sendo, deve-se tomar o máximo cuidado para não se confundir o procedimento com simples *formalismo*, que se caracteriza por exigências inúteis e desnecessárias. Não se anula uma licitação diante de simples omissões ou irregularidades formais na documentação ou nas propostas, desde que estas não causem prejuízo.

Igualmente, verifica-se que o referido princípio está, também, incluso no art. 4º da Lei nº 8.666/93: "Todos quantos participem de licitação promovida pelos órgãos ou entidades a que se refere o art. 1º têm direito público subjetivo à fiel observância

[21] MEDAUAR. *Direito administrativo moderno*, p. 143.

[22] SANTANA. *Pregão presencial e eletrônico*: manual de implantação, operacionalização e controle.

do pertinente procedimento estabelecido nesta Lei, podendo qualquer cidadão acompanhar o seu desenvolvimento, desde que não interfira de modo a perturbar ou impedir a realização dos trabalhos".

> Na Administração Pública não há liberdade nem vontade pessoal. Enquanto na administração particular é lícito tudo que a lei não proíbe, na Administração Pública só é permitido fazer o que a lei autoriza. A lei para o particular significa "pode fazer assim", para o administrador público significa "deve fazer assim".[23]

1.4.3 Princípio da impessoalidade e do julgamento objetivo

Deixa claro que são inadmissíveis distinções baseadas em caracteres pessoais dos interessados, devendo o julgamento das propostas ser objetivo, justo e impessoal e, conduzir-se obrigatoriamente de acordo com os critérios fixados no instrumento convocatório. Portanto o princípio da impessoalidade e do julgamento objetivo pressupõe a seleção da proposta mais vantajosa de acordo com as regras fixadas no instrumento convocatório. Cita Marçal Justen Filho: "A 'vantajosidade' da proposta deve ser apurada segundo um julgamento objetivo. O ato convocatório tem de conter critérios objetivos de julgamento que não se fundem nas preferências ou escolhas dos julgadores".

1.4.4 Princípio da moralidade

Impõe ao administrador e ao particular, como obrigatória, uma conduta ética e moralmente irrepreensível durante todo o procedimento licitatório de modo a satisfazer o interesse público. Como a moralidade e a legalidade são consideradas inseparáveis, a conduta compatível com a Lei, mas imoral, ou uma conduta considerada moral, porém ilegal, são inválidas. Os princípios aplicam-se tanto à conduta do agente instaurador como à dos próprios interessados. A ocorrência de conduta moralmente reprovável, conluio ou outra irregularidade entre os proponentes fere os princípios da moralidade e probidade e a licitação, por conseguinte, deve ser invalidada.

1.4.5 Princípio da isonomia ou igualdade

Impõe tratamento igual a todos os interessados e participantes de uma licitação. Não permite discriminação entre os participantes da licitação por inserção de cláusulas no instrumento convocatório que favoreçam uns em detrimento de outros. Pode-se estabelecer requisitos mínimos de participação no instrumento convocatório, visando à perfeita execução do objeto e, ao definir o "objeto da licitação", deve-se estabelecer os limites para qualquer discriminação, se necessário. É violado o princípio da isonomia quando, no instrumento convocatório, se estabelecer a quebra da isonomia entre os licitantes, pela discriminação desvinculada do objeto da licitação, e/ou se

[23] MEIRELLES. *Licitação e contrato administrativo*, p. 86.

prever exigências desnecessárias e/ou se adotar ilegalidades. A isonomia também se propaga ao longo de todo o procedimento licitatório. O não cumprimento a esse princípio provoca a anulação de instrumentos convocatórios, julgamentos e licitações sem nenhuma vantagem ao interesse público.

A isonomia não significa dar igual tratamento a todos, mas sim tratar com igualdade aos iguais e tratar desigualmente os desiguais.

> O princípio da isonomia manifesta-se como termo referencial, orientando o agir que conduza a igualdade: e como norma, autoriza o Estado a determinadas condutas e confere poder aos particulares para exigi-las. *A priori*, prestigiando o aspecto negativo, todos os que estiverem em enunciado que comporta exceções. Portanto, com decalque no aspecto positivo, deve-se tratar desigualmente os desiguais. Isto quer permitir ao poder público estabelecer desigualmente jurídica, objetivando a igualdade de fato. Noutra ponta, o direito subjetivo a um tratamento desigual sofre acentuada ponderação, uma vez que igualdade não se decreta, pois nela influem uma série de condições que fogem da esfera jurídica, tais como a oportunidade, dinheiro, talento e urgência. Assim, o particular só pode exigir (judicialmente) o tratamento diferenciado em situação extrema, quando, aquilo que falta compromete a dignidade do homem, aproximando-se aos Direitos Humanos e Fundamentais.[24]

1.4.6 Princípio da publicidade

Determina que qualquer interessado na licitação tem todo o direito à informação e amplo acesso ao certame. A publicidade, no presente caso, abrange desde o aviso do instrumento convocatório até o conhecimento do teor do instrumento, seus modelos, anexos e adendos, o exame da documentação e das propostas, peças, pareceres ou decisões a ela relacionados. É decorrente desse princípio a obrigatoriedade da publicação, na Imprensa Oficial, das decisões da Comissão de Licitação e respectivo extrato de contrato. Por outro lado, deve-se esclarecer que a abertura da documentação e das propostas sempre deve ocorrer em ato público, porém o seu julgamento pode ser realizado em local fechado e sem presença dos proponentes, para que a Comissão de Licitação tenha a necessária tranquilidade para proceder à análise dos elementos e possa tomar as decisões que julgar necessárias.

1.4.7 Princípio da probidade administrativa

Está estreitamente vinculado ao princípio da moralidade. Imputa ao administrador e ao particular, como obrigatória, uma conduta ética, correta e irrepreensível durante todo o procedimento licitatório de modo a satisfazer o interesse público. Como a ocorrência de conduta reprovável fere o princípio da probidade a licitação, por conseguinte, deve ser invalidada.

---

[24] NIEBUHR. *Princípio da isonomia na licitação pública.*

1.4.8 Princípio da vinculação ao instrumento convocatório

A vinculação ao instrumento convocatório, que é a lei interna da licitação, é princípio básico de toda a licitação e, como tal, deve ser observado tanto pelos interessados como por quem o expediu. Uma vez estabelecidas as regras do certame, as mesmas tornam-se inalteráveis para aquela licitação, durante todo o procedimento. Se, no entanto, no decorrer da licitação, verificar-se sua inviabilidade, o instrumento convocatório deve ser anulado e reaberto na nova forma, procedendo-se à republicação e à reabertura de prazo.

1.4.9 Princípio da eficiência

É a causa da ação eficiente. Ela orbita em torno de três ângulos fundamentais: preço, qualidade e celeridade. Por este motivo, de forma mais abrangente, decorrem outros princípios, entre os quais o princípio do justo preço, que demanda que a Administração assuma compromissos somente com preços de mercado, o princípio da seletividade, requer muita atenção com a seleção da proposta, do eventual contratante e da qualidade ofertada pelo proponente, princípio da celeridade, que impõe tempo necessário para proceder à licitação, que deve ser o mais breve possível e o princípio da finalidade, que deixa claro que a licitação não é um fim em si mesma, mas um meio para contratar o objeto pretendido.

1.4.10 Princípio da economicidade

Impõe que a administração dos recursos públicos deve obedecer às regras da ética e da probidade e sua aplicação deve ser realizada com total transparência e eficiência de forma que o resultado seja vantajoso para o interesse público.

Quando se seleciona a melhor proposta, deve-se escolhê-la segundo o princípio da economicidade e o princípio da moralidade, ou seja, segundo regras éticas e de probidade. É inadmissível escolher uma proposta considerando-se unicamente os interesses privados e desconsiderando-se o interesse público. Por outro lado, deve-se levar em conta que o administrador não tem a capacidade de prever certos eventos que possam ocorrer no futuro. Assim, uma decisão baseada, com todo rigor, no princípio da economicidade, pode revelar-se posteriormente prejudicial ao interesse público. Se, no ato do julgamento, todas as cautelas foram adotadas e a decisão apresentava-se adequada naquele momento, o princípio da economicidade foi atendido. Por outro lado, quando se está em presença de um fator de maior relevância que o fator econômico, este pode delimitar o princípio da economicidade. Pode-se afirmar que, conforme o caso, a escolha pela melhor proposta econômica não implica colocar em risco outros aspectos de hierarquia superior.

1.4.11 Princípio da adjudicação compulsória

Determina que o vencedor da licitação tenha o direito subjetivo à adjudicação e esta é obrigatória. É vedado à Administração conceder o objeto da licitação a outro proponente que não seja o vencedor, salvo se este desistir expressamente da licitação ou não firmar o contrato no prazo estabelecido.

1.4.12 Princípio do sigilo

Impõe que o sigilo sobre o teor das propostas, decorrente do princípio da isonomia, entre os proponentes é obrigatório, pois é inadmissível que um proponente venha a conhecer a proposta de seu concorrente antes da apresentação da sua. A inobservância do sigilo sobre o conteúdo de todas as propostas, antes da abertura dos envelopes que contêm as propostas de preços, e demais documentos, ou as propostas, ou mesmo a revelação de seu conteúdo antecipadamente implicam a anulação do procedimento. Durante o processo licitatório, a etapa de julgamento é sigilosa, sendo públicas as demais etapas.

1.4.13 Princípio da razoabilidade

Impõe que as decisões administrativas, principalmente as discricionárias, devem encontrar amparo em justificativas fundadas no bom senso. É inadmissível que um agente da Administração tome decisões infundadas, despropositadas, que se desviam do que designamos de senso comum. Não seria razoável, por exemplo, numa licitação para a contratação de uma obra exigir-se que o proponente seja proprietário de uma obra similar.

1.4.14 Princípio da proporcionalidade

Ele requer conformidade entre os meios e os fins das atitudes tomadas pelos agentes da Administração. Assim sendo, é indubitável que se tem que aquilatar e avaliar os atos administrativos. Seria totalmente imprudente exigir-se na fase de habilitação uma capacitação técnica construtiva com área muito superior a aquela do objeto da licitação. É uma medida excessiva e que não se coaduna com o princípio da proporcionalidade.

1.4.15 Princípio do interesse público sobre o particular

O interesse público se sobrepõe ao particular, vez que ele é a soma dos interesses individuais à luz da comunidade. Não é por isso que a Administração possa onerar o particular, causando-lhe dano. O direito ao equilíbrio das relações entre as partes é uma garantia do contratado, conforme o art. 58 da Lei nº 8.666/93.

1.4.16 Princípio do procedimento formal e formalismo moderado

O significado de natureza formal refere-se à necessidade de serem cumpridos todos os ditames estatuídos no instrumento convocatório, refere-se a necessidade de todos os documentos pertinentes à contratação estarem juntados, em ordem cronológica, nos autos do processo.

Ensina Marçal Justen Filho:

> (...) não se cumpre a lei através de mero ritualismo dos atos. O formalismo do procedimento licitatório encontra conteúdo na seleção da proposta mais vantajosa. Assim, a série formal de atos e estrutura e se orienta pelo fim objetivado.[25]

A existência de um procedimento formal não se deve confundir com um formalismo exagerado a ponto de fazer exigências inúteis ou desnecessárias à licitação, assim como não se deve inabilitar licitantes ou desclassificar propostas, diante de simples omissões ou irregularidades na documentação ou proposta, desde que sejam irrelevantes e não causem prejuízos à Administração ou aos concorrentes.

1.4.17 Princípio da motivação

O art. 50 da Lei nº 9.784/99 inovou ao dispor que os atos administrativos devem ser motivados, com indicação dos fatos e dos fundamentos jurídicos. Abrange toda a questão do mérito administrativo, que embasa a atuação do administrador público nas decisões não determinadas por lei. Exemplo: escolha do regime de empreitada — caracterização do objeto — execução indireta.

1.4.18 Princípio da oficialidade

Cabe à Administração tomar todas as providências necessárias para que não haja interrupção do procedimento licitatório e que seja observado o princípio da celeridade, visando sempre chegar à decisão final.

Trata da:

> (...) responsabilidade da Administração pelo andamento regular e contínuo do procedimento, independentemente de provocação dos sujeitos para a realização de atos e providências, inclusive quanto à instrução, no sentido de determinar a coleta de todos os elementos necessários ao esclarecimento de fatos pertinentes ao assunto.[26]

1.4.19 Princípio da prevenção ou precaução (princípio ambiental)

É o maior e o mais importante do ordenamento jurídico ambiental, visto que parte do pressuposto incontestável de que a prevenção é o grande objetivo de todas as normas ambientais.

---

[25] JUSTEN FILHO. *Comentários à lei de Licitações e Contratos Administrativos*: de acordo com a Emenda Constitucional nº 19, de 4 de junho de 1998, e com a Lei Federal nº 9.648, de 27 de maio 1998.

[26] MEDAUAR. *A processualidade no direito administrativo*, p. 120.

1.4.20 Princípio da cooperação (princípio ambiental)

O Estado e a sociedade, através de seus entes e organismos, devem colaborar para a implementação da legislação ambiental, pois este não é só papel do governo ou das autoridades, mas de cada um e de todos os cidadãos.

1.4.21 Princípio da publicidade e da participação popular (princípio ambiental)

Não são admissíveis segredos no âmbito ambiental. É imprescindível a maior transparência, pelo poder público de modo a permitir a participação dos cidadãos de um modo geral.

1.4.22 Princípio do poluidor-pagador

Quem danifica deve consertar.

1.4.23 Princípio *in dubio pro natura* (princípio ambiental)

É uma regra fundamental de interpretação da legislação ambiental, que leva para a preponderância do interesse maior da sociedade em detrimento do interesse individual e menor do empreendedor ou de um dado projeto.

1.5 Definições para fins da lei

A Lei nº 8.666/93, no art. 6º, com o objetivo de evitar interpretações impróprias e duvidosas e visando uniformidade na conceituação de ações, vocábulos, unidades e atividades, conceitua-os nos respectivos incisos.

Nesta seção abordaremos o conceituado nos incisos: I - Obra; II - Serviço; e III - Obras e Serviços de Grande Vulto. Os demais serão abordados nos próximos capítulos, quando for o caso.

1.5.1 Obra

A Lei Federal define obra como "toda a construção, reforma, fabricação, recuperação ou ampliação, realizada por execução direta ou indireta".[27]

Observa-se que o conceituado acima não é propriamente uma definição, mas um rol de atividades ou exemplificações.

[27] Art. 6º, inciso I, Lei nº 8.666/93.

Pode-se, entre tantas outras, definir obra como o trabalho a ser realizado, segundo determinações de projeto e normas adequadas, destinado a criar, modificar, adaptar ou recuperar "bens".

O gerenciamento da execução de uma obra é complexo, pois envolve aspectos jurídico-administrativos e técnicos. Este último pressupõe a responsabilidade técnica do fiscal, o controle de materiais, utilização adequada dos métodos construtivos, a observância das normas de segurança, do trabalho e das normas ambientais, entre outras.

Observa-se que as definições que se seguem não constam da Lei nº 8.666/93, mas são importantes quando for necessário definir de forma clara, perfeita e sucinta o objeto a ser licitado.

A diferença entre construção, reforma, recuperação, fabricação e ampliação serão abordados a seguir, utilizando, além da grafia, a figura abaixo.

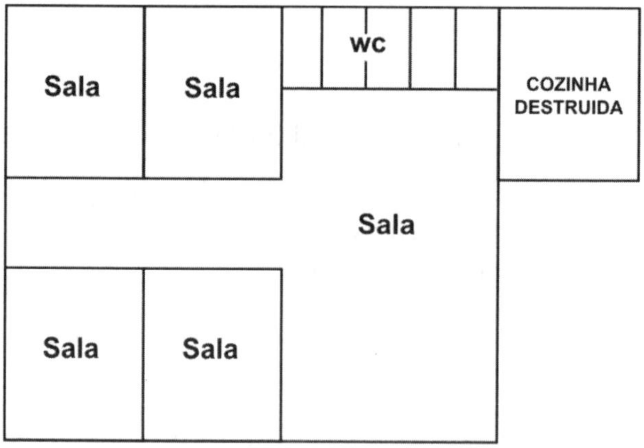

ATIVIDADES A SEREM DESENVOLVIDAS

1 - modificação do layout

2 - recompor a cozinha

3 - executar sala de refeição

4 - executar sala de lazer

1.5.1.1 Construção

É a conjugação de material e trabalho para obtenção do objeto projetado. Por outro lado, é necessário fazer a distinção entre a construção e a edificação. *Construção*, gênero, é toda obra executada pelo homem para qualquer utilização. *Edificação*, espécie, é a obra destinada especificamente à utilização pelo homem (habitação, trabalho, culto ou recreação). Exemplificando: uma caixa d'água elevada é uma construção; um viaduto é uma construção, um prédio — gênero — é uma construção e o considerando como espécie é uma edificação.

1.5.1.2 Reforma

É a conjugação de material e trabalho para obter o melhoramento nas construções, sem alterar a sua área ou volume. A reforma caracteriza-se pela colocação de seu objeto em condições normais de utilização ou funcionamento, sem alterar as medidas originais da obra como um todo, podendo ou não sofrer alterações (medidas originais) seus elementos, peças ou ambientes. Exemplificando (sala de projeção de um cinema): substituição do piso em madeira por carpete, revestimento das paredes com material acústico, instalação de ar condicionado, substituição das cadeiras por poltronas etc., ou conforme figura abaixo reforma de uma construção existente, envolvendo: demolição de paredes, construção de paredes, substituição de louças e azulejos, substituição de pisos e pintura interna. Caracteriza-se a reforma por não alterar a área e o volume da obra como um todo. Não importa a alteração de área e volume de um ou mais ambientes.

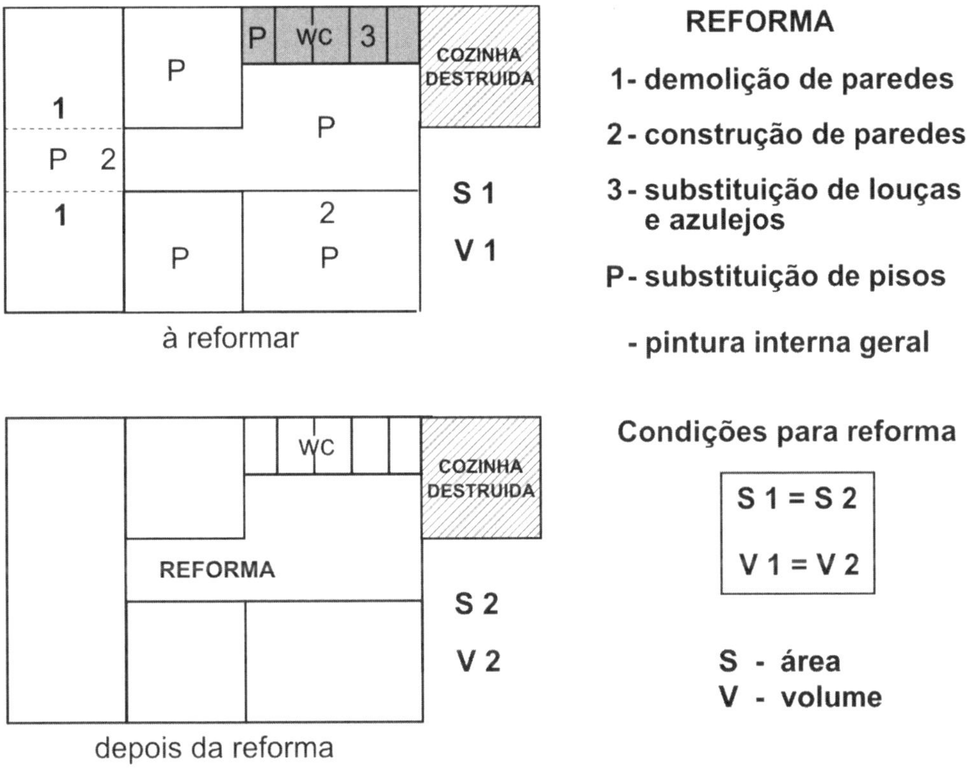

1.5.1.3 Fabricação

É a conjugação de material e mão de obra para obter peças prontas e acabadas, geralmente em concreto armado ou protendido, a serem enviadas ao local onde elas serão utilizadas para dar forma ao objeto licitado. Exemplificando: pilares, vigas etc. A fabricação não se restringe somente a peças para obras civis, mas, também, se estende para obras mecânicas e eletromecânicas como: automóveis, elevadores, sistema de ar condicionado central e tantos outros. Não se deve confundir o desenvolvimento (projeto) e a maneira de produzir o bem (fabricação) com fornecimento e instalação.

1.5.1.4 Recuperação

É a conjugação de material e mão de obra para refazer a obra, de tal modo que esta passe apresentar a forma original, se assim interessar. Exemplificando: recuperação de uma cozinha semidestruída por um incêndio.

O vocábulo "recuperação", no nosso entender, não é o mais apropriado ao cabimento que se quer dar à respectiva atividade. Ele é facilmente confundido com a expressão "restauração". A expressão que mais se ajusta ao sentido implícito que se queira dar é "reconstrução". Este vocábulo é abrangente e se enquadra tecnicamente de forma mais adequada como espécie do gênero obra.

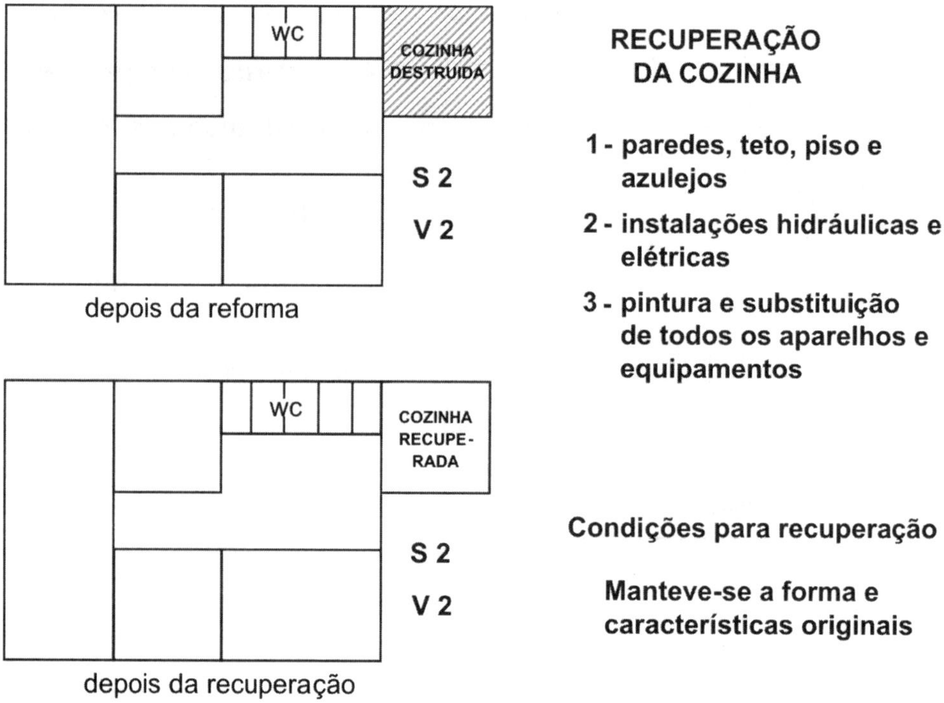

1.5.1.5 Ampliação

É a conjugação de material e mão de obra para aumentar a área ou volume da construção. Na ampliação, mantém-se a orientação do projeto originário, mas aumenta-se a área de construção. É procedimento clássico, em projetos de engenharia, a ampliação sob forma de módulos. Exemplificando: construção de duas salas de aula novas, junto à edificação já existente, em conformidade com o projeto original.

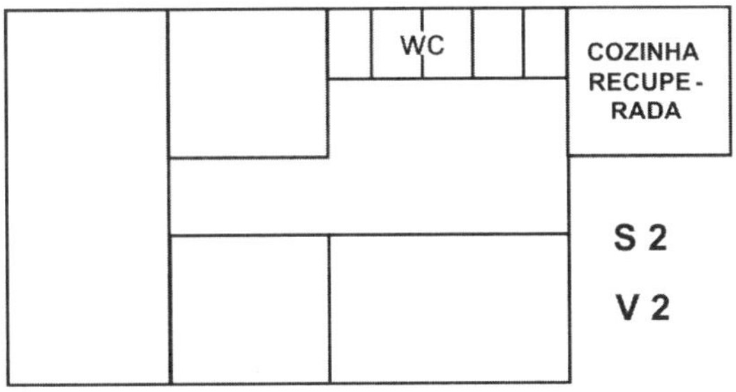

depois da recuperação

AMPLIAÇÃO

Caracterização de ampliação

S 2 < S 3

V 2 < V 3

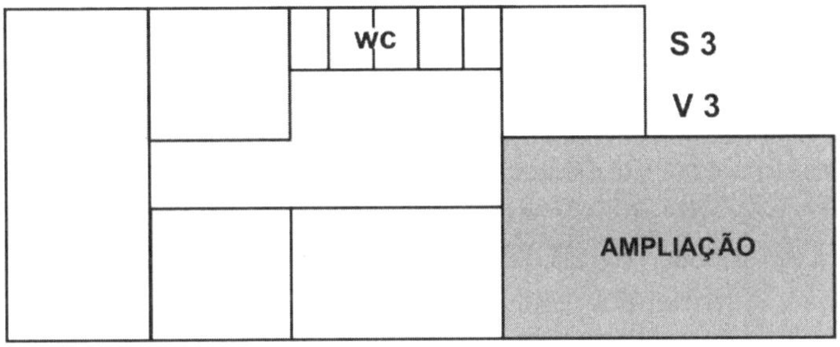

depois da ampliação

1.5.2 Serviços

Os serviços são definidos pela Lei Federal como "toda a atividade destinada a obter determinada utilidade de interesse para a Administração, tais como: demolição, conserto, instalação, montagem, operação, conservação, reparação, adaptação, manutenção, transporte, locação de bens, publicidade, seguro ou trabalhos técnico-profissionais".[28]

Observa-se, aqui novamente, que o conceituado acima não é propriamente uma definição, mas um rol de atividades ou exemplificações.

1.5.2.1 Serviços de engenharia

Serviços de engenharia são os serviços que só podem ser contratados com profissionais ou empresas que atendam às disposições da Lei Federal nº 5.194 de 24/12/66 e satisfaçam as disposições do CONFEA/CREA. Isto equivale a afirmar que todo e qualquer serviço, a ser executado, que necessite obrigatoriamente de uma empresa de engenharia ou um profissional técnico habilitado com atribuição específica, imposta pela Lei Federal nº 5.194/66 e/ou Resoluções do CONFEA, com consequente obrigatoriedade de recolhimento de ART, é um serviço de engenharia. Exemplificando: a demolição, que por definição legal é um serviço, de uma simples churrasqueira,

[28] Art. 6º, inciso II, Lei nº 8.666/93.

que pode ser realizado por qualquer pessoa, é um serviço comum. A demolição de um prédio de vários andares, empregando a metodologia da implosão, que somente poderá ser realizada por uma empresa de engenharia através um ou mais engenheiros especializados em demolições, é indiscutivelmente um serviço de engenharia.

1.5.2.2 Distinção entre serviço comum e serviço de engenharia

O serviço de engenharia se difere da obra na preponderância da mão de obra sobre o material empregado. Existe, algumas vezes, grande dificuldade, principalmente para os leigos, para determinar se uma atividade é obra ou serviço. Dependendo da situação, esta dificuldade não existe, uma vez que não pairam dúvidas quanto ao seu enquadramento. Exemplificando: é facilmente identificável que a construção de um prédio é uma obra e não um serviço; ou, ainda, a demolição de uma parede de tijolos é um serviço e não uma obra. Porém, há casos onde a figura obra e serviços se confundem. Exemplificando: em uma casa em qual é necessária uma demolição parcial, construção de paredes e execução de pintura, existe dificuldade para caracterizar a figura correta, uma vez que a demolição parcial é um serviço, a construção de paredes é uma obra e a pintura pode ser considerada como um serviço. A maneira mais prática para solucionar esta dúvida é verificar se existem as duas figuras, ou seja, obras e serviços. Em caso afirmativo, considera-se como regra que o serviço é uma obrigação meio para alcançar uma determinada utilidade. Assim, neste caso, pode-se afirmar, em princípio, que se trata de uma obra. Como complemento, o custo de cada atividade deve ser analisado. Se o custo da obra for superior ao custo dos serviços, a atividade pode ser enquadrada como obra.

Entretanto, para definir se uma única atividade é uma obra ou um serviço, deve-se verificar se a utilização de material é superior à da mão de obra ou vice-versa. Se a aplicação de material supera à de mão de obra, se caracteriza uma obra. Se a utilização da mão de obra prevalece, em grande escala, sobre a de material, fica caracterizado o serviço. Exemplificando: na execução de um muro, o custo do material para a execução da fundação em concreto armado, viga de baldrame em concreto armado, tijolos, vergas em concreto armado, chapisco, emboço, reboco e tinta prevalece sobre o custo da mão de obra pedreiro, ajudante e pintor, estamos em presença de uma obra. No caso da execução de abertura e fechamento de vala, se o custo da mão de obra (ajudante de pedreiro) prevalece, em grande escala, sobre o custo do material (praticamente inexistente), estaremos em presença de um serviço.

1.5.2.3 Serviços técnicos profissionais especializados

Os serviços técnicos profissionais especializados são aqueles que implicam alcançar o objetivo estabelecido por um profissional com capacitação superior à usual, reconhecida no meio profissional correlato, proveniente de especial ou exclusiva dedicação no ramo em que atua. Os serviços técnicos profissionais especializados elencados no art. 13 pela Lei de Licitações são:

a) *Estudos técnicos, planejamento e projetos básicos ou executivos*

Abrange estudos e trabalhos preliminares necessários para viabilizar a execução de uma atividade posterior. Estes estudos e trabalhos prévios, muitas vezes são imprescindíveis para a tomada de decisões, complementações e/ou detalhamentos com o objetivo de concluir a atividade principal. Exemplificando: elaboração de levantamento topográfico e sondagem do terreno onde será executada uma determinada obra. O levantamento topográfico indicará as condições topográficas mais favoráveis para a implantação da obra, assim como a sondagem permitirá projetar a fundação mais adequada técnica e economicamente. Quanto ao planejamento e projetos básicos ou executivos serão abordados mais adiante.

b) *Pareceres, perícias e avaliações em geral*

Consiste na análise, estudo e conclusão de um determinado fato ocorrido, em ocorrência ou a ocorrer, devidamente documentado, a fim de possibilitar a tomada de decisão.

c) *Assessorias ou consultorias técnicas e auditorias financeiras ou tributárias*

É a aplicação do saber sobre determinado assunto ou fato, com o intuito de obter elementos conclusivos para fornecer subsídios, alternativas e soluções às decisões a serem tomadas pela Administração.

d) *Fiscalização, supervisão ou gerenciamento de obras ou serviços*

Fiscalizar obra ou serviço é verificar se as normas técnicas, os projetos, especificações e tantos outros procedimentos recomendáveis foram observados pelo contratado durante a execução da mesma. O agente fiscalizador e o contratado, durante a execução do contrato, devem trabalhar em estrita colaboração, um como fiscalizador e o outro como executor, para que a obra ou serviço seja executado em absoluta concordância com o estabelecido nas cláusulas contratuais.

Supervisionar obra ou serviço é verificar se as cláusulas contratuais estão sendo obedecidas, se a fiscalização está atuando de modo satisfatório, auxiliando-a a dirimir dúvidas e a proceder às orientações que se fizerem necessárias. Neste caso, não há interferência direta entre a supervisão e o contratado. No caso do gerenciamento, entretanto, existe a interferência direta.

e) *Patrocínio ou defesa de causas judiciais ou administrativas*

Refere-se, geralmente, a serviços de advocacia para questões na fase administrativa e na fase judicial.

f) *Treinamento e aperfeiçoamento de pessoal*

Trata-se de promover o desenvolvimento e aperfeiçoamento de pessoal da Administração, direcionados às funções que exercem.

g) Restauração de obras de arte e bens de valor histórico

Refere-se à tomada de medidas necessárias para evitar a ruína do objeto histórico e recuperá-lo, quando for necessário. A restauração somente se caracteriza como serviço técnico especializado quando existir uma peculiaridade técnica que torne a atividade inviável, se não for realizada por um especialista de reconhecida capacidade dentre os profissionais que atuam no mesmo ramo.

1.5.3 Obras, serviços e compras de grande vulto

Quando o valor estimado para a execução de uma obra ou um serviço de engenharia for superior a 25 (vinte e cinco) vezes o limite estabelecido na alínea "c" do inciso I do art. 23 da Lei nº 8.666/93, ou seja, 25 x R$1.500.000,00 = R$37.500.000,00, a obra ou serviço é denominado de grande vulto, de acordo com o art. 6º, inciso V:

> Obras, serviços e compras de grande vulto – aquelas cujo valor estimado seja superior a 25 (vinte e cinco) vezes o limite estabelecido na alínea "c" do inciso I do art. 23 desta Lei.

1.5.4 Obras e serviços de engenharia e o meio ambiente

A execução de qualquer obra ou serviço de engenharia indubitavelmente causa impacto, de maior ou menor intensidade, no meio ambiente. Com o intuito de anular este impacto, a execução de qualquer obra ou serviço de engenharia somente é autorizada desde que esta seja desenvolvida de acordo com as normas específicas aprovados pelos órgãos ou entidades ambientais competentes.

Quanto maior o porte da obra e sua complexidade tecnológica, assim como a fragilidade ambiental, maiores os cuidados que devem ser tomados pelo contratado e do contratante. Essas questões são tratadas nos respectivos processos, sendo um deles no licenciamento ambiental, do qual faz parte o Estudo Prévio de Impacto Ambiental.

O contratante, titular do poder-dever, deve proceder satisfatoriamente à fiscalização e ao controle da execução do objeto, inclusive quanto aos aspectos ambientais.

Maria de Lourdes Küller ensina:

> O controle e prevenção dos possíveis impactos ambientais, decorrentes das atividades desenvolvidas durante a construção de um empreendimento de porte, devem ser regidos pelos seguintes princípios e diretrizes:
>
> 1. O responsável pelo acompanhamento ambiental da obra deverá manter uma postura permanente de previsão e antecipação dos impactos ambientais, atuando em todas as atividades e áreas da construção, desde suas oficinas, áreas de armazenamentos, abastecimentos, escavações em rochas, terraplenagens, usinas de asfalto, centrais de concreto, edificações, montagens, testes etc. As funções de Preservação, Conservação e Proteção Ambientais são de responsabilidade de todos os colaboradores da obra, a partir de gerentes, supervisores, engenheiros, técnicos, encarregados, operadores, até ao ajudante mais simples.

2. O Gerenciamento Ambiental deve propor e assegurar a adoção de tecnologias limpas, seguras e economicamente viáveis, permitindo o uso racional dos insumos, minimizando riscos de emissões gasosas, lançamento inadequado de efluentes líquidos e de resíduos sólidos, decorrentes das atividades a serem executadas, e evitando os processos erosivos e/ou de escorregamentos decorrentes das atividades que envolvam desmatamentos, terraplenagem, cortes/aterros ou tráfego constante de equipamentos pesados.

3. O Gerenciamento Ambiental deve assegurar que empresas subcontratadas, direta ou indiretamente vinculadas às obras, respeitem as práticas de preservação e proteção ambientais estabelecidas na legislação ambiental.

4. O responsável pelo acompanhamento ambiental na construção deverá ter conhecimento detalhado das diretrizes do Plano de Gestão Ambiental PGA) da empresa e também do PGA próprio da obra; ter capacidade de comunicação e de criação, para desenvolver um Programa de Treinamento Ambiental; estar atento à Lei de Crimes Ambientais e demais leis federais, estaduais e municipais do local da obra, que se aplicam às atividades da construção. Nas obras poderão ser identificados colaboradores, em cada frente de trabalho, que auxiliarão o profissional responsável pelo acompanhamento ambiental.[29]

A Resolução CONAMA nº 237/97, em seus artigos 4º a 6º, define as competências do Instituto Brasileiro do Meio Ambiente e dos Recursos Naturais Renováveis (IBAMA) e dos demais órgãos estaduais ou municipais ambientais.

[29] KÜLLER. Sistema de gestão ambiental para a construção pesada. In: ENCONTRO NACIONAL SOBRE GESTÃO EMPRESARIAL E MEIO AMBIENTE – ENGEMA, 5.

Capítulo 2

Objeto e obrigatoriedade de licitar

Sumário: **2.1** Objeto – **2.2** Obrigatoriedade de licitar – **2.2.1** Licitação obrigatória – **2.2.2** Licitação dispensada – **2.2.3** Licitação dispensável – **2.2.4** Inexigibilidade de licitação – **2.2.4.1** Aquisição de materiais, equipamentos, ou gêneros fornecidos por produtor, empresa ou representante comercial exclusivo, vedada a preferência de marca – **2.2.4.2** Contratação de serviços técnicos com profissionais ou empresas de notória especialização, vedada a inexigibilidade para serviços de publicidade e divulgação – **2.2.4.3** Contratação de profissional de qualquer setor artístico – **2.2.4.4** Cautelas na dispensa ou inexigibilidade

2.1 Objeto

Objeto é a unidade que a Administração pretende executar ou adquirir mediante contrato com o particular. Pode ser uma obra, um serviço, um serviço técnico profissional especializado, uma compra, uma alienação, uma concessão, uma permissão ou uma locação.

O objeto deve estar "definido de forma clara, perfeita e sucinta"[30] no instrumento convocatório, de modo que os interessados possam atender exatamente a expectativa da Administração. É nula a licitação que não apresente adequadamente a caracterização de seu objeto.

Deve-se, quando da definição e caracterização do objeto atentar quanto ao uso correto dos vocábulos, utilizando-se sempre os termos elencados no art. 6º, inciso I para obras e inciso II para serviços. É importante enfatizar que expressões usadas incorretamente na definição de um objeto podem induzir o interessado a seguir uma direção totalmente diferente do que na realidade se pretende. Caso o objeto não se enquadre em nenhuma das "definições" dos respectivos incisos deve-se utilizar sempre a palavra *obra* ou *serviço*, seguida de uma descrição sintética daquilo que se pretende licitar. Exemplificando: Execução de uma obra envolvendo (...), ou execução de um serviço composto por (...).

É imperativo quando da definição do objeto tomarem-se algumas cautelas, a saber:

- estar bem claro o que se pretende licitar;
- que a descrição do objeto seja sucinta e clara;
- na descrição do objeto devem ser considerados os aspectos de maior relevância técnica e valor significativo;

[30] Art. 40, inciso I, Lei nº 8.666/93.

- na descrição do objeto deve-se indicar a área construída, bem como as obras externas, quando for o caso;
- acrescentar no final da definição do objeto o chavão: a obra ou serviço, conforme o caso, deverá ser executada em conformidade com as peças gráficas (plantas), especificações técnicas, memorial descritivo, caderno de encargos, modelos, anexos e demais documentos licitatórios que compõem e estão apensos ao edital.

2.2 Obrigatoriedade de licitar

O inciso XXI do art. 37 da Constituição Federal comanda:

> Ressalvados os casos específicos na legislação, as obras, serviços, compras e alienações serão contratadas mediante processo de licitação pública que assegure igualdade de condições a todos os concorrentes, com cláusulas que estabeleçam obrigações de pagamento, mantidas as condições efetivas da proposta, nos termos da lei, o qual somente permitirá as exigências de qualificação técnica e econômica indispensáveis à garantia do cumprimento das obrigações.

Portanto a realização de licitação para execução de obras, serviços, fornecimento e aquisição de bens etc. é uma exigência legal para a administração direta, os fundos especiais, as autarquias, as fundações públicas, as empresas públicas, as sociedades de economia mista, e demais entidades controladas direta ou indiretamente pela União, Estados, Distrito Federal e Municípios, ressalvados os casos especificados na legislação pertinente (Lei nº 8.666/93), ou seja, a dispensada, a dispensável e a inexigível. Trata desse assunto o art. 2º da Lei de Licitações:

> As obras, serviços, inclusive de publicidade, compras, alienações, concessões, permissões e locações da Administração Pública, quando contratadas com terceiros, serão necessariamente precedidas de licitação, ressalvadas as hipóteses previstas nesta Lei.

2.2.1 Licitação obrigatória

A obrigatoriedade de licitar não se refere apenas ao aspecto compulsório, mas também à escolha correta da modalidade prevista em Lei. O uso da modalidade mais simples, quando é exigida uma mais complexa, ou o emprego de uma modalidade mais complexa, geralmente mais onerosa, quando o objeto não o exige, atenta contra os princípios básicos da Lei. A Administração somente pode substituir uma modalidade por outra, ou autorizar a dispensa de licitação, quando a legislação assim o permitir e em consonância com todas as condições que ela impõe. As modalidades previstas na legislação são: a concorrência, a tomada de preços, o convite, o concurso, o leilão e o pregão. Comentários sobre cada uma das modalidades serão efetuados mais adiante.

Mesmo na situação de dispensa, dispensável e inexigível, a "licitação" deve ser efetuada, devendo-se, entretanto, alterar o seu procedimento. Nestas situações, elimina-se simplesmente o preenchimento de alguns requisitos e algumas formalidades, via de regra, obrigatórias.

2.2.2 Licitação dispensada

O objeto a ser executado é dispensado de licitação quando não está sujeito ao procedimento licitatório por força de lei. A lei, em seu art. 17 incisos I e II, elenca as situações ou condições para adoção de dispensa. A dispensa é para o caso de bens imóveis e bens móveis.

2.2.3 Licitação dispensável

O objeto a ser executado é dispensável de licitação quando pode ser dispensado do procedimento licitatório pela Administração se assim lhe convier. A lei enumera, no art. 24, incisos I a XXI, uma série de casos em que é dispensável a licitação. É mister deixar claro que, para este rol de casos, mesmo sendo dispensável a licitação, nada impede a sua realização.

2.2.4 Inexigibilidade de licitação

Quando não há possibilidade de competição entre particulares, ou seja, apenas um dispõe do bem ou somente um é reconhecidamente capaz de atender às exigências quanto à execução do objeto. O art. 25 da Lei de Licitações estatui que "é inexigível a licitação quando houver inviabilidade de competição", em especial:

2.2.4.1 Aquisição de materiais, equipamentos, ou gêneros fornecidos por produtor, empresa ou representante comercial exclusivo, vedada a preferência de marca

Existe grande dificuldade em se estabelecer o que é um produtor exclusivo e o que é um vendedor exclusivo. A exclusividade industrial se refere unicamente à exclusividade do produtor e a exclusividade comercial. Quando se trata de produtor exclusivo de um determinado bem, é óbvio que somente ele tem condições de fornecer este bem e esta condição afasta sumariamente a licitação em qualquer de suas modalidades.

A Lei não permite a realização de licitação cujo objeto inclua bens e serviços sem similaridade, marcas, características e especificações exclusivas. Porém, quando houver interesse público, a Administração pode, devidamente justificado, contratar fornecedores exclusivos ou estabelecer preferência por certas marcas, desde que cumpridas determinadas regras específicas. É vedado privilegiar um determinado fornecedor ou fabricante, arbitrando-se uma preferência por determinada marca, processo este muito usual entre os particulares.

É descabido imputar-se que todos os insumos podem ser especificados clara e precisamente a partir de um padrão de qualidade e de desempenho. Ocorre muitas vezes que, determinados materiais dificilmente podem ser especificados a partir de uma simples descrição técnica, por envolverem aspectos técnicos e químicos impossíveis de serem descritos, a não ser mediante análise laboratorial, procedimento na maioria das vezes completamente inviável. Assim sendo, entendemos que é plausível a indicação de marca e/ou tipo desde que acompanhada da palavra "similar" ou de "melhor qualidade" ou "equivalente". Quando do uso desta hipótese é importante que no instrumento convocatório e no contrato conste a definição do significado de "similar" ou de "melhor qualidade" ou "equivalente" e mais, deverá constar que os materiais somente poderão ser empregados na obra ou serviço mediante prévia anuência da fiscalização, devidamente registrado no Livro-Diário da Obra. De toda forma, é recomendável, quando da indicação da marca e/ou tipo, sejam indicados mais de uma marca e/ou tipo, em ordem alfabética seguido do vocábulo "similar" ou de "melhor qualidade" ou "equivalente", evitando, assim, o argumento que houve um possível direcionamento inconsciente. Impõe a Lei de Licitações no art. 25, inciso I:

> (...) para aquisição de materiais, equipamentos, ou gêneros que só possam ser fornecidos por produtor, empresa ou representante comercial exclusivo, vedada a preferência de marca, devendo a comprovação de exclusividade ser feita através de atestado fornecido pelo órgão de registro do comércio do local em que se realizaria a licitação ou a obra ou o serviço, pelo Sindicato, Federação ou Confederação Patronal, ou, ainda, pelas entidades equivalentes.

2.2.4.2 Contratação de serviços técnicos com profissionais ou empresas de notória especialização, vedada a inexigibilidade para serviços de publicidade e divulgação

A Lei considera inexigíveis os serviços prestados por aqueles que, além da habilitação técnica e profissional, aprofundaram-se na pesquisa científica, através de cursos de pós-graduação ou estágios de aperfeiçoamento. A Lei apresenta um rol de serviços técnicos profissionais especializados no art. 13 da Lei nº 8.666/93, que podem ser contratados diretamente com profissionais especializado ou empresas de notória especialização, desde que comprovada a sua natureza singular.

Sempre que houver possibilidade de competição, os serviços técnicos profissionais especializados devem ser contratados mediante a realização de concurso. No entanto, "havendo impossibilidade jurídica de competição e não sendo o serviço de natureza singular, de modo a permitir a execução por mais de um profissional, em respeito ao princípio da igualdade, o administrador deve proceder à pré-qualificação dos interessados e implantar sistemática objetiva e imparcial na distribuição dos serviços" (TCU, Decisão nº 69/93).

A Lei vetou expressamente a inexigibilidade para serviços de publicidade e divulgação, tendo em vista a prática abusiva de contratação direta (dispensa de licitação) de empresas de publicidade sem as características de notória especialização.

Considera-se de notória especialização o profissional ou empresa cujo desempenho anterior, experiências, publicações, organização, aparelhamento, equipe técnica ou outros requisitos relacionados com suas atividades, o apontem como mais adequado à execução do objeto. É indispensável o reconhecimento da notoriedade, isto é, não basta que o profissional ou empresa seja reconhecido pela sua capacidade e especialização perante a comunidade, exige-se também que se trate de um profissional ou empresa, cuja atuação é destacada e respeitada na comunidade de especialistas em que vive. Quanto a mesma questão o art. 25, §1º, elucida:

> Considera-se de notória especialização o profissional ou empresa cujo conceito no campo de sua especialidade, decorrente de desempenho anterior, estudos, experiências, publicações, organização, aparelhamento, equipe técnica, ou de outros requisitos relacionados com suas atividades, permita inferir que o seu trabalho é essencial e indiscutivelmente o mais adequado à plena satisfação do objeto do contrato.

2.2.4.3 Contratação de profissional de qualquer setor artístico

A contratação direta ou através de empresário exclusivo, desde que consagrado pela crítica especializada ou pela opinião pública é inexigível, conforme o art. 25, inciso III:

> (...) para a contratação de profissional de qualquer setor artístico, diretamente ou através de empresário exclusivo, desde que consagrado pela crítica especializada ou pela opinião pública.

O importante para legitimar a dispensa do procedimento licitatório é que o artista seja consagrado pela crítica especializada ou pela opinião pública. Para a sua avaliação, devem ser utilizados institutos de pesquisa do artista perante o público.

2.2.4.4 Cautelas na dispensa ou inexigibilidade

A contratação direta em virtude de dispensa ou inexigibilidade de licitação facilita sobremaneira a cotação de preços excessivos, principalmente quando não existe um controle satisfatório pela Administração. Os preços excessivos ou superfaturamento ocorrem quando a contratação supera os valores de mercado para produtos similares. Essa hipótese somente é detectável quando existir possibilidade de comparação entre produtos ou prestações de serviço. O superfaturamento também pode ser interpretado quando houver elevação arbitrária dos preços, deixando transparecer conluio entre os participantes, no caso de contratação direta. Não é admissível a elevação dos preços simplesmente por estar contratando com a Administração Pública. A existência clara de motivos econômicos para elevação dos preços não caracteriza o superfaturamento. Constatado o superfaturamento, serão responsabilizados de modo solidário o contratado e o contratante de acordo com o que preceitua o art. 25, §2º:

> Na hipótese deste artigo e em qualquer dos casos de dispensa, se comprovado superfaturamento, respondem solidariamente pelo dano causado à Fazenda Pública o fornecedor ou o prestador de serviços e o agente público responsável, sem prejuízo de outras sanções legais cabíveis.

Capítulo 3

Etapas e pressupostos a serem observados

Neste capítulo são apresentadas as condições para admissibilidade e validade da licitação, os preceitos e as exigências prévias a serem observadas pela Administração para que esta não incorra em vício quando da elaboração do instrumento convocatório e respectivos documentos complementares, bem como, na condução do procedimento licitatório, evitando assim que este venha a ser eventualmente considerado nulo ou anulável. Não se pode iniciar uma licitação sem o cumprimento de tais requisitos. O conhecimento das condições de admissibilidade, que se insere principalmente na fase interna da licitação, é fundamental na elaboração do instrumento convocatório, nos respectivos documentos e na condução eficiente de todo o procedimento. As condições de admissibilidade e validade da licitação passam, a partir de agora, a ser denominadas *etapas e pressupostos a serem observados*. Estes, por sua vez, classificam-se em obrigatórios, permitidos e vedados. Os obrigatórios são aqueles que devem ser observados rigorosamente, tanto na fase de preparação do instrumento convocatório e respectivos documentos, como no procedimento da licitação. A falta ou o não atendimento de qualquer uma das etapas ou pressupostos obrigatórios enquadra todo o processo licitatório em vício. Os permitidos são aqueles que podem, ou não, ser incluídos no instrumento convocatório, dependendo exclusivamente da Administração, não causando prejuízo e nem provocando vício ao certame. Os vedados são aqueles que proíbem fatos e ações indubitavelmente prejudiciais à Administração. Estas vedações devem estar inclusas obrigatoriamente no instrumento convocatório, bem como devem ser observadas durante todo o procedimento licitatório.

As etapas e pressupostos que serão abordados a seguir são:

- Planejamento e estruturação;
- Obrigatórios;
- Permitidos;
- Vedados.

3.1 Planejamento e estruturação

O planejamento constitui um dos principais fatores para o sucesso de qualquer empreendimento. No tocante ao planejamento e estruturação das contratações de obras e serviços de engenharia, faz-se necessário um sistema que possa canalizar informações e conhecimentos provenientes dos mais diversos setores e direcioná-los de tal forma que todas essas informações e conhecimentos sejam utilizados de forma adequada, tanto na fase da elaboração dos documentos técnicos quanto na formação de critérios objetivos que integrarão o instrumento técnico jurídico que estabelece as diretrizes a serem adotadas para selecionar a proposta mais vantajosa, elaborado segundo uma sucessão ordenada de atos, a ser observada pela Administração Pública e pelos particulares, propiciando igualdade de oportunidades a todos os interessados e atuando como fator de eficiência e moralidade nos negócios administrativos. Abordaremos o planejamento relativo à fase que antecede a elaboração do instrumento convocatório.

Assim sendo, o setor de planejamento surge exatamente desta necessidade de organização deste complexo que é a construção do objeto pretendido, e que se relaciona com outros setores, a saber:

3.1.1 Setor de planejamento e setor de pesquisa

A primeira influência exercida pelo setor de planejamento no setor de pesquisa é no que tange à escolha adequada de um imóvel no qual deve ser executado a obra ou o serviço de engenharia. Deverão, entre outras, serem consideradas:

a) Área de influência
- Considerar a população e a região a serem beneficiadas com a obra.
- Localização da área onde será executado o objeto, ela deverá ser apropriada principalmente no que tange ao entorno e aos perigos.

b) Restrições
- Observar as recomendações dos órgãos ou entidades governamentais, tais como: corpo de bombeiro, companhia de água e saneamento, companhia de energia elétrica, autoridades de segurança etc.
- Verificar junto ao DNIT a existência de novos projetos de implantação de rodovias.
- Observar o código de obras municipal.
- Verificar junto à prefeitura a existência de novos projetos de transporte urbano, expansão da rede viária etc.

c) Infraestrutura
- Verificar a disponibilidade de água, energia elétrica, telefone, vias de acesso e a possibilidade de melhorias.
- Não devem ser esquecidas as áreas complementares quando da escolha do terreno, como: estacionamento, áreas verdes, recuos etc.

d) Topografia
- A topografia do terreno afeta diretamente o custo da obra, quanto mais plano o terreno, mais barato será o custo do empreendimento.
- Verificar se a área não está abaixo do nível das vias de acesso o que pode gerar custos adicionais importantes.

e) Documentação
- Verificar se o imóvel se encontra legalizado e em condições de ser adquirido.

f) Tipo de solo
- Verificar o tipo de solo e a existência de água no terreno (nível do lençol freático) e se o mesmo não está sujeito à erosão.
- Se é necessária a escavação em rocha e/ou retirada de turfa, fator de acréscimo no custo da obra.
- Pesquisa quais os tipos de fundações mais utilizados em áreas vizinhas.

3.1.2 Setor de planejamento e setor de projetos

No setor de projetos, são desenvolvidos ou terceirizados os projetos e procedidas às análises dos mesmos, elaboradas as especificações técnicas, caderno de encargos etc.

A perfeita coordenação do projeto arquitetônico com os demais projetos (estrutural, hidráulico, elétrico, lógica e outros) também é atribuição do planejamento.

a) Projeto básico e executivo
- Deve haver consistência e existência dos elementos que compõem o projeto básico tais como: estudos geotécnicos e ambientais, plantas e especificações técnicas etc.

b) Orçamento
- Deve ser elaborado um orçamento consistente que abarque todos os serviços, quantidades, preços unitários, preços parciais, totais e global.

3.1.3 Setor de planejamento e setor financeiro

No setor financeiro, o planejamento geralmente fornece informações quanto à viabilidade econômica da obra ou serviço de engenharia. O planejamento também deve fornecer as previsões de despesas da obra ou do serviço de engenharia.

a) Viabilidade

- Deve ser verificado o *custo-benefício* da obra.
- Deve ser considerada a compatibilidade entre os recursos disponíveis e as necessidades da população.
- Devem ser definidos os métodos, o prazo, o tipo de obra e avaliado o seu custo a fim de encontrar a melhor solução.
- Deve ser realizado o exame preliminar do impacto ambiental.

b) Recursos

- Adequada alocação de recursos necessários e suficientes para a execução completa da obra.
- Adequada alocação de recursos necessários e suficientes para cumprir a contrapartida financeira, no caso de convênios.
- Pagamentos em conformidade com o cronograma físico-financeiro.
- Implantação de procedimentos de controle e acompanhamento físico-financeiro da obra.
- Atentar aos ditames da Lei de Responsabilidade Fiscal.

3.2 Etapas e pressupostos obrigatórios

As etapas ou pressupostos obrigatórios, comentados no início deste capítulo, são aqueles que devem ser observados rigorosamente, tanto na fase de preparação do instrumento convocatório e respectivos documentos, como no procedimento da licitação. A falta ou não do atendimento de qualquer uma das etapas ou pressupostos obrigatórios enquadra todo o processo licitatório em vício.

As principais etapas e pressupostos obrigatórios, entre outras, são:

- Projeto básico aprovado pela autoridade competente;
- Orçamento detalhado;
- Execução total;
- Previsão de recursos orçamentários.

3.2.1 Projetos e sustentabilidade

Casas e carros. Prédios e pontes. Estradas e serviços. Torres e túneis. Barragens imensas e instrumentos minúsculos. Equipamentos eletrônicos e mecânicos. Objetos dos mais diversos tipos, tamanhos e finalidades. Uns imóveis, outros com movimento. Todos procuram tornar melhor e mais fácil a vida do homem no mundo moderno e têm origem na imaginação, criatividade e talento inventivo. Este processo, imaginativo, criativo e inventivo, se expressa, após afinações e aprimoramentos, através de desenhos e observações escritas, recebe a denominação de projeto, palavra oriunda do latim: *projectus* = lançado sobre.

Do início do processo, imaginativo, criativo e inventivo, até o desenvolvimento gráfico final e escrito do objeto, que se quer executar ou adquirir, percorre-se um trajeto que envolve a execução do *anteprojeto, projeto básico* e *projeto executivo.*

Antes da elaboração dos projetos é imprescindível tomar todas as cautelas possíveis, de forma que sua elaboração conduza ao sucesso e não ocorram durante a execução da obra ou serviço de engenharia problemas que possam ocasionar paralisações, alterações ou rescisões dos contratos. Portanto, deve-se proceder inicialmente, sob o ponto de vista técnico, ao planejamento, estruturação e elaboração de todos os elementos técnicos (projetos, memórias, especificações e outros), indispensáveis para o sucesso do empreendimento. Não se deve confundir este procedimento com o planejamento das licitações de obras e serviços de engenharia. O primeiro refere-se ao planejamento, estruturação e elaboração dos documentos técnicos que devem estar disponíveis antes da elaboração do instrumento convocatório. O segundo envolve a estruturação e elaboração do instrumento convocatório para que se possa proceder a uma licitação que atinja o objetivo almejado.

Quando da elaboração do esboço ou rascunho de um projeto a partir de estudos técnicos preliminares e das determinações do cliente, visando a melhor solução técnica, definindo as diretrizes e estabelecendo as características a serem adotadas, além de ser indispensável considerar os estudos de viabilidade técnica e econômica é obrigatório, em face da legislação vigente, a avaliação do impacto ambiental.

Em 19 de janeiro de 2010 foi publicada a Instrução Normativa nº 01, que dispõe sobre os critérios de sustentabilidade ambiental na aquisição de bens, contratação de serviços ou obras pela administração pública federal direta, autárquica e fundacional, e dá outras providências.

O art. 1º da IN nº 01/10 estatui:

> Nos termos do art. 3º da Lei nº 8.666, de 21 de junho de 1993, as especificações para a aquisição de bens, contratação de serviços e obras por parte dos órgãos e entidades da administração pública federal direta, autárquica e fundacional deverão conter critérios de sustentabilidade ambiental, considerando os processos de extração ou fabricação, utilização e descarte dos produtos e matérias-primas.

Visando impedir o mau uso das cláusulas da Instrução Normativa, foi aposto na mesma o art. 2º, que proíbe incluir nos instrumentos convocatórios cláusula ou itens que ensejam em possíveis direcionamentos ou restrições por parte dos interessados, a saber:

> Para o cumprimento do disposto nesta Instrução Normativa, o instrumento convocatório deverá formular as exigências de natureza ambiental de forma a não frustrar a competitividade.

Por outro lado, deve-se ter em conta, que nas licitações tipo "melhor técnica" ou "técnica e preços", geralmente utilizados para contratação de trabalhos intelectuais (projetos básicos e executivos, fiscalização e supervisão etc.), os respectivos instrumentos convocatórios devem obrigatoriamente conter critérios objetivos de sustentabilidade ambiental para a avaliação e classificação das propostas, conforme reza o art. 3º da IN nº 01/10:

> Nas licitações que utilizem como critério de julgamento o tipo melhor técnica ou técnica e preço, deverão ser estabelecidos no edital critérios objetivos de sustentabilidade ambiental para a avaliação e classificação das propostas.

A palavra *sustentabilidade* tem diversas definições, mas concorda-se que ela implica em transformar materiais brutos em bens com menor carga ambiental, de forma a preservar o ambiente de degenerações futuras. Existe uma equação que possibilita de forma bastante simples identificar o equilíbrio ambiental:

Desenvolvimento – Carga Ambiental = x

Onde:
- se x for igual a zero, existe equilíbrio ambiental;
- se x for positivo estamos perante um desequilíbrio ambiental;
- se x for negativo estamos perante um equilíbrio ambiental e com reserva.

No que se refere a obras públicas e elaboração de projetos a IN 01/10 orienta:

> Art. 4º Nos termos do art. 12 da Lei nº 8.666, de 1993, as especificações e demais exigências do projeto básico ou executivo, para contratação de obras e serviços de engenharia, devem ser elaborados visando à economia da manutenção e operacionalização da edificação, a redução do consumo de energia e água, bem como a utilização de tecnologias e materiais que reduzam o impacto ambiental, tais como:
>
> I - uso de equipamentos de climatização mecânica, ou de novas tecnologias de resfriamento do ar, que utilizem energia elétrica, apenas nos ambientes aonde for indispensável;
>
> II - automação da iluminação do prédio, projeto de iluminação, interruptores, iluminação ambiental, iluminação tarefa, uso de sensores de presença;
>
> III - uso exclusivo de lâmpadas fluorescentes compactas ou tubulares de alto rendimento e de luminárias eficientes;
>
> IV - energia solar, ou outra energia limpa para aquecimento de água;
>
> V - sistema de medição individualizado de consumo de água e energia;
>
> VI - sistema de reuso de água e de tratamento de efluentes gerados;
>
> VII - aproveitamento da água da chuva, agregando ao sistema hidráulico elementos que possibilitem a captação, transporte, armazenamento e seu aproveitamento;
>
> VIII - utilização de materiais que sejam reciclados, reutilizados e biodegradáveis, e que reduzam a necessidade de manutenção; e
>
> IX - comprovação da origem da madeira a ser utilizada na execução da obra ou serviço.
>
> §1º Deve ser priorizado o emprego de mão de obra, materiais, tecnologias e matérias-primas de origem local para execução, conservação e operação das obras públicas.

§2º O Projeto de Gerenciamento de Resíduo de Construção Civil – PGRCC, nas condições determinadas pelo Conselho Nacional do Meio Ambiente – CONAMA, através da Resolução nº 307, de 5 de julho de 2002, deverá ser estruturado em conformidade com o modelo especificado pelos órgãos competentes.

§3º Os instrumentos convocatórios e contratos de obras e serviços de engenharia deverão exigir o uso obrigatório de agregados reciclados nas obras contratadas, sempre que existir a oferta de agregados reciclados, capacidade de suprimento e custo inferior em relação aos agregados naturais, bem como o fiel cumprimento do PGRCC, sob pena de multa, estabelecendo, para efeitos de fiscalização, que todos os resíduos removidos deverão estar acompanhados de Controle de Transporte de Resíduos, em conformidade com as normas da Agência Brasileira de Normas Técnicas – ABNT, ABNT NBR nºs 15.112, 15.113, 15.114, 15.115 e 15.116, de 2004, disponibilizando campo específico na planilha de composição dos custos.

§4º No projeto básico ou executivo para contratação de obras e serviços de engenharia, devem ser observadas as normas do Instituto Nacional de Metrologia, Normalização e Qualidade Industrial – INMETRO e as normas ISO 14.000 da Organização Internacional para a Padronização (International Organization for Standardization).

§5º Quando a contratação envolver a utilização de bens e a empresa for detentora da norma ISO 14000, o instrumento convocatório, além de estabelecer diretrizes sobre a área de gestão ambiental dentro de empresas de bens, deverá exigir a comprovação de que o licitante adota práticas de desfazimento sustentável ou reciclagem dos bens que forem inservíveis para o processo de reutilização.

Por outro lado, a Lei Federal nº 8.666/93 estabelece:

As obras e os serviços somente poderão ser licitados quando houver projeto básico aprovado pela autoridade competente e disponível para exame dos interessados em participar do processo licitatório. (Art. 7º, §2º, inciso I)

Deve-se preliminarmente entender o que é anteprojeto, projeto básico e projeto executivo. Abre-se a seguir para isto, uma discussão especial.

3.2.1.1 Anteprojeto

O anteprojeto é o esboço ou rascunho de um projeto composto por plantas baixas, cortes e elevações, geralmente traçadas a mão livre, desenvolvido a partir de estudos técnicos preliminares e das determinações do cliente, objetivando a melhor solução técnica, definindo as diretrizes e estabelecendo as características a serem adotadas na elaboração do futuro projeto básico, considerando os estudos de viabilidade técnica, econômica e a avaliação do impacto ambiental. O art. 2º da Resolução CONFEA nº 361/91 estatui: "O projeto básico é uma fase perfeitamente definida de um conjunto mais abrangente de estudos e projetos, precedido por estudos preliminares, anteprojeto, estudos de viabilidade técnica, econômica e avaliação de impacto ambiental, e sucedido pela fase de projeto executivo ou detalhamento".

Este dispositivo deixa claro que o anteprojeto não se confunde com o projeto básico e que ele antecede ao mesmo. É comum a utilização do anteprojeto como projeto básico nas licitações, o que fere frontalmente as orientações supracitadas.

3.2.1.2 Projeto básico

Verifica-se que em nenhum momento a legislação aplicável ao tema (Lei nº 8.666/93, Lei nº 5.194/66, Resoluções do CONFEA, dentre outras) explicita que "projeto básico" é igual a "projeto básico arquitetônico". É usual considerar-se o "projeto básico arquitetônico" como "projeto básico", o que é um equívoco. O "projeto básico arquitetônico" é específico enquanto o "projeto básico" é o conjunto dos projetos básicos específicos (arquitetônico, estrutura, elétrico etc.), especificações técnicas, memoriais técnicos e demais documentos. O primeiro é espécie enquanto o segundo é gênero. Portanto, o projeto básico de uma obra ou de um serviço de engenharia é composto pelo projeto básico arquitetônico, projeto básico estrutural, projeto básico elétrico e assim por diante, bem como, pelas especificações técnicas, memoriais descritivos, caderno de encargos, orçamento e demais elementos técnicos indispensáveis para licitar e executar a obra ou serviço de engenharia.

Aliás o TCU exige tais documentos: "O TCU afirmou que memorial descritivo e especificações técnicas são peças indispensáveis para o acompanhamento de obra e identificação dos tipos de serviços a serem executados e de materiais e equipamentos a incorporar à obra (item 1.54, TC-013.730/2005-6)".[31]

Usualmente considera-se que com a existência somente do projeto básico arquitetônico, que define a formatação preliminar do objeto, está sendo cumprido o disposto no art. 7º, §2º, I da Lei nº 8.666/93, instaurando-se a licitação e desconsiderando-se a exigência da existência dos projetos básicos complementares. Esta interpretação é totalmente errônea e vicia a licitação.

Portanto, o conceito de *projeto básico* é amplo e é atribuído a todos os projetos e que devem empregar os mesmos critérios de formatação, apresentação e detalhamento, independentemente da área ou ramo a que eles pertençam. A ideia de que a denominação *projeto básico* é exclusiva do *projeto básico arquitetônico* não tem fundamento técnico nem legal.

De acordo com o art. 6º, IX, da Lei nº 8.666/93 o projeto básico é definido como:

> (...) conjunto de elementos necessários e suficientes, com nível de precisão adequado, para caracterizar a obra ou serviço, ou complexo de obras ou serviços objeto da licitação, elaborado com base nas indicações dos estudos técnicos preliminares, que assegurem a viabilidade técnica e o adequado tratamento do impacto ambiental do empreendimento, e que possibilite a avaliação do custo da obra e a definição dos métodos e do prazo de execução.

Pode-se conceituar também o projeto básico como o conjunto de desenhos, memoriais, especificações, orçamento, cronograma e demais elementos técnicos

[31] TCU. Acórdão nº 1.644/2007, 2ª Câmara. *DOU*, 28 jun. 2007. Seção 1, p. 106.

necessários e suficientes a precisa caracterização da obra a ser executada, atendendo às normas técnicas e à legislação vigente, elaborado com base em estudos anteriores que assegurem a viabilidade e o adequado tratamento ambiental do empreendimento.[32]

A importância do projeto básico é notória, na medida em que ele determina os limites a que ficarão adstritos aqueles que contratarem com o poder público — princípio da isonomia; define os serviços que compõem o empreendimento; possibilita estimar o seu custo e prazo de execução; permite elaborar o plano de gestão do empreendimento; demonstra a viabilidade técnica e econômica; possibilita o estudo e avaliação do impacto ambiental; permite a escolha e definição dos métodos construtivos compatíveis e adequados à execução do empreendimento, entre outros.

Portanto, o projeto básico deve ser desenvolvido de forma objetiva e precisa, no intuito de se evitar modificações, adaptações ou reformulações durante a elaboração do projeto executivo, tendo em vista que este último não é um novo projeto, mas sim, o projeto básico acrescido somente de detalhes construtivos. Nesse sentido, o art. 6º, inciso IX, alínea "b", prevê:

> Soluções técnicas globais e localizadas, suficientemente detalhadas, de forma ***a minimizar a necessidade de reformulação*** ou de variantes durante as fases de elaboração do projeto executivo e de realização das obras e montagem. (grifos nossos)

É imperativo que os projetos básicos (arquitetônico, estrutural, elétrico etc.) sejam elaborados com a máxima precisão, evitando falhas, omissões e incongruências. Aliás, o CONFEA em regulamento próprio estabelece como características dos projetos básicos que os mesmos definam as quantidades e os custos de serviços e fornecimentos com precisão compatível com o tipo e porte da obra, de tal forma a ensejar a determinação do custo global da obra com precisão de mais ou menos 15%.[33]

A Lei nº 8.666/93 menciona, no art. 12, incisos I a VII, os requisitos que deverão ser observados nos projetos básicos e executivos e atendidos pela Administração. O rol abaixo, representa os itens mínimos a serem obrigatória e cumulativamente observados:

a) segurança, funcionalidade e adequação;
b) economia na execução, conservação e operação;
c) possibilidade de emprego de mão de obra, materiais, tecnologia e matérias-primas existentes no local para execução;
d) conservação e operação;
e) facilidade na execução e conservação;
f) adoção das normas técnicas, de saúde e segurança e impacto ambiental.

Se o atendimento de outras necessidades se tornarem imprescindíveis, estas deverão ser cumpridas mesmo que não tenham sido previstas no enunciado na Lei.

O projeto básico, consoante estabelece o art. 6º, inciso IX da Lei nº 8.666/93, deve conter alguns elementos, conforme descrito abaixo. Da mesma forma, o art. 3º

[32] Orientação técnica do Instituto Brasileiro de Auditoria de Obras Públicas (IBRAOP).

[33] Art. 3º, alínea "f", Resolução CONFEA nº 361/91.

da Resolução nº 361 do CONFEA estabelece os elementos que o projeto básico deve conter. A seguir está representado um quadro comparativo.

Elementos (Art. 6º, IX, Lei nº 8.666/93)	**Características** (Art. 3º, Resolução CONFEA nº 361)
a) desenvolvimento da solução escolhida de forma a fornecer visão global da obra e identificar todos os seus elementos constitutivos com clareza;	a) desenvolvimento da alternativa escolhida como sendo viável, técnica, econômica e ambientalmente, e que atenda aos critérios de conveniência de seu proprietário e da sociedade;
b) soluções técnicas globais e localizadas, suficientemente detalhadas, de forma *a minimizar a necessidade de reformulação ou de variantes durante as fases de elaboração do projeto executivo e de realização das obras e montagem*;	b) fornecer uma visão global da obra e identificar seus elementos constituintes de forma precisa; c) especificar o desempenho esperado da obra; d) adotar soluções técnicas, quer para conjunto, quer para suas partes, devendo ser suportadas por memórias de cálculo e de acordo com critérios de projeto preestabelecidos de modo a *evitar e/ou minimizar reformulações e/ou ajustes acentuados, durante sua fase de execução*;
c) identificação dos tipos de serviços a executar e de materiais e equipamentos a incorporar à obra, bem como suas especificações que assegurem os melhores resultados para o empreendimento, sem frustrar o caráter competitivo para a sua execução;	e) identificar e especificar, sem omissões, os tipos de serviços a executar, os materiais e equipamentos a incorporar à obra;
d) informações que possibilitem o estudo e a dedução de métodos construtivos, instalações provisórias e condições organizacionais para a obra, sem frustrar o caráter competitivo para a sua execução;	g) fornecer subsídios suficientes para a montagem do plano de gestão da obra; h) considerar, para uma boa execução, métodos construtivos compatíveis e adequados ao porte da obra;
e) subsídios para montagem do plano de licitação e gestão da obra, compreendendo a sua programação, a estratégia de suprimentos, as normas de fiscalização e outros dados necessários em cada caso;	i) detalhar os programas ambientais, compativelmente com o porte da obra, de modo a assegurar sua implantação de forma harmônica com os interesses regionais;
f) orçamento detalhado do custo global da obra, fundamentado em quantitativos de serviços e fornecimentos propriamente avaliados.	f) definir as quantidades e os custos de serviços e fornecimentos com precisão compatível com o tipo e porte da obra, de tal forma a *ensejar a determinação do custo global da obra com precisão de mais ou menos 15% (quinze por cento)*.

(Grifos nossos)

O TCU enfatizou a necessidade e obrigatoriedade dos projetos serem completos e devidamente subscritos por técnico habilitado e com atribuições específicas, a saber:

> O TCU determinou ao CEFET/BA que fizesse, em todos os processos licitatórios destinados à execução de obras ou serviços de engenharia, o projeto básico e/ou executivo, com todas suas partes, desenhos, especificações e outros necessários, bem como orçamento estimado em planilhas de quantitativos e preços unitários, tudo de conformidade com o disposto nos incisos I e II do §2º do art. 40 da Lei nº 8.666/1993 (item 9.3.7, TC-017.252/2005-4). A título de ilustração, chamamos a atenção da comunidade do EGP para o fato de que o projeto básico, para fins de licitação, deve definir as

quantidades e os custos de serviços e fornecimentos com precisão compatível com o tipo e porte da obra, de tal forma a ensejar a determinação do custo global da obra com precisão de mais ou menos 15% (quinze por cento), conforme art. 3º, alínea "f", da Resolução/CONFEA nº 361, de 10.12.1991, citado no item 9.2.1.2 TC-008.575/2005-6, acórdão nº 1.131/2005-TCU-Plenário.[34]

De acordo com o Instituto Brasileiro de Auditoria de Obras Públicas (IBRAOP), o projeto básico deve ser desenvolvido de maneira que:

- estabeleça com precisão, através de seus elementos constitutivos, todas as características, dimensões, especificações, e as quantidades de serviços e de materiais, custos e tempo necessários para a execução da obra, de forma a evitar alterações e adequações durante a elaboração do projeto executivo e realização das obras.

- todos os elementos que compõem o projeto básico devem ser elaborados por profissional legalmente habilitado, sendo indispensável o registro da respectiva ART, identificação do autor e sua assinatura em cada uma das peças gráficas e documentos produzidos.

O projeto básico deve apresentar conteúdos suficientes e precisos, tais como os elencados abaixo, representados em elementos técnicos de acordo com a natureza, porte e complexidade da obra de engenharia:

a) *Desenho* – representação gráfica do objeto a ser executado, em escala adequada, demonstrando formas, dimensões, funcionamento e especificações, definidas em plantas, cortes, elevações, esquemas e detalhes obedecendo às normas técnicas pertinentes.

b) *Memorial descritivo* – descrição detalhada do objeto projetado, na forma de texto, onde são apresentadas as soluções técnicas adotadas, bem como suas justificativas, necessárias ao pleno entendimento do projeto, complementando as informações contidas nos desenhos referenciados no item desenho.

c) *Especificação técnica* – texto no qual se fixam todas as regras e condições que se deve seguir para a execução da obra ou serviço de engenharia, caracterizando individualmente os materiais, equipamentos, elementos componentes, sistemas construtivos a serem aplicados e o modo como serão executados cada um dos serviços apontados, também, os critérios para sua medição.

d) *Orçamento* – avaliação do preço total da obra tendo como base preços dos insumos praticados no mercado ou valores de referência e levantamentos de quantidades de materiais e serviços obtidos a partir do conteúdo dos elementos descritos nos itens desenho, memorial descritivo e especificações técnicas sendo inadmissíveis apropriações genéricas ou imprecisas, bem como a inclusão de materiais e serviços sem previsão de quantidades.

O orçamento deverá ser lastreado em composição de preços unitários e expressos em planilhas de preços e serviços, referenciados à data de sua elaboração.

d.1) *Planilha de preços e serviços* – a planilha de preços e serviços deverá sintetizar o orçamento e deve conter no mínimo: discriminação dos serviços, unidade de medida, quantidade, preço unitário, preço parcial, preço total, nome completo do responsável técnico, seu número de registro no CREA e assinatura.

---

[34] TCU. Acórdão nº 3.796/2007, 1ª Câmara. *DOU*, 5 dez. 2007. Seção 1, p. 145.

d.2) *Composição do preço unitário de serviço* – define o valor de cada serviço com base em coeficientes de produtividade, de consumo e aproveitamento de insumos e seus custos coletados no mercado, devendo conter no mínimo: unidade de medida, sua incidência no serviço, preço unitário, preço parcial e unitário total do serviço.

e) *Cronograma físico financeiro* – representação gráfica do desenvolvimento dos serviços a serem executados ao longo do tempo de duração da obra demonstrando, em cada período, o percentual físico a ser executado e o respectivo valor financeiro despendido, nome completo do responsável técnico, seu número de registro no CREA e assinatura.

3.2.1.2.1 Elementos técnicos por tipo de obra

Dentre as diversas tabelas inclusas nas orientações técnicas do Instituto Brasileiro de Auditorias de Obras Públicas (IBRAOP), transcreve-se abaixo o conteúdo técnico da Tabela 6.1, *Edificações*, não esgotando ou limitando eventuais exigências de outros órgãos.

TABELA 6.1
Edificações (parcial)

Especialidade	Elemento	Conteúdo
Sondagem	Desenho	Locação dos furos
	Memorial	Descrição das características do solo
		Perfil geológico do terreno
Projeto arquitetônico	Desenho	Situação
		Implantação com níveis
		Plantas baixas e de cobertura
		Cortes e elevações
		Detalhes (que possam influir no valor do orçamento)
		Indicação de elementos existentes, a demolir e a executar
	Especificação	Materiais, equipamentos, elementos, componentes e sistemas construtivos
Projeto estrutural	Desenho	Planta baixa com lançamento da estrutura com cortes e elevações
	Especificação	Materiais, componentes, sistema construtivo
	Memorial	Método construtivo
		Cálculo do dimensionamento
Projeto de instalações hidráulicas	Desenho	Planta baixa com marcação da rede de tubulação (água, esgoto, águas pluviais e drenagem), prumadas e reservatório
		Esquema de distribuição vertical
	Especificação	Materiais e equipamentos
	Memorial	Cálculo do dimensionamento das tubulações e reservatório

Fonte: Instituto Brasileiro de Auditorias de Obras Públicas (IBRAOP).

3.2.1.3 Projeto básico aprovado pela autoridade competente

Concluído o projeto básico, este obrigatoriamente deverá ser submetido à aprovação da autoridade competente, ou seja, à apreciação dos órgãos e entidades governamentais competentes como: Prefeitura Municipal, Corpo de Bombeiros, IBAMA, e outros.

Aprovado o projeto pelos respectivos órgãos e entidades competentes, o mesmo é submetido a uma revisão final, no que concerne a documentação técnica e documentação legal. A aprovação pela autoridade do órgão ou entidade contratante restringe-se unicamente à constatação de que o mesmo satisfaz às expectativas almejadas e para a autorização do uso do referido projeto, na medida que a referida autoridade não tem competência para aprovar projetos no que diz respeito à sua escorreita elaboração técnica. A responsabilidade técnica é tão somente do autor, autores e/ou coautores.

3.2.1.4 Projeto executivo

Da mesma forma, o projeto executivo, de acordo com o art. 6º, inciso X, da Lei nº 8.666/93 é conceituado como:

> (...) conjunto de elementos necessários e suficientes, à execução completa da obra, de acordo com as normas pertinentes da associação brasileira de normas técnicas (ABNT).

Portanto, o projeto executivo indica como se deve executar a obra ou o serviço de engenharia, baseado no projeto básico que define o objeto tanto no aspecto da visão global como na visão setorial. Entende-se por visão global o limite isonômico do objeto, abrangendo de forma total as diretrizes arquitetônicas, estruturais, elétricas, hidráulicas e outras, identificadas pelos detalhes visuais em três dimensões, considerando a formatação quantitativa e qualitativa de todo o objeto. A visão setorial abrange, também, as diretrizes arquitetônicas, estruturais, elétricas, hidráulicas e outras, identificadas pelos detalhes visuais em três dimensões, considerando a formatação quantitativa e qualitativa de cada ambiente, componentes e peças que compõem o objeto. O projeto executivo, como o vocábulo insinua, detalha como se deve executar cada peça que compõe o objeto. Aqui não se entra em detalhes de desenhos e de dimensionamento, mas em detalhes construtivos, ou seja, de como se deve executar.

Em resumo, a diferença entre projeto básico e projeto executivo é que o primeiro apresenta todos os detalhes de formatação do objeto, em plantas, cortes, fachadas e detalhes, enquanto o segundo apresenta os elementos e requisitos do projeto básico, porém, com os detalhes de como executar. Não é um projeto novo, nem um projeto básico modificado. É o projeto que mostra como deve ser executado cada componente da obra, detalhado no projeto básico.

3.2.1.5 Elaboração do projeto executivo

A elaboração do projeto executivo é uma etapa posterior à elaboração do projeto básico.

Quando a licitação for realizada somente com base no projeto básico, nada impede que a elaboração do projeto executivo seja também objeto da mesma licitação (vide etapas e pressupostos permitidos). Isso não significa que o contratado terá liberdade irrestrita no desenvolvimento do projeto executivo, o instrumento convocatório deve limitar e indicar como este deve ser desenvolvido.

Confirma o art. 7º, §1º, da Lei nº 8.666/93:

> A execução de cada etapa será obrigatoriamente precedida da conclusão e aprovação, pela autoridade competente, dos trabalhos relativos às etapas anteriores, à exceção do projeto executivo, o qual poderá ser desenvolvido concomitantemente com a execução das obras e serviços, desde que também autorizado pela Administração.

Com relação ao pagamento do projeto executivo, estatui o art. 9º, §2º, da Lei nº 8.666/93:

> O disposto neste artigo não impede a licitação ou contratação de obra ou serviço que inclua a elaboração de projeto executivo como encargo do contratado ou pelo preço previamente fixado pela Administração.

Em uma primeira hipótese, o proponente simplesmente assume na sua proposta a responsabilidade pela execução do projeto executivo, sem mencionar qual o custo do mesmo, caso não tenha sido estabelecido no instrumento convocatório a forma específica de cotação do mesmo. Na segunda hipótese, o proponente cota, na sua proposta, além da obra ou serviço, também o custo da execução do projeto executivo, se este não foi previamente fixado no instrumento convocatório. Em ambos os casos, para fins de comparação e julgamento, prevalece o preço final, ou seja, o custo da obra ou do serviço acrescido do custo do projeto executivo.

3.2.1.6 Projetos não enquadráveis como de engenharia

O art. 7º da Lei nº 8.666/93 imputa a obrigatoriedade de existência de projeto básico para execução de obras e serviços de engenharia. Muitas vezes são levantadas dúvidas quanto à obrigatoriedade de existência de projeto básico para determinados serviços, principalmente quando não são serviços de engenharia ou são serviços, que por sua natureza, dispensam os mesmos. É importante esclarecer que o projeto básico, nem sempre pode ser apresentado através de desenhos ou elementos gráficos. Neste caso, o projeto básico pode ser substituído por um Termo de Referência, que não deixa de ser um projeto, vez que é um documento descritivo que impõe as múltiplas condições para a execução do referido serviço. Tomemos como exemplo a contratação de uma empresa de vigilância e limpeza. O fornecimento do termo de referência, em substituição ao projeto básico, definindo e quantificando o pessoal, o material, os equipamentos e demais elementos é "um projeto básico" e torna-se indispensável, para que, em igualdade de condições, seja possível elaborar e apresentar proposta de preços completa e satisfatória.

Portanto, é importante enfatizar, novamente, que, por imposição legal, é obrigatório o fornecimento, pelo licitador, do projeto básico, e, quando este não couber deve ser fornecido um termo de referência ou outro documento similar.

3.2.1.7 Licitação e contratação de projetos

É obrigatória a licitação de projetos básicos e executivos, conforme estabelece a Lei. São enquadrados em serviços técnicos profissionais especializados, de acordo com o art. 13 da Lei nº 8.666/93, que estabelece:

> Para os fins desta Lei, consideram-se serviços técnicos profissionais especializados os trabalhos relativos a:
>
> I - estudos técnicos, planejamentos e projetos básicos ou executivos;
>
> II - (...)

Os projetos básicos ou executivos são aqueles que implicam alcançar o objetivo estabelecido por um profissional com capacitação superior à usual, proveniente de especial ou exclusiva dedicação no ramo em que atua. Quando não for cabível a contratação direta de projetos básicos e/ou executivos, deve-se proceder à licitação preferencialmente pela modalidade de concurso. A utilização dessa modalidade não é obrigatória, se outra, melhor técnica ou técnica e preços, for mais vantajosa ou conveniente. Fato este previsto no art. 13, §1º, na Lei de Licitações, a saber:

> Ressalvados os casos de inexigibilidade de licitação, os contratos para a prestação de serviços técnicos profissionais especializados deverão, preferencialmente, ser celebrados mediante a realização de concurso, com estipulação prévia de prêmio ou remuneração.

No art. 46, a Lei nº 8.666/93 prossegue e estabelece:

> Os tipos de licitação "melhor técnica" ou de "técnica e preços" serão utilizados exclusivamente para serviços de natureza predominantemente intelectual, em especial na elaboração de projetos, cálculos, fiscalização, supervisão e gerenciamento e de engenharia consultiva em geral e, em particular, para a elaboração de estudos técnicos preliminares e projetos básicos e executivos, ressalvado o disposto no §4º do artigo anterior.

3.2.1.8 *As built*

O *as built*, ou "como construído", deve obrigatoriamente ser exigido no instrumento convocatório e no contrato, é o conjunto de desenhos, memoriais, especificações e demais elementos técnicos que detalham com precisão como e onde foram executados aqueles serviços que por sua natureza são de extrema importância como:

tubulações de água, de gás, de oxigênio, conduítes, registros etc., bem como, deve demonstrar com exatidão os insumos utilizados (materiais, códigos de fabricantes, cores etc.), visando facilitar a manutenção, reparos, reforma e outras obras e serviços a serem realizadas oportunamente. A elaboração do *as built* deve ser acompanhada pelo fiscal devidamente subscrito e ser entregue ao contratante quando da conclusão da obra ou do serviço.

3.2.1.9 Conceito de autor, autores e coautores de um plano ou projeto

a) Autor de um plano ou projeto de engenharia – O profissional habilitado que elaborou o referido plano ou projeto. Cabe a ele a autoria do plano ou projeto de engenharia conforme estabelece o art. 17 da Lei nº 5.194/66.

b) Autores de um plano ou projeto – "Os profissionais ou organizações de técnicos especializados que colaborarem numa parte do projeto deverão ser mencionados explicitamente como autores da parte que lhes tiver sido confiada, tornando-se mister que todos os documentos, como plantas, desenhos, cálculos, pareceres, relatórios, análises, normas, especificações e outros documentos relativos ao projeto sejam por eles assinados", conforme o estatuído no art. 20 da Lei nº 5.194/66.

c) Coautores de um plano ou projeto – "Quando a concepção geral que caracteriza um plano ou projeto for elaborada em conjunto por profissionais legalmente habilitados, todos serão considerados co-autores do projeto, com os direitos e deveres correspondentes", conforme o estatuído no art. 19 da Lei nº 5.194/66.

É assegurado ao autor, autores ou coautores do projeto o direito de acompanhar a execução da obra respectiva de engenharia, arquitetura ou agronomia, de modo que, a seu término, possam ser emitidas declarações de que a mesma foi realizada de acordo com o projeto ou com as alterações aprovadas pelas partes interessadas (art. 1º, Resolução CONFEA nº 221).

Quando o contrato englobar atividades diversas no campo da engenharia, da arquitetura e da agronomia e no caso de coautoria ou corresponsabilidade, a ART deverá ser desdobrada, através de tantos formulários quantos forem os profissionais envolvidos na obra ou serviço (art. 2º, §1º, Resolução CONFEA nº 425).

3.2.1.10 Subscrição dos projetos

Os projetos de engenharia somente terão valor jurídico se os mesmos forem elaborados e assinados por profissional habilitado em conformidade com sua respectiva atribuição profissional

O art. 13 da Lei nº 5.194/66, que regula o exercício das profissões de Engenheiro, Arquiteto e Engenheiro-Agrônomo, estabelece:

> Os estudos, plantas, projetos, laudos e qualquer outro trabalho de engenharia, de arquitetura e de agronomia, quer público, quer particular, somente poderão ser submetidos ao julgamento das autoridades competentes e só terão valor jurídico quando seus autores forem profissionais habilitados de acordo com esta Lei.

Ainda o art. 14 da Lei nº 5.194/66 preceitua:

(...) que nos trabalhos gráficos, especificações, orçamentos, pareceres, laudos e atos judiciais ou administrativos, é obrigatória, além da assinatura, precedida do nome da empresa, sociedade, instituição ou firma a que interessem, a menção explícita do título do profissional que os subscreve e do número da carteira referida no art. 56.

Por outro lado, o art. 56 da Lei nº 5.194/66 estatui:

(...) aos profissionais registrados de acordo com esta Lei será fornecida carteira profissional, conforme modelo adotado pelo Conselho Federal, contendo o número do registro, a natureza do título, especializações e todos os elementos necessários à sua identificação.

O TCU "(...) determinou ao Banco do Brasil S/A que observasse, nas licitações que envolvessem a contratação de serviços de engenharia, arquitetura e agronomia, as determinações dos arts. 13 e 14 da Lei nº 5.194/1966, bem como do art. 1º, inciso IV, da Resolução/CONFEA nº 282, de 24.08.1983, explicitando-as no corpo do instrumento convocatório (item 6.1.2, TC-009.893/2007-1)".[35]

3.2.1.11 Cessão dos direitos patrimoniais à Administração Pública contratante

O autor dos serviços técnicos profissionais especializados deve transferir à Administração os direitos patrimoniais relativos à propriedade imaterial. Não se deve confundir a transferência dos direitos patrimoniais com a transferência dos direitos autorais, uma vez que estes últimos são personalíssimos. Por outro lado, a transferência dos dircitos patrimoniais não autoriza a Administração proceder a mudanças no trabalho, sem prévia e expressa autorização do autor. A não observância da autorização, quando for o caso, é considerado delito grave. A Administração, mesmo com a mudança de patrimônio, é obrigada a respeitar a autoria e divulgar o nome do autor.[36]

Segundo o art. 17 da Lei nº 5.194/66:

Os direitos autorais serão sempre do profissional que elaborar o plano ou projeto de engenharia, arquitetura e agronomia.

O art. 18 da Lei nº 5.194/66 estabelece também:

(...) as alterações do projeto ou plano original só poderão ser feitas pelo profissional que o tenha elaborado.

---

[35] TCU. Acórdão nº 2.606/2007, 2ª câmara. *DOU*, 27 set. 2007. Seção 1, p. 94.

[36] "A Administração só poderá contratar, pagar, premiar ou receber projeto ou serviço técnico especializado desde que o autor ceda os direitos patrimoniais a ele relativos e a Administração possa utilizá-lo de acordo com o previsto no regulamento de concurso ou no ajuste para sua elaboração" (Art. 111, Lei nº 8.666/93).

Ainda o art. 18, §1º, da Lei nº 5.194/66, reza:

(...) estando impedido ou recusando-se o autor do projeto ou plano original a prestar sua colaboração profissional, comprovada a solicitação, as alterações ou modificações deles poderão ser feitas por outro profissional habilitado, a quem caberá a responsabilidade pelo projeto ou plano modificado.

O art. 19 da Lei nº 5.194/66 estatui:

(...) quando a concepção geral que caracteriza um plano ou projeto for elaborado em conjunto por profissionais legalmente habilitados, todos serão considerados co-autores do projeto, com os direitos e deveres correspondentes.

O art. 20 da Lei nº 5.194/66 disserta:

(...) os profissionais ou organizações de técnicos especializados que colaborem numa parte do projeto, deverão ser mencionados explicitamente como autores da parte que lhes tiver sido confiada, tornando-se mister que todos os documentos, como plantas, desenhos, cálculos, pareceres, relatórios, análises, normas, especificações e outros documentos relativos ao projeto, sejam por eles assinados.

3.2.1.12 Dispensa do projeto básico

Não se deve confundir a dispensa do projeto básico com dispensa de licitação. A dispensa do projeto é estatuída pela Lei nº 5.194/66 e regulamentada pelo art. 5º da Resolução nº CONFEA 361/91, e só a ele cabe esta atribuição, visto que se trata de assunto inerente à profissão de Engenheiro, Arquiteto e Engenheiro-Agrônomo. Por outro lado, a dispensa de licitação está estabelecida na Lei nº 8.666/93 e só ela tem competência para implementá-la.

A dispensa de elaboração de projeto somente poderá ser autorizada:

I - nos casos de guerra ou graves perturbações da ordem;

II - nos casos de obras ou serviços de pequeno porte, isolados e sem complexidade técnica de gerenciamento e execução;

III -nos casos de emergência, quando caracterizada a urgência de atendimento de situação que possa ocasionar prejuízo ou comprometer a segurança de pessoas, obras, serviços, equipamentos e outros bens, públicos ou particulares.

Nos casos acima mencionados o responsável técnico do órgão contratante deverá justificar a urgência do atendimento, emitindo laudo técnico e recolher a respectiva ART.

3.2.1.13 Anotação de Responsabilidade Técnica (ART)

É obrigatória a Anotação de Responsabilidade Técnica (ART) do projeto básico pelos autores contratados ou pertencentes ao quadro técnico do órgão, conforme estabelecem a Lei nº 6.496/77, o art. 7º da Resolução CONFEA nº 361/91,[37] o Acórdão TCU nº 325/2007,[38] e o Acórdão TCU nº 3.360/2007.[39]

O art. 3º da Resolução CONFEA nº 1.023/08 dispõe:

> Todo contrato escrito ou verbal para execução de obras ou prestação de serviços relativos às áreas abrangidas pelo Sistema CONFEA/CREA fica sujeito ao registro da ART no CREA em cuja circunscrição for exercida a respectiva atividade.

Desta forma, a anotação de toda a obra ou serviço de engenharia junto ao respectivo Conselho Regional, é necessária, permitindo identificar-se facilmente, quando for necessário, o profissional responsável pela obra ou serviço de engenharia.

O art. 2º da Resolução CONFEA nº 1.023/08 estabelece:

> A ART é o instrumento que define, para os efeitos legais, os responsáveis técnicos pela execução de obras ou prestação de serviços relativos às áreas abrangidas pelo Sistema CONFEA/CREA.

Ainda o art. 32 da Resolução CONFEA nº 1.023/08 prevê:

> A co-autoria ou a co-responsabilidade de atividade necessária à execução de obra ou à prestação de serviço obriga ao registro de nova ART, vinculada à ART primeiramente registrada.

Em face desta necessidade, o art. 31 da Resolução CONFEA nº 1.023/08 estabelece:

> A ART relativa à execução de obra ou prestação de serviço deve ser registrada antes do início da respectiva atividade técnica, de acordo com as informações constantes do contrato firmado entre as partes.

3.2.2 Orçamento detalhado

A palavra orçamento é o derivativo de orçar, do italiano *orzare*, e em sentido vulgar quer significar a estimativa do custo, obtido através de cálculo ou de avaliação, cujo valor de aquisição ou execução, é necessário saber, por antecipação.

Embora o orçamento signifique o estabelecimento de um montante, em dinheiro, ele pode ser aplicado tanto à receita quanto à despesa. Orçar a receita deve ser

[37] Os autores do Projeto Básico, sejam eles contratados ou pertencentes ao quadro técnico do órgão contratante, deverão providenciar a Anotação de Responsabilidade Técnica (ART), instituída pela Lei Federal nº 6.496/77 e regulamentada através de Resoluções específicas do Conselho Federal de Engenharia, Arquitetura e Agronomia (CONFEA).

[38] O TCU determinou à Prefeitura Municipal (...) que procedesse ao registro e recolhimento da anotação de responsabilidade técnica junto ao CREA referente aos projetos básicos de todos os empreendimentos a serem licitados (item 6.1.2, TC-007.001/2005-0). TCU. Acórdão nº 325/2007, 2ª Câmara. *DOU*, 16 mar. 2007. Seção 1, p. 164.

[39] O TCU determinou à Petróleo Brasileiro S/A que cumprisse o disposto nos arts. 1º e 2º da Lei nº 6.496/1977, exigindo a Anotação de Responsabilidade Técnica (ART) nas obras e serviços de engenharia, haja vista que sua ausência impossibilitaria a responsabilização do autor do projeto por eventual erro ou falha técnica (item 16.1.10, tc-017.810/2006-5). TCU. Acórdão nº 3.360/2007, 2ª Câmara. *DOU*, 29 nov. 2007. Seção 1, p. 170.

compreendido como estimar, calcular, avaliar, por previsão, as rendas que possam ser arrecadadas ou conseguidas dentro de um período preestabelecido, enquanto orçar despesas é determinar ou fixar o seu quanto, ou seja, a soma indispensável para atender as necessidades conhecidas, ou executar o que se pretende, dentro de um período certo.

3.2.2.1 Definição de orçamento

Entende-se por orçamento a determinação, com margem de acerto tão elevada quanto possível, o preço de uma obra ou de um serviço de engenharia, antes de sua execução, elaborado com base em documentos específicos, tais como, projetos, especificações técnicas, memoriais, caderno de encargos, condições contratuais e demais fatores que possam influenciar o custo total.

3.2.2.2 Elaboração do orçamento do orçamento detalhado em planilha

Após conclusão dos projetos, é obrigatória a elaboração do orçamento, abrangendo as quantidades dos serviços, os seus respectivos preços unitários, os preços parciais e preço global do objeto a ser licitado. Esta regra nem sempre pode ser cumprida com rigor, principalmente quando se trata de projeto mal elaborado, estando, destarte, sujeita a imprecisões. Isso, no entanto, não elimina o dever de se estimar os preços, pois não é lícito iniciar-se licitação sem previsão de preço. Deve-se ter em vista que a regra da previsão de recursos orçamentários é uma das condições obrigatórias para se instaurar licitação. Ademais, a falta de previsão do preço global do objeto acarreta a impossibilidade de se definir a modalidade de licitação.

Sobre o tema, dispõe o art. 7º, §2º, inciso II, da Lei nº 8.666/93:

> (...) as obras e os serviços somente poderão ser licitados quando: existir orçamento detalhado em planilhas que expressem a composição de todos os seus custos unitários.

3.2.2.3 Valor jurídico

A planilha orçamentária deve ser subscrita obrigatoriamente por profissional legalmente habilitado e com atribuição específica, precedida pelo nome da empresa, sociedade, instituição ou firma a que interessem, mencione explicitamente o seu título profissional e o número da carteira profissional, conforme estabelece o art. 14 da Lei nº 5.194/66.[40]

A planilha de preços que não seja assinada por profissional legalmente habilitado não tem valor jurídico, conforme prevê o art. 13 da Lei nº 5.194/66, a saber:

---

[40] Nos trabalhos gráficos, especificações, orçamentos, pareceres, laudos e atos judiciais ou administrativos, é obrigatória, além da assinatura, precedida do nome da empresa, sociedade, instituição ou firma a que interessarem, a menção explícita do título do profissional que os subscrever e do número da carteira referida no art. 56.

(...) os estudos, plantas, projetos, laudos e qualquer outro trabalho de Engenharia, de Arquitetura e de Agronomia, quer público, quer particular, somente poderão ser submetidos ao julgamento das autoridades competentes e só terão valor jurídico quando seus autores forem profissionais habilitados de acordo com esta Lei.

Como já visto, o art. 14 da Lei nº 5.194/66 preceitua:

(...) nos trabalhos gráficos, especificações, orçamentos, pareceres, laudos e atos judiciais ou administrativos, é obrigatória, além da assinatura, precedida do nome da empresa, sociedade, instituição ou firma a que interessem, a menção explícita do título do profissional que os subscreve e do número da carteira referida no art. 56.

Por outro lado, o art. 56 da mencionada Lei estatui:

(...) aos profissionais registrados de acordo com esta Lei será fornecida carteira profissional, conforme modelo adotado pelo Conselho Federal, contendo o número do registro, a natureza do título, especializações e todos os elementos necessários à sua identificação.

Portanto, uma planilha de preços que estiver assinada por pessoa não habilitada pelo Sistema CONFEA/CREA, e em plenas condições de atividade profissional (técnico-legal), é um documento sem valor jurídico, e não pode ser aceito em uma licitação.

O TCU determinou ao Banco do Brasil S/A que observasse, nas licitações que envolvessem a contratação de serviços de engenharia, arquitetura e agronomia, as determinações dos arts. 13 e 14 da Lei nº 5.194/1966, bem como do art. 1º, inciso IV, da Resolução/CONFEA nº 282, de 24.08.1983, explicitando-as no corpo do instrumento convocatório (item 6.1.2, TC-009.893/2007-1).[41]

3.2.2.4 Importância

A elaboração de orçamento detalhado em planilhas, que expressem a composição de todos os seus preços unitários, é indispensável para a realização da licitação, uma vez que, a partir dele:

- será avaliado se os recursos orçamentários disponíveis podem atender as respectivas despesas;
- será determinada qual a modalidade de licitação que deverá ser adotada (condição necessária);
- os interessados terão um balizador para apresentar sua proposta de preços.

3.2.2.5 Planilha de preços

Com a listagem dos serviços a serem executados e seus respectivos quantitativos, deve-se preencher uma tabela ou formulário, devidamente elaborado, denominado

[41] TCU. Acórdão nº 2.606/2007, 2ª câmara. *DOU*, 27 set. 2007. Seção 1, p. 94.

de Planilha de Preços ou Planilha de Serviços ou Planilha de Serviços e Quantidades etc., contendo:

- a relação de todos os serviços;
- as unidades de medida de cada serviço;
- as quantidades de cada serviço extraídas dos projetos básicos ou executivos, especificações técnicas, memoriais descritivos, caderno de encargos e outros, classificados segundo critérios que atendam às necessidades da empresa ou contratante;
- os custos unitários, subdivididos em custos unitários de mão de obra, acrescido das leis sociais, materiais e veículos e equipamentos e por último do BDI;
- os preços parciais, resultantes da multiplicação das quantidades pelos respectivos preços unitários;
- os subtotais, resultante da soma dos preços parciais;
- o valor global ou total, resultante da soma de todos os subtotais.

Dessa forma verifica-se que cada obra ou serviço deve possuir uma planilha de preços própria, estruturada para atender aos objetivos da empresa ou contratante, atendendo aos requisitos do orçamento de suprimentos etc.

3.2.2.6 Características

Um orçamento apresenta três características:

a) *Aproximado* – como na execução de uma obra ou serviço cada empresa apresenta um processo produtivo diferente, dependente da habilidade pessoal dos operários, baseia-se em condições médias de consumo, preços de insumos e desperdícios de materiais, pode-se afirmar que o orçamento não é matematicamente exato.

b) *Específico* – como o orçamento diz respeito a uma determinada empresa, a um determinado contratante e até mesmo ao local de execução da obra ou serviço de engenharia, pode-se afirmar que o orçamento não é genérico.

c) *Dinâmico* – todo o orçamento se integra com base nas condições legais, políticas, técnicas e financeiras da época de sua elaboração. Os materiais, os equipamentos, os métodos construtivos e até os sistemas gerenciais evoluem com o passar do tempo, portanto, um orçamento torna-se inexpressivo/superado com o decorrer do tempo.

3.2.2.7 Prioridade de execução

Por meio da análise documental e das determinações dos superiores, o orçamentista deverá ter conhecimento claro de qual a prioridade de execução que deve-se adotar, para que o orçamento da obra ou serviço de engenharia seja consistente. Cada prioridade gerará um orçamento com valores diferentes, a saber:

a) Qualidade;

b) Prazo;

c) Custo.

3.2.2.7.1 Quando a prioridade é a qualidade

Neste caso o orçamentista deverá considerar: o concurso dos melhores profissionais da empresa; faixa salarial atraente para atrair bons profissionais para completar o quadro; folga nos preços dos subempreiteiros para obrigá-los a trabalhar em conformidade com o exigido; compra de materiais de qualidade; entre outros cuidados. São imprescindíveis:

a) todos os projetos básicos/executivos bem detalhados e disponíveis;
b) as especificações técnicas bem detalhadas;
c) os memoriais descritivos completamente detalhados;
d) o caderno de encargos completo;
e) a existência de normas especificas do cliente;
f) a existência de um "programa de controle de qualidade";
g) uma fiscalização rígida.

3.2.2.7.2 Quando a prioridade é o custo

É a situação mais comum e a mais simples de orçar. São imprescindíveis:

a) todos os projetos básicos/executivos bem detalhados e disponíveis;
b) as especificações técnicas comuns, porém, bem detalhadas;
c) os memoriais descritivos comum, porém, bem detalhados;
d) pouca exigência do cliente;
e) uma fiscalização normal.

3.2.2.7.3 Quando a prioridade é o prazo

Prever trabalho com operários em vários turnos. A direção firme do engenheiro e mestre acostumados ao cumprimento de prazos é fundamental. O custo da obra aumenta em função da redução do prazo. São imprescindíveis:

a) a exigência de rede PERT/CPM e cronograma físico detalhado;
b) uma fiscalização rígida sobre o andamento da obra ou serviço;
c) multas pesadas por dia de atraso;
d) todos os projetos básicos/executivos bem detalhados e disponíveis;
e) as especificações técnicas comuns porém bem detalhadas;
f) o memorial descritivo comum;
g) pouca exigência do cliente.

3.2.2.8 Documentos básicos

Para que se possa elaborar um orçamento consistente é imprescindível que o engenheiro de custo ou o orçamentista conheça detalhadamente os seguintes documentos:

a) Projeto básico/executivo – já descrito anteriormente.

b) Especificações técnicas – texto no qual se fixam todas as regras e condições que se devem seguir para a execução da obra ou serviço de engenharia, caracterizando individualmente os materiais, equipamentos, elementos componentes, sistemas construtivos a serem aplicados e o modo de execução e os critérios de medição.

c) Memorial descritivo – é o documento que complementa os projetos fornecendo orientações escritas dos mesmos, aponta as especificações dos materiais a serem empregados, descreve o processo construtivo a ser adotado e faz referência às normas gerais de execução que devem ser observadas.

d) Normas gerais de construção – é o documento produzido por organizações técnicas que definem as especificações de insumos e métodos ou procedimentos executivos referente aos diversos tipos de serviços.

e) Condições contratuais – definem os direitos e deveres do contratante e da contratada tendo como fato gerador a execução do objeto. Além de reger o posicionamento das partes em condições "normais", deve definir o modo de agir na eventualidade de ocorrerem problemas diversos, comuns ou não. Para a contratada, direitos representam receitas, e deveres representam custos, que devem ser considerados na elaboração do orçamento.

3.2.2.9 Insumos

Insumos são os materiais, os equipamentos a mão de obra, subempreiteiros e outros que fazem parte da composição de um serviço. A pesquisa de mercado para o conhecimento dos insumos (qualidade) e preços deve ser feita na região em que serão executadas as obras ou os serviços de engenharia. Esta pesquisa deverá ser comparada com outra em regiões próximas que tenham os insumos suficientes ao vulto da obra ou serviços de engenharia.

É importante, ao elaborar a pesquisa, o conhecimento sobre as quantidades e especificações corretas dos insumos a serem adquiridos ou contratados, no intuito de se alcançar uma boa negociação de preços.

3.2.2.10 Serviço

Serviço é a composição de diversos insumos fundamentada no método construtivo, nas especificações de materiais, nos memoriais descritivos e nas normas de execução, que compõem as diversas atividades de uma obra ou de um serviço de engenharia.

De posse do projeto básico/executivo, caberá ao orçamentista efetuar o levantamento dos serviços a serem realizados, e ainda, de suas quantidades. O conhecimento dos serviços necessários dá ao engenheiro de custos ou orçamentista condições de estabelecer a lista dos custos unitários necessários.

3.2.2.11 Composição dos serviços

A composição dos serviços é o coração do orçamento. Através de levantamentos teóricos ou através de medições em obra, o serviço deve relacionar todos os insumos e respectivas quantidades que o compõe.

A obra é composta de etapas que por sua vez se compõem de atividades. As atividades são, também, divididas em "serviços". Logo, todos os serviços deverão ser claramente definidos para se verificar a existência ou não de subserviços embutidos.

Toda composição de serviço é fundamentada no método construtivo, nas especificações técnicas, nos memoriais descritivos, no caderno de encargos, e nas normas de execução. Os coeficientes de consumo de materiais, equipamentos e mão de obra podem ser obtidos de acordo com o consumo anunciado pelo fabricante, por tabelas técnicas ou por medições efetuadas no canteiro de obras. É importante alertar que é imprescindível considerar a perda e os saldos dos insumos na composição dos serviços.

3.2.2.12 Custo

Avaliação em unidades de dinheiro de todos os bens materiais e imateriais, trabalho e serviços consumidos pela empresa na produção de bens industriais, bem como aqueles consumidos na manutenção de suas instalações.[42]

Para se definir custos, riscos e responsabilidades gerados em operações de compra e venda internacional, utilizam-se os INCOTERMS (*International Comercial Terms*). Os INCOTERMS servem para definir, dentro da estrutura de um contrato de compra e venda internacional, os direitos e obrigações recíprocas do exportador e do importador, estabelecendo um conjunto padrão de definições e determinando regras e práticas neutras. Na realidade, não impõem o entendimento entre vendedor e comprador, quanto a tarefas necessárias para deslocamento de mercadorias do local onde é elaborada até o local de destino final.[43] Os INCOTERMS foram agrupados em quatro categorias por ordem crescente de obrigação do vendedor.

Os gráficos ilustrativos a seguir exibidos foram inspirados no livro *Condições internacionais de compra e venda* (Incoterms 2000), de autoria de Ângelo Luiz Lunardi (São Paulo: Aduaneiras, 2000).

---

[42] MICHAELIS: moderno dicionário da língua portuguesa.

[43] INCOTERMS 2007.

INCOTERMS	Descrição
EXW – Ex Works	Mercadoria entregue ao comprador no estabelecimento do vendedor.
FCA – Free Carrier FAS – Free Alongside Ship FOB – Free on Board	Mercadoria entregue a um transportador internacional indicado pelo comprador.
CFR – Cost and Freight CIF – Cost, Insurance and Freight CPT – Carriage Paid To CIP – Carriage and Insurance Paid to	O vendedor contrata o transporte, sem assumir riscos por perdas ou danos às mercadorias ou custos adicionais decorrentes de eventos ocorridos após o embarque e despacho.
DAF – Delivered At Frontier DES – Delivered Ex-Ship DEQ – Delivered Ex-Quay DDU – Delivered Duty Unpaid DDP – Delivered Duty Paid	O vendedor se responsabiliza por todos os custos e riscos para colocar a mercadoria no local de destino.

Modalidade: EXW – Ex Works (Fábrica)

Tipo de transporte: qualquer tipo de transporte, inclusive o multimodal.

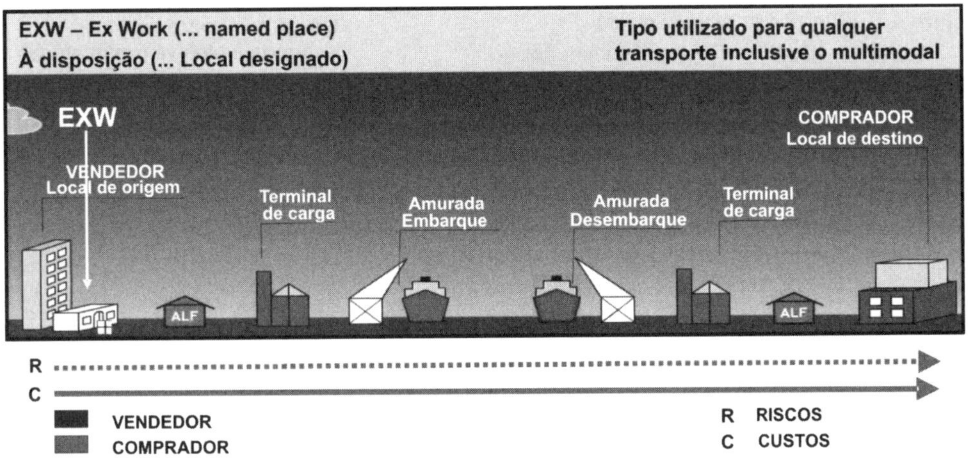

- a mercadoria é colocada à disposição do comprador no estabelecimento do vendedor, ou em outro local nomeado (fábrica, armazém etc.), não desembaraçada para exportação e não carregada em qualquer veículo coletor;
- este termo representa obrigação mínima para o vendedor;
- o comprador arca com todos os custos e riscos envolvidos em retirar a mercadoria do estabelecimento do vendedor;
- desde que o contrato de compra e venda contenha cláusula explícita a respeito, os riscos e custos envolvidos e o carregamento da mercadoria na saída, poderão ser do vendedor;
- EXW não deve ser usado se o comprador não puder se responsabilizar, direta ou indiretamente, pelas formalidades de exportação;
- este termo pode ser utilizado em qualquer modalidade de transporte.

(Conclusão)

Modalidade: FCA – Free Carrier (Transportador livre)

Tipo de transporte: qualquer tipo de transporte, inclusive o multimodal.

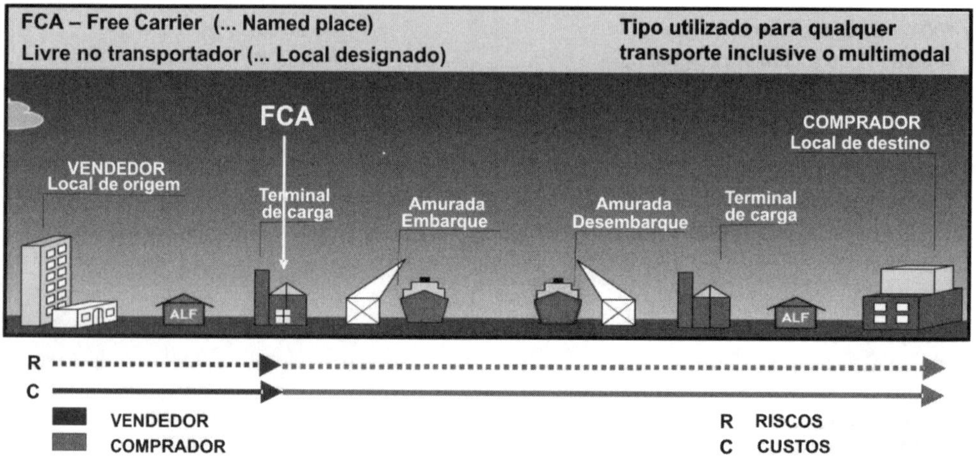

- o vendedor completa suas obrigações quando entrega a mercadoria, desembaraçada para a exportação, aos cuidados do transportador internacional indicado pelo comprador, no local determinado;
- a partir daquele momento, cessam todas as responsabilidades do vendedor, ficando o comprador responsável por todas as despesas e por quaisquer perdas ou danos que a mercadoria possa vir a sofrer;
- o local escolhido para entrega é muito importante para definir responsabilidades quanto à carga e descarga da mercadoria: se a entrega ocorrer nas dependências do vendedor, este é o responsável pelo carregamento no veículo coletor do comprador; se a entrega ocorrer em qualquer outro local pactuado, o vendedor não se responsabiliza pelo descarregamento de seu veículo;
- o comprador poderá indicar outra pessoa, que não seja o transportador, para receber a mercadoria. Nesse caso, o vendedor encerra suas obrigações quando a mercadoria é entregue àquela pessoa indicada;
- este termo pode ser utilizado em qualquer modalidade de transporte.

Modalidade: FAS – Free Alongside Ship (Porto de desembarque designado)

Tipo de transporte: utilizado para transporte marítimo e por águas internas.

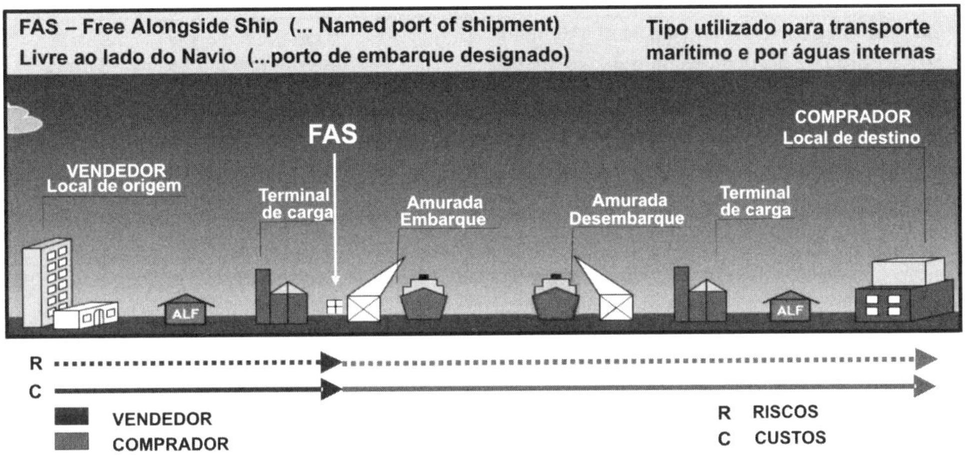

- o vendedor encerra suas obrigações no momento em que a mercadoria é colocada ao lado do navio transportador, no cais ou em embarcações utilizadas para carregamento, no porto de embarque designado;
- a partir daquele momento, o comprador assume todos os riscos e custos com carregamento, pagamento de frete e seguro e demais despesas;
- o vendedor é responsável pelo desembaraço da mercadoria para exportação;
- este termo pode ser utilizado somente para transporte aquaviário (marítimo fluvial ou lacustre).

Modalidade: FOB – Free on Board (Livre a bordo)

Tipo de transporte: utilizado para transporte marítimo e por águas internas.

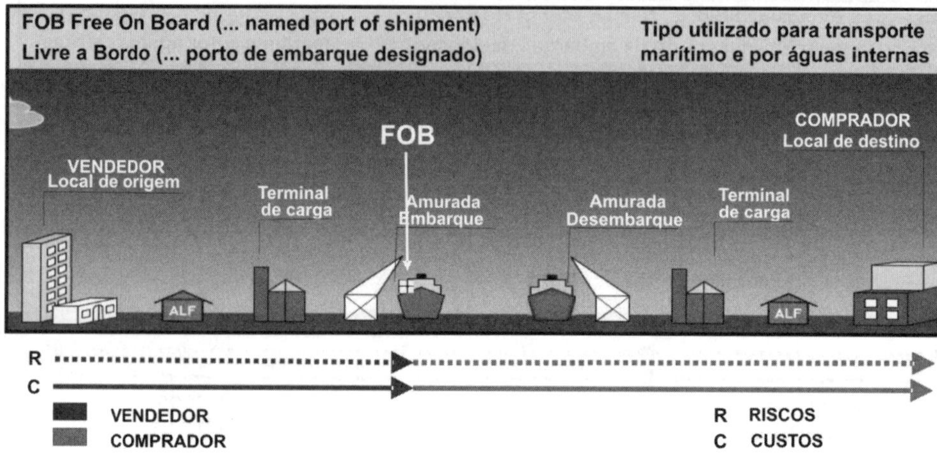

- o vendedor encerra suas obrigações quando a mercadoria transpõe a amurada do navio (*ship's rail*) no porto de embarque indicado e, a partir daquele momento, o comprador assume todas as responsabilidades quanto a perdas e danos;
- a entrega se consuma a bordo do navio designado pelo comprador, quando todas as despesas passam a correr por conta do comprador;
- o vendedor é o responsável pelo desembaraço da mercadoria para exportação;
- este termo pode ser utilizado exclusivamente no transporte aquaviário (marítimo, fluvial ou lacustre).

Modalidade: CFR – Cost and Freight (Porto de destino designado)

Tipo de transporte: utilizado para transporte marítimo e por águas internas.

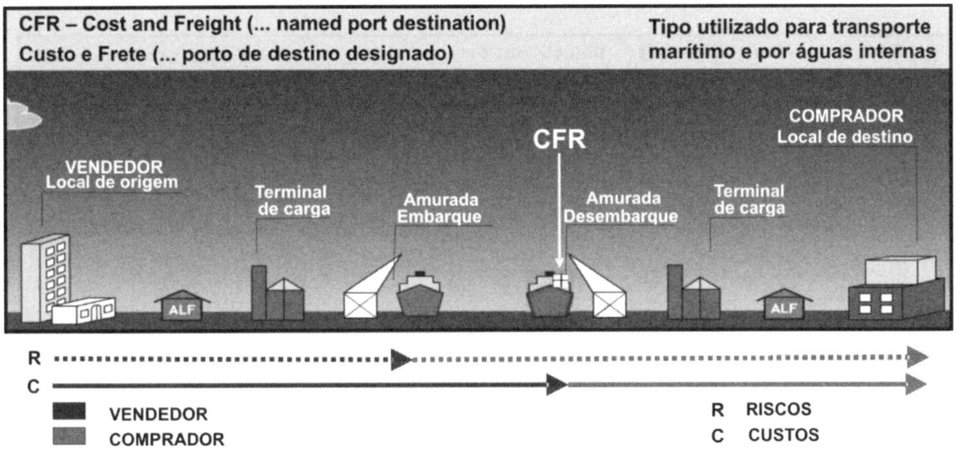

- o vendedor é o responsável pelo pagamento dos custos necessários para colocar a mercadoria a bordo do navio;
- o vendedor é responsável pelo pagamento do frete até o porto de destino designado;
- o vendedor é responsável pelo desembaraço da exportação;
- os riscos de perda ou dano da mercadoria, bem como quaisquer outros custos adicionais são transferidos do vendedor para o comprador no momento em há que a mercadoria cruze a murada do navio;
- caso queira se resguardar, o comprador deve contratar e pagar o seguro da mercadoria;
- cláusula utilizável exclusivamente no transporte aquaviário (marítimo, fluvial ou lacustre).

Modalidade: CIF – Cost, Insurance and Freight (Custo, seguro e frete – porto de destino designado)

Tipo de transporte: utilizado para transporte marítimo e por águas internas.

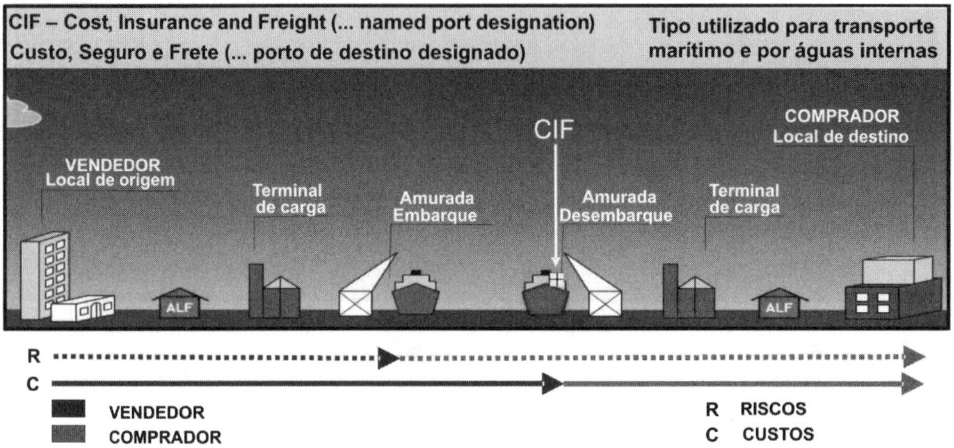

- a responsabilidade sobre a mercadoria é transferida do vendedor para o comprador no momento da transposição da amurada do navio no porto de embarque;
- o vendedor é o responsável pelo pagamento dos custos e do frete necessários para levar a mercadoria até o porto de destino indicado;
- o comprador deverá receber a mercadoria no porto de destino e daí para frente se responsabilizar por todas as despesas;
- o vendedor é responsável pelo desembaraço das mercadorias para exportação;
- o vendedor deverá contratar e pagar o prêmio de seguro do transporte principal;
- o seguro pago pelo vendedor tem cobertura mínima, de modo que compete ao comprador avaliar a necessidade de efetuar seguro complementar;
- os riscos a partir da entrega (transposição da amurada do navio) são do comprador;
- cláusula utilizável exclusivamente no transporte aquaviário (marítimo, fluvial ou lacustre).

Modalidade: CPT – Carriage Paid To (Transporte pago – até o local de destino)

Tipo de transporte: utilizado para qualquer transporte, inclusive o multimodal.

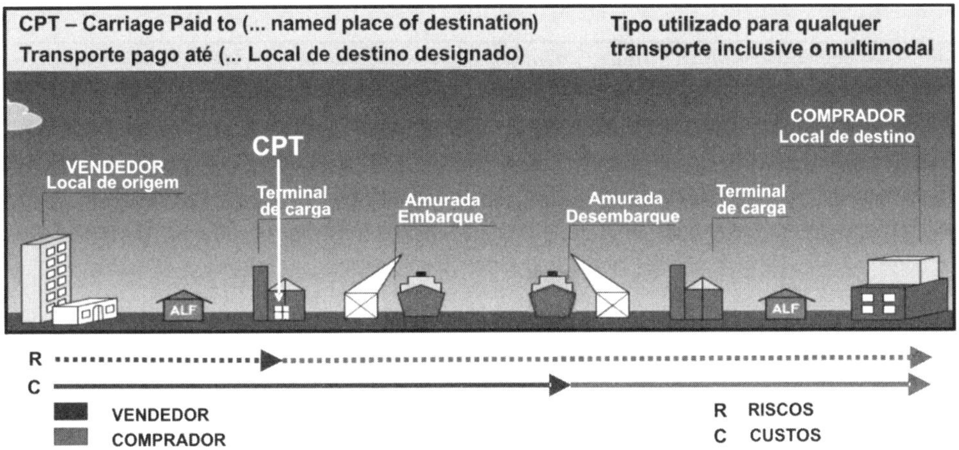

- o vendedor contrata e paga o frete para levar as mercadorias ao local de destino designado;
- a partir do momento em que as mercadorias são entregues à custódia do transportador, os riscos por perdas e danos se transferem do vendedor para o comprador, assim como possíveis custos adicionais que possam incorrer;
- o vendedor é o responsável pelo desembaraço das mercadorias para exportação;
- cláusula utilizada em qualquer modalidade de transporte.

Modalidade: CIP – Carriage and Insurance Paid to (Transporte e seguro – pago até o local de destino)

Tipo de transporte: utilizado para qualquer transporte inclusive o multimodal.

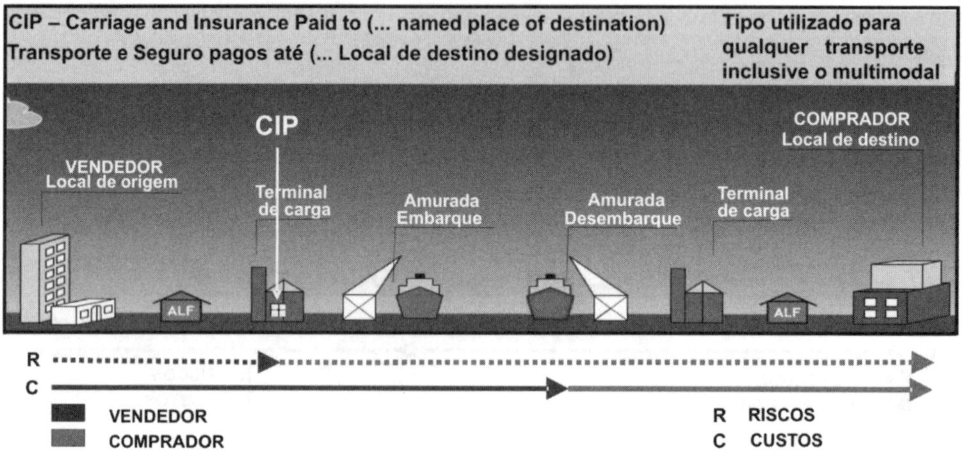

- nesta modalidade, as responsabilidades do vendedor são as mesmas descritas no CPT, acrescidas da contratação e pagamento do seguro até o destino;
- a partir do momento em que as mercadorias são entregues à custódia do transportador, os riscos por perdas e danos se transferem do vendedor para o comprador, assim como possíveis custos adicionais que possam incorrer;
- o seguro pago pelo vendedor tem cobertura mínima, de modo que compete ao comprador avaliar a necessidade de efetuar seguro complementar;
- cláusula utilizada em qualquer modalidade de transporte.

Modalidade: DAF – Delivered At Frontier (Entregue na fronteira)

Tipo de transporte: utilizado para transporte terrestre, inclusive o multimodal.

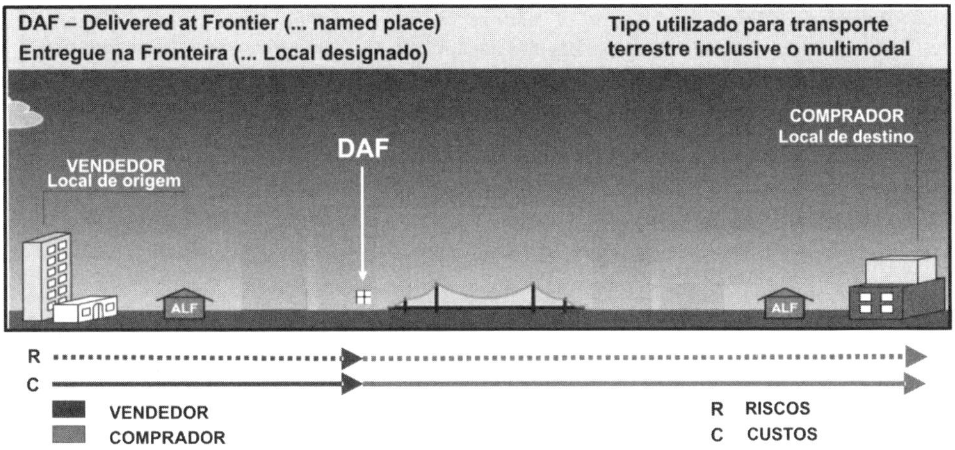

- o vendedor deve entregar a mercadoria no ponto combinado na fronteira, porém antes da divisa aduaneira do país limítrofe, arcando com todos os custos e riscos até esse ponto;
- a entrega é feita a bordo do veículo transportador, sem descarregar;
- o vendedor é responsável pelo desembaraço da exportação, mas não pelo desembaraço da importação;
- após a entrega da mercadoria, são transferidos do vendedor para o comprador os custos e riscos de perdas ou danos causados às mercadorias;
- cláusula utilizada para transporte terrestre.

Modalidade: DES – Delivered Ex-Ship (Entregue a partir do navio)

Tipo de transporte: utilizado para transporte marítimo e por águas internas.

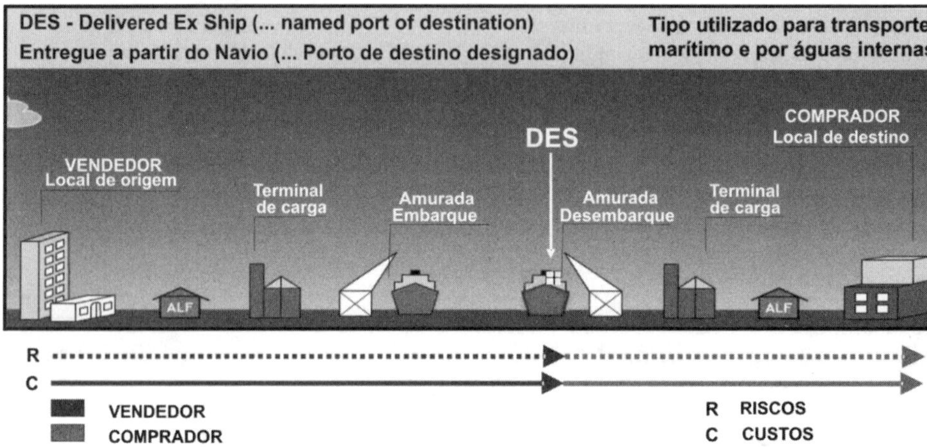

- o vendedor deve colocar a mercadoria à disposição do comprador, a bordo do navio, não desembaraçada para a importação, no porto de destino designado;
- o vendedor arca com todos os custos e riscos até o porto de destino, antes da descarga;
- este termo somente deve ser utilizado para transporte aquaviário (marítimo, fluvial ou lacustre).

Modalidade: DEQ – Delivered Ex-Quay (Entregue a partir do cais)

Tipo de transporte: utilizado para transporte marítimo e por águas internas.

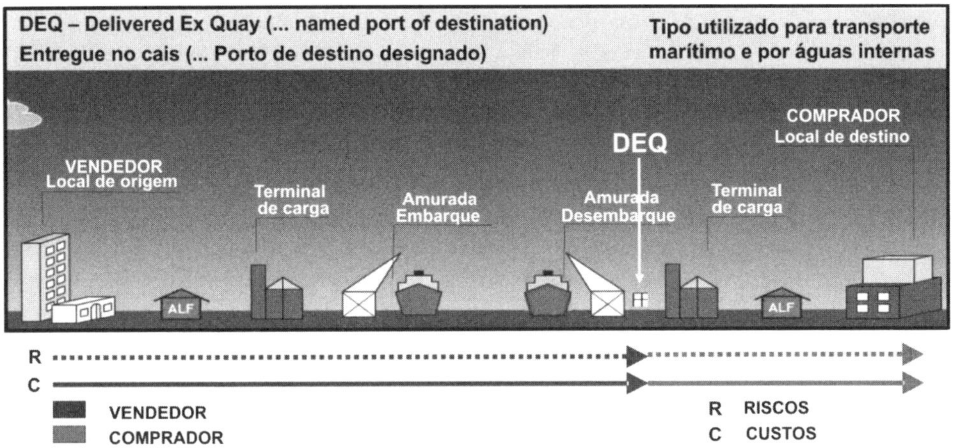

- a responsabilidade do vendedor consiste em colocar a mercadoria à disposição do comprador, não desembaraçada para importação, no cais do porto de destino designado;
- o vendedor arca com os custos e riscos inerentes ao transporte até o porto de destino e com a descarga da mercadoria no cais;
- a partir daí a responsabilidade é do comprador, inclusive no que diz respeito ao desembaraço aduaneiro de importação;
- este termo deve ser utilizado apenas para transporte aquaviário (marítimo, fluvial ou lacustre).

Modalidade: DDU – Delivered Duty Unpaid (Entregue direitos não pagos)

Tipo de transporte: utilizado para qualquer transporte, inclusive o multimodal.

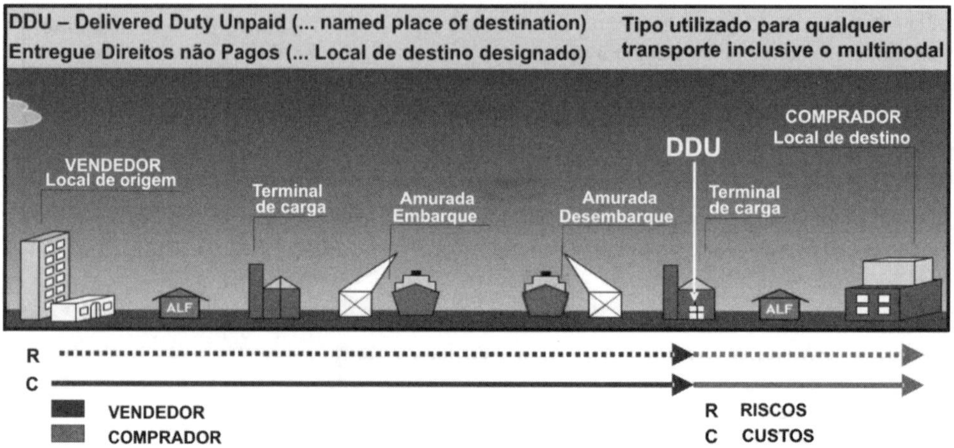

- o vendedor deve colocar a mercadoria à disposição do comprador, no ponto de destino designado, sem estar desembaraçada para importação e sem descarregamento do veículo transportador;
- o vendedor assume todas as despesas e riscos envolvidos até a entrega da mercadoria no local de destino designado, exceto quanto ao desembaraço de importação;
- cabe ao comprador o pagamento de direitos, impostos e outros encargos oficiais por motivo da importação;
- este termo pode ser utilizado para qualquer modalidade de transporte.

Modalidade: DDP – Delivered Duty Paid (Entregue direitos pagos)

Tipo de transporte: utilizado para qualquer transporte, inclusive o multimodal.

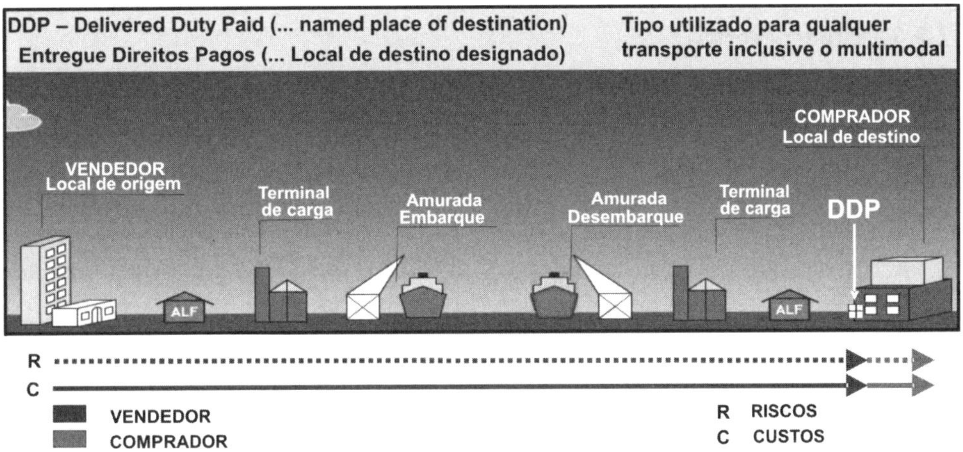

- o vendedor entrega a mercadoria ao comprador, desembaraçada para importação no local de destino designado;
- é o INCOTERM que estabelece o maior grau de compromisso para o vendedor, na medida em que o mesmo assume todos os riscos e custos relativos ao transporte e entrega da mercadoria no local de destino designado;
- não deve ser utilizado quando o vendedor não está apto a obter, direta ou indiretamente, os documentos necessários à importação da mercadoria;
- embora esse termo possa ser utilizado para qualquer meio de transporte, deve-se observar que é necessária a utilização dos termos DES ou DEQ nos casos em que a entrega é feita no porto de destino (a bordo do navio ou no cais).

3.2.2.13 Preço

É o valor de uma unidade de mercadoria ou serviço, visto por quem a vende. O preço é o custo acrescido do lucro e dos tributos.

3.2.2.14 Custo direto

Custo direto do serviço é o custo dos insumos que o compõe, acrescido das leis sociais que incidem sobre a mão de obra e do ICMS e IPI e outras taxas provenientes de importação, que incidem sobre os materiais.

Custo global direto da obra é o custo da mesma sem o BDI (despesas indiretas da sede e filiais, lucro operacional e tributos).

É o custo que pode ser facilmente vinculado à execução de um determinado serviço ou de uma obra ou de um serviço de engenharia.

3.2.2.15 Despesas indiretas e custos indiretos

Despesa indireta é o custo operacional de uma empresa, decorrente de sua estrutura, das obras ou dos serviços de engenharia em execução, dos tributos, dos custos financeiros e demais exigências do edital e/ou contrato.

Os dispêndios de uma empresa com a administração das obras ou serviços de engenharia podem ser classificados em:

a) despesas indiretas da sede e filiais (sede + filiais);
b) despesas indiretas da administração local (do canteiro de obra); e
c) custos indiretos do canteiro de obra (local).

3.2.2.15.1 Despesas indiretas da sede e filiais

As despesas indiretas da sede e filiais são os dispêndios necessários e indispensáveis para administrar a execução de cada obra ou um serviço de engenharia. Estas despesas não podem ser atribuídas a um serviço específico da obra, pois atinge todos, devendo ser rateadas dentre eles.

As despesas indiretas (sede + filiais) devem ser incluídas no BDI e são compostas normalmente de:

a) Pessoal – custo das equipes do escritório sede e filiais (sócios, diretores, gerentes, técnicos, secretárias, serventes, vigilantes, etc.).
b) Instalações físicas – manutenção dos imóveis (escritórios, terrenos, depósitos de materiais, pátio de equipamentos e oficinas), impostos (IPTU), custo de locações, etc.
c) Veículos e equipamentos – veículos, equipamentos de escritório (fotocopiadoras, computadores, fax, etc.).
d) Despesas correntes – água, luz, telefone, internet, celulares, jornais, assinaturas de revistas, material de escritório e de limpeza, etc.

e) Serviços e consultorias – consultorias técnicas e jurídicas, assessorias contábeis, publicidade, treinamento, etc.
f) Outras despesas – aquisição de editais, despesas com licitações, seguros, viagens, anuidades, aluguel de automóveis, etc.
g) Despesas financeiras – o volume de recursos de que a empresa dispõe deverá ser considerado. As despesas financeiras no caso de obras e/ou serviços de engenharia no âmbito público devem ser desconsideradas, pela Administração, exceto se houver justificativa fundamentada.
h) Riscos e eventuais – é normal a inclusão uma taxa denominada de risco e eventuais, que corresponde aos imprevistos normais de obra e ainda a determinados pontos falhos existentes nos editais e projetos. Cabe salientar, que nos dias de hoje, onde a competitividade é grande, admitir acréscimos é inviabilizar a obtenção de um custo mínimo.

Assim, é fundamental que o engenheiro de custo analise pormenorizadamente o material disponível, calcule o custo efetivo dos serviços sem aplicar qualquer taxa de desconhecimento, devendo, sempre que for necessário, recorrer ao órgão ou cliente, para resolver dúvidas.

Eventuais são normalmente adotados em estimativas de custo quando não estão disponíveis as informações necessárias ao cálculo detalhado do orçamento, visando cobrir a parcela de custo desconhecida em função da precariedade das informações.

3.2.2.15.2 Despesas indiretas da administração local (canteiro de obra)

As despesas indiretas (local) são os dispêndios necessários para gerenciar a estrutura administrativa e de apoio do canteiro da obra, quer do ponto de vista salarial, técnico-operacional, como do ponto de vista alimentar, de saúde e outros. Elas *devem ser incluídas na planilha de serviços*, geralmente na etapa Despesas Gerais de Administração Local. O custo da administração local deve considerar o vulto da obra ou serviço de engenharia, a fim de dimensionar a estrutura administrativa de apoio necessária a sua perfeita execução. Não devem estar incluídas nas despesas indiretas do BDI. Abrangem normalmente:

a) Pessoal – custo da equipe técnica (arquiteto, engenheiro, mestre, técnico em edificações), apontador, almoxarife, laboratorista, mecânico, topógrafo, enfermeiro, vigia, cozinheiro, secretária, servente, telefonista, contínuo etc.
b) Veículos e equipamentos – veículos diversos (picape, utilitário, automóvel, etc.) não considerados na composição de preço unitário, equipamentos diversos (elevadores de carga, grupo gerador, andaime etc.) não incorporados na composição de preço unitário, fax, telefone, celular, refrigerador, relógio ponto, televisão, calculadora, ventilador, computador, impressora, ferramentas (se não estiver incluído nos custos diretos) etc.
c) Despesas correntes – água, luz, telefone, internet, celulares, material de escritório, de copa e de limpeza etc.

d) Despesas com pessoal – aluguel de casa, apartamento para alojamento, transporte (aluguel de veículos, vale-transporte etc.), alimentação, mudança de pessoal, cursos e treinamento, viagens, lazer (churrasco, cinema etc.) etc.
e) Serviços e consultorias.
f) Controle tecnológico, consultoria técnica, laudos, perícias etc.
g) Outras despesas – seguros em geral (acidente coletivo, incêndio, responsabilidade civil, riscos de engenharia, de vida, roubo etc.).

3.2.2.15.3 Custos indiretos do canteiro de obra (local)

Os custos indiretos são os custos com serviços necessários para a execução da obra ou serviço de engenharia, mas que não integram a mesma. São necessários somente durante a execução da obra. Quando da conclusão eles são retirados. Ex.: escritório, depósitos, tapumes etc.

Estes custos variam em função do: local de execução, do tipo, do vulto da obra e da estrutura física necessária.

Os custos indiretos (local) *devem ser incluídos na planilha de serviços*, geralmente na etapa: Serviços Preliminares. Eles não devem ser incluídos nas despesas indiretas do BDI. Abrangem normalmente:

a) Escritório, depósitos, dormitórios, oficinas, restaurantes;
b) Instalações provisórias de água e luz;
c) Mobilização e desmobilização de máquinas e equipamentos e de pessoal. É importante ressaltar que sempre deverá estar incluído na planilha de preços, e nunca no BDI a:
   - mobilização e desmobilização de equipamentos que é a quantidade de equipamentos x custo do respectivo transporte;
   - mobilização e desmobilização de pessoal que é a quantidade de funcionários x custo do deslocamento.
d) Tapumes e cercas;
e) Placas; e
f) Outros.

3.2.2.16 Lucro operacional

É denominado contabilmente como resultado operacional. É a diferença entre as receitas e as despesas de uma empresa. É a taxa que compõe o BDI ou LDI, e incide sobre os custos diretos de todos os serviços de uma obra ou um serviço de engenharia.

3.2.2.17 Lucro líquido

É o resultado financeiro positivo resultante da diferença entre o total de receitas e despesas de uma obra ou serviço de engenharia, após sua conclusão (lucro operacional) e após o recolhimento do IRPJ e o CSLL.

Eles podem ser determinados através da expressão matemática abaixo indicada:

$$\text{Lucro operacional} = \frac{\text{Lucro Líquido}}{1 - (\text{IRPJ} + \text{CSLL}) / 100}$$

Onde:
IRPJ (%) – alíquota do imposto de renda da pessoa jurídica
CSLL (%) – alíquota da contribuição social sobre o lucro líquido

3.2.2.18 Tributos

As obras e serviços de engenharia são onerados por vários tributos. Os tributos são da esfera federal, estadual e municipal. Quando da elaboração de um orçamento, os tributos são incluídos, geralmente, no BDI ou LDI. Os tributos a serem incluídos como despesas tributárias são os que incidem sobre o faturamento, ou seja, sobre o preço da obra ou do serviço.

Deverão ser computados todos os tributos, municipais, estaduais e/ou federais incidentes sobre o faturamento do contrato. Não deverão ser aplicados impostos incidentes sobre materiais, do tipo ICMS e IPI, uma vez que estes deverão estar inclusos nos preços dos materiais, assim como os encargos sociais aplicados sobre a folha de pagamento, que também deverão estar incorporados aos salários.

Não se deve esquecer que as contribuições como INSS e FGTS já estão incluídas no custo direto (mão de obra), bem como o ISS, ICMS, alíquotas de importação e outros similares estão inclusos no custo direto (custo de materiais, veículos, equipamentos etc.). Portanto, os tributos que deverão ser incluídos no BDI são:

a) COFINS (Contribuição para Financiamento da Seguridade Social)
- competência: federal;
- base de cálculo: faturamento;
- alíquota: 3%.

b) PIS (Programa de Integração Social)
- competência: federal;
- base de cálculo: faturamento;
- alíquota: 0,65%.

c) ISS (Imposto Sobre Serviços de Qualquer Natureza)
- competência: municipal;
- base de cálculo: serviço prestado (com deduções);
- alíquota: varia de município para município.

Os tributos que não devem ser incluídos no BDI ou LDI e nem na planilha de preços ou de serviços, por se constituírem em tributos de natureza direta e personalística, que oneram pessoalmente o contratado, são:

a) IRPJ (Imposto de Renda de Pessoa Jurídica)
- competência: federal;
- base de cálculo: lucro operacional;
- alíquotas: variam de acordo com a opção do regime tributário.

b) CSLL (Contribuição Social Sobre o Lucro Líquido)
- competência: federal;
- base de cálculo: lucro operacional;
- alíquota: variam de acordo com a opção do regime tributário.

O Tribunal de Contas da União estabelece:

> O TCU passará a utilizar como referenciais, quando da fiscalização de obras públicas, as seguintes premissas acerca dos componentes de lucros e despesas indiretas (LDI):
>
> a) os tributos IRPJ e CSLL não devem integrar o cálculo do LDI, nem tampouco a planilha de custo direto, por se constituírem em tributos de natureza direta e personalística, que oneram pessoalmente o contratado, não devendo ser repassado à contratante;
>
> b) os itens administração local, instalação de canteiro e acampamento e mobilização e desmobilização, visando maior transparência, devem constar na planilha orçamentária e não no LDI;
>
> c) o gestor público deve exigir dos licitantes o detalhamento da composição do LDI e dos respectivos percentuais praticados (itens 9.1.1, 9.1.2 e 9.1.3, TC-003.478/2006-8).[44]

Observação:

É importante ressaltar que sempre deverá estar incluído na planilha de serviços ou planilha de preço, e nunca no BDI a:

a) mobilização e desmobilização de equipamentos que é a quantidade de equipamentos *versus* custo do transporte;

b) mobilização e desmobilização de pessoal que é a quantidade de funcionários *versus* custo do deslocamento.

3.2.2.19 Benefício e Despesas Indiretas (BDI)

A sigla BDI significa Benefício e Despesas Indiretas ou LDI (Lucro e Despesas Indiretas) e é composto pelas despesas indiretas, pelo lucro operacional e os tributos.

BDI = LDI = Despesas indiretas + Lucro operacional + Tributos

O BDI não é um valor fixo, ele varia de obra para obra, uma vez que as despesas indiretas que o compõe são decorrentes da estrutura da empresa, da estrutura da obra,

[44] TCU. Acórdão nº 325/2007, Plenário. *DOU*, 16 mar. 2007. Seção 1, p. 122.

função do local de execução, do tipo de obra, do tempo de execução, dos tributos, das exigências do edital e do contrato.

O BDI pode ser incorporado no orçamento da obra ou serviço de engenharia, na composição do preço unitário ou no final do orçamento.

O mais usual, em face da facilidade de faturamento, é que ele deva ser incorporado no preço unitário sob forma de percentual.

Ao elaborar o seu orçamento, a Administração também considerará obrigatoriamente o BDI, de forma a obter um custo que represente, de forma aproximada, porém realista, aquilo que efetivamente poderá vir a despender na obra ou no serviço de engenharia, permitindo, dessa forma, a concreta análise da disponibilidade orçamentária. O que se indaga é sobre a possibilidade da Administração estipular, como condição obrigatória a ser observada nos orçamentos dos proponentes, o percentual do BDI que deverá ser aplicado em suas planilhas de custos, fixando-o em igual valor ao por ela utilizado no seu orçamento. Se admitirmos a possibilidade da Administração estabelecer o mesmo percentual de BDI a ser adotado obrigatoriamente por todos os participantes, estaremos de pronto, fulminando o princípio constitucional da livre iniciativa.

Basicamente, é por meio do BDI ou LDI que as propostas dos proponentes se diferenciam. Empresas mais eficientes, que racionalizam seus custos, possuem mão de obra mais qualificada e produtiva e usando tecnologia mais avançada (tanto na gestão da obra quanto na gestão institucional da empresa) apresentam despesas indiretas mais reduzidas, o que proporciona a cotação de preços mais reduzidos e a execução de serviços de melhor qualidade, em comparação a outras que ainda se valem de processos arcaicos de administração e que, por isso mesmo, cobram mais caro, por terem um custo maior para alcançar o mesmo resultado.

Assim, além da inconstitucionalidade, a fixação de um percentual único de BDI afasta o proponente a apresentar um valor mais reduzido. Tal condição pode acarretar prejuízo para a Administração, uma vez que, estabelecendo um percentual único que lhe pareça o mais adequado, a Administração poderá obstar a própria competitividade, além de afastar a possibilidade de obter percentuais mais reduzidos, em função dos custos indiretos mais baixos e de um benefício menor, porém conveniente para uma determinada empresa.

Por outro lado, é importante ressaltar que muitas vezes é conveniente a Administração conhecer a composição do BDI da empresa a ser contratada, para facilitar sua análise e visando futuras soluções que se fizerem necessárias durante a execução do objeto contratado.

A determinação do BDI se obtém através das seguintes expressões matemáticas:

a) determinação do valor global ou valor final ou preço da obra ou serviço

$$\text{valor global} = \frac{\text{custo direto global} + \text{despesas indiretas da sede} + \text{lucro operacional}}{1 - \text{tributos} / 100}$$

b) cálculo do BDI

BDI = [(valor global / custo direto global) - 1] x 100

3.2.2.20 Anotação de Responsabilidade Técnica (ART)

É obrigatória a anotação de responsabilidade técnica (ART) do orçamento pelos autores: contratados ou pertencentes ao quadro técnico do órgão, conforme estabelece a Lei nº 6.496/77 e o art. 7º da Resolução CONFEA nº 361/91. O TCU, na mesma direção, "determinou à Petróleo Brasileiro S/A que cumprisse o disposto nos artigos 1º e 2º da Lei nº 6.496/1977, exigindo a Anotação de Responsabilidade Técnica (ART) nas obras e ***serviços de engenharia***, haja vista que sua ausência impossibilitaria a responsabilização do autor do projeto por eventual erro ou falha técnica (item 16.1.10, TC-017.810/2006-5)".[45]

O art. 3º da Resolução CONFEA nº 1.023/08 dispõe:

> Todo contrato escrito ou verbal para execução de obras ou prestação de serviços relativos às áreas abrangidas pelo Sistema CONFEA/CREA fica sujeito ao registro da ART no CREA em cuja circunscrição for exercida a respectiva atividade.

Desta forma, a anotação do orçamento junto ao respectivo Conselho Regional, é necessária, permitindo identificar-se facilmente, quando for necessário, o profissional responsável pela obra ou os serviços de engenharia.

O art. 2º da Resolução CONFEA nº 1.023/08 estabelece:

> A ART é o instrumento que define, para os efeitos legais, os responsáveis técnicos pela execução de obras ou prestação de serviços relativos às áreas abrangidas pelo Sistema CONFEA/CREA.

Ainda, o art. 32 da Resolução CONFEA nº 1.023/08 prevê:

> A co-autoria ou a co-responsabilidade de atividade necessária à execução de obra ou à prestação de serviço obriga ao registro de nova ART, vinculada à ART primeiramente registrada.

Em face desta necessidade, o art. 31 da Resolução CONFEA nº 1.023/08 estabelece:

> A ART relativa à execução de obra ou prestação de serviço deve ser registrada antes do início da respectiva atividade técnica, de acordo com as informações constantes do contrato firmado entre as partes.

[45] TCU. Acórdão nº 3.360/2007, 2ª Câmara. *DOU*, 29 nov. 2007. Seção 1, p. 170, grifos nossos.

3.2.3 Execução total

A Lei obriga a execução total da obra ou serviço, não podendo ser programada para ser executada parceladamente, o que estabelece o art. 8º: "A execução das obras e dos serviços deve programar-se, sempre, em sua totalidade, previstos seus custos atual e final e considerados os prazos de sua execução". Admite-se o parcelamento se o resultado final produzir benefícios compensadores. Se existir a possibilidade da não conclusão ou da não utilização de uma obra ou de um serviço, é vedada a execução parcial. A grande dificuldade da execução parcelada, ou por etapas, ocorre quando empresas distintas executam etapas de serviços diferentes, mas pertinentes à sua atividade específica. Para isso, é imprescindível que tanto o projeto quanto o planejamento de execução da obra ou serviços, sejam consistentes e que a fiscalização seja de altíssimo nível, a fim de que as diversas etapas da obra ou dos serviços se entrosem de tal forma que uma empresa não responsabilize a outra quando existir alguma falha ou imprecisão na sua execução. Este é um dos principais motivos para que não se adote o parcelamento do objeto. No caso de a licitação ser efetuada em etapas, deve-se promover licitação específica para cada etapa a ser contratada, porém a modalidade a ser adotada para cada parcela da obra ou serviço é a mesma modalidade que se adotaria para licitar a obra ou serviço em sua totalidade.

3.2.4 Recursos orçamentários

As obras e os serviços de engenharia somente poderão ser licitados, de acordo com o art. 7º, §2º, inciso III da Lei nº 8.666/93, quando:

> (...) houver previsão de *recursos orçamentários* que assegurem o pagamento das obrigações decorrentes de obras ou serviços a serem executadas no exercício financeiro em curso, de acordo com o respectivo cronograma. (Grifos nossos)

O montante de recursos orçamentários necessários para atender as despesas com a execução da obra ou do serviço de engenharia é definido a partir do orçamento. Em decorrência, todas as despesas devem ser previstas no orçamento. A previsão orçamentária envolve estimativas do preço da obra ou serviço de engenharia, pois o valor contratual somente será conhecido após a conclusão e adjudicação da licitação. Muitas vezes, esta estimativa de preço é utilizada como delimitador máximo na licitação, denominado teto máximo ou valor máximo.

3.2.5 Plano Plurianual

O art. 7º, inciso IV, da Lei nº 8.666/93, estabelece:

> (...) o produto dela esperado estiver contemplado nas metas estabelecidas no Plano Plurianual de que trata o art. 165 da Constituição Federal, quando for o caso.

3.3 Etapas e pressupostos vedados

3.3.1 Inclusão no objeto da licitação a obtenção de recursos financeiros para sua execução

Esta regra impede que se inclua no objeto da licitação, além da obra ou serviço, também a captação de recursos para a sua execução. A previsão de recursos orçamentários para a execução da obra ou do serviço é pressuposto obrigatório para que se possa instaurar a licitação. A proibição se refere a recursos de quaisquer origens, exceto nos casos de concessão. A respeito enuncia o art. 7º, §3º, da Lei de Licitações:

> É vedado incluir no objeto da licitação a obtenção de recursos financeiros para sua execução, qualquer que seja a sua origem, exceto nos casos de empreendimentos executados e explorados sob o regime de concessão, nos termos da legislação específica.

3.3.2 Inclusão no objeto da licitação fornecimento de materiais e serviços sem previsão de quantidades ou cujos quantitativos não correspondam às previsões reais

Ao projeto básico ou executivo deve-se anexar a planilha de preços ou de serviços contendo as quantidades de cada serviço, seus preços unitários, parciais e valor global final. Em conformidade com o disposto no art. 7º, §4º, da Lei nº 8.666/93:

> É vedada, ainda, a inclusão, no objeto da licitação, de fornecimento de materiais e serviços sem previsão de quantidades ou cujos quantitativos não correspondam às previsões reais do projeto básico ou executivo.

A não inserção das quantidades de cada serviço ou as arbitradas aleatoriamente contrariam a Lei. Vale afirmar, que a inclusão de uma atividade, exemplo: instalação elétrica, na planilha de preços, não pode ser cotada sob a forma globalizada, verba, unidade etc.

3.3.3 Bens e serviços sem similaridade ou marcas

A Lei nº 8.666/93, no art. 7º, §5º, estatui:

> É vedada a realização de licitação cujo objeto inclua bens e serviços sem similaridade ou de marcas, características e especificações exclusivas, salvo nos casos em que for tecnicamente justificável, ou ainda quando a fornecimento de tais materiais e serviços for feito sob o regime de administração contratada, previsto e discriminado no ato convocatório.

Portanto, é vedado que nas especificações técnicas, características técnicas, nos memoriais, nas especificações, nos projetos ou qualquer outro documento instrutor integrante da licitação, se especifique e/ou se caracterize um insumo através da imposição de uma marca específica e tipo com base exclusivamente em uma preferência personalíssima. No entanto, existe a possibilidade de se especificar um insumo mediante a utilização de marca e tipo, desde que se expresse claramente que esta marca apenas identifica um tipo padrão. Neste caso, é imprescindível que, após a marca, se acrescente a expressão "ou similar". Faz-se mister que, neste caso, seja definido, no instrumento convocatório, o que se entende por "ou similar". Caso seja adotada esta alternativa é imprescindível que fique claro, no instrumento convocatório, que um bem só será aceito após anuência explícita da fiscalização. É útil, também, quando da indicação de marca e tipo seguido pela expressão "ou similar" seja indicada não apenas uma marca, mas tantas quantas forem possíveis, em ordem alfabética. Por outro lado, é possível a contratação de fornecedores exclusivos ou a preferência por certas marcas e tipos, desde que exista uma justificativa técnica plausível como, por exemplo, a padronização.

3.3.4 Retardamento imotivado da execução do objeto

É vedado o retardamento do início da obra, da parcela da obra ou serviço. O retardamento do início da obra ou serviço é ocasionado usualmente pela incapacidade do contratado assumir suas prestações, quer por impossibilidade de capacidade técnica operacional real (volume superior a sua real capacidade de execução), quer pela indisponibilidade financeira para a execução dos mesmos. De forma idêntica, isto é extensível quando se tratar de parcelas de obra. Aliás, consta no art. 8º, parágrafo único:

> É proibido o retardamento imotivado da execução de obra ou serviço, ou de suas parcelas, se existente previsão orçamentária para sua execução total, salvo insuficiência financeira ou comprovado motivo de ordem técnica, justificados em despacho circunstanciado da autoridade a que se refere o art. 26 desta Lei.

3.3.5 Participação direta ou indireta na licitação do autor do projeto

O autor do projeto básico e/ou executivo, ou a empresa responsável pelo projeto básico e/ou executivo de uma obra ou de um serviço de engenharia está vedado de participar direta ou indiretamente na licitação da referida obra ou serviço. Uma vez que o autor desenvolveu o projeto, poderia ser tentado a excluir ou dificultar o acesso de outros interessados à licitação mediante a inclusão de características ou detalhes apenas executáveis por uma determinada pessoa ou empresa, ou ainda poderiam ser estabelecidas certas condições que beneficiassem exclusivamente o autor do projeto.

O art. 9º fixa:

> Não poderá participar, direta ou indiretamente, da licitação ou da execução de obra ou serviço e de fornecimento de bens a eles necessários:
>
> I - o autor do projeto, básico ou executivo, pessoa física ou jurídica (...).

3.3.6 Participação direta ou indireta na licitação de empresa responsável pela elaboração do projeto

Esta regra assemelha-se à regra anterior e, por conseguinte, é válido o comentário ali aposto, uma vez que, em conformidade com o art. 9º:

> Não poderá participar, direta ou indiretamente, da licitação ou da execução de obra ou serviço e de fornecimento de bens a eles necessários: (...)
>
> II - empresa, isoladamente ou em consórcio, responsável pela elaboração do projeto básico ou executivo ou da qual o autor do projeto seja dirigente, gerente, acionista ou detentor de mais de 5% (cinco por cento) do capital com direito a voto ou controlador, responsável técnico ou subcontratado (...).

3.3.7 Participação direta ou indireta na licitação de servidor ou dirigente de órgão ou entidade

É vedada a participação direta ou indireta, na licitação, de servidor ou dirigente do órgão ou entidade contratante ou responsável pela licitação, conforme estabelece o art. 9º.

> Não poderá participar, direta ou indiretamente, da licitação ou da execução de obra ou serviço e de fornecimento de bens a eles necessários: (...)
>
> III - servidor ou dirigente de órgão ou entidade contratante ou responsável pela licitação (...).

Inclui-se também a proibição da participação direta ou indireta de empresas cujos sócios, administradores, empregados, controladores etc., sejam servidores ou dirigentes dos órgãos contratantes. Considera-se participação indireta quando o proponente ou o fornecedor de insumos estiver subordinado à influência do autor do projeto, ou existir uma vinculação familiar, em conformidade com o art. 9º, §3º:

> Considera-se participação indireta, para fins do disposto neste artigo, a existência de qualquer vínculo de natureza técnica, comercial, econômico, financeira ou trabalhista entre o autor do projeto, pessoa física ou jurídica, e o licitante ou responsável pelos serviços, fornecimento e obras, incluindo-se os fornecimentos de bens e serviços a estes necessários.

3.3.8 Participação na licitação de membros da comissão

O conteúdo referente ao comentário do parágrafo terceiro do Art. 9º, acima, estende-se igualmente aos membros da Comissão de Licitação, conforme o art. 9º,§4º. da Lei de Licitações:

> O disposto no parágrafo anterior aplica-se aos membros da comissão de licitação.

3.4 Etapas e pressupostos permitidos

3.4.1 Requerer à administração os quantitativos das obras e preços unitários

A Lei possibilita a qualquer cidadão solicitar informações acerca de licitações e contratações, principalmente no que se refere aos quantitativos e preços unitários, de acordo com o art. 7º, §8º da Lei de Licitações:

> Qualquer cidadão poderá requerer à Administração Pública os quantitativos das obras e preços unitários de determinada obra executada.

Este dispositivo tem a finalidade de dar condições a qualquer cidadão de fiscalizar as ações da Administração e verificar se os recursos públicos estão sendo aplicados corretamente. Qualquer negativa ou postergação de informações por parte da Administração caracteriza-se como ilegalidade.

3.4.2 Consultor ou técnico na função de fiscalização, supervisão ou gerenciamento

O autor do projeto básico e/ou executivo, ou a empresa responsável pelo projeto básico e/ou executivo, pessoa física ou jurídica, pode participar como consultor ou assessor nos serviços de fiscalização, supervisão ou gerenciamento a fim de auxiliar a Administração no acompanhamento da execução da obra ou do serviço contratado. Justifica-se esta participação uma vez que o autor possui conhecimento profundo acerca da obra ou serviço por ser conhecedor dos detalhes técnicos dos respectivos projetos. No entanto está impedido de participar da licitação concernente à execução da obra ou serviço de engenharia.

O art. 9º, §1º, é claro quando:

> É permitida a participação do autor do projeto ou da empresa a que se refere o inciso II deste artigo, na licitação de obra ou serviço, ou na execução, como consultor ou técnico, nas funções de fiscalização, supervisão ou gerenciamento, exclusivamente a serviço da Administração interessada.

Independentemente do autor, autores ou coautores do projeto, pessoas físicas ou jurídicas, participarem oficialmente na fiscalização ou vistoria da obra, a eles é assegurado o direito de acompanhar a execução da mesma, conforme dita o art. 1º da Resolução CONFEA nº 221:

> Ao autor, autores ou co-autores do projeto é assegurado o direito de acompanhar a execução da obra respectiva de Engenharia, Arquitetura ou Agronomia, de modo que, a seu término, possam ser emitidas declarações de que a mesma foi realizada de acordo com o projeto ou com as alterações aprovadas pelas partes interessadas.

3.4.3 Projeto executivo como encargo do contratado

Quando a licitação for realizada somente com base no projeto básico, nada impede que a elaboração do projeto executivo seja também objeto da mesma licitação. Isso não significa que o contratado terá liberdade irrestrita no desenvolvimento do projeto executivo, o instrumento convocatório deverá indicar como este deverá ser desenvolvido.

Estatui o art. 7º, §1º, da Lei nº 8.666/93:

> A execução de cada etapa será obrigatoriamente precedida da conclusão e aprovação, pela autoridade competente, dos trabalhos relativos às etapas anteriores, à exceção do projeto executivo, o qual poderá ser desenvolvido concomitantemente com a execução das obras e serviços, desde que também autorizado pela Administração.

Com relação ao pagamento do projeto executivo, estabelece o art. 9º, §2º, da Lei nº 8.666/93:

> O disposto neste artigo não impede a licitação ou contratação de obra ou serviço que inclua a elaboração de projeto executivo como encargo do contratado ou pelo preço previamente fixado pela Administração.

Em uma primeira hipótese, o proponente simplesmente assume na sua proposta a responsabilidade pela execução do projeto executivo, sem mencionar qual o custo do mesmo, se não foi estabelecido no instrumento convocatório a forma específica de cotação do mesmo. Na segunda hipótese, o proponente cota, na sua proposta, além da obra ou serviço, também o custo da execução do projeto executivo, se este não foi previamente estabelecido no instrumento convocatório. Em ambos os casos, para fins de comparação e julgamento, prevalece o preço final, ou seja, o custo da obra ou do serviço acrescido do custo do projeto executivo.

Capítulo 4

Tópicos estruturais

Os tópicos estruturais são necessários tanto para a elaboração do instrumento convocatório quanto para o *modus operandi* do procedimento licitatório.

Estes tópicos estruturam a licitação de forma que o processo e o procedimento sejam os mais adequados possíveis para que se possa atingir o objetivo com sucesso.

Uma estruturação inadequada do instrumento convocatório pode gerar indubitavelmente dificuldades de ordem jurídica, técnica e operacional que, via de regra, resulta na revogação ou mesmo na anulação do certame. Os tópicos estruturais básicos são:

- Forma de execução;
- Modalidade;
- Regime;
- Tipo;
- Limite;
- Parcelamento;
- Prazos.

4.1 Formas de execução

Existem basicamente duas formas de execução de obras e serviços no âmbito do Poder Público: a execução direta e a execução indireta, conforme preceitua o art. 10 da Lei nº 8.666/93.[46]

[46] "As obras e serviços poderão ser executados nas seguintes formas: I - execução direta; II - execução indireta (...)."

4.1.1 Execução direta

Na execução direta, a própria Administração é responsável pela execução da obra ou serviço. A responsabilidade técnica e jurídica pela execução recai totalmente sobre ela.

A obra, ou serviço, é executado pela própria Administração, utilizando os bens (máquinas, veículos, equipamentos etc.) de seu patrimônio, bem como seus funcionários ou aqueles contratados para o fim específico. Ela não necessita, em princípio, da participação de terceiros, portanto não há necessidade de proceder-se à licitação. No entanto, quando necessita recorrer a terceiros para aquisição de materiais, elaboração de projetos, serviços de assessoria, consultoria e outros, ela deve proceder à licitação. Há de se considerar que "execução direta" abrange também as hipóteses de convênio e outras modalidades de conjugação de esforços entre entidades integrantes da Administração Pública, desde que participem da relação jurídica nas condições específicas correspondentes.

4.1.2 Execução indireta

Quando o órgão ou entidade da Administração Pública contrata particular para a execução do objeto. A responsabilidade pelo cumprimento da execução é assumida pelo particular, que é o realizador da obra ou prestador do serviço. A execução indireta é feita sob a modalidade básica da empreitada. Entende-se como empreitada quando o particular executa a obra ou serviço, obrigando-o a fornecer todos os materiais, máquinas, equipamentos, mão de obra etc. e a arcar com todas as demais despesas necessárias ao total cumprimento do contrato. A execução indireta dar-se-á sob um dos seguintes regimes:

a) empreitada por preço global;
b) empreitada por preço unitário;
c) tarefa;
d) empreitada integral.

4.2 Modalidades

São seis as modalidades de licitação. Cada uma das modalidades regula o procedimento licitatório de forma própria. Cada uma delas possui suas peculiaridades, variando estas quanto à complexidade de cada fase do procedimento licitatório e quanto à destinação de cada uma dessas fases.

Conforme comenta o eminente jurista Marçal Justen Filho, existem duas modalidades de licitação: uma denominada modalidade "comum" e a outra, modalidade "especial". A modalidade comum abrange a concorrência, tomada de preços e convite, enquanto a modalidade especial abrange o concurso e o leilão. Com a criação da sexta modalidade "pregão", entendemos que esta se enquadra melhor na modalidade "especial". As três primeiras, ou seja, a concorrência, a tomada de preços e o convite são utilizados para qualquer tipo de contratação. As três últimas, ou seja, o concurso, pregão e o leilão, são utilizadas para fins específicos. O concurso se aplica quando o objeto da licitação envolve geralmente criação baseada em determinados parâmetros previamente estabelecidos como, por exemplo, a elaboração de projeto arquitetônico. O pregão se destina à aquisição de bens ou de prestação de serviços comuns. O leilão, por outro lado, tem como finalidade selecionar a melhor proposta para alienação de bens. Nas três modalidades especiais, embora os instrumentos convocatórios sejam elaborados segundo as peculiaridades do certame, as formalidades estabelecidas em Lei não são iguais às formalidades previstas nas modalidades concorrência, tomada de preços ou convite.

4.2.1 Modalidades de licitação

A modalidade "comum" abrange a concorrência, tomada de preços e convite que se diferenciam entre si, visto que possuem aspectos legais diversos nas etapas de divulgação, propostas e habilitação. No que concerne às etapas de julgamento, homologação e adjudicação, são, basicamente semelhantes podendo haver diferenças em função da complexidade do certame.

Cada uma das modalidades "comuns" está atrelada a um valor máximo de contratação. Assim, até um determinado valor, pode ser utilizada a modalidade convite. Se o valor estimado do objeto a ser contratado extrapolar o valor limite do convite, obrigatoriamente deve ser empregada a modalidade tomada de preços. Se o valor estimado do objeto a ser contratado ultrapassar o valor limite da tomada de preços, é indiscutível a aplicação da modalidade concorrência. Pode-se afirmar que a modalidade concorrência é superior à da tomada de preços a qual por sua vez é superior à do convite.

O critério básico para a escolha da modalidade é o econômico, ou seja, depende do valor contratual estimado. Na medida em que este se altere, a modalidade a ser adotada também varia. É importante ressaltar que, na escolha da modalidade licitatória, além do valor estimado do objeto, pode-se considerar, também, a complexidade do objeto a ser licitado, uma vez que a Lei nº 8.666/93 possibilita a adoção de modalidades diversas, independentes do critério econômico. Este fato ocorre quando o aspecto complexidade do objeto é imperativo. Se, no curso da licitação, verificar-se incorreto o valor estimado, a licitação deve ser anulada, sob pena de infringência aos requisitos de previsão de recursos orçamentários. No caso em que o valor da proposta vencedora seja superior ao valor estimado, podem ocorrer duas situações:

a) falha na elaboração do orçamento e possibilidade de erro na escolha da modalidade, devendo a licitação ser anulada;
b) o orçamento estimativo é correto, porém as propostas dos proponentes estão muito elevadas. Pode ser solicitada, pela Comissão de Licitação nova proposta de preços após a desclassificação de todos os proponentes habilitados de acordo com o prazo legal.

Em decorrência da possibilidade de fixação de "preços máximos", conforme o art. 40, inciso X, evita-se as hipóteses acima referidas.

Com a inclusão de modificações no contrato, após sua formalização, o valor contratual poderá ultrapassar o valor limite da modalidade de licitação adotada no certame. Se esta modificação contratual for imperiosa e não trouxer prejuízo à coletividade, não é razoável impedi-la sob a alegação de que o valor final seria incompatível com a modalidade de licitação adotada. Se, no entanto, for previsível a modificação do objeto antes ou durante a licitação, é inadmissível fazê-lo no decorrer do contrato. A Administração não pode prevalecer-se da faculdade de alterar quantidades e valores, sabendo, *a priori*, que a modificação viria a ocorrer e, assim mesmo, adotar modalidade de licitação mais restrita. Isto caracteriza irregularidade grave.

4.2.1.1 Modalidade concorrência

O art. 22, §1º, da Lei nº 8.666/93, estabelece:

> Concorrência é a modalidade de licitação entre quaisquer interessados que, na fase inicial de habilitação preliminar, comprovem possuir requisitos mínimos de qualificação exigidos no edital para execução de seu objeto.

Esta modalidade é de interesse fundamental da Administração, visto que permite a maior participação possível de interessados. A concorrência é a modalidade que mais converge para este princípio, visto que exige a mais ampla divulgação bem como permite a participação de qualquer interessado, cadastrado ou não nos órgãos ou entidades públicas. Nesta modalidade, as condições de participação são mais extensas do que nas outras duas modalidades "comuns". Em face desta extensão geralmente são estabelecidas exigências importantes na fase de habilitação com a finalidade de verificar se o proponente possui aptidão e condições satisfatórias à execução do objeto licitado. Quanto mais complexa a execução do objeto a ser contratado, tanto maiores podem ser as exigências de habilitação. Assim, nesta modalidade, enquadram-se os objetos de maior complexidade técnica de execução independentemente de seu valor.

O §9º do art. 30 da Lei nº 8.666/93 define:

> (...) alta complexidade técnica aquela que envolva alta especialização, como fator de extrema relevância para garantir a execução do objeto a ser contratado, ou que possa comprometer a continuidade de prestação de serviços públicos essenciais.

No entanto, mesmo que a execução do objeto não seja complexa, porém de valor superior àquele fixado como limite mínimo para concorrência, esta modalidade deve obrigatoriamente ser adotada.

Quando se tratar de licitações internacionais, a modalidade mais adequada é a da concorrência, visto que o prévio cadastramento de uma empresa internacional para participar da mesma é inadequado. A Administração deve necessariamente investigar a fundo as condições dos proponentes, devendo, para isso, a fase de habilitação ser minuciosa e detalhada.

Quando a licitação for internacional, da qual possam participar empresas estrangeiras, o instrumento convocatório deve observar a política acerca de comércio exterior envolvendo assim as normas sobre importação de bens e serviços. No estabelecimento dos critérios de julgamento, principalmente no qual concerne à comparação de preços, deve-se considerar o princípio da igualdade. Deve-se promover uma uniformização das propostas de preços para efetuar-se, em seguida, sua comparação.

Neste sentido a Lei de Licitações estabelece:

> Art. 42. Nas concorrências de âmbito internacional o edital deverá ajustar-se às diretrizes da política monetária e do comércio exterior e atender às exigências dos órgãos competentes. (...)
>
> §4º Para fins de julgamento da licitação, as propostas apresentadas por licitantes estrangeiros serão acrescidas dos gravames conseqüentes dos mesmos tributos que oneram exclusivamente os licitantes brasileiros quanto à operação final de venda.

Se os recursos, para a realização de obras ou de serviços, forem provenientes de financiamentos de organismos internacionais é imprescindível compatibilizar os critérios e normas estabelecidas por estes organismos de financiamento, no que concerne à licitação, principalmente quando se tratar de licitação internacional. Normas de direito internacional público também devem ser observadas quando vinculadas a licitações. A participação de licitantes sediados no estrangeiro pode ser facilitada adotando-se regras específicas, não se podendo, no entanto, dificultar o acesso aos licitantes nacionais. Diz a Lei de Licitações no art. 42, §5º:

> Para a realização de obras, prestação de serviços ou aquisição de bens com recursos provenientes de financiamento ou doação oriundos de agência oficial de cooperação estrangeira ou organismo financeiro multilateral de que o Brasil seja parte, poderão ser admitidas, na respectiva licitação, as condições decorrentes de acordos, protocolos, convenções ou tratados internacionais aprovados pelo Congresso Nacional, bem como as normas e procedimentos daquelas entidades, inclusive quanto ao critério de seleção da proposta mais vantajosa para a Administração, o qual poderá contemplar, além do preço, outros fatores de avaliação, desde que por elas exigidos para a obtenção do financiamento ou da doação, e que também não conflitem com o princípio do julgamento objetivo e sejam objeto de despacho motivado do órgão executor do contrato, despacho esse ratificado pela autoridade imediatamente superior.

A entrega das propostas dos interessados na licitação, independentemente se o interessado é estrangeiro ou brasileiro, dar-se-á no local estabelecido no instrumento convocatório, conforme o art. 42, §6º:

> As cotações de todos os licitantes serão para entrega no mesmo local de destino.

4.2.1.2 Modalidade tomada de preços

O art. 22, §2º, da Lei nº 8.666/93, estatui:

> Tomada de preços é a modalidade de licitação entre quaisquer interessados devidamente cadastrados ou que atenderem a todas as condições exigidas no cadastramento até o terceiro dia anterior à data do recebimento das propostas, observada a necessária qualificação.

Poderão participar desta modalidade todos os interessados que estejam previamente cadastrados. A divulgação de uma licitação na modalidade tomada de preços também é ampla, embora com prazo mais reduzido. A diferença básica entre a concorrência e a tomada de preços é que aquela permite a participação de qualquer interessado e esta permite apenas a participação de interessados previamente cadastrados. Outro aspecto relevante na tomada de preços é a sua agilidade em comparação à concorrência, uma vez que o prazo de publicação é mais reduzido e o prévio cadastramento simplifica e facilita a fase de habilitação. É imprescindível verificar se o proponente possui aptidão e condições de satisfazer às exigências necessárias à execução do objeto licitado.

Na tomada de preços, o interessado não cadastrado pode fazer o cadastramento em até três dias antes da entrega dos envelopes, apresentando toda a documentação necessária à sua obtenção. Com isso, o processo de cadastramento do interessado e a realização da tomada de preços podem ocorrer simultaneamente. Se o prazo de três dias for insuficiente para efetuar o cadastramento, ou o mesmo for negado e houver recurso do interessado, ou ainda se o cadastro for aprovado e os demais interessados não concordarem e interpuserem recurso, a data prevista com a entrega dos envelopes permanece inalterada. Neste caso, contudo, os envelopes não podem ser abertos e a nova data de abertura dos envelopes deve ser marcada pela Comissão de Licitação, e as propostas dos proponentes, cuja habilitação não estiver concluída, devem ser recebidas condicionalmente.

No caso em que o cadastramento se realizar concomitantemente com a licitação, é obrigatório que a documentação seja examinada pela Comissão de Cadastramento e não pela Comissão de Licitação.

4.2.1.3 Modalidade convite

O art. 22, §3º, da Lei nº 8.666/93, afirma:

> Convite é a modalidade de licitação entre interessados do ramo pertinente ao seu objeto, cadastrados ou não, escolhidos e convidados em número mínimo de 3 (três) pela unidade administrativa, a qual afixará, em local apropriado, cópia do instrumento convocatório e o estenderá aos demais cadastrados na correspondente especialidade que manifestarem seu interesse com antecedência de até 24 (vinte e quatro) horas da apresentação das propostas.

No convite, a mais simples dentre todas as modalidades de licitação, participam os interessados especificamente convidados e aqueles que, por ventura, se interessarem em participar do certame. O convite é empregado quando o objeto é singelo, podendo ser executado por qualquer profissional ou empresa atuante na respectiva área. A participação nesta modalidade de licitação se estende a profissional ou empresa, cadastrada ou não, desde que atue na respectiva área. A escolha dos convidados pelo instaurador deve ser efetuada com bastante cuidado. Nesta modalidade, cabe ao instaurador a obrigação de fazer uma análise prévia dos interessados potenciais acerca da sua idoneidade. Entretanto, a exclusão de terceiros por motivos preferenciais é totalmente proibida.

Os particulares não convidados, com interesse em participar da licitação, deverão manifestá-lo junto ao instaurador com antecedência de até 24 (vinte e quatro) horas da apresentação das propostas, desde que cadastrados na especialidade correspondente ao objeto da licitação.

Com relação ao número de convidados, a Lei determina um mínimo de três, não estabelecendo, no entanto, um número máximo.[47] É importante que o número de convidados seja sempre superior a três, evitando assim dificuldades futuras quanto ao julgamento, homologação e adjudicação.

A posição atual do TCU é a exigência de se ter no mínimo três propostas válidas para a homologação:

> [O TCU] determinou ao Ministério da Justiça que atentasse para a obrigatoriedade do número mínimo de três propostas válidas para a homologação de licitações sob a modalidade convite, ainda que para tanto fosse necessária a sucessiva repetição do certame, salvo em caso de situações excepcionais expressamente justificadas, a teor do art. 22, §7º, da Lei nº 8.666/1993 (item 9.4.4.2, TC-007.091/2001-5).[48]

Quando da realização de licitações na modalidade convite, simultâneas ou sucessivas, para objetos similares ou idênticos, existirem mais de três interessados, é obrigatório ampliar o número de interessados para cada convite mediante convite a novos licitantes, além daqueles já convidados. Aqueles anteriormente convidados podem continuar a ser convocados, em convites sucedâneos, porém deverá obrigatoriamente ser convidado um outro ou mais interessados. Se o número de interessados for grande, bem como o de licitações, simultâneas ou sucessivas, é interessante proceder-se a um rodízio entre os convidados, desde que seja observada a área de atuação de cada um.

Não existindo no mercado, no mínimo, três interessados, ou se o número de participantes for inferior ao estabelecido, isto não invalida a licitação, porém o fato deve ser justificado por escrito, sob pena de repetição do convite, conforme estabelece o art. 22, §7º:

> Quando por limitações do mercado ou manifesto desinteresse dos convidados for impossível a obtenção do número mínimo de licitantes exigidos no §3º deste artigo, essas circunstâncias deverão ser devidamente justificadas no processo, sob pena de repetição do convite.

---

[47] "Não se obtendo o número legal mínimo de três propostas aptas à seleção, na licitação sob a modalidade convite, impõe-se a repetição do ato, com a convocação de outros possíveis interessados, ressalvadas as hipóteses previstas no parágrafo 7º, do art. 22, da Lei nº 8.666/1993" (TCU. Súmula nº 248).

[48] TCU. Acórdão nº 1.873/2007, 2ª Câmara. *DOU*, 12 jul. 2007. Seção 1, p. 174.

4.2.2 Modalidades especiais

As modalidades especiais, Concurso, Leilão e Pregão, são empregados exclusivamente para determinadas finalidades que se diferenciam entre si: a primeira por ser utilizada quando envolver um tra1balho geralmente criativo, a segunda objetiva a melhor proposta para alienação de bens ou direitos e a terceira destina-se a aquisição de bens ou de prestação de serviços, ambos considerados comuns.

4.2.2.1 Modalidade concurso

O art. 22, §4º da Lei nº 8.666/93, fixa:

> Concurso é a modalidade de licitação entre quaisquer interessados para escolha de trabalho técnico, científico ou artístico, mediante a instituição de prêmios ou remuneração aos vencedores, conforme critérios constantes de edital publicado na imprensa oficial com antecedência mínima de 45 (quarenta e cinco) dias.

Para o concurso, a legislação não estabelece claramente os procedimentos que devem ser utilizados, porém estabelece parâmetros genéricos usuais da concorrência. Portanto, não se impõe como condição de obrigação a adoção dos procedimentos da concorrência para realização de concurso, mas a adequação das regras legais às peculiaridades desse certame. A divulgação do concurso deve ser a mais ampla possível e os critérios de participação e de julgamento devem ser claramente estabelecidos no instrumento convocatório.

O concurso tem a finalidade de selecionar um trabalho técnico ou artístico. No concurso, estabelece-se um prêmio que corresponde a uma remuneração pela atividade técnica ou artística.

Existe uma grande diferença processual entre o concurso e as demais modalidades de licitação. Nas modalidades comuns, procede-se à licitação, à contratação e posteriormente à execução do objeto. No concurso, o processo se inverte, ou seja, o proponente deve apresentar o trabalho técnico ou artístico já pronto e acabado e a habilitação é posterior ao julgamento. É importante destacar que o prazo entre a divulgação do concurso e a apresentação dos trabalhos deve ser compatível com o tempo necessário para desenvolver a respectiva atividade técnica ou artística. A Lei fixa o prazo em, no mínimo, 45 dias.

4.2.2.2 Modalidade leilão

O art. 22, §5º, da Lei nº 8.666/93, estabelece:

> Leilão é a modalidade de licitação entre quaisquer interessados para a venda de bens móveis inservíveis para a Administração ou de produtos legalmente apreendidos ou penhorados, ou para a alienação de bens imóveis prevista no art. 19, a quem oferecer o maior lance, igual ou superior ao valor da avaliação.

Para este caso, como para o concurso, não são fixados os respectivos procedimentos, estabelecendo-se, sim, parâmetros genéricos usuais da concorrência. Neste caso, também não se impõe a condição de obrigação da adoção do procedimento da concorrência, mas a adequação das regras legais às peculiaridades do certame. O instrumento convocatório, por outro lado, deve impreterivelmente estabelecer todos os critérios inerentes ao certame, bem como fixar a regra para definição do vencedor. Neste caso, ao contrário do concurso, existe uma fase simplificada de habilitação, que deve estar estabelecida no instrumento convocatório.

O leilão permite que um mesmo interessado possa apresentar uma multiplicidade de propostas sucedâneas. A apresentação de uma proposta mais elevada anula a proposta menos elevada, podendo o interessado, cuja proposta foi anulada, apresentá-la com valor maior. Será vencedor do certame o proponente que apresentar a proposta mais elevada.

4.2.2.3 Modalidade pregão

O pregão foi criado por meio da Medida Provisória nº 2.026, de 4 de maio de 2000. Posteriormente ela foi transformada na Lei nº 10.520, publicada em 18 de julho de 2002, que institui o pregão como a sexta modalidade licitatória. Portanto, o pregão é regido pela Lei nº 10.520/02 e os decretos nº 3.555/00 e nº 5.450/05, que regulamentam o pregão presencial e eletrônico, respectivamente. O pregão está voltado para proceder a licitações visando à aquisição de bens e serviços comuns. No pregão opera-se a inversão das fases de licitação, ou seja, primeiro são julgadas as propostas, para depois proceder à habilitação. O pregão é estruturado para que a classificação das propostas e a habilitação sejam resolvidas em um único ato.

O pregão estimula ao máximo a competição entre os proponentes, admitindo-se a redução de preços ofertados no curso do próprio procedimento por meio de novos lances sucessivos, sem limitação e sem o estabelecimento de regra para rejeição de propostas inexequíveis. Ao contrário, o objetivo do pregão é mesmo viabilizar a máxima redução de preços. Por empolgação ou necessidade, o proponente pode, durante o procedimento licitatório, reduzir o preço ofertado sem segurança de sua exequibilidade. Daí porque a regra pode conduzir à vitória proposta de preços inexequível, ou, proposta sobre a qual haja dúvida sobre sua viabilidade econômica. Essa estrutura do pregão, portanto, pode ameaçar a segurança do contrato. Por essa razão, a Lei restringe o pregão às contratações nas quais a inadimplência da contratada não cause prejuízos econômicos para a Administração.

Por outro lado, o pregão não se ajusta às situações em que seja mais complexa a aferição do atendimento pelos proponentes, dos requisitos de habilitação. Ademais como a habilitação se realiza depois de conhecidos os preços propostos, a análise dos atributos subjetivos do proponente deve ser objetiva; o conhecimento dos preços *a priori* poderia comprometer a isenção em análise discricionária. Daí porque deve ser simples e objetiva a aferição de atendimento dos requisitos de habilitação.

O objetivo da Lei, ao reservar o pregão para aquisição de bens e serviços comuns, é assegurar à Administração a possibilidade de rejeitar de plano os bens e serviços comuns em desacordo com as especificações definidas em contrato, antes de efetuar qualquer pagamento.

O *caput* do art. 1º da Lei nº 10.520/02 permite que o pregão seja utilizado em licitações cujos objetos constituam aquisição de bens e serviços comuns.

Por outro lado, o art. 6º, inciso I, II e III da Lei nº 8.666/93 "define" obra, serviço e compra (bens), respectivamente:

> Art. 6º (...)
>
> I - Obra – toda construção, reforma, fabricação, recuperação ou ampliação, realizada por execução direta ou indireta;
>
> II - Serviço – toda atividade destinada a obter determinada utilidade de interesse para a Administração, tais como: demolição, conserto, instalação, montagem, operação, conservação, reparação, adaptação, manutenção, transporte, locação de bens, publicidade, seguro ou trabalhos técnico-profissionais;
>
> III - Compra – toda aquisição remunerada de bens para fornecimento de uma só vez ou parceladamente; (...).

Percebe-se claramente que obra, serviço e bens não se misturam, por serem de natureza diversa, e a própria Lei os definiu e os considerou separadamente. Assim sendo, institui-se que não se pode e nem se deve sob hipótese alguma considerar um serviço como obra, obra como serviço, ou um bem como serviço, ou vice-versa.

4.2.2.3.1 Obras de engenharia

A Lei nº 10.520/02 ao estabelecer a finalidade do pregão, deixa claro o seu uso somente para aquisição de bens e prestação de serviços comuns. Ainda o artigo 5º do Anexo I do Decreto nº 3.555/00 estatui que "a modalidade de pregão não se aplica às contratações de obras e serviços de engenharia, bem como às locações imobiliárias e alienações em geral, que serão regidas pela legislação geral da Administração".

Obras de engenharia estão excluídas de plano da modalidade de pregão, não por força do art. 5º do Anexo I do Decreto nº 3.555/00, mas porque:

a) O parágrafo único do art. 1º da Lei nº 10.520/02 refere-se somente a bens e serviços.[49]
b) A distinção entre obra e serviço encontra-se no art. 6º da Lei nº 8.666/93 e já foi discutida anteriormente.
c) Por força das definições adotadas na Lei nº 8.666/93, obra não se insere no conceito de serviço nem no de bem.

Assim sendo, por força legal, obras e serviços não se confundem.

[49] "Art. 1º Para aquisição de bens e serviços comuns, poderá ser adotada a licitação na modalidade de pregão, que será regida por esta Lei. Parágrafo único. Consideram-se bens e serviços comuns, para os fins e efeitos deste artigo, aqueles cujos padrões de desempenho e qualidade possam ser objetivamente definidos pelo edital, por meio de especificações usuais no mercado."

4.2.2.3.2 Serviços de engenharia

Existe distinção clara e objetiva entre o que se entende por serviço e serviço de engenharia. Fato este já comentado anteriormente, ou seja:

a) Os serviços são definidos pela Lei Federal como: "toda a atividade destinada a obter determinada utilidade de interesse para a Administração, tais como: demolição, conserto, instalação, montagem, operação, conservação, reparação, adaptação, manutenção, transporte, locação de bens, publicidade, seguro ou trabalhos técnico-profissionais"; e

b) Serviços de engenharia são os serviços que só podem ser contratados com profissionais ou empresas que atendam às disposições da Lei Federal nº 5.194 de 24/12/66 e satisfaçam as disposições do CONFEA/CREA.

Isto equivale a afirmar que todo e qualquer serviço, a ser executado, que necessite obrigatoriamente de uma empresa de engenharia ou um profissional técnico habilitado com atribuição específica, imposta pela Lei Federal nº 5.194/66 e/ou Resoluções do CONFEA, com consequente obrigatoriedade de recolhimento de ART, é um serviço de engenharia.

Assim, serviço de engenharia diz respeito aos que impõem o emprego de técnicas de engenharia e, que, exige, por força de Lei, a intervenção do profissional legalmente habilitado em conformidade com as suas atribuições preestabelecidas.

As polêmicas que envolvem serviço comum e serviço de engenharia ainda não estão suplantadas.

A questão é como saber se o referido serviço é um serviço comum ou de engenharia. Neste caso, o que está em discussão não é o conceito de serviço de engenharia, do ponto de vista da obrigatoriedade de participação efetiva do profissional legalmente habilitado, mas sim, se o serviço propriamente dito, mesmo no âmbito da engenharia, é comum ou não. Isto não significa que se deve pensar, na visão estreita, de serviço simples ou de serviço complexo. Entende-se que neste caso o serviço comum nada tem em comum com o serviço simples. Pode-se ter um serviço complexo na área da engenharia mecânica, mas é um serviço comum, uma vez que o mesmo é realizado por várias empresas que podem ou não ser da área. Exemplificando: a manutenção de elevadores. Nada obsta que, uma empresa que faça manutenção de edifícios e tenha em seu quadro um engenheiro mecânico, registrado no sistema CONFEA/CREA, que faça a revisão e manutenção de elevadores e que recolha a respectiva ART, conforme dita a Lei nº 6.496/77. Portanto:

> (...) não seria a complexidade do serviço a inseri-lo ou não no conceito de serviço ou bem comum, mas o domínio que as empresas atuantes no mercado possuem sobre o objeto licitado, de modo que possam oferecer suas propostas de forma segura diante das definições objetivas do edital. De fato, se a Lei não utiliza palavras vãs e o mercado parte da conceituação de bem e serviço comum, o qualificativo comum refere-se ao mercado.[50]

[50] PELLEGRINI. Pregão: o conceito de bens e serviços comuns. *Boletim de Licitações e Contratos – BLC*, p. 401.

Por outro lado, é possível estar-se em presença de um serviço de engenharia simples, mas que não pode ser enquadrado em serviço comum, este, portanto seria um serviço de engenharia considerado não comum.

Deve-se analisar o serviço de engenharia, não apenas do ponto de vista se ele é ou não um serviço comum para se definir o emprego ou não da modalidade de licitação pregão. É necessário verificar outros aspectos importantes para a execução perfeita dos serviços pretendidos. Toda vez em que um determinado serviço necessita de projetos, especificações técnicas, memoriais descritivos e outros para que possa ser realizado com sucesso é incompatível conceituá-lo de serviço comum.

Assim sendo, os serviços de engenharia, podem estar excluídos de contratação por meio de pregão, salvo exceções, nas quais o qualificativo "comum" se sobrevenha à espécie do serviço. De qualquer forma deve ser analisado com muita cautela caso a caso.

4.2.2.3.3 Cautelas a serem tomadas para a escolha do pregão

Quando se pretende utilizar a modalidade licitatória denominada pregão algumas dificuldades e hipóteses, obrigatoriamente, devem ser levantadas e verificadas com extrema profundidade. Com a ansiedade de resolver com celeridade determinados quesitos, muitas vezes exigidos com absoluta urgência adotam-se soluções que muitas vezes não foram analisadas adequadamente. É o caso do emprego do pregão em atividades que envolvem a engenharia. A execução de um serviço de engenharia envolve uma série de considerações que devem ser avaliadas, a saber:

a) O serviço de engenharia, por mais simples que seja, somente pode ser licitado se houver um projeto básico disponível e aprovado pela autoridade superior, requisito obrigatório pela Lei nº 8.666/93, art. 7º, §2º, inciso I;

b) O serviço de engenharia somente pode ser licitado se existir orçamento detalhado em planilhas que expressem a composição de todos os seus custos unitários, requisito obrigatório pela Lei nº 8.666/93, art. 7º, §2º, inciso II;

c) Tanto o projeto básico quanto o orçamento detalhado em planilha, por força de Lei, deve ser assinado por profissional legalmente habilitado e detentor das atribuições específicas, inclusive com a indicação do nº de seu registro no CREA. Lei nº 5.194/66, artigos 13 e 14 e Resolução CONFEA nº 218;

d) qual a forma de proceder para o caso de necessidade de formalização de aditivos, quer sejam quantitativos quer sejam qualitativos;

e) como estabelecer o limite de inexequibilidade (valor) na fase de lances;

f) como proceder aos lances? Empregar, simplesmente, a metodologia da redução linear dos serviços que compõem a planilha de preços? Sabe-se que a simples redução linear sobre todos os serviços unitários, alterará os mesmos, para mais ou para menos, aviltando-os. Portanto eles (os preços dos serviços) serão irreais e incomparáveis com os de mercado ou do orçamento da Administração.

Assim sendo, o emprego do pregão para contratação de serviços de engenharia devem ser avaliados tanto do aspecto legal como do lado técnico, com muito cuidado.

4.2.3 Outras disposições

A Lei Federal de Licitações proíbe a criação de outras modalidades de licitação ou a combinação delas, tendo em vista o contido no art. 22, §8º:

> É vedada a criação de outras modalidades de licitação ou a combinação das referidas neste artigo.

Assim sendo, quando se proceder a licitação deve-se analisar com muito cuidado o objeto que se pretende contratar, de forma que a modalidade selecionada seja a melhor para aquele procedimento. Não é possível nem admissível, quando se tratar de um objeto peculiar, que se fabrique uma nova modalidade licitatória ou se combine partes de diferentes modalidades.

Convém relembrar que o valor provável da contratação não se constitui o único parâmetro para a escolha da modalidade de licitação, mas também, sua complexidade. Em princípio, entende-se que, quanto menor o valor, tanto mais simples seria a modalidade licitatória. No entanto, essa é uma hipótese nem sempre correta. Uma licitação de um determinado serviço especializado, cujo valor é pequeno, pode envolver uma complexidade importante. A utilização, neste caso, de um instrumento convocatório de modalidade de licitação mais restrita, em face do valor econômico ser pequeno, e cujo conteúdo não dispõe dos requisitos necessários para um julgamento adequado, pode resultar em uma contratação frustrada. Com a finalidade de eliminar este tipo de problemática, a Lei permite o uso de uma modalidade de licitação mais complexa, mesmo sendo o valor de pequena monta, em substituição àquela que, em princípio, seria a mais adequada. Dessa forma, pode ser adotada a modalidade tomada de preços ou concorrência quando se tratar de convite. Quando se tratar de tomada de preços, esta pode ser substituída pela modalidade concorrência. Sobre este tema já foram feitos comentários anteriormente.

Uma obra ou um serviço de valor relevante, a ser licitada pela modalidade concorrência em face da legislação vigente, não pode ser licitada por outra modalidade inferior usando-se o artifício do parcelamento. Entretanto, admite-se excepcionalmente o parcelamento da execução, quando esse procedimento representar uma nítida vantagem para a Administração, bem como não oferecer risco à qualidade de execução do objeto. Neste caso, o parcelamento deverá estar exaustiva e tecnicamente justificado e os projetos e especificações devem estar perfeitamente claros e definidos para que, durante a execução, exista a possibilidade eventual de imputar a responsabilidade a quem de direito. A vantagem do parcelamento de uma obra permite a participação, na competição, de pequenas e médias empresas especializadas, bem como possibilita a redução dos preços. Essa possível vantagem deve ser analisada com cautela, pois é de entendimento geral que a ampliação da quantidade acarreta a redução do custo tendo em vista a economia de escala. Convém evidenciar que o parcelamento só é admissível quando trouxer benefício para a Administração, caso contrário, deve-se escolher sempre a execução total. Deve-se atentar o que diz a Lei Federal, no art. 23, §5º:

> É vedada a utilização da modalidade convite ou tomada de preços, conforme o caso, para parcelas de uma mesma obra ou serviço, ou ainda para obras e serviços da mesma natureza e no mesmo local que possam ser realizadas conjunta ou concomitantemente, sempre que o somatório de seus valores caracterizar o caso de tomada de preços ou concorrência, respectivamente, nos termos deste artigo, exceto para as parcelas de natureza específica que possam ser executadas por pessoas ou empresas de especialidade diversa daquela do executor da obra ou serviço.

4.3 Regimes

Conforme já visto, existem duas formas de execução: a execução direta e a execução indireta. Se a escolha recair sobre a forma de execução indireta, deve-se considerar que esta se divide em vários regimes de empreitada dentre os quais é escolhido o mais apropriado a cada caso. A escolha do regime não está vinculada ao valor do contrato, mas à forma de apuração do valor a ser pago. A execução indireta dar-se-á sob qualquer dos seguintes regimes:

a) empreitada por preço global;
b) empreitada por preço unitário;
c) tarefa;
d) empreitada integral.

4.3.1 Empreitada por preço global

O art. 6º, inciso VIII, alínea "a", da Lei nº 8.666/93, define:

> (...) empreitada por preço global – quando se contrata a execução da obra ou do serviço por preço certo e total.

O emprego deste regime oferece a vantagem de a Administração e o terceiro serem conhecedores do valor total da referida prestação, possuindo todas as condições de elaborar um correto planejamento de execução sob o ponto de vista de despesa, receita e lucro. Outro proveito é que o pagamento pode ser efetuado sob forma de parcelas prefixadas, no instrumento convocatório e no contrato administrativo, simplificando às respectivas medições sem, no entanto deixar de cumprir à rigorosidade técnica indispensável. Mais uma vantagem deste regime é a faculdade da Administração disponibilizar a quantia exata de recursos, sempre muito escassos, principalmente quando os mesmos são financiados por organismos nacionais ou internacionais, bem como proceder a uma avaliação do custo, tanto em comparação com outros objetos já contratados, como com aqueles praticados no mercado.

É relevante considerar, novamente, o que estabelece o art. 3º da Resolução CONFEA nº 361/91, a saber:

> As principais características de um Projeto Básico são: (...)
>
> f) definir as quantidades e os custos de serviços e fornecimentos com precisão compatível com o tipo e porte da obra, de tal forma a ensejar a determinação *do custo global da obra com precisão de mais ou menos 15% (quinze por cento).* (Grifos nossos)

Portanto, é imprescindível, quando se utilizar o regime de empreitada por preço global, ou mesmo o regime de empreitada por preço unitário, que o objeto esteja completo, preciso e claramente definido, inclusive no que se refere à entrega de todos os elementos essenciais à elaboração de uma proposta satisfatória. No caso de uma obra, devem ser entregues ao interessado: levantamento topográfico do terreno, sondagem do terreno, projeto executivo completo, projeto da infraestrutura específica para o local onde será executada a obra, projeto de implantação, memoriais e especificações técnicas completas, relação dos serviços a serem executados e respectivos quantitativos.

Se o objeto for mal definido, existir somente projetos padrão, dificuldade em precisar as quantidades, falta de elementos técnicos ou mal definidos, não se deve utilizar o regime de empreitada por preço global, pois existe a possibilidade de todos os proponentes considerarem riscos inexistentes ou situações imponderáveis elevando o valor de suas propostas, o que caracteriza claro prejuízo à Administração. Resulta desta prática, muitas vezes, a acusação de superfaturamento, o que pode ou não ser verdadeiro, dependendo exclusivamente da precisão de todos os documentos licitatórios. Neste caso, deve-se utilizar o regime de empreitada por preço unitário.

Não se deve esquecer que a diferença básica entre o regime de empreitada por preço global e empreitada por preço unitário é somente quanto à forma de apuração do valor a ser pago à contratada, nada tem a ver com a execução física da obra ou serviço de engenharia.

Entendo que estes regimes (global e unitário) não são regimes de execução, conforme estabelece a Lei de Licitações, mas sim são regimes de apuração de valores a serem pagos à contratada. Tomemos o exemplo da construção de um silo para grãos com seus equipamentos de filtragem, esteiras rolantes, equipamentos de descarga etc. Neste caso a licitação poderá ser do regime de empreitada integral no qual a obra deve ser executada e entregue totalmente concluída, limpa e com os bens (máquinas, equipamento etc.) instalados e em perfeitas condições de uso e funcionamento. Nada obsta que as medições para pagamento sejam feitas sob regime de preços unitários e/ou regime de preço global, assim como, os equipamentos poderão ser medidos sob o regime de preço global ou unitário. Considerando este aparte como crítica construtiva, retornamos ao nosso contexto.

Muitos consideram que o regime de empreitada por preço global é nada mais do que um contrato de risco, visto que os pagamentos serão realizados em função dos serviços constantes nos projetos, especificações técnicas, memoriais descritivos, cadernos de encargos e planilhas de serviço ou de custos, ignorando-se completamente às respectivas quantidades, desde que mantido o objeto original. Ou seja, desprezam-se as diferenças nas quantidades previstas e as executadas. Os pagamentos, neste caso, serão efetuados somente em conformidade com os preços parciais estabelecidos na planilha de preços de cada serviço independente das diferenças nas quantidades que possam ocorrer na obra, sejam estas a maior ou a menor da realidade, implicando, caso a caso, em riscos à contratada e ao contratante.

Nesta mesma direção o eminente jurista Marçal Justen Filho cita:

> Outra questão problemática envolve o risco assumido pelo particular: pretende-se que a empreitada global imporia ao particular o dever de realizar o objeto, de modo integral, arcando com todas as variações possíveis. Vale dizer, seriam atribuídos ao contratado os riscos por eventuais eventos supervenientes, que pudessem elevar custos ou importar ônus imprevistos inicialmente. Esta concepção é equivocada, traduz enorme risco para a Administração e infringe os princípios fundamentais da licitação (...). O contrato administrativo não é um jogo, no qual as partes entram sem noção acerca do resultado. Ambas as partes têm de saber de antemão, os riscos e encargos assumidos. Empreitada por preço global não constitui, portanto, em modalidade de contrato aleatório.[51]

O relevante neste caso é que quando for escolhido o regime de empreitada por preço global é indispensável, como já dito anteriormente, que o objeto esteja completo, preciso e claramente definido, inclusive no que se refere à entrega de todos os elementos essenciais à elaboração de uma proposta satisfatória.

Durante a execução de uma obra ou de um serviço de engenharia, sob regime de empreitada por preço global, pode ocorrer algum fato (serviço) superveniente, imprevisto e imprevisível não constante dos projetos e demais documentos técnicos. Exemplificando:

a) durante a execução das fundações faz-se necessário a canalização de um filete de água não previsto na elaboração dos projetos;
b) a construção de um muro de arrimo necessário para estabilizar um aterro oriundo de um fato não previsível quando da elaboração dos projetos;
c) aumento de comprimento de algumas estacas cravadas não previsto nos projetos de fundação por não ter sido acusado pela sondagem do terreno etc.

É evidente quando ocorrem casos supervenientes, imprevistos e imprevisíveis, porém imprescindíveis para a boa e segura execução da obra ou serviço de engenharia, é necessário se fazer a devida alteração contratual, mesmo no regime de empreitada por preço global, mediante aditivo para se restabelecer o equilíbrio econômico-financeiro do contrato, de forma que se possa fazer jus ao pagamento das quantidades excedentes não previstas no contrato (princípio da imprevisibilidade). Portanto, prevendo-se no instrumento convocatório e no contrato a possibilidade de alteração contratual por meio de aditivos para determinados serviços (quantidades) previamente arrolados, entendemos que riscos eventuais se eliminam.

O bom discernimento técnico apregoa que nunca se deve utilizar o regime de empreitada por preço global para obras com grande movimentação de solo (aterros, cortes etc.), reformas, recuperações e atividades correlatas, bem como aquelas em que não é possível quantificar adequadamente os serviços.

---

[51] JUSTEN FILHO. *Comentários à lei de licitações e contratos administrativos*: de acordo com a Emenda Constitucional nº 19, de 4 de junho de 1998, e com a Lei Federal nº 9.648, de 27 de maio de 1998, p. 96-97.

O art. 47 da Lei de Licitações reza:

> Nas licitações para a execução de obras e serviços, quando for adotada a modalidade de *execução de empreitada por preço global*, a Administração deverá fornecer obrigatoriamente, junto com o edital, todos os elementos e informações necessários para que os licitantes possam elaborar suas propostas de preços com total e completo conhecimento do objeto da licitação. (grifos nossos)

No processamento da quantificação dos serviços, que integrarão a planilha de preços ou de custos, a partir dos projetos (implantação, fundação, arquitetônico, estrutural, elétrico, hidráulico, lógica etc.) especificações técnicas, memoriais descritivos, caderno de encargos e demais documentos técnicos é possível quantificar com máxima precisão a totalidade dos serviços que compõe as atividades que por sua vez compõe as etapas da obra ou serviço de engenharia. Poucos são os serviços cuja quantificação, com precisão razoável, acusarão quando da sua conclusão variações importantes. Tomamos como exemplo: pequeno movimento de terra (variação no volume ou categoria de solo); fundações profundas (variação no comprimento); perfuração de poço (variação na profundidade) etc. Destarte, podemos considerar que uma obra ou um serviço de engenharia, em princípio, é composto por dois tipos de serviços, os serviços com quantidades bastante exatas e os serviços com quantidades razoavelmente estimadas.

Há que se ressaltar, que o regime de empreitada por preço global e o regime de empreitada por preço unitário são definidos separadamente na mesma Lei. É cristalina a separação legal dos dois regimes e que o emprego de um ou outro é de livre escolha da Administração. O que é importante é a escolha correta do regime.

Em resumo, a execução de uma obra ou serviço de engenharia utilizando-se o regime de empreitada por preço global não configura um contrato de risco desde que obedecidas as premissas acima enunciadas, aliadas aos dois tipos de serviços supracitados, que podem ser explicitados na planilha de preços, no instrumento convocatório e no contrato, possibilitando produzir-se medições específicas e compatíveis a cada um dos tipos de serviços.

4.3.2 Empreitada por preço unitário

O art. 6º, inciso VIII, alínea "b", da Lei nº 8.666/93, define:

> (...) empreitada por preço unitário – quando se contrata a execução da obra ou do serviço por preço certo de unidades determinadas.

A adoção desta modalidade é vantajosa para a Administração e para o interessado, quando o objeto não for definido precisamente, não foram entregues ao prestador todos os elementos indispensáveis à formulação de sua proposta, dificuldade em precisar as quantidades. Neste caso, não são assumidos riscos por eventos desconhecidos ou imprevisíveis, como erros cometidos quando do levantamento dos quantitativos, ou por deficiência e até inexistência de detalhes nos projetos, memoriais e/ou especificações técnicas. Estes eventos são, via em regra, cobertos mediante aditivos contratuais.

Por outro lado, a desvantagem da utilização do regime de empreitada por preço unitário é que nem a Administração e nem o terceiro tem como saber *a priori* o custo exato do objeto, tornando-se muito difícil a elaboração de um correto planejamento de execução ou fornecimento sob o ponto de vista de despesa, receita e lucro. Considere-se ainda a dificuldade da Administração disponibilizar a quantia exata de recursos, sempre muito escassos, principalmente quando os recursos são financiados por organismos nacionais ou internacionais. Assim, quando houver certa disponibilidade de recursos, a Administração não pode comprometê-los totalmente, pois sempre permanece a incógnita do *quantum* que será necessário para cobrir os aditivos financeiros contratuais que impreterivelmente ocorrerão.

4.3.3 Tarefa

O art. 6º, inciso VIII, alínea "d", da Lei nº 8.666/93, define:

> (...) tarefa – quando se ajusta mão-de-obra para pequenos trabalhos por preço certo, com ou sem fornecimento de materiais.

Este regime é empregado quando se contrata uma obra ou serviço cujo valor é de pequena monta. De modo geral, neste caso, contrata-se somente a mão de obra, sendo as despesas com material cobertas pelo contratante.

4.3.4 Empreitada integral

O art. 6º, inciso VIII, art. "e", da Lei nº 8.666/93, define:

> (...) empreitada integral – quando se contrata um empreendimento em sua integralidade, compreendendo todas as etapas da obra, serviços e instalações, sob inteira responsabilidade da contratada até a sua entrega ao contratante em condições de entrar em operação, atendidos os requisitos técnicos e legais para a sua utilização, em condições de segurança estrutural e operacional e com as características adequadas às finalidades para as quais foi contratada.

No regime de empreitada integral a obra deve se entregue totalmente concluída, limpa e com os bens (máquinas, equipamento etc.) instalados e em perfeitas condições de uso e funcionamento. Assim, neste regime, a licitação não abrange, somente, a execução da obra, mas também o fornecimento e instalação de bens pelo mesmo contratado.

4.4 Tipos de licitação

A natureza do objeto a ser contratado e sua complexidade licitatória condicionam o procedimento licitatório a exigências mais relevantes que devem ser previstas no instrumento convocatório. O grau de complexidade do processamento licitatório determina a escolha do tipo de licitação.

O instrumento convocatório deve estabelecer claramente o tipo de licitação, a fim de evitar a ocorrência de dúvidas que possam redundar inclusive na nulidade do processo licitatório. Entretanto, se o tipo de licitação não estiver definido no instrumento convocatório, a Comissão de Licitação não pode adotar o tipo que melhor lhe convier. Por outro lado, o tipo de licitação não define apenas a forma de julgamento, mas toda a fase externa, ou seja, todo o procedimento licitatório.

A escolha correta do tipo de licitação é fundamental para evitar confusões, disputas e controvérsias durante a fase do procedimento. É importante, no entanto, ressaltar que a modalidade concorrência pode ser utilizada para qualquer tipo de licitação. Para as modalidades concorrência, tomada de preços ou convite, aplica-se um dos seguintes tipos:

a) menor preço;
b) melhor técnica;
c) técnica e preço;
d) maior lance ou oferta – nos casos de alienação de bens ou concessão de direito real de uso.

É importante enfatizar que, independentemente da modalidade de licitação, para obras e serviços de engenharia somente poderá ser utilizado o tipo "menor preço", conforme estatui o art. 45, incisos II e III, e art. 46 da Lei nº 8.666/93, a saber:

> Os tipos de licitação "melhor técnica" ou de "técnica e preço" serão utilizados exclusivamente para serviços de natureza predominantemente intelectual, em especial na elaboração de projetos, cálculos, fiscalização, supervisão e gerenciamento e de engenharia consultiva em geral e, em particular, para a elaboração de estudos técnicos preliminares e projetos básicos e executivos, ressaltados o disposto no §4º do artigo anterior.

Em caso excepcionalíssimo, quando a obra ou serviço de engenharia for de grande vulto e majoritariamente dependente de tecnologia claramente sofisticada e de domínio restrito e/ou admitir soluções alternativas e variações de execução, com repercussão significativa sobre sua qualidade e durabilidade, e estas puderem ser adotadas livremente pelos proponentes, de acordo com os critérios objetivamente fixados no instrumento convocatório, poderá ser adotado, mediante justificativa técnica e jurídica, pela maior autoridade da Administração, o tipo melhor técnica ou técnica e preço, conforme prevê o art. 46, §3º, da Lei nº 8.666/93, a saber:

> (...) excepcionalmente, os tipos de licitação previstos neste artigo poderão ser adotados, por autorização expressa e mediante justificativa circunstanciada da maior autoridade

da Administração promotora constante do ato convocatório, para fornecimento de bens e execução de obras ou prestação de serviços de grande vulto majoritariamente dependentes de tecnologia nitidamente sofisticada e de domínio restrito, atestado por autoridades técnicas de reconhecida qualificação, nos casos em que o objeto pretendido admitir soluções alternativas e variações de execução, com repercussões significativas sobre sua qualidade, produtividade, rendimento e durabilidade concretamente mensuráveis, e estas puderem ser adotadas à livre escolha dos licitantes, na conformidade dos critérios objetivamente fixados no ato convocatório.

4.4.1 Tipo menor preço

No caso de licitação do tipo menor preço, prevalece sempre a proposta de menor preço, sendo vencedor o proponente que apresentar proposta de menor valor, desde que satisfeitas as demais exigências contidas no instrumento convocatório, que variam de um instrumento para outro. A Lei Federal estatui no art. 45, inciso I:

> (...) quando o critério de seleção da proposta mais vantajosa para a Administração determinar que será vencedor o licitante que apresentar a proposta de acordo com as especificações do edital ou convite e ofertar o menor preço.

Essa condição não significa, entretanto, que as demais exigências, como qualidade, prazo, planejamento de execução ou de entrega de máquinas, equipamentos e outros bens necessários à execução da obra ou serviço, possam ser relegados a segundo plano. Precisam sim ser consideradas, devendo constar nos documentos licitatórios aquelas que determinam as qualificações técnicas do proponente. Se estas qualificações técnicas forem atendidas, o proponente assegura a admissibilidade de sua proposta. Caso contrário, a proposta do proponente deve ser rejeitada. O mesmo ocorre com as demais exigências no âmbito jurídico, fiscal e econômico.

Se os demais requisitos para habilitação, jurídicos, fiscais, econômicos e técnicos forem atendidos em conformidade com o disposto no instrumento convocatório, o proponente assegura a admissibilidade de sua proposta. A classificação das propostas far-se-á exclusivamente pelo critério de menor preço.

4.4.2 Tipo melhor técnica ou técnica e preço

No caso de licitação do tipo melhor técnica ou de técnica e preço, é considerada mais relevante a qualidade técnica da proposta do que o preço.

O instrumento convocatório deve estabelecer as condições e os critérios técnicos de avaliação das propostas. As propostas que não atenderem a estes requisitos serão desqualificadas, aquelas que atenderem estarão qualificadas para a etapa seguinte do procedimento licitatório.

A escolha entre o tipo melhor técnica e o tipo técnica e preço é determinada, exclusivamente, pela complexidade do objeto a ser licitado com vistas ao resultado mais apropriado a cada caso. A opção pela licitação do tipo melhor técnica é recomendável quando o atendimento do aspecto técnico for predominante a qualquer outra exigência. Nesta modalidade, a proposta de melhor qualidade técnica obterá a pontuação mais elevada. A classificação final é realizada através de negociação com o proponente que obteve a pontuação mais elevada, abrangendo as condições propostas para a execução do objeto, bem como o preço proposto pelo mesmo. Na modalidade técnica e preço, combinam-se os fatores de técnica e preço no julgamento. Neste caso, tanto a qualidade técnica das propostas como os preços são expressos mediante pontuação. A classificação final é obtida através de uma nota final resultante da ponderação da pontuação técnica e da pontuação do preço. Neste tipo de licitação, será vencedor não aquele que apresentou a melhor proposta técnica e nem o menor preço, mas sim aquele cuja proposta global seja mais vantajosa.

4.4.3 Outras disposições

Da mesma forma já visto anteriormente para modalidade, é vedada a criação de novos tipos de licitação não previstas em Lei, ou a combinação de tipos, conforme dita o art. 45, §5º:

> É vedada a utilização de outros tipos de licitação não previstos neste artigo.

4.5 Limites

Os valores fixados para cada modalidade de licitação obedecem a critérios próprios do legislador e são periodicamente alterados pelo Poder Executivo Federal.

Modalidade	**Limites (art. 23, inc I e II)**	
	Compras e serviços	**Obras e serviços de engenharia**
Concorrência	Superior a R$650.000,00	Superior a R$1.500.000,00
Tomada de preços	Até R$650.000,00	Até R$1.500.000,00
Convite	Até R$80.000,00	Até R$150.000,00
Dispensável	Até R$8.000,00	Até R$15.000,00

4.6 Prazos

A Lei estabelece um prazo mínimo entre a divulgação do aviso e a data de recebimento das propostas com vistas a propiciar aos interessados a análise da conveniência ou não de sua participação na licitação e a obtenção das informações necessárias à elaboração de suas propostas.

<table>
<tr><th>Modalidade</th><th>Regime/Tipo</th><th>Prazo</th></tr>
<tr><td>Concurso</td><td>-</td><td rowspan="2">45 dias</td></tr>
<tr><td>Concorrência</td><td>Empreitada integral ou melhor técnica ou técnica e preço</td></tr>
<tr><td>Concorrência</td><td>-</td><td rowspan="2">30 dias</td></tr>
<tr><td>Tomada de preços</td><td>Melhor técnica ou técnica e preço</td></tr>
<tr><td>Tomada de preços</td><td>-</td><td rowspan="2">15 dias</td></tr>
<tr><td>Leilão</td><td>-</td></tr>
<tr><td>Convite</td><td>-</td><td>5 dias (úteis)</td></tr>
</table>

1ª PARTE - PRECEITOS GERAIS
QUADRO SINÓPTICO I

ORIENTAÇÕES BÁSICAS

FUNDAMENTOS →
- ORIGEM DA PALAVRA
- CONCEITO DE LICITAÇÃO
- LEGISLAÇÃO
- PRINCÍPIOS JURÍDICOS
- DEFINIÇÕES PARA FINS DA LEI

↓

OBJETO E OBRIGATORIEDADE DE LICITAR →

OBJETO
- OBRIGATORIEDADE DE LICITAR
  • licitação obrigatória
  • dispensada
  • dispensável
  • inexigível

↓

ETAPAS E PRESSUPOSTOS A SEREM OBSERVADOS →
- OBRA E SERVIÇOS
  • etapas e pressupostos obrigatórios
  • etapas e pressupostos permitidos
  • etapas e pressupostos vedados

↓

TÓPICOS ESTRUTURAIS →
- FORMA DE EXECUÇÃO
  • execução direta
  • execução indireta
- MODALIDADES
  • modalidades comuns
  • modalidades especiais
- REGIMES
  • empreitada por preço global
  • empreitada por preço unitário
  • tarefa
  • empreitada integral
- TIPOS
  • menor preço
  • melhor técnica
  • técnica e preços
  • maior lance ou oferta
- LIMITES
- PRAZOS

Parte 2

Fases da Licitação

A sequência das atividades procedimentais da licitação é dividida em duas fases, a fase interna ou processo e a fase externa ou procedimento, não sendo possível se dar início a uma fase sem antes ter sido concluída a fase anterior.

Fase interna ou processo – antes de ser divulgado o instrumento convocatório e serem convocados os interessados na licitação, o instaurador procede à abertura do processo licitatório com a devida autorização da autoridade competente, define o objeto, indica os recursos, anexa todos os elementos técnicos (projetos, orçamento, especificações técnicas, memorial descritivo, caderno de encargos e demais documentos) e elabora o instrumento convocatório.

Fase externa ou procedimento – desenvolve-se através de ações e atos sucessivos que se iniciam com a audiência pública, quando for necessário, prosseguem com a divulgação do instrumento convocatório ou da convocação dos interessados e o processamento do certame e conclui com o edital de classificação dos proponentes.

Capítulo 5

Fase interna ou processo

A fase interna ou processo é a etapa desenvolvida exclusivamente no âmbito interno do instaurador da licitação, não sendo permitida influência externa de terceiros. Nessa etapa, são considerados os seguintes tópicos:

5.1 Requisitos preliminares

Os requisitos preliminares a seguir descritos devem ser cuidadosamente observados em sua totalidade. O cumprimento inadequado ou a omissão de um ou mais tópicos devem ser sanados para prosseguir-se em direção à fase externa da licitação, sob pena de ilegitimidade da mesma.

5.1.1 Objeto

É imprescindível a indicação exata e bem definida do que vai ser licitado, sob pena de ilegitimidade da licitação, conforme estabelece a Lei de Licitações no art. 40, inciso I:

> (...) objeto da licitação, em descrição sucinta e clara.

O objeto deve ser descrito de maneira a refletir com clareza o que vai ser licitado, enfocando os dados mais relevantes: o projeto básico ou executivo, as especificações técnicas, os memoriais descritivos, o caderno de encargos e outros. A esse respeito, já foram efetuados comentários anteriormente.

5.1.2 Projeto básico ou executivo

Somente poderá ser procedida licitação se, de acordo com o art. 7º, §2º, inciso I:

> (...) houver projeto básico aprovado pela autoridade competente e disponível para exame dos interessados em participar do processo licitatório.

Deve estar disponível o projeto básico ou executivo, incluindo as especificações técnicas, os memoriais descritivos, caderno de encargo e demais documentos,[52] devem estar concluídos aprovados e disponíveis para a licitação.

> [O TCU] determinou ao CEFET/BA que fizesse, em todos os processos licitatórios destinados à execução de obras ou serviços de engenharia, o projeto básico e/ou executivo, com todas suas partes, desenhos, especificações e outros necessários, bem como orçamento estimado em planilhas de quantitativos e preços unitários, tudo de conformidade com o disposto nos incisos I e II do §2º do art. 40 da Lei nº 8.666/1993 (item 9.3.7, TC-017.252/2005-4). A título de ilustração, chamamos a atenção da comunidade do EGP para o fato de que o projeto básico, para fins de licitação, deve definir as quantidades e os custos de serviços e fornecimentos com precisão compatível com o tipo e porte da obra, de tal forma a ensejar a determinação do custo global da obra com precisão de mais ou menos 15% (quinze por cento), conforme art. 3º, alínea "f", da Resolução/CONFEA nº 361, de 10.12.1991, citado no item 9.2.1.2 TC-008.575/2005-6, Acórdão nº 1.131/2005-TCU-Plenário.[53]

---

[52] O TCU afirmou que memorial descritivo e especificações técnicas são peças indispensáveis para o acompanhamento de obra e identificação dos tipos de serviços a serem executados e de materiais e equipamentos a incorporar à obra (item 1.54, TC-013.730/2005-6). TCU. Acórdão nº 1.644/2007, 2ª Câmara. *DOU*, 28 jun. 2007. Seção 1, p. 106.

[53] TCU. Acórdão nº 3.796/2007, 1ª Câmara. *DOU*, 5 dez. 2007. Seção 1, p. 145.

O projeto executivo, se assim determinar o instrumento convocatório, pode ser elaborado concomitantemente à execução física do objeto, pelo vencedor da licitação, conforme comentários já efetuados anteriormente.

5.1.3 Orçamento detalhado em planilha

Da mesma forma somente poderá ser procedida licitação se de acordo com o art. 7º, §2º, inciso II:

> (...) existir orçamento detalhado em planilhas que expressem a composição de todos os seus custos unitários.

Deve estar disponível, para os interessados, o orçamento concluído e aposto em planilha relacionando: os serviços, as quantidades, os preços unitários, os preços parciais, os subtotais e o preço global, atendidos os aspectos legais e técnicos. A esse respeito já foram efetuados comentários anteriormente.

5.1.4 Previsão de recursos orçamentários

Do mesmo modo, somente poderá ser procedida licitação se, de acordo com o art. 7º, §2º, inciso III:

> (...) houver previsão de recursos orçamentários que assegurem o pagamento das obrigações decorrentes de obras ou serviços a serem executadas no exercício financeiro em curso, de acordo com o respectivo cronograma.

Devem estar previstas obrigatoriamente no orçamento as despesas com a execução do objeto a ser licitado. Com relação ao mesmo, já foram efetuados comentários anteriormente. A inexistência de recursos inibe a realização de licitação.

5.2 Processo administrativo

Quando do início da fase interna ou processo licitatório, é indispensável a montagem de um processo, em volume único e organizado sequencialmente no qual devem estar inseridos todos os documentos que integram a licitação em ordem cronológica. Na medida em que o procedimento licitatório avança, devem ser anexados todos os demais documentos pertinentes à licitação. A documentação, organizada em um único volume, numerada e rubricada, assegura a fiscalização e o controle interno e externo da legalidade do procedimento. Assim o instaurador, os participantes na licitação e mesmo terceiros podem verificar os atos ocorridos e a lisura do processo e do procedimento licitatório. A abertura do processo está condicionada a:

5.2.1 Protocolo e numeração

Deve ser efetuada a abertura de um processo devidamente numerado pelo instaurador da licitação, contendo, por força de ofício, a competente autorização para se proceder à licitação. A formalização do processo, o protocolo e a numeração destinam-se a assegurar a seriedade e a confiabilidade da atividade administrativa.

5.2.2 Indicação do objeto

O art. 38 da Lei de Licitações estatui:

> O procedimento da licitação será iniciado com a abertura de processo administrativo, devidamente autuado, protocolado e numerado, contendo a autorização respectiva, a indicação sucinta de seu objeto (...).

Deve constar no ofício de autorização de licitação, expedido pela autoridade competente e inserido no respectivo processo, a indicação clara, objetiva e sucinta do objeto a ser licitado.

5.2.3 Indicação de recursos para despesas

Da mesma maneira, o art. 38 da Lei de Licitações diz:

> O procedimento da licitação será iniciado com a abertura de processo administrativo, devidamente autuado, protocolado e numerado, contendo a autorização respectiva, a indicação sucinta de seu objeto e do recurso próprio para a despesa (...).

Deve constar também do respectivo processo a indicação de disponibilidade de recursos orçamentários. A inexistência desses recursos inviabiliza e anula a licitação se esta for instaurada.

5.2.4 Autorização para licitar

Outrossim o art. 38 da Lei de Licitações preceitua:

> O procedimento da licitação será iniciado com a abertura de processo administrativo, devidamente autuado, protocolado e numerado, contendo a autorização respectiva (...).

Deve constar do processo expressa autorização da autoridade competente para realização da licitação, mediante documento devidamente assinado.

5.3 Decisões

O conteúdo do instrumento convocatório depende exclusivamente das decisões e escolhas a serem tomadas pelo instaurador da licitação, que são discricionárias da Administração, considerando os seguintes aspectos:

5.3.1 Escolha da forma

A escolha da forma é determinada em função de quem vai executar o objeto. Verifica-se a necessidade e a conveniência da contratação ou não de terceiros para concretizar o objeto. As formas já foram analisadas anteriormente.

5.3.2 Escolha da modalidade

A escolha da modalidade é determinada em função do valor estimado do objeto a ser licitado e de sua complexidade. As modalidades já foram analisadas anteriormente.

5.3.3 Escolha do regime

A escolha do regime é determinada em função da empreitada mais apropriada para cada caso e da forma de julgamento mais conveniente. Os regimes já foram analisados anteriormente.

5.3.4 Escolha do tipo

A escolha do tipo é determinada em função do interesse:

a) econômico (tipo menor preço);

b) técnico (tipo melhor técnica);

c) técnico e o preço (tipo técnica e preço).

Os tipos acima mencionados já foram discutidos e analisados anteriormente.

5.3.5 Subdivisão ou fracionamento do objeto

A decisão quanto ao fracionamento ou a execução global deve ser tomada levando-se em consideração a melhor forma de aplicação e aproveitamento dos recursos disponíveis no mercado e a ampliação da competitividade. Nesta direção aponta o art. 23, §1º, da Lei de Licitações:

> As obras, serviços e compras efetuadas pela Administração serão divididos em tantas parcelas quantas se comprovarem técnica e economicamente viáveis, procedendo-se à licitação com vistas ao melhor aproveitamento dos recursos disponíveis no mercado e à ampliação da competitividade sem perda da economia de escala.

A decisão pelo fracionamento pode ocorrer no caso em que o vulto da contratação impossibilite os economicamente mais fracos de participarem da licitação, a não ser que a licitação admita o consórcio de empresas. Deve-se, no entanto, ressaltar que a licitação não implica a necessidade de viabilizar a participação de pequenas e médias empresas. É viável admitir-se, depois de acurado estudo técnico e econômico, o parcelamento se a execução representar vantagem clara para a Administração, ou seja, quando a competição das pequenas e médias empresas representar comprovada redução dos preços. Assim, se o parcelamento resultar em elevação do custo por não atender à economia de escala, deve ser escolhida obrigatoriamente a execução global.

O parcelamento da execução proíbe a modificação da modalidade licitatória. É vedado subdividir, para fins de licitação, uma obra ou serviço de determinada complexidade em uma série de obras ou serviços isolados, visando à mudança para licitação mais simples. É vedado também o fracionamento com vistas à mudança para licitação mais simples quando houver uma série de obras ou de serviços homogêneos e similares (de mesma natureza), os quais devam ser executados no mesmo local. Nesta direção aponta a Lei de Licitações no art. 23, §2º:

> Na execução de obras e serviços e nas compras de bens, parceladas, a cada etapa ou conjunto de etapas da obra, serviços ou compra há de corresponder licitação distinta, preservada a modalidade pertinente para a execução do objeto em licitação.

5.3.6 Audiência pública

Toda vez que o valor estimado para uma licitação ou para um conjunto de licitações simultâneas ou sucessivas for superior a 100 (cem) vezes o limite previsto na concorrência para obras e serviços de engenharia, é obrigatória a realização de uma audiência pública, com antecedência de 15 (quinze) dias úteis da data prevista para a publicação do instrumento convocatório e divulgada com antecedência mínima de 10 (dez) dias úteis de sua realização, com o intuito de proceder a explicações sobre o(s) certame(s) e aclarar dúvidas de eventuais interessados, conforme preceitua o art. 39 da Lei nº 8.666/93.

5.3.7 Objeto similar

No caso de licitação com objeto similar, a mesma pode ser:

a) Simultânea, quando a sua realização é prevista com intervalos não superiores a 30 dias;

b) Sucessiva, quando o instrumento convocatório subsequente tenha data anterior a 120 dias após o término do contrato resultante da licitação antecedente.

Conforme estabelece a Lei de Licitações, no art. 39, parágrafo único:

> Para os fins deste artigo, consideram-se licitações simultâneas aquelas com objetos similares e com realização prevista para intervalos não superiores a trinta dias, e licitações

sucessivas aquelas em que, também com objetos similares, o edital subseqüente tenha uma data anterior a cento e vinte dias após o término do contrato resultante da licitação antecedente.

5.3.8 Grande vulto

Se o valor estimado do objeto a ser contratado for superior a 25 vezes o limite previsto na concorrência para obras e serviços de engenharia. Este assunto já foi analisado anteriormente.

5.3.9 Capital mínimo

No caso em que for solicitado, no instrumento convocatório, capital mínimo, este não pode exceder a 10 % do valor estimado da contratação. Quando em um mesmo instrumento convocatório forem licitados várias obras ou serviços sob forma de lote, o capital mínimo solicitado não pode exceder a 10 % da soma dos valores estimados para cada lote em que o proponente pretende participar.

Deve-se observar que a exigência de capital mínimo só pode ser feita se não forem exigidas as garantias (caução) previstas no art. 56, §1º, ou vice-versa. Observa-se o contido nos artigos da Lei de Licitações:

> Art. 31 (...)
>
> §2º A Administração, nas compras para entrega futura e na execução de obras e serviços, poderá estabelecer, no instrumento convocatório da licitação, a exigência de capital mínimo ou patrimônio líquido mínimo, ou ainda as garantias previstas no §1º do art. 56 desta Lei, como dado objetivo de comprovação da qualificação econômico-financeira dos licitantes e para efeito de garantia ao adimplemento do contrato a ser ulteriormente celebrado.
>
> §3º O capital mínimo ou o valor do patrimônio líquido a que se refere o parágrafo anterior, não poderá exceder a 10% (dez por cento) do valor estimado da contratação, devendo a comprovação ser feita relativamente a data da apresentação da proposta, na forma da Lei, admitida a atualização para esta data através de índices oficiais.

5.3.10 Índices econômicos

Quando o instaurador entender necessária uma análise mais aprofundada quanto à capacitação econômica do proponente, esta deve ser comprovada mediante índices contábeis, conforme reza o art. 31, §5º, da Lei de Licitações:

> A comprovação da boa situação financeira da empresa será feita de forma objetiva, através do cálculo de índices contábeis previstos no edital e devidamente justificados no processo administrativo da licitação que tenha dado início ao certame licitatório, vedada a exigência de índices e valores não usualmente adotados para a correta avaliação de situação financeira suficiente ao cumprimento das obrigações decorrentes da licitação.

5.4 O instrumento convocatório

O instrumento convocatório, ou *edital*, como usualmente denominado, é um instrumento por meio do qual se leva ao conhecimento público o interesse por parte da Administração de contratar determinado objeto, em geral, mediante a modalidade de concorrência ou de tomada de preços. Alguns defendem que o convite também pode ser considerado um *edital*, mas tal não ocorre na prática. A fim de dirimir dúvidas ou contradições, o edital, para as três modalidades comuns, será denominado como *instrumento convocatório*. O referido instrumento fixa as condições e regras de sua realização; convida os interessados para a apresentação de suas propostas; vincula o instaurador e os proponentes às suas cláusulas. Assim não é possível exigir ou decidir nada que não conste do instrumento convocatório, visto que ele constitui a Lei interna da licitação. Normas e regras do instaurador podem Complementar o conteúdo do instrumento convocatório, desde que não se contraponham à Lei nº 8.666/93.

Uma das finalidades do instrumento convocatório consiste em orientar os interessados no preparo das propostas; também indica os requisitos para a habilitação jurídica, fiscal, qualificação técnica e econômica dos proponentes, os critérios de julgamento e as condições do futuro contrato. A observância dos requisitos constantes do instrumento convocatório por parte dos proponentes garante sua habilitação. Porém, o descumprimento dos mesmos acarretará à inabilitação ou desclassificação dos proponentes. É nulo o instrumento convocatório, cujo teor apresente omissões, dúvidas, condições discriminatórias ou preferenciais, ou não atenda aos princípios básicos que regem a licitação.

O instrumento convocatório pode conter modelos, anexos e adendos, destinados a estabelecer regras Complementares, informações, outros parâmetros técnico-científicos etc.

5.4.1 Aspectos

Quando da elaboração do instrumento convocatório, devem ser observados alguns aspectos. Dentre eles, destacam-se:

a) aspectos obrigatórios;
b) aspectos permitidos;
c) aspectos vedados;
d) aspectos especiais.

5.4.1.1 Aspectos obrigatórios

O instrumento convocatório deve ser elaborado considerando-se as decisões tomadas e as etapas e pressupostos obrigatórios, bem como devem ser observados e incluídos os aspectos obrigatórios a seguir enumerados.

5.4.1.1.1 Local da licitação

As reuniões concernentes à licitação devem ser efetuadas na sede do instaurador, devendo o local apresentar condições mínimas necessárias ao bom andamento do evento. Deve-se evitar a indicação de um local fora da sede do instaurador, visto que o deslocamento dos funcionários responsáveis pela licitação, bem como as dificuldades em gerenciar as demais atividades de apoio à licitação onera a Administração e criam dificuldades operacionais desnecessárias. Em casos especiais, o instaurador pode utilizar-se de um outro local para proceder à licitação, desde que devidamente justificado.

Reporta-se neste caso a Lei de Licitações, através do art. 20:

> As licitações serão efetuadas no local onde se situar a repartição interessada, salvo por motivo de interesse público devidamente justificado.

5.4.1.1.2 Residentes ou domiciliados em outros locais

O local de domicílio do proponente não é elemento restritivo à sua participação na licitação, conforme estatui o art. 20, parágrafo único, da Lei de Licitações:

> O disposto neste artigo não impedirá a habilitação de interessados residentes ou sediados em outros locais.

Qualquer requisito ou condição que estabeleça tratamento diferenciado entre proponentes relacionado a seu domicílio, ou imponha *a priori*, como condição de inabilitação, a existência de escritório ou assemelhado na sede do contratante ou no local que ela estabelecer, é nula. Entretanto, no instrumento convocatório, pode ser estabelecido que, após a assinatura do contrato, a contratada deve obrigatoriamente dispor de um escritório ou um assemelhado na sede do contratante ou no local que ela designar.

5.4.1.1.3 Moeda nacional corrente

Todas as propostas apresentadas na licitação devem ser cotadas em moeda nacional, de acordo com o art. 5º da Lei de Licitações:

> Todos os valores, preços e custos utilizados nas licitações Terão como expressão monetária a moeda corrente nacional, ressalvado o disposto no art. 42 (...).

É nula a proposta formulada por proponentes brasileiros, no âmbito do Brasil, em moeda estrangeira.

5.4.1.1.4 Aprovação das minutas e demais documentos do instrumento convocatório

Após a elaboração da minuta do instrumento convocatório, seus modelos, anexos e minuta de contrato, estes devem ser submetidos à análise da assessoria jurídica com o objetivo de verificar e, se for o caso, corrigir eventuais irregularidades. Se a documentação estiver em ordem e não apresentar irregularidades, não tem sentido invalidar a licitação simplesmente porque não houve a prévia aprovação da assessoria jurídica. O importante é a regularidade dos atos que compõem o instrumento convocatório e não a aprovação, propriamente dita, pela assessoria jurídica. Assim, o descumprimento desta exigência não vicia o procedimento se o instrumento convocatório seus modelos, anexos e minuta de contrato não apresentarem vícios. Sugerimos sempre a prévia aprovação dos referidos documentos licitatórios pela respectiva assessoria jurídica.

> Art. 38 (...)
>
> Parágrafo único. As minutas de editais de licitação, bem como as dos contratos, acordos, convênios ou ajustes devem ser previamente examinadas e aprovadas por assessoria jurídica da Administração.

5.4.1.1.5 Modificação do instrumento convocatório e demais documentos

A Lei de Licitações estabelece no art. 21, §4º:

> Qualquer modificação no edital exige divulgação pela mesma forma que se deu o texto original, reabrindo-se o prazo inicialmente estabelecido, exceto quando, inquestionavelmente, a alteração não afetar a formulação das propostas.

Após a publicação do aviso de licitação ou encaminhamento dos instrumentos convocatórios (convites) às empresas convidadas, podem surgir alguns contratempos. Dentre estes, pode ocorrer à necessidade de se proceder a alguma retificação ou adequação, no instrumento convocatório nos seus modelos, anexo ou minuta de contrato, oriundo ou do próprio instaurador, ou dos interessados ou convidados. Pode-se apurar também a eventual necessidade de se alterar alguma condição preestabelecida no instrumento convocatório, seus modelos, anexo ou minuta de contrato em face de dúvidas levantadas pelos interessados. O instaurador tem total liberdade de promover as retificações, adequações ou alterações necessárias no instrumento convocatório, seus modelos, anexo ou minuta de contrato. As regras que regulam o *modus operandi* destas retificações, adequações ou alterações devem constar claramente no instrumento convocatório.

As modificações, que eventualmente devam ser efetuadas no instrumento convocatório, não podem vir a prejudicar o prazo mínimo de divulgação previsto no art. 2º da Lei nº 8.666/93. Se envolverem modificação no objeto, nos projetos, nas especificações técnicas, nos memoriais descritivos, caderno de encargo, ou seja, tudo aquilo que possa afetar as condições de participação ou de alteração da proposta e impliquem alteração no valor, substituição de dados, cerceamento de interessados, o instaurador deve obrigatoriamente renovar a publicação. Se as modificações forem irrelevantes à formulação das propostas não é necessária nova publicação. Assim, por exemplo, a modificação do modelo de carta de credenciamento, a adequação de uma declaração formal não constitui maior problema aos proponentes, vez que não enseja na alteração de sua proposta de preços. Por outro lado, se os interessados entenderem que a modificação é irrelevante e que não ocasiona maiores problemas para a preparação de suas propostas e concordarem expressamente com a manutenção dos prazos originais, a prorrogação de prazo em princípio não é necessária. No entanto, neste caso, o maior problema reside quando eventuais proponentes não mostraram inicialmente interesse em participar no certame e, frente às modificações inseridas no instrumento convocatório, agora poderiam participar da licitação.

5.4.1.2 Aspectos permitidos

Na elaboração do instrumento convocatório, devem ser consideradas as etapas e pressupostos permitidos, já comentados anteriormente.

5.4.1.3 Aspectos vedados

Na elaboração do instrumento convocatório devem ser levadas em conta as etapas e pressupostos vedados, já comentados anteriormente, e mais:

5.4.1.3.1 Atos que prejudiquem ou restringem a participação de interessados

A Lei relaciona expressamente alguns casos que possam distorcer o procedimento licitatório no que diz respeito à competitividade. Isto não significa, no entanto, que a inclusão de requisitos e exigências mais rigorosas de participação seja vedada. O que se pretende é vedar cláusulas desnecessárias ou inadequadas, que beneficiem alguns proponentes em detrimento de outros. A necessidade de incluir no instrumento convocatório alguns requisitos e exigências mais restritivas depende exclusivamente da complexidade de execução da obra ou serviço a ser contratado.

É vedada qualquer distinção entre proponentes no que tange à localização da sede ou domicílio ou à naturalidade dos proponentes. No entanto, poderá ser inserido no instrumento convocatório a exigência de que a vencedora da licitação deverá, após sua contratação, instalar um escritório ou representação em local previamente determinado, com vistas a facilitar contatos que por ventura venham a ser necessários.

O acima exposto tem por base o art. 3º, §1º, da Lei de Licitações:

> (...) É vedado aos agentes públicos:
>
> I - admitir, prever, incluir ou tolerar, nos atos convocação, cláusulas ou condições que comprometam, restrinjam ou frustrem o seu caráter competitivo e estabeleçam preferências ou distinções.

5.4.1.4 Aspectos especiais

Quando da elaboração do instrumento convocatório, deve-se levar em conta três aspectos relevantes:

a) Não aproveitar instrumentos convocatórios anteriores, evitando-se repetições ou multiplicações de erros ou cláusulas inadequadas o que pode levar a discussões não apropriadas, que retardam o processo licitatório, e podem ocasionar decisões não adequadas como, por exemplo, inabilitação ou desclassificação de proponente potencialmente apto à execução da obra ou serviço, e habilitação e classificação de proponente que não tem a mínima condição para a execução do referido objeto etc.

b) Para cada licitação, deve ser elaborado um novo instrumento convocatório, planejado e organizado racionalmente, de forma que o seu conteúdo esteja claramente definido e contenha somente requisitos necessários e úteis. A inserção de formalismos ou condições inúteis deve ser evitada por não trazer nenhum benefício ao resultado da licitação.

c) No instrumento convocatório, devem estar previstas, de forma clara e simples, as regras e condições que irão nortear a licitação, de modo que qualquer interessado entenda o seu conteúdo com facilidade, principalmente no que se refere às exigências estabelecidas.

Em resumo, o instrumento convocatório deve ser elaborado com bastante cuidado, observando o acima exposto e demais condições e requisitos impostos pela legislação vigente.

5.4.2 Conteúdo do instrumento convocatório

O instrumento convocatório deve ser dividido em duas partes:

- preâmbulo;
- corpo.

O preâmbulo do instrumento convocatório deve conter:

a) nome do instaurador;
b) nome da repartição interessada e de seu setor;
c) modalidade de licitação;
d) número de ordem em série anual;
e) sumário do instrumento;
f) definições;
g) abreviaturas;
h) siglas;
i) regime de execução;
j) tipo de licitação;
k) menção de que a licitação será regida pela Lei nº 8.666/93;
l) dia e hora para recebimento dos envelopes;
m) hora do início da abertura dos envelopes.

Convém ressaltar a obrigatoriedade de incluir no preâmbulo do instrumento convocatório o constante no art. 40 da Lei nº 8.666/93:

> O edital conterá, no preâmbulo, o número de ordem em série anual, o nome da repartição interessada, e de seu setor, a modalidade, o regime de execução e o tipo da licitação, a menção de que será regida por esta Lei, o local, dia e hora para recebimento da documentação e proposta, bem como para início da abertura dos envelopes, e indicará, obrigatoriamente, o seguinte: (...).

O corpo do instrumento convocatório deve conter os dispositivos e regras exigidas pela Lei, comuns a qualquer licitação da mesma modalidade, a saber:

5.4.2.1 Objeto

Deve ser expressa em cláusula específica no instrumento convocatório, a descrição sucinta, porém clara do objeto, para evitar qualquer dúvida por parte dos interessados. Deve conter os principais aspectos técnicos inerentes ao objeto principalmente no que tange os aspectos de maior relevância técnica, proporcionando aos interessados pleno conhecimento do que vai ser licitado a fim de que sua proposta seja elaborada de forma completa e satisfatória. Um objeto mal definido ou descrito de maneira confusa inevitavelmente inviabiliza a licitação. Outros comentários já foram abordados anteriormente.

5.4.2.2 Prazo para assinatura do contrato ou instrumento equivalente

O instrumento convocatório deve estabelecer o prazo que o adjudicado dispõe para assinar o contrato ou documento equivalente, após sua convocação pela contratante, sob pena de decair o direito de contratação, art. 40, inciso II, da Lei nº 8.666/93:

> (...) prazo e condições para assinatura do contrato ou retirada dos instrumentos, como previsto no art. 64 desta Lei, para execução do contrato e para a entrega do objeto da licitação.

O art. 64 reza:

> A Administração convocará regularmente o interessado para assinar o termo de contrato, aceitar ou retirar o instrumento equivalente, dentro do prazo e condições estabelecidos, sob pena de decair o direito à contratação, sem prejuízo das sanções previstas no art. 81 desta Lei.

Deve também ser claramente fixado no instrumento convocatório o prazo de execução da obra ou serviço. O instrumento convocatório pode ainda estabelecer outras condições vinculadas à assinatura do contrato ou instrumento equivalente, como a apresentação de documentos complementares. Toma-se como exemplo:

formalização em cartório do contrato de constituição de consórcio de empresas, condição característica à formalização do respectivo contrato.

5.4.2.3 Penalidades

Penalidade é o ato pelo qual a administração aplica sanções contratuais, garantida a defesa prévia do contratado, de acordo com a legislação. Ela é auto-executória de que se vale a administração quando verifica a inadimplência do contratado. Devem estar claramente estabelecidas no instrumento convocatório, conforme preceitua o art. 40, inciso III, da Lei nº 8.666/93, "sanções para o caso de inadimplemento".

Somente a enumeração das penalidades não é suficiente. É necessário caracterizar, claramente no instrumento convocatório, as penalidades e respectivos valores, sua abrangência e as sanções administrativas aplicáveis a cada caso. Algumas penalidades estão arroladas a seguir:

- no descumprimento do prazo de execução;
- no descumprimento do cronograma físico;
- na inadimplência de cláusulas contratuais;
- do não atendimento por parte do contratado de determinações da fiscalização;
- outros.

5.4.2.4 Local e horário para exame do projeto

O aviso de licitação e o instrumento convocatório devem estabelecer onde os interessados podem examinar e adquirir o projeto básico ou o executivo. O instaurador da licitação é obrigado a fornecer, prontamente e sem dificuldades, cópia dos mesmos aos interessados, sob pena de causar a nulidade da licitação; se assim o desejar, pode fornecê-los mediante o pagamento de valor correspondente ao custo da reprodução. É conveniente que conste no instrumento convocatório às instruções para a aquisição do referido instrumento e demais elementos licitatórios pelos interessados com sede fora do município sede do instaurador, podendo, no caso, ser utilizado o correio ou outros meios de entrega.

5.4.2.5 Condições de habilitação

A participação do interessado está condicionada obrigatoriamente à apresentação dos documentos de habilitação e proposta de preços exigidos, em conformidade com as regras estabelecidas no instrumento convocatório. As exigências para habilitação, conforme os artigos 27 a 31 da Lei nº 8.666/93, fundamentam-se na habilitação jurídica, capacidade técnica, capacidade econômico-financeira e regularidade fiscal. No entanto, outros requisitos podem ser estabelecidos e inseridos nas exigências para habilitação, dependendo exclusivamente das peculiaridades do objeto. O não cumprimento, pelo proponente, das exigências relativas à habilitação caracteriza a falta de condições para prosseguir na licitação, sendo o proponente julgado inabilitado e excluído da fase seguinte. O proponente inabilitado tem o direito de solicitar reconsideração no que se refere à sua exclusão do procedimento licitatório junto à Comissão de Licitação, mediante recurso administrativo e de acordo com os prazos estabelecidos em Lei. Poderá posteriormente recorrer ao Poder Judiciário se for o caso e se assim o desejar.

O cumprimento das exigências de habilitação estabelecidas no instrumento convocatório é condição *sine qua non* para assegurar ao proponente o direito de participação na(s) fase(s) subsequente(s). Deve estar claramente estabelecido no instrumento convocatório o rol de documentos que o proponente deve apresentar conforme estatui o art. 27. da Lei de Licitações, a saber:

> Para a habilitação nas licitações exigir-se-á dos interessados, exclusivamente, documentação relativa a:
>
> I - habilitação jurídica;
>
> II - qualificação técnica;
>
> III - qualificação econômico-financeira;
>
> IV - regularidade fiscal.

5.4.2.5.1 Habilitação jurídica

A exigência da documentação relativa à habilitação jurídica visa comprovar a capacidade e o desimpedimento para o pleno exercício das faculdades jurídicas. Portanto, o proponente que atender aos requisitos (habilitação jurídica) solicitados no instrumento convocatório encontra-se habilitado juridicamente. A documentação referente à habilitação jurídica difere de acordo com a natureza e peculiaridades do proponente, a saber:

O art. 28 da Lei de Licitações impõe:

> A documentação relativa à habilitação jurídica, conforme o caso, consistirá em
>
> I - cédula de identidade;
>
> II - registro comercial, no caso de empresa individual;
>
> III - ato constitutivo, estatuto ou contrato social em vigor devidamente registrado, em se tratando de sociedades comerciais, e, no caso de sociedades por ações acompanhado de documentos de eleição de seus administradores;
>
> IV - inscrição do ato constitutivo, no caso de sociedades civis, acompanhada de prova de diretoria em exercício;
>
> V - decreto de autorização, em se tratando de empresa ou sociedade estrangeira em funcionamento no país, e ato de registro ou autorização para funcionamento expedido pelo órgão competente, quando a atividade assim o exigir.

Para facilitar o aposto no art. 28 acima, destacaram-se várias hipóteses, a saber:

a) pessoa física – Se, na licitação, for factível a participação de pessoa física, a habilitação jurídica será atendida mediante apresentação da cédula de identidade;
b) pessoa física (estrangeira) – Pode participar da licitação pessoa física estrangeira desde que se encontre em situação regular e permanente, sendo sua habilitação jurídica comprovada através de documento adequado;
c) empresa individual – Perante uma licitação, a empresa individual é considerada como pessoa física, mesmo possuidora de declaração de firma individual no Registro de Comércio. O Registro de Comércio para pessoa física atribui a esta regularidade de atuação;
d) pessoas jurídicas – Podem participar da licitação as empresas (pessoas jurídicas) que atendam aos requisitos, a saber:
   - ato constitutivo, estatuto ou contrato social em vigor, devidamente registrado e, no caso de sociedades por ações, acompanhado de documentos de eleição de seus administradores;
   - inscrição do ato constitutivo, no caso de sociedades civis, acompanhada de prova de diretoria em exercício;
   - decreto de autorização, em se tratando de empresa ou sociedade estrangeira em funcionamento no País, e ato de registro ou autorização para funcionamento expedido pelo órgão competente, quando a atividade assim o exigir.

5.4.2.5.2 Regularidade fiscal

A exigência da documentação relativa à regularidade fiscal tem como finalidade comprovar a regularidade perante as leis fiscais. Portanto, o proponente que atender aos requisitos (regularidade fiscal) solicitados no instrumento convocatório encontra-se habilitado no que se refere a essa exigência. Com o aposto no art. 29 da Lei de Licitações:

> Art. 29. A documentação relativa à regularidade fiscal, conforme o caso, consistirá em:
>
> I - prova de inscrição no cadastro de pessoas físicas (CPF) ou no cadastro geral de contribuintes (CGC);
>
> II - prova de inscrição no cadastro de contribuintes estadual ou municipal, se houver, relativo ao domicílio ou sede do licitante, pertinente ao seu ramo de atividade e compatível com o objeto contratual;
>
> III - prova de regularidade para com a Fazenda Federal, Estadual e Municipal do domicílio ou sede do licitante, ou outra equivalente, na forma da lei;
>
> IV - prova de regularidade relativa à Seguridade Social e ao Fundo de Garantia por Tempo de Serviço (FGTS), demonstrando situação regular no cumprimento dos encargos sociais instituídos por lei.

a) Cadastro de Contribuintes Federal (CNPJ ou CPF)

O registro no Cadastro de Contribuintes Federal (CPF ou o CGC substituído atualmente pelo CNPJ) é indispensável para que a pessoa física ou jurídica possa desempenhar sua atividade, visto que estão sujeitas ao pagamento de algum tributo federal, inclusive o imposto de renda.

No caso de empresa individual, por ser pessoa física que desempenha atividade de cunho econômico, deve estar inscrita em ambos os cadastros, CPF e CNPJ. Se o objeto a ser licitado envolver atuação do sujeito como agente econômico e unidade empresarial, a inscrição somente no CPF é insuficiente, devendo estar inscrita também no CNPJ.

b) Cadastro Estadual e Municipal

A apresentação de certidão de inscrição no cadastro estadual e/ou cadastro municipal a ser solicitada no instrumento convocatório não depende de escolha do proponente, mas, sim, da natureza do objeto a ser licitado. Portanto, o tipo de certidão a ser apresentado pelo proponente deve ser definido quando da elaboração do respectivo instrumento. É importante ressaltar que, conforme a natureza do objeto a ser contratado, não é possível apresentar prova de inscrição no cadastro estadual, uma vez que a atividade acarretará a incidência de ISS ou vice-versa.

c) Regularidade com a Fazenda Federal, Estadual e Municipal

O proponente deve comprovar a regularidade junto à Fazenda Federal, Estadual ou Municipal, como requisito para sua habilitação. O instrumento convocatório deve especificar claramente os documentos indispensáveis que serão exigidos para que o proponente possa comprovar a sua regularidade fiscal. No caso em que o instrumento convocatório tenha formulado exigências dúbias, a documentação apresentada pelo proponente, desde que válida, deve ser aceita tanto pelos demais proponentes quanto pela Comissão de Licitação.

d) Regularidade em face da seguridade social

A prova de regularidade referente à seguridade social tem como finalidade comprovar se não existem débitos junto à Previdência Social. O Poder Público, em face do contido na Constituição Federal de 1988 (art. 195, §3º), está impedido de contratar com pessoa jurídica em débito com a seguridade social. Se a empresa vencedora de uma licitação estiver impossibilitada de ser contratada por se apresentar em débito com a seguridade social, indubitavelmente este fato redundaria em prejuízos à Administração. Com o intuito de evitar tal situação, imputou-se que esta exigência seja verificada já na fase de habilitação e não somente quando da contratação.

Da mesma forma, a prova de regularidade perante o FGTS também deve ser comprovada na fase de habilitação.

5.4.2.5.3 Qualificação técnica

Inicialmente enfatizamos que o assunto em pauta é polêmico e de complexidade acentuada, de forma que o tema não se encontra exaurido.

A qualificação técnica refere-se à comprovação de capacidade técnica do proponente de executar o objeto, a ser contratado, em conformidade com o estabelecido no contrato. A avaliação é sempre efetuada em fase anterior à análise das propostas de preços, objetivando a exclusão do proponente que não apresentar condições técnicas para a execução do objeto.

A condição *sine qua non* para que a obra ou serviço de engenharia seja executado em conformidade com o estabelecido no contrato, é se proceder a uma rigorosa e detalhada avaliação do eventual executor, analisando-se sua qualificação com o intuito de verificar se o mesmo atende qualitatória e quantitativamente ao exigido. Convém ressaltar que muitas vezes o proponente atende documentalmente os requisitos exigidos no instrumento convocatório, no entanto suas possibilidades de desempenho já estão absorvidas por outros contratos. Advirta-se, que grande parte da inexecução de contratos decorre da falta de capacitação técnico-operacional real.

A qualificação técnica exigida na Lei nº 8.666/93 é mais ampla do que usualmente se imagina. É importante ressaltar que a mencionada qualificação técnica, a ser analisada pela Administração, pode ser subdividida em:

- exigências técnico-administrativas;
- capacitação técnico-operacional;
- capacitação técnico-profissional.

A Lei nº 8.666/93 limita as exigências qua nto à documentação relativa à qualificação técnica a ser apresentada na licitação, a saber:

> Art. 30. A documentação relativa à qualificação técnica limitar-se-á a:
>
> I - registro ou inscrição na entidade profissional competente;
>
> II - comprovação de aptidão para desempenho de atividade pertinente e compatível em características, quantidades e prazos com o objeto da licitação, e indicação das instalações e do aparelhamento e do pessoal técnico adequados e disponíveis para a realização do objeto da licitação, bem como da qualificação de cada um dos membros da equipe técnica que se responsabilizará pelos trabalhos;
>
> III - comprovação, fornecida pelo órgão licitante, de que recebeu os documentos, e, quando exigido, de que tomou conhecimento de todas as informações e das condições locais para o cumprimento das obrigações objeto da licitação;
>
> IV - prova de atendimento de requisitos previstos em lei especial, quando for o caso.
>
> §1º A comprovação de aptidão referida no inciso II do "caput" deste artigo, no caso das licitações pertinentes a obras e serviços, será feita por atestados fornecidos por pessoas jurídicas de direito público ou privado, devidamente registrados nas entidades profissionais competentes, limitadas as exigências a:
>
> I - capacitação técnico-profissional: comprovação do licitante de possuir em seu quadro permanente, na data prevista para entrega da proposta, profissional de nível superior ou outro devidamente reconhecido pela entidade competente, detentor de atestado de responsabilidade técnica por execução de obra ou serviço de características

semelhantes, limitadas estas exclusivamente às parcelas de maior relevância e valor significativo do objeto da licitação, vedadas as exigências de quantidades mínimas ou prazos máximos;

II - (Vetado).

a) (Vetado).

b) (Vetado).

§2º As parcelas de maior relevância técnica e de valor significativo, mencionadas no parágrafo anterior, serão definidas no instrumento convocatório.

§3º Será sempre admitida a comprovação de aptidão através de certidões ou atestados de obras ou serviços similares de complexidade tecnológica e operacional equivalente ou superior.

§4º Nas licitações para fornecimento de bens, a comprovação de aptidão, quando for o caso, será feita através de atestados fornecidos por pessoa jurídica de direito público ou privado.

§5º É vedada a exigência de comprovação de atividade ou de aptidão com limitações de tempo ou de época ou ainda em locais específicos, ou quaisquer outras não previstas nesta Lei, que inibam a participação na licitação.

§6º As exigências mínimas relativas a instalações de canteiros, máquinas, equipamentos e pessoal técnico especializado, considerados essenciais para o cumprimento do objeto da licitação, serão atendidas mediante a apresentação de relação explícita e da declaração formal da sua disponibilidade, sob as penas cabíveis, vedada as exigências de propriedade e de localização prévia.

§7º (Vetado).

I - (Vetado).

II - (Vetado).

§8º No caso de obras, serviços e compras de grande vulto, de alta complexidade técnica, poderá a Administração exigir dos licitantes a metodologia de execução, cuja avaliação, para efeito de sua aceitação ou não, antecederá sempre à análise dos preços e será efetuada exclusivamente por critérios objetivos.

§9º Entende-se por licitação de alta complexidade técnica aquela que envolva alta especialização, como fator de extrema relevância para garantir a execução do objeto a ser contratado, ou que possa comprometer a continuidade da prestação de serviços públicos essenciais.

§10 Os profissionais indicados pelo licitante para fins de comprovação da capacitação técnico-profissional de que trata o inciso I do §1º deste artigo deverão participar da obra ou serviço objeto da licitação, admitindo-se a substituição por profissionais de experiência equivalente ou superior, desde que aprovada pela administração.

a) Exigências técnico-administrativas

As exigências técnico-administrativas estão arroladas no art. 30 da Lei Federal nº 8.666/93, nos incisos:

I - registro ou inscrição na entidade profissional competente;

O proponente deve comprovar seu registro ou inscrição na entidade profissional correlata, que tem por finalidade fiscalizar o exercício da profissão, com poder inclusive de punir aqueles que descumprirem a Lei, as Resoluções etc. e regulamentar o exercício de cada profissão. Assim, pressupõe-se que aqueles profissionais devidamente inscritos nas suas respectivas entidades devem executar satisfatoriamente as atividades que a eles competem. No caso de obras e serviços de engenharia a entidade profissional competente é o CREA. O art. 58 da Lei nº 5.194/66 estabelece:

> (...) o profissional, firma ou organização que exercer atividade em região distinta daquela que se encontra registrado deverá visar, no Conselho Regional do local da atividade, o seu registro.

A Resolução CONFEA nº 191, de 20 de março de 1970, disciplina especificamente a matéria.

Quando o profissional pessoa física ou pessoa jurídica está exercendo suas atividades fora da jurisdição (área de competência) do CREA, perante o qual está registrado, é obrigado efetuar o visto do registro no CREA da região onde for atuar, viabilizando, assim, a continuidade do controle e da fiscalização, a rigor exercidos pelo Conselho Regional de origem.

No caso de licitação não se deve exigir o visto no registro como documento habilitatório. A simples participação em uma licitação não configura exercício de atividade profissional. O vencedor da licitação, ao qual já foi adjudicado o objeto, é que realmente exercerá a atividade engenheiral, tornando-se, neste caso, obrigatório a apresentação do visto do registro no Conselho Regional, onde se dará a execução do empreendimento, antes da assinatura do Contrato de Empreitada ou de Serviços.

A Decisão TCU nº 279/98 (*DOU*, 3 jun. 1998) aponta:

> 13. Note-se que a exigência de visar o registro em outro Conselho regional somente surge quando o profissional vai exercer atividade profissional em outra região. S.M.J., participar de licitação não significa exercer atividade profissional em sentido estrito. O exercício da atividade profissional técnica, que demanda visto no registro, fica caracterizado com a contratação, pois, só então, o profissional exercerá sua atividade técnica.
>
> 14. Ademais, exigir visto do registro profissional pelo simples fato de participar da licitação parece ser exigência acima daquela fixada pelo legislador ordinário, o que acaba por restringir, além do necessário, a competitividade do certame. Lembremo-nos de que o art. 30, I, da Lei nº 8.666/93 exige, para efeitos de qualificação técnica, apenas o registro ou inscrição na entidade profissional competente, não mencionando qualquer necessidade de visto do registro no Conselho Regional do local da obra, o que reforça o entendimento de que somente por força do art. 58 da Lei nº 5.194/66 surge tal necessidade e apenas no momento da contratação.

Destarte, a comprovação do visto do registro somente pode ser exigida quando da assinatura do contrato.[54] A inclusão no instrumento convocatório da exigência do visto do registro, como documento habilitatório, caracteriza indubitavelmente vício.

Por outro lado é de suma importância, a obediência legal quanto à atividade e atribuição das pessoas físicas e jurídicas no âmbito da Engenharia, Arquitetura e Agronomia. Por mais que a documentação exigida na fase de habilitação de uma pessoa física ou jurídica em princípio esteja atendida, inclusive quanto ao ramo de atividade é necessário se proceder a uma verificação mais profunda. Uma pessoa jurídica em pleno exercício de suas atividades e participando de uma licitação pode estar regular quanto à documentação exigida na fase de habilitação preliminar, no entanto pode veladamente estar em situação irregular, exercendo, inclusive, ilegalmente a profissão.

O art. 7º da Lei nº 5.194/66 relaciona as atividades e atribuições profissionais do Engenheiro, Arquiteto e Engenheiro-Agrônomo e discrimina as atividades e atribuição das diferentes modalidades profissionais.

> Art. 7º As atividades e atribuições profissionais do engenheiro, do arquiteto e do engenheiro-agrônomo consistem em:
>
> a) desempenho de cargos, funções e comissões em entidades estatais, paraestatais, autárquicas, de economia mista e privada;
>
> b) planejamento ou projeto, em geral, de regiões zonas, cidades, obras, estruturas, transportes, explorações de recursos naturais e desenvolvimento da produção industrial e agropecuária;
>
> c) estudos, projetos, análises, avaliações, vistorias, perícias, pareceres e divulgação técnica;
>
> d) ensino, pesquisas, experimentação e ensaios;
>
> e) fiscalização de obras e serviços técnicos;
>
> f) direção de obras e serviços técnicos;
>
> g) execução de obras e serviços técnicos;
>
> h) produção técnica especializada, industrial ou agropecuária.

Em conformidade com o art. 8º da Lei nº 5.194/66, somente:

> (...) as atividades enumeradas nas alíneas "a", "b", "c", "d", "e" e "f" do art. 7º da mesma Lei são de competência das pessoas físicas, para tanto legalmente habilitadas, ou seja, somente poderão ser executadas por profissionais pessoas físicas.

O art. 9º da Lei nº 5.194/66 permite, desde que observados os preceitos da Lei nº 5.194/66, que:

> (...) as atividades enumeradas nas alíneas "g" e "h", no art. 7º, podem ser exercidas indistintamente, por profissionais ou pessoas jurídicas.

---

[54] O TCU determinou ao SESC/RS que se abstivesse de exigir o visto do CREA do local de realização das licitações de empresas interessadas em participar dos certames, uma vez que tal visto somente deveria ser exigido quando da contratação da vencedora da licitação (item 9.2.1, TC-015.675/2006-0). TCU. Acórdão nº 992/2007, 1ª câmara. *DOU*, 20 abr. 2007.

Desta forma, em princípio, as pessoas jurídicas estão com suas atividades e atribuições limitadas somente a:

> g) execução de obras e serviços técnicos; e
>
> h) produção técnica especializada, industrial ou agropecuária.

No entanto, o art. 8º, parágrafo único, flexibiliza esta camisa de força para as pessoas jurídicas, permitindo, sob determinadas condições exercer atividades e atribuições arroladas no art. 7, alíneas "b", "c", "d", "e" e "f".

> As pessoas jurídicas e organizações estatais só poderão exercer as atividades discriminadas no art. 7º, com exceção das contidas na alínea "a", com a participação efetiva e autoria declarada de profissional legalmente habilitado e registrado pelo Conselho Regional, assegurados os direitos que esta Lei lhe confere.

Portanto uma pessoa jurídica somente poderá exercer uma determinada atividade se possuir no seu quadro técnico um profissional legalmente habilitado com atribuição específica para aquela atividade, devidamente registrado no CREA. Exemplificando. Uma empresa de engenharia está participando de uma licitação para a elaboração de um plano diretor de uma cidade. Esta empresa somente poderá ser habilitada, mesmo que apresente toda a documentação, se ela comprovar possuir no seu quadro funcional ou indicar como consultor um profissional, no caso arquiteto, legalmente habilitado com atribuição específica e devidamente registrado no CREA. Não basta ter um engenheiro civil na empresa, pois ele não atende as atribuições legais para exercer a referida atividade. Neste caso, tanto a empresa quanto o profissional estão infringindo a legislação no que concerne ao art. 6º da Lei nº 5.194/66[55] e ao art. 8º, parágrafo único,[56] da mesma Lei. Desconhecendo-se quais as atividades e atribuições que o profissional pode exercer, é de bom alvitre recorrer ao CREA que ele esclarecerá a dúvida.

Insiste-se que quando da análise da documentação do registro ou inscrição na entidade profissional competente (inciso I), não basta verificar se é uma empresa registrada no CREA, é preciso verificar se esta está exercendo suas atividades legalmente.

> III - comprovação, fornecida pelo órgão licitante, de que recebeu os documentos, e, quando exigido, de que tomou conhecimento de todas as informações e das condições locais para o cumprimento das obrigações objeto da licitação;

---

[55] "Art. 6º Exerce ilegalmente a profissão de engenheiro, arquiteto ou engenheiro-agrônomo: (...) e) a firma, organização ou sociedade que, na qualidade de pessoa jurídica, exercer atribuições reservadas aos profissionais da Engenharia, da Arquitetura e da Agronomia, com infringência do disposto no parágrafo único do Art. 8º desta Lei."

[56] "Art. 8º (...) Parágrafo único. As pessoas jurídicas e organizações estatais só poderão exercer as atividades discriminadas no Art. 7º, com exceção das contidas na alínea 'a', com a participação efetiva e autoria declarada de profissional legalmente habilitado e registrado pelo Conselho Regional, assegurados os direitos que esta Lei lhe confere."

Deve ser exigido, no instrumento convocatório, prova de que o proponente recebeu do instaurador toda a informação e toda a documentação atinente à licitação, bem como tomou conhecimento das condições do local onde será executada obra ou o serviço de engenharia. Este dispositivo, uma vez atendido, previne futuras alegações ou recursos quanto ao não recebimento de toda a documentação licitatória ou do não conhecimento de peculiaridades das condições locais.

A comprovação, fornecida pelo órgão licitante, de que o interessado recebeu os documentos que integram o instrumento convocatório, na realidade não cabe como documento de qualificação técnica, uma vez que as condições técnicas do proponente independem de requisitos formais dessa ordem. Parece-nos que a intenção dos legisladores é de garantir que os proponentes recebam toda a documentação técnica para que possam, em condições isonômicas, preparar uma proposta satisfatória. De qualquer forma é interessante que todos os elementos e documentos integrantes do instrumento convocatório, denominados elementos instrutores, sejam arrolados no referido instrumento. O arrolamento desses elementos ressalva a Comissão de Licitação de futuras impugnações ou recursos por parte dos interessados, na tentativa de alegar desconhecimento ou falta de fornecimento de determinados documentos pertinentes à licitação. Normalmente, os documentos que compõem a referida lista são:

- Carta-credencial (*modelo*);
- Declaração de recebimento de documentos (*modelo*);
- Atestado de visita (*modelo*);
- Declaração de responsabilidade técnica (*modelo*);
- Capacidade financeira (*modelo*);
- Declaração de inexistência de fatos supervenientes impeditivos da habilitação (*modelo*);
- Carta-proposta de preços (*modelo*);
- Planilha de serviços (*modelo*);
- Cronograma físico-financeiro (*modelo*);
- Declaração de compromisso de utilização de produtos e subprodutos de madeira de origem exótica ou de origem nativa de procedência legal (*modelo*);
- Declaração de fornecimento de produtos e subprodutos de madeira de origem exótica ou de origem nativa de procedência legal (*modelo*);
- Minuta de Contrato de Empreitada (*modelo*);
- Elementos gráficos (relação de plantas e documentos gráficos) (*Anexo I*);
- Especificações técnicas, memoriais e outros documentos (*Anexo II*); dentre outros.

A comprovação de que, mediante documento próprio, tomou conhecimento de todas as informações e das condições locais para o cumprimento das obrigações objeto da licitação, também, não cabe como documento de qualificação técnica, uma vez que as condições técnicas do proponente independem de requisitos dessa ordem. Parece-nos que a intenção dos legisladores, também, era de garantir que os proponentes tomassem conhecimento prévio do local de execução do objeto, de forma que qualquer falha ou desvio que se constatar no projeto, especificações técnicas, memoriais descritivos, caderno de encargos, orçamento etc. possam ser comunicados à Administração para as devidas correções, antes da entrega das propostas.

Não basta o interessado visitar o local (terreno, área etc.) da futura obra ou serviço, mas também o entorno dela de forma mais abrangente. Portanto é obrigação do interessado tomar conhecimento onde será executada a obra, bem como verificar as condições técnicas, econômicas e administrativas do local da futura obra ou serviço de engenharia, para que possa elaborar uma proposta consistente e realizar uma adequada gestão. Não é somente verificar o terreno onde será executado o objeto em licitação, mas sim, verificar as condições de acesso, a disponibilidade de material e mão de obra na região, distâncias até os fornecedores, disponibilidade de postos de saúde, de oficinas, existência de energia elétrica e de água, entre outros. O proponente deve verificar se a planilha de preços, fornecida pelo licitador, contempla todos os serviços necessários, não só para a execução do objeto, mas também os necessários para o acesso, a montagem do canteiro, sua administração e outros. Exemplificando. Verificar se na planilha de preços consta os serviços indispensáveis para a melhoria da estrada vicinal (retificação de curvas da estrada vicinal, reforço de pontilhões, eliminação de atoleiros etc.) para que se possa trafegar convenientemente nela. Observar se na planilha de preços foram inseridos refeitório, dormitório e instalações sanitárias adequadas no caso em que há a necessidades da mão de obra se instalar no canteiro da obra, e assim por diante.

Omissões nas planilhas de preços devem ser comunicadas imediatamente ao licitador para que o mesmo tome as devidas providências antes do recebimento das propostas.

> IV - prova de atendimento de requisitos previstos em lei especial, quando for o caso.

Esta exigência legal reporta-se, entre outras, no caso de obras e serviços de engenharia, à legislação que regula o exercício profissional da Engenharia, Arquitetura e da Agronomia, a Lei que institui a Anotação de Responsabilidade Técnica, as Resoluções do CONFEA e outras.

b) Capacitação técnico-operacional

A capacitação técnico-operacional reporta-se exclusivamente à experiência da pessoa jurídica e à sua aptidão para realizar um determinado empreendimento. Refere-se à estrutura organizacional que a empresa possui para realizar um determinado empreendimento.

A Lei nº 8.666/93 quando de sua promulgação sofreu veto presidencial do inciso II do §1º do art. 30 que trata da documentação relativa à qualificação técnica.

É evidente que o veto do referido inciso acabou de prejudicar a interpretação do art. 30 da Lei Federal, uma vez que não foram procedidas as devidas correções.

> II - quanto à capacidade técnico-operacional: a comprovação do licitante de ter executado, no somatório de até 3 (três) contratos, quantitativos mínimos não superiores a 50% (cinqüenta por cento) daqueles previstos na mensuração e exclusivamente nas parcelas de maior relevância técnica ou de valor significativo, do objeto da licitação e a 50% (cinqüenta por cento) das relações quantitativos/prazo global destas, admitida a soma de atestados quando referidos a um mesmo período, sem limite de contratos.

Foram as seguintes as razões do veto:

> Reconhecidamente, a competição entre possíveis interessados é princípio ínsito às licitações, pois somente ao viabilizá-la o Poder Público pode obter a proposta economicamente mais vantajosa, barateando, assim, os preços de suas obras e serviços.
>
> Ora, a exigência de "capacidade técnico-operacional", nos termos definidos no primeiro dos dispositivos supra, praticamente inviabiliza a consecução desse objetivo, pois segmente, de forma incontornável, o universo dos prováveis competidores, na medida em que, embora possuindo corpo técnico de comprovada experiência, uma empresa somente se habilita a concorrer se comprovar já haver realizado obra ou serviço de complexidade técnica idêntica à que estiver sendo licitada.
>
> Ademais, dependendo do vulto da obra ou serviço, essa exigência pode afastar pequenos e médios competidores, já que pode chegar a até 50% (cinqüenta por cento) das "parcelas de maior relevância técnica ou valor significativo", conceitos, aliás, sequer definidos objetivamente no projeto.
>
> Impõem-se, assim, expungir do texto os dispositivos em foco, que, por possibilitarem possíveis direcionamentos em proveito de empresa de maior porte, se mostram flagrantemente contrários ao interesse público.

Um novo texto que se pretendia incorporar mediante a Lei nº 8.883 também sofreu veto presidencial. Por conseguinte, tornou-se muito difícil estabelecer critérios apropriados para avaliar a capacitação técnica dos proponentes.

Este fato, desviou a avaliação da capacitação técnica do proponente para a avaliação da capacitação técnico-profissional, o que obviamente representava um aumento considerável de risco de contratos mal-executados e de prejuízos consideráveis ao Erário Público, não por falta de capacitação técnico-profissional, mas sim por falta de capacitação técnico-operacional real, ou seja, falta de estrutura organizacional e técnica (equipamentos, equipe técnica apropriada, experiência administrativa etc.).

Em face das necessidades técnicas envolvendo a capacitação das empresas no que tange a gestão e planejamento técnico e outros necessários para uma atividade competente, novas discussões surgiram no âmbito público e privado. Com o advento das decisões do STJ — REsp nº 155.861/SP, REsp nº 172.232/SP e REsp nº 268.000/AC — e da aceitação explícita da exigência de capacitação técnico-operacional pelo Tribunal de Contas da União, a capacitação técnica-operacional é empregada naturalmente como requisito exigível na licitação.

> (...) por intermédio de Voto proferido pelo Excelentíssimo Senhor Ministro Paulo Affonso Martins de Oliveira, decidiu a respeito de matéria análoga, tendo firmado entendimento no sentido da legalidade da exigência de atestado de capacidade técnico-operacional na fase de habilitação técnica.
>
> 8. Transcrevo, a seguir, parte do citado VOTO, objetivando trazer novamente ao conhecimento de Vossas Excelências a brilhante linha de raciocínio seguida pelo Relator, a qual culminou na decisão acima referida:

"(...) 31. Relativamente às disposições do art. 30 da Lei no 8.666/93 e, mais especificamente, do §1º e seu inciso I, que é um desdobramento do inciso II, do 'caput' do citado artigo, verifica-se que o veto aposto na alínea 'b' do retrocitado §1º, serviu apenas para truncar o entendimento do art. 30, pois não excluiu do texto a exigência da capacitação técnico-operacional, que continua sendo tratada no inciso II do respectivo artigo, como pode ser comprovado a seguir, na leitura dos mencionados dispositivos:

'Art. 30 - A documentação relativa à qualificação técnica limitar-se-á a: (...)

II - comprovação de *aptidão para desempenho de atividade pertinente e compatível em características, qualidades e prazos com o objeto da licitação, e indicação das instalações e do aparelhamento e do pessoal técnico adequados e disponíveis para a realização do objeto da licitação*, bem como da qualificação de cada um dos membros da equipe técnica que se responsabilizará pelos trabalhos; (grifei)

§1º A comprovação de aptidão referida no inciso II do 'caput' deste artigo, no caso das licitações pertinentes a obras e serviços, será feita por atestados fornecidos por pessoas jurídicas de direito público ou privado, devidamente registrados nas entidades profissionais competentes, limitadas as exigências a:

I - capacitação técnico-profissional: comprovação do licitante de possuir em seu quadro permanente, na data prevista para entrega da proposta, profissional de nível superior ou outro devidamente reconhecido pela entidade competente, detentor de atestado de responsabilidade técnica por execução de obra ou serviço de características semelhantes, limitadas estas exclusivamente às parcelas de maior relevância e valor significativo do objeto da licitação, vedadas as exigências de quantidades mínimas ou prazos máximos;'

32. Assim, conforme ressaltou o ilustre professor, Advogado e Coordenador-Geral do Centro de Estudos sobre Licitações e Contratos – CELC (São Paulo), Antônio Carlos Cintra do Amaral, no mesmo trabalho mencionado anteriormente:

'O que foi impedido, pelo veto, de ingressar no sistema jurídico não foi a capacitação técnico-operacional, mas a disciplina dessa capacitação contida na alínea 'b' do §1º do art. 30 do projeto de Lei. É verdade que não existe na Lei, em decorrência do veto, a expressão capacitação técnico-operacional, como ocorre com a capacitação técnico-profissional. Mas o conceito de capacitação técnico-operacional ingressou no sistema jurídico por força do inciso II do art. 30, interpretado em conjugação com o art. 33, III, que permite o somatório de quantitativos de empresas consorciadas'."

9. Prossegue o eminente Relator, em seu voto:

"33. No caso concreto sob exame, verifica-se que se trata de concorrência para seleção de proposta visando a contratação de empresa para execução de melhorias e serviços na rede telefônica, em cabos, dutos e linhas, bem como os serviços complementares inerentes às atividades técnico-administrativas correlatas, na área de concessão da TELESP.

34. Como se vê, trata-se de serviço eminentemente técnico e, como tal, deve exigir a participação de profissionais especializados aliada à capacitação operativa da empresa a ser contratada, principalmente em se tratando de Administração Pública, quando há desdobramento de problemas econômicos e administrativos, ligados ao fluxo de recursos disponíveis ou à liberação de áreas físicas, ou, ainda, a prioridades de atendimento ou a problemas estruturais do órgão ou entidade estatal.

35. Conforme estabelece a Constituição Federal, em seu artigo 37, inciso XXI, há a permissão, nas licitações públicas, de exigências de qualificação técnica e econômica indispensáveis à garantia do cumprimento das obrigações, pois caracterizam-se como instrumentos eficazes de garantia para a boa conservação das obras públicas."

10. Informa, também, que a aludida concorrência foi revogada por motivo de interesse público devidamente justificado nos autos.

11. A Unidade Técnica registrou, ainda, que a questão em pauta já foi examinada por este Pretório, mediante a Decisão 395/95. Naquela assentada o Plenário firmou entendimento no sentido da legalidade da exigência de atestado de capacidade técnico-operacional na fase da habilitação técnica (...)[57] e ratificado pelo TCU — Decisões nº 767/98 – Plenário e nº 285/2000 – Plenário.

Abaixo tem-se uma representação gráfica do supracitado e a formatação da composição da capacidade técnica.

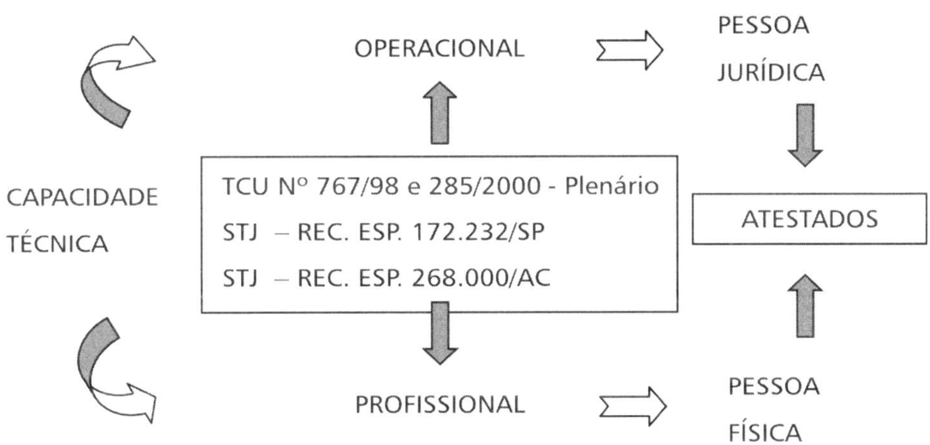

A capacidade técnico-operacional do interessado é comprovada mediante a seguinte documentação arrolada no art. 30 da Lei Federal nº 8.666/93:

> II - comprovação de aptidão para desempenho de atividade pertinente e compatível em características, quantidades e prazos com o objeto da licitação, e indicação das instalações e do aparelhamento e do pessoal técnico adequados e disponíveis para a realização do objeto da licitação, bem como da qualificação de cada um dos membros da equipe técnica que se responsabilizará pelos trabalhos;
>
> III - comprovação, fornecida pelo órgão licitante, de que recebeu os documentos, e, quando exigido, de que tomou conhecimento de todas as informações e das condições locais para o cumprimento das obrigações objeto da licitação;

[57] Relator Ministro-Substituto Lincoln Magalhães da Rocha (TCU).

IV - prova de atendimento de requisitos previstos em lei especial, quando for o caso.

§1º A comprovação de aptidão referida no inciso II do "caput" deste artigo, no caso das licitações pertinentes a obras e serviços, será feita por atestados fornecidos por pessoas jurídicas de direito público ou privado, devidamente registrados nas entidades profissionais competentes, limitadas as exigências a:

I - capacitação técnico-profissional: comprovação do licitante de possuir em seu quadro permanente, na data prevista para entrega da proposta, profissional de nível superior ou outro devidamente reconhecido pela entidade competente, detentor de atestado de responsabilidade técnica por execução de obra ou serviço de características semelhantes, limitadas estas exclusivamente às parcelas de maior relevância e valor significativo do objeto da licitação, vedadas as exigências de quantidades mínimas ou prazos máximos;

II - (Vetado).

a) (Vetado).

b) (Vetado).

§2º As parcelas de maior relevância técnica e de valor significativo, mencionadas no parágrafo anterior, serão definidas no instrumento convocatório.

§3º Será sempre admitida a comprovação de aptidão através de certidões ou atestados de obras ou serviços similares de complexidade tecnológica e operacional equivalente ou superior.

§4º Nas licitações para fornecimento de bens, a comprovação de aptidão, quando for o caso, será feita através de atestados fornecidos por pessoa jurídica de direito público ou privado.

§5º É vedada a exigência de comprovação de atividade ou de aptidão com limitações de tempo ou de época ou ainda em locais específicos, ou quaisquer outras não previstas nesta Lei, que inibam a participação na licitação.

§6º As exigências mínimas relativas a instalações de canteiros, máquinas, equipamentos e pessoal técnico especializado, considerados essenciais para o cumprimento do objeto da licitação, serão atendidas mediante a apresentação de relação explícita e da declaração formal da sua disponibilidade, sob as penas cabíveis, vedada as exigências de propriedade e de localização prévia.

§7º (Vetado).

I - (Vetado).

II - (Vetado).

§8º No caso de obras, serviços e compras de grande vulto, de alta complexidade técnica, poderá a Administração exigir dos licitantes a metodologia de execução, cuja avaliação, para efeito de sua aceitação ou não, antecederá sempre à análise dos preços e será efetuada exclusivamente por critérios objetivos.

§9º Entende-se por licitação de alta complexidade técnica aquela que envolva alta especialização, como fator de extrema relevância para garantir a execução do objeto a ser contratado, ou que possa comprometer a continuidade da prestação de serviços públicos essenciais.

Deve-se dar ênfase a dois aspectos relevantes. São os denominados: (i) parcelas de maior relevância e valor significativo do objeto e (ii) obras ou serviços similares de complexidade tecnológica e operacional equivalente ou superior.

(i) Parcelas de maior relevância e valor significativo do objeto – art. 30, §2º

> Art. 30 (...)
>
> §2º As parcelas de maior relevância técnica e de valor significativo, mencionadas no parágrafo anterior, serão definidas no ato convocatório.

Entende-se por parcela de maior relevância e de valor significativo aquelas que preponderam sobre as outras parcelas que compõem o objeto a ser licitado. Enquadram-se, neste aspecto, as parcelas que preponderam monetariamente sobre as demais parcelas que compõem o objeto e, também, aquelas que predominam tecnologicamente sobre as demais parcelas do objeto. Não basta o cumprimento de uma ou outra parcela, ambas as condições devem simultaneamente ser atendidas.

Uma ponte, com uma determinada extensão, em concreto protendido, em concreto armado, pista de rolamento em CBUQ a ser executada sobre um rio cuja fundação, face condições técnicas, tem que ser do tipo tubulão a ar comprimido, as parcelas de maior relevância (técnica) são: o concreto protendido, os tubulões a ar comprimido e a extensão da ponte. Por outro lado as parcelas de maior valor significativo (monetário) são: o concreto protendido, os tubulões a ar comprimido, a pista de rolamento e a extensão da ponte. Neste caso as duas condições (técnica e financeira) coincidem parcialmente. Portanto, as parcelas de maior relevância e valor significativo do objeto são: o volume de concreto protendido, a extensão dos tubulões a ar comprimido e a extensão/comprimento da ponte. A pista de rolamento, em princípio não é uma parcela de maior relevância e de valor significativo, vez que não se enquadra na parcela de maior relevância técnica, mas sim, somente na de valor significativo.

Estas parcelas de maior relevância e valor significativo, obrigatoriamente deverão estar especificadas no instrumento convocatório.

(ii) Obras ou serviços similares de complexidade tecnológica e operacional equivalente ou superior – art. 30, §3º

> Art. 30 (...)
>
> §3º Será sempre admitida a comprovação de aptidão através de certidões ou atestados de obras ou serviços similares de complexidade tecnológica e operacional equivalente ou superior.

Entende-se por obras ou serviços similares de complexidade tecnológica e operacional equivalente ou superior a toda obra ou serviço, cujo grau de complexidade tanto no aspecto técnico quanto no administrativo é igual ou superior à obra ou serviço, objeto da licitação. A palavra equivalente significa de igual valor.[58] Portanto,

---

[58] MICHAELIS: moderno dicionário da língua portuguesa.

a obra ou serviços de engenharia devem ser similares, porém iguais ou superiores em complexidade executiva e administrativa. Consideremos a necessidade de pavimentar uma rua urbana com paralelepípedos. Se for exigido, que o proponente deva comprovar mediante apresentação de no mínimo um atestado de capacidade técnica que já executou uma pavimentação em paralelepípedos e o mesmo comprova que já executou uma pavimentação em asfalto aplicado a quente, o atestado é totalmente aceitável, visto que, a complexidade de execução de uma pavimentação em asfalto aplicado a quente é superior técnica e administrativamente à execução de pavimentação em paralelepípedos. Fato este é determinado pelo art 30, §3º, da Lei nº 8.666/93.

(ii.1) Comprovação de aptidão para desempenho de atividade pertinente e compatível em (...) – art. 30, inciso II

> II - comprovação de aptidão para desempenho de atividade pertinente e compatível em características, quantidades e prazos com o objeto da licitação, e indicação das instalações e do aparelhamento e do pessoal técnico adequados e disponíveis para a realização do objeto da licitação, bem como da qualificação de cada um dos membros da equipe técnica que se responsabilizará pelos trabalhos;

Atividade pertinente e compatível deve ser entendida como qualquer atividade similar à relacionada ao objeto, devendo o proponente demonstrar já ter executado serviço de mesma natureza ao objeto em licitação.

O instrumento convocatório pode exigir comprovações de desempenho, mediante declarações, atestados ou outras similares, para verificar se o proponente encontra-se apto e adimplente com os compromissos a serem assumidos. É passível de exigência, dependendo da natureza do objeto, a indicação compatível em características, quantidades, prazos, instalações, aparelhamento (veículos, máquinas, equipamentos e outros bens) e pessoal técnico adequado e disponível para a execução do objeto, bem como, sua qualificação.

O inciso II arrola quais as possíveis atividades que podem ser solicitadas, através de documentação, que integram a comprovação de aptidão.

A comprovação de aptidão para desempenho de atividade pertinente e compatível é instituída dentro das exigências discricionárias permitidas pela Administração. É indispensável atentar que cada caso deve ser analisado com extremo cuidado quanto à exigência dos requisitos indispensáveis e específicos a serem comprovados para a perfeita execução da obra ou serviço de engenharia. Portanto, a comprovação da capacidade técnica-operacional, utilizando-se "as quantidades de serviços já executadas" como um balizador de medida qualitativa e quantitativa, é um referencial do mais alto grau para que uma licitação do tipo menor preço — tanto para a obra e serviço de pequeno e de médio vulto: aquela cujo valor estimado é inferior a 25 vezes o limite estabelecido na alínea "c" do inciso I do art. 23 da Lei nº 8.666/93 (R$37.500.000,00), quanto para a obra ou serviço de engenharia de grande vulto: aquela cujo valor estimado é superior a 25 vezes o limite estabelecido na mesma alínea — seja conduzida de maneira positiva, transparente e obedecendo aos princípios constitucionais legais.

Com relação à comprovação da capacitação técnico-operacional, o STJ se posiciona da seguinte forma:

> 1. As exigências tendentes a comprovar a capacitação técnica do interessado em contratar com o ente público devem ser concebidas dentro das nuanças e particularidades que caracterizam o contrato a ser formalizado, sendo apenas de rigor que estejam pautadas nos princípios que norteiam o interesse público.
>
> 2. Em se tratando de licitação de serviços de engenharia de grande porte, não há por que cogitar de ilegalidade da norma editalícia que exige a comprovação de experiência anterior em obra similar à licitada, porquanto concebida com propósito de permitir à Administração Pública avaliar a capacidade técnica dos interessados em com ela contratar nos exatos termos do que prescreve a primeira parte do inciso II do art. 30 da Lei nº 8.666/93: "comprovação de aptidão para desempenho de atividade pertinente e compatível em características, quantidades e prazos com o objeto da licitação (...)".
>
> 3. Há situações em que as exigências de experiência anterior com a fixação de quantitativos mínimos são plenamente razoáveis e justificáveis, porquanto traduzem modo de aferir se as empresas licitantes preenchem, além dos pressupostos operacionais propriamente ditos — vinculados ao aparelhamento e pessoal em número adequado e suficiente à realização da obra —, requisitos não menos importantes, de ordem imaterial, relacionados com a organização e logística empresarial.
>
> 4. A ampliação do universo de participantes não pode ser implementada indiscriminadamente de modo a comprometer a segurança dos contratos, o que pode gerar graves prejuízos para o Poder Público.[59]

Forma de comprovar a aptidão referida no inciso II.

> Art. 30 (...)
>
> §1º A comprovação de aptidão referida no inciso II do caput deste artigo, no caso das licitações pertinentes a obras e serviços, será feita por atestados fornecidos por pessoas jurídicas de direito público ou privado, devidamente registrados nas entidades profissionais competentes (...).

No instrumento convocatório, deve ser estabelecido que a comprovação de aptidão seja efetuada mediante atestados, declarações ou documentos equivalentes fornecidos por pessoas jurídicas de direito público ou privado, conforme o §1º, inciso II, do art. 30 da Lei nº 8.666/93.

A exigência descabida de apresentação pelo proponente de mais de um atestado, declaração ou documento equivalente de aptidão não é aceitável se um único comprova sua capacitação técnico-operacional, a não ser que por condições técnicas tal solicitação (mais de um atestado) é absolutamente necessária. Fato este, que deverá impreterivelmente ser justificado.

> [O TCU] determinou ao grupamento de apoio de Brasília (GAP) que, em cumprimento ao disposto no art. 30 da Lei nº 8.666/1993, se abstivesse de exigir, nas licitações, número

---

[59] STJ. REsp nº 295B06/SP, 2ª Turma. Rel. Min. João Otávio de Noronha. Julg. 6 dez. 2005. *DJ*, 6 mar. 2006, p. 275.

mínimo de atestados para comprovar aptidão técnica, exceto quando o estabelecimento de um número definido fosse justificado e expressamente considerado necessário à garantia da execução do contrato, à segurança e perfeição da obra ou do serviço, à regularidade do fornecimento ou ao atendimento de qualquer outro interesse público (item 9.2.4, TC-012.077/2005-0).[60]

Por outro lado, limitar o número de atestados, declaração ou documento equivalente de aptidão, também é inadmissível, a não ser por situações excepcionais que justifiquem tal ato. O TCU também se manifesta:

> (...) determinou ao DNIT que se abstivesse de limitar a quantidade de atestados ou de certidões de execução de serviços para fins de comprovação de qualificação técnica dos licitantes, excetuada a hipótese em que tal limitação tivesse por finalidade única e exclusiva garantir que a empresa contratada teria o conhecimento técnico e a capacidade operacional inerentes à metodologia construtiva a ser aplicada, sem prejuízo de esclarecer que é vedada a imposição do referido limite quando o seu objetivo for, tão-somente, verificar se os empreendimentos anteriormente realizados pela licitante teriam dimensão semelhante à do objeto do certame (item 9.2.1, TC-009.302/2006-1).[61]

Independentemente do acima exposto, o proponente pode apresentar tantos atestados, declarações ou documentos equivalentes o quanto lhe convier. No caso das licitações que envolvam obras e serviços de engenharia, estas devem estar obrigatoriamente registradas nas entidades profissionais competentes (CREA), sob pena de inabilitação. Não se deve confundir o Registro no CREA com a Anotação de Responsabilidade Técnica (ART).

A pessoa jurídica não possui acervo técnico próprio, porém utiliza-se dos acervos técnicos dos profissionais que compõe o seu quadro técnico.[62] O acervo técnico de uma pessoa jurídica variará em função da alteração do acervo técnico do seu quadro de profissionais e consultores.[63]

Na avaliação dos atestados, das declarações ou outros documentos similares, cuja função é demonstrar que o proponente possui aptidão para desempenho de atividade pertinente e compatível, esbarra-se em um outro aspecto polêmico, a admissibilidade ou não, de proceder-se a soma de obras e/ou de serviços similares apresentados em mais de um atestado, visando à comprovação mínima exigida pela Administração.

Tanto a legislação vigente quanto os órgãos controladores nada dissertam conclusivamente como se deve proceder. Portanto, pergunta-se, é lícito proceder-se a soma das quantidades dos serviços ou das obras? Tentaremos dar um rumo a este polêmico e complexo assunto.

Está claro, como já visto anteriormente que para a análise da capacitação técnico-operacional devem-se considerar somente os aspectos de maior relevância e valor significativo. Devemos ou não somá-los?

---

[60] TCU. Acórdão nº 2.194/2007, Plenário. *DOU*, 19 out. 2007. Seção 1, p. 64.

[61] TCU. Acórdão nº 2.359/2007, Plenário. *DOU*, 9 nov. 2007. Seção 1, p. 72.

[62] Resolução CONFEA nº 317.

[63] Art. 4º, parágrafo único, Resolução CONFEA nº 317.

A decisão pela soma ou não dos elementos técnicos constantes nos testados, declarações ou documentos similares é de exclusiva competência da Comissão de Licitação.

Vale observar, que os próprios acórdãos do TCU deixam claro que a soma ou não dos conteúdos é decisão exclusiva da Comissão de Licitação:

> (...) a palavra "atestados", no corpo do §1º, encontra-se no plural porque a licitante tem a liberdade de apresentar tantos atestados quantos julgar necessários para comprovar sua aptidão. (...) cabe à Comissão de Licitação, durante o exame da documentação de habilitação, analisar o conteúdo dos atestados e pronunciar-se quanto à suficiência dos mesmos. Assim, a Comissão poderá concluir que o somatório dos atestados apresentados por uma única licitante não é suficiente para habilitá-la, pois não comprovam a sua aptidão para o desempenho de atividade pertinente e compatível em características, quantidades e prazos com o objeto da licitação. Da mesma forma, poderá habilitar a empresa que apresente um único atestado, desde que entenda que o mesmo atende às condições exigidas no edital.[64]

Fato incontestável, quando da análise dos atestados ou declarações etc., é atentar quanto à complexidade tecnológica das obras ou serviços, elemento fundamental que poderá decidir quanto a soma ou não dos aspectos de maior relevância técnica de obras ou serviços. Não se devem negligenciar jamais os aspectos de maior relevância e valor significativo, por serem abarcados pela legislação vigente.

Não obstante, a decisão da soma ou não, do conteúdo dos atestados, declarações etc., ser uma exclusividade da Comissão, entendemos que, além da verificação quanto à complexidade tecnológica, devem ser considerados os aspectos quantitativos. Isto está a afirmar que, uma empresa que já executou várias obras de pequeno porte pode não ter capacitação operacional para executar uma obra de grande porte, no entanto uma empresa que já executou uma obra de grande porte pode facilmente executar várias obras de pequeno porte.

O presente autor, quando analisa o conteúdo dos atestados, declarações etc., classifica, geralmente, as obras em três categorias:

- unidades contínuas;
- unidades pontuais;
- unidades pontuais especiais.

Entende-se por unidades contínuas todas as obras ou serviços de engenharia onde predomina a sua extensão sem interrupção. Exemplo: estradas rodoviárias, estradas ferroviárias, adutoras de água, redes de água e de esgoto, redes de energia elétrica etc.

Os aspectos de maior relevância técnica de obras ou serviços que se enquadrarem nesta categoria, em princípio, podem ser somados. Exemplificando. Atestados fornecidos, por uma mesma empresa que executou em contratos distintos:

---

[64] TCU. Decisão nº 292/98. *DOU*, n. 104-E, 3 jun. 1998.

a) 30km de rodovia de classe especial em CBUQ à beira-mar;

b) 45km de rodovia de classe especial em CBUQ em um terreno bastante instável; e

c) 28km de rodovia de classe especial em CBUQ em área montanhosa.

Analisando os atestados nota-se a similaridade das obras, no que tange a complexidade tecnológica. Portanto é cabível a soma dos mesmos. Procedida a soma dos vários trechos (103km) denota-se que a exigência editalícia quanto a quantidade mínima, ou seja, 100km está atendida. Evidentemente as demais capacitações técnicas exigidas, como pessoal, equipe técnica, metodologia construtiva etc., também deverão ser comprovadas.

Entende-se por unidades pontuais todas as obras ou serviços de engenharia isolados. Exemplo: uma casa popular, uma creche, um posto de saúde, uma igreja etc.

Neste caso, não existe, em princípio, a possibilidade de se proceder à soma dos atestados. O fato de ter executado uma quantidade razoável de obras pequenas, não enseja na possibilidade de capacitação técnica-operacional para a execução de uma obra de grande porte. Exemplificando. A execução de uma grande quantidade de residências térreas e sobrados, cuja soma representa 4.500m^2 não comprova capacitação técnica-operacional para a execução de um prédio em concreto armado com 12 pavimentos e uma área construída de 9.000m^2. As demais capacitações técnicas exigidas, como pessoal, equipe técnica, metodologia construtiva etc., também deverão ser comprovadas, se solicitadas no instrumento convocatório.

Entende-se por unidades pontuais especiais todas as obras ou serviços de engenharia isolados contendo, no entanto requisitos especiais no que tange a complexidade tecnológica. Exemplificando: edificação em concreto protendido com balanços na ordem de 30m, concreto armado, elevadores especiais, sistema de ar condicionado e umidificador etc. Quando existir dificuldade de comprovação em único atestado pode-se solicitar e somar tantos atestados quanto forem necessários para efetivar a referida exigência. Assim, a proponente poderá apresentar um único atestado ou declaração com todos os requisitos exigidos, ou apresentar como alternativa a comprovação de cada requisito isoladamente. Assim pode o proponente apresentar um único atestado que comprove que já executou uma única obra em concreto protendido em balanço, concreto armado, instalação de elevadores especiais, sistema de ar condicionado e umidificador. Como alternativa, pode comprovar mediante atestados que já executou uma obra em concreto protendido com balaço, executou uma outra obra em concreto armado com instalação de elevadores especiais, numa outra obra procedeu a instalação de ar condicionado e em outra obra instalou o sistema de umidificação.

Note-se que neste caso a mesma empresa executou os requisitos exigidos pelo instrumento convocatório em atestados distintos, o que é perfeitamente aceitável e legal. O que importa que a empresa tenha capacitação técnica-operacional e experiência de execução nos requisitos exigidos. Todas as demais capacitações técnicas exigidas, como pessoal, equipe técnica, metodologia construtiva etc., também deverão ser comprovadas, se assim for exigido pelo instrumento convocatório.

Os atestados devidamente registrados deverão conter as principais informações técnicas que permitam verificar se a qualificação técnica do proponente é compatível com as exigências técnicas previstas no edital e necessárias para a perfeita execução da obra ou serviço.

Em caso de dúvidas sobre a veracidade ou legalidade dos documentos apresentados, pode a entidade diligenciar a fim de certificar-se da procedência das informações prestadas. Nesse sentido, Marçal Justen Filho explica:

> Se os documentos apresentados pelo particular ou as informações neles contidas envolverem pontos obscuros — apurados de ofício pela comissão ou por provocação de interessados —, a realização de diligências será obrigatória. Ou seja, não é possível decidir a questão (seja para desclassificar o licitante, seja para reputar superada a questão) mediante uma escolha de mera vontade. Portanto, a realização da diligência será obrigatória se houver dúvidas relevantes. (...)
>
> Suponha-se que o particular apresentou um certo atestado para comprovar o preenchimento de experiência anterior. Há dúvidas, no entanto, sobre a compatibilidade da contratação referida no atestado e o objeto licitado. Será obrigatório que a Comissão convoque o interessado a esclarecer a natureza de sua experiência anterior. Para tanto, será muito mais relevante a exibição de documentação do que as meras palavras do licitante. Logo, será facultado ao interessado apresentar a documentação atinente à contratação de que resultou o atestado.[65]

Importa ressaltar, porém, que a diligência tem por finalidade o esclarecimento ou a complementação do processo, não se admitindo a inclusão, a esse título, de documento que já deveria constar dos autos inicialmente, isto é, aqueles exigidos para habilitação ou proposta (§3º do art. 43 da Lei de Licitações).

Deve-se tomar as devidas cautelas quando da análise dos atestados ou declarações de capacidade técnica-operacional dos proponentes, expedidos por pessoas físicas ou jurídicas quer particulares quer públicas. Pode-se habilitar um proponente com prejuízo aos demais participantes, na licitação, pela falta de cautela na análise dos mesmos. É importante observar que:

- os atestados, que comprovam a execução de obras ou serviços de engenharia, (com quantidades mínimas no máximo igual a 50% dos itens de maior relevância do objeto),[66] emitidos por pessoas jurídicas de direito público ou privado, devem estar registrados no CREA;
- não se deve confundir o registro no CREA com a apresentação da Anotação de Responsabilidade Técnica (ART), de profissional de nível superior ou outro devidamente reconhecido pelo CREA;
- os atestados de execução de obras ou serviços de engenharia não registrados no CREA podem ser impróprios, viciados e até falsos.
- os atestados, devidamente registrados, devem conter as principais informações técnicas que permitirão verificar se a qualificação técnica do proponente é

---

[65] JUSTEN FILHO. *Comentários à lei de licitações e contratos administrativos*, p. 424.

[66] O TCU determinou ao DNIT que, nas licitações e execuções de obras, quando da avaliação da qualificação técnica-operacional das empresas licitantes, se abstivesse de estabelecer percentuais mínimos em patamares superiores a 50% dos quantitativos dos itens de maior relevância da obra ou serviço, salvo em casos excepcionais, quando houvesse justificativa tecnicamente fundamentada, em observância ao disposto no art. 37, inciso XXI, da Constituição Federal, c/c os arts. 3º, §1º, inciso I, e 30, inciso II, da Lei nº 8.666/1993 (item 9.2.1.1, TC-011.181/2005-3). TCU. Acórdão nº 2.299/2007, Plenário. *DOU*, 5 nov. 2007. Seção 1, p. 90.

compatível com as exigências técnicas estatuídas no instrumento convocatório, e necessárias para a perfeita execução da obra;

- as informações constantes no(s) atestado(s) ou declaração(ões) são compatíveis com o exigido e se não foram utilizados vocábulos imprecisos ou não compatíveis, tentando deturpar o conteúdo do atestado.

Pode ser fixado como requisito, no instrumento convocatório, que o proponente deverá comprovar a existência de disponibilidade de máquinas e equipamentos, assim como de pessoal técnico apto à execução da obra ou serviço de engenharia. Neste caso, o proponente deverá apresentar uma relação de máquinas, equipamentos e de pessoal técnico especializado, declarando formalmente e expressamente a sua disponibilidade. Deve ficar bem claro que esta declaração obriga o proponente, se for contratado, a disponibilizar os bens e pessoal no canteiro de obra ou no local onde será executada a obra ou serviço. Não é permitida a exigência de que os bens arrolados sejam de propriedade do proponente. É indispensável considerar que é absolutamente vedado impor ao proponente a localização prévia das máquinas e equipamentos ou de outros bens necessários para a execução da obra ou serviço de engenharia.

> Art. 30 (...)
>
> §6º As exigências mínimas relativas a instalações de canteiros, máquinas, equipamentos e pessoal técnico especializado, considerados essenciais para o cumprimento do objeto da licitação, serão atendidas mediante apresentação de relação explícita e da declaração formal da sua disponibilidade, sob as penas cabíveis, vedada as exigências de propriedade e de localização prévia.

A Lei não permite que sejam exigidos requisitos estabelecendo prazos máximos ou delimitando locais ou outros não previstos na legislação. O instrumento convocatório pode conter exigências de experiência anterior, na execução de obras ou serviços similares, como já foi visto anteriormente, porém não se admite que se estabeleçam prazos máximos, ou seja, que se obrigue o proponente a comprovar sua aptidão em um determinado período preestabelecido, conforme preceitua o art. 30, §5º, da Lei nº 8.666/93.

> Art. 30 (...)
>
> §5º É vedada a exigência de comprovação de atividade ou de aptidão com limitações de tempo ou de época ou ainda em locais específicos, ou quaisquer outras não previstas nesta Lei, que inibam a participação na licitação.

Em situações especiais, em que a obra ou serviço de engenharia é enquadrável como obra ou serviço de grande vulto e alta complexidade, elas podem ser executadas a partir de soluções técnicas diferenciadas. A partir dessa premissa, o instrumento convocatório deve estabelecer a formulação de uma proposta técnica. Esta proposta técnica deve sempre ser examinada após a fase de habilitação e antes da fase de exame da proposta de preços. A fase de habilitação consiste na verificação da idoneidade do proponente quanto aos aspectos jurídicos, fiscais, técnicos e econômicos. A fase da proposta técnica envolve a definição da concepção técnica a ser adotada para executar o objeto. Na fase da proposta de preços, avalia-se o preço proposto pelo proponente, desde que tenha atendido os requisitos das fases anteriores. A sequência das fases deve ser estritamente observada. No caso, a licitação é desdobrada em três etapas:

a) o proponente apresenta um envelope com a documentação referente à habilitação;

b) outro com a proposta técnica; e

c) um terceiro contendo a proposta de preços.

É necessário tomar cuidado para não confundir a proposta técnica com o tipo de licitação melhor técnica e de técnica e preço. Através da proposta técnica o proponente apresenta a solução técnica que pretende adotar para a execução do objeto. É importante que a avaliação da proposta técnica seja feita através de critérios objetivos, utilizando-se a metodologia da pontuação. Devem constar no instrumento convocatório os critérios de avaliação da proposta técnica, fixando a pontuação mínima. As propostas técnicas, cujas pontuações superem à mínima estabelecida no instrumento convocatório, serão consideradas igualmente aceitas, de forma que a pontuação não interfere no julgamento da licitação, que se seguirá, considerando-se apenas o critério de menor preço.

> Art. 30 (...)
>
> §8º No caso de obras, serviços e compras, de grande vulto, de alta complexidade técnica, poderá a Administração exigir dos licitantes a metodologia de execução, cuja avaliação, para efeito de sua aceitação ou não, antecederá sempre à análise dos preços e será efetuada exclusivamente por critérios objetivos.

A legislação faculta a exigência, no instrumento convocatório, do domínio de determinadas tecnologias especiais, quando necessárias, para a execução de obras de grande vulto e de alta complexidade técnica. O art. 30, §9º, define o que é alta complexidade técnica:

> Art. 30 (...)
>
> §9º Entende-se por licitação de alta complexidade técnica aquela que envolva alta especialização, como fator de extrema relevância para garantir a execução do objeto a ser contratado, ou que possa comprometer a continuidade da prestação de serviços públicos essenciais.

A exigência é satisfeita pela simples comprovação do domínio da técnica pelo proponente. Assim, retoma-se a rotina normal da licitação que envolve habilitação preliminar, proposta técnica e proposta de preços.

c) Capacitação técnico-profissional

A capacitação técnico-profissional se refere somente à experiência e à capacitação do pessoal e profissional em determinada atividade, em virtude de execução de obras ou serviços de engenharia realizadas anteriormente.

Assim, o instrumento convocatório deve estabelecer a obrigatoriedade do proponente comprovar que, na data de entrega dos envelopes, possui em seu quadro de funcionários profissional de nível superior ou outro devidamente reconhecido pela entidade competente.

A questão atinente ao vínculo entre o licitante e o profissional detentor do atestado de capacidade técnica deve ser vista com cautela, conforme orientação do TCU:

> 9. Todavia, há que se atentar para o fato de que a Lei nº 8.666/93 não define o que seja "quadro permanente". Assim, essa expressão poderia ser compreendida como o conjunto de pessoas ligadas à empresa de modo permanente, sem natureza eventual, por meio de vínculos de natureza trabalhista e/ou societária.
>
> Esse conceito, entretanto, reclama certa ampliação nas hipóteses em que a autonomia no exercício da profissão descaracteriza o vínculo empregatício sem afastar a qualificação do sujeito como integrante do quadro permanente, como é o caso dos profissionais da área de engenharia.
>
> 10. A exigência de que as empresas concorrentes possuam vínculo empregatício, pôr meio de carteira de trabalho assinada, com o profissional técnico qualificado mostra-se, ao meu ver, excessiva e limitadora à participação de eventuais interessados no certame, uma vez que o essencial, para a Administração, é que o profissional esteja em condições de efetivamente desempenhar seus serviços no momento da execução de um possível contrato. Em outros termos, o sujeito não integrará o quadro permanente quando não estiver disponível para prestar seus serviços de modo permanente durante a execução do objeto do licitado.
>
> 11. A regra contida no artigo 30, §1º, inciso I, da Lei nº 8.666/93, não pode ser tomada em caráter absoluto, devendo-se sopesá-la diante dos objetivos que se busca alcançar com a realização das licitações, quais sejam, a garantia de observância ao princípio da isonomia e a seleção da proposta mais vantajosa para a Administração.
>
> 12. Assim, se o profissional assume os deveres de desempenhar suas atividades de modo a assegurar a execução satisfatória do objeto licitado, o correto é entender que os requisitos de qualificação profissional foram atendidos. Não se pode conceber que as empresas licitantes sejam obrigadas a manter profissionais de alta qualificação, sob vínculo empregatício, apenas para participar da licitação, pois a interpretação ampliativa e rigorosa da exigência de vínculo trabalhista se configuraria como uma modalidade de distorção.
>
> 13. Atender, no caso em tela, à letra fria desse dispositivo, sem considerar os objetivos da Administração e os limites de exigência de qualificação técnica, suficientes para a garantia do cumprimento das obrigações, seria desbordar para o formalismo que se basta em si mesmo, sem ter em vista qualquer outro objetivo consentâneo com o interesse público.[67]

O instrumento convocatório deve fixar que o proponente, se eventualmente for vencedor da licitação, que o responsável técnico e pessoal técnico indicado na sua proposta deverá ser mantido até a conclusão do objeto (manter as mesmas condições de habilitação). No entanto, pode ocorrer a necessidade de alguma substituição

[67] TCU. Acórdão nº 2.297/05, Plenário. *DOU*, 3 jan. 2006.

de pessoal durante a execução do objeto. Tal fato é perfeitamente viável desde que o substituto detenha experiência equivalente ou superior e que seja aprovado pelo contratante. Isto não significa que o contratante possa simplesmente negar a substituição de um profissional com experiência, no mínimo, equivalente, mas, sim, que o contratante deve analisar e aprovar a capacitação do profissional substituto, evitando impropriedades.

> Art. 30 (...)
>
> §10. Os profissionais indicados pelo licitante para fins de comprovação da capacidade técnico-operacional de que trata o inciso I do §1º deste artigo deverão participar da obra ou serviço objeto da licitação, admitindo-se a substituição por profissionais de experiência equivalente ou superior, desde que aprovada pela Administração.

No caso, a qualificação técnico-profissional não se refere somente ao nível superior, visto que, em determinadas situações, a capacitação profissional pode ser demonstrada por meio de cursos de pós-graduação, ou ainda aquelas em que são exigidos apenas cursos técnicos. Também, deve ficar estabelecido que o profissional de nível superior ou outro devidamente reconhecido pelo CREA, deve ser detentor de atestado de responsabilidade técnica quando se tratar de profissional da área da engenharia, arquitetura ou agrimensura. O instrumento convocatório, também, deve normatizar que o profissional comprove, mediante atestado de responsabilidade técnica, confirmado mediante apresentação da Certidão de Acervo Técnico (CAT), haver executado obras ou serviços de características semelhantes, identificando exclusivamente as parcelas de maior relevância e valor significativo.

O responsável técnico indicado para uma determinada obra ou serviço de engenharia, obrigatoriamente, deve ser um profissional devidamente legalizado e exercer as atividades de acordo com as suas atribuições. Fato este, obriga que o profissional habilitado somente poderá exercer atividades vinculadas a sua formação. Caso contrário estará exercendo ilegalmente a profissão. Exemplificando. Um engenheiro civil não tem competência para ser responsável técnico, fiscalizar etc. uma atividade inerente ao engenheiro eletricista (execução de uma rede de alta tensão, por exemplo).

É indispensável que a Comissão de Licitação verifique se o responsável técnico está apto (habilitação legal, atividade e atribuição específica à peculiaridade do contrato) a exercer determinada atividade.

É importante lembrar que o art. 6º da Lei nº 5.194/66 considera ilegal o exercício da profissão de Engenheiro, Arquiteto ou Engenheiro-Agrônomo nas seguintes situações:

a) pessoa física ou jurídica que realizar atos ou prestar serviços, público ou privado, reservados aos profissionais de que trata a Lei nº 5.194/66;
b) pessoa física ou jurídica que não possui registro nos Conselhos regionais;
c) o profissional que se incumbir de atividades estranhas às atribuições discriminadas em seu registro;

d) o profissional que emprestar seu nome a pessoas, firmas, organizações ou empresas executoras de obras e serviços sem sua real participação nos trabalhos delas;

e) o profissional que, suspenso de seu exercício, continue em atividade;

f) a firma, organização ou sociedade que, na qualidade de pessoa jurídica, exercer atribuições reservadas aos profissionais de engenharia, da arquitetura e da agronomia, com infringência do disposto no parágrafo único do art. 8º da Lei nº 5.194/66

Em conformidade com o art. 30, §1º, da Lei nº 8.666/93, são vedadas exigências relativas a quantidades mínimas ou prazos máximos. Exemplificando: não é permitida a comprovação de execução de uma obra com uma determinada área "X" construída nos últimos "Y" anos.

> Art. 30 (...)
>
> §1º (...)
>
> I - capacitação técnico-profissional: comprovação do licitante de possuir em seu quadro permanente, na data prevista para entrega da proposta, profissional de nível superior ou outro devidamente reconhecido pela entidade competente, detentor de atestado de responsabilidade técnica por execução de obra ou serviço de características semelhantes, limitadas estas exclusivamente às parcelas de maior relevância e valor significativo do objeto da licitação, vedadas as exigências de quantidades mínimas ou prazos máximos (...).

5.4.2.5.4 Qualificação econômico-financeira

Para que a obra ou serviço de engenharia seja executado em conformidade com o estabelecido no contrato o proponente deve comprovar sua qualificação econômico-financeira. A avaliação é procedida mediante critérios estatuídos no instrumento convocatório e sempre efetuada em fase anterior à análise das propostas de preços, objetivando a exclusão do proponente que não apresentar capacidade financeira para a execução do objeto.

O instrumento convocatório deve conter os critérios para aferir a capacidade financeira do proponente. O proponente deve dispor de recursos financeiros que lhe permitam custear as despesas diretas e indiretas, relativas à execução do objeto contratado. Como regra geral, o contratado somente perceberá o pagamento depois de realizada a prestação e obtida aprovação da mesma pelo contratante; a inexistência de recursos próprios faz presumir a inviabilidade da execução satisfatória do contrato. Na qualificação econômico-financeira, com vistas a evitar o estabelecimento excessivo de exigências no instrumento convocatório, muitas vezes desnecessárias e inadequadas, a Lei limitou os requisitos, conforme o art. 31:

a) Balanço patrimonial e demonstrações contábeis;

b) Certidões negativas de falência ou concordata;

c) Garantia;

d) Índices contábeis;

e) Capital mínimo ou patrimônio líquido mínimo;
f) Relação de compromissos assumidos pelo proponente.

a) Balanço patrimonial e demonstrações contábeis do último exercício social

> Art. 31. A documentação relativa à qualificação econômico-financeira limitar-se-á a:
> (...)
> I - balanço patrimonial e demonstrações contábeis do último exercício social, já exigíveis e apresentados na forma da lei, que comprovem a boa situação financeira da empresa, vedada a sua substituição por balancetes ou balanços provisórios, podendo ser atualizados por índices oficiais quando encerrados a mais de 3 (três) meses da data de apresentação da proposta (...).

O instrumento convocatório deve definir a apresentação das demonstrações financeiras. Geralmente, exige-se a apresentação das demonstrações financeiras do último exercício social (balanço patrimonial e demonstração do resultado do exercício). As demonstrações financeiras das sociedades anônimas ou por ações devem ser apresentadas em publicação no *Diário Oficial*. As mesmas devem ser assinadas por contabilista registrado no Conselho Regional de Contabilidade (CRC). Com relação às demais formas societárias, as demonstrações financeiras devem ser assinadas por contabilista registrado no CRC e pelo representante legal da empresa, e devem vir acompanhadas pelos termos de abertura e de encerramento do livro-diário, devidamente registrado e assinado pelo órgão competente, no qual foram copiadas. Na falta de encerramento das demonstrações financeiras do último exercício social, devidamente comprovada, serão aceitas as demonstrações financeiras do exercício imediatamente anterior, se o instrumento convocatório assim o permitir.

Se eventualmente o processo inflacionário provocar distorções nas demonstrações financeiras do último exercício social, a Lei permite a sua correção segundo índices oficiais. Como os balancetes ou balanços provisórios não gozam da mesma confiabilidade dos balanços, é vedada a sua apresentação.

No caso de empresas constituídas no próprio exercício e que ainda não tenham apurado o seu resultado, a situação econômico-financeira pode ser demonstrada pelo "balanço de abertura".

Deve-se atentar que a solicitação do balanço patrimonial e demonstrações contábeis do último exercício social somente deverão ser solicitadas, no instrumento convocatório, se seu conteúdo tenha utilidade. A apresentação deste documento somente para constar dos autos do processo licitatório não é legítimo. Agora, se a análise da saúde financeira, através de índices usuais da contabilidade, for requisito do instrumento convocatório, então é necessária a solicitação do referido documento.

b) Certidão negativa de falência ou concordata

> Art. 31. A documentação relativa à qualificação econômico-financeira limitar-se-á a:
> (...)

> II - certidão negativa de falência ou concordata expedida pelo distribuidor da sede da pessoa jurídica, ou de execução patrimonial, expedida no domicílio da pessoa física (...).

O instrumento convocatório deve estabelecer a apresentação de certidão negativa expedida pelo(s) distribuidor(es) da sede da pessoa jurídica. A Lei não exige, porém muitas vezes é interessante a solicitação de documento expedido pela Corregedoria Geral ou outro órgão competente no qual conste a relação dos cartórios distribuidores da sede da pessoa jurídica. Com isso, soluciona-se dúvidas sobre o número de cartórios distribuidores existentes na sede da pessoa jurídica.

c) Garantia

> Art. 31. A documentação relativa à qualificação econômico-financeira limitar-se-á a: (...)
>
> III - garantia, nas mesmas modalidades e critérios previstos no "caput" e §1º do art. 56 desta (...).

Com a finalidade de garantir a participação dos proponentes no processo licitatório até o seu encerramento, o instrumento convocatório pode exigir a apresentação de "garantia de manutenção de proposta". Portanto, efetivada a retirada da proposta durante o procedimento licitatório, a garantia de manutenção não será devolvida ao proponente e será apropriada pela Administração. O seu valor não pode exceder a 1% (um por cento) do valor estimado de contratação do objeto. A modalidade e forma de recolhimento devem ser estabelecidas no instrumento convocatório.

d) Índices contábeis

> Art. 31 (...)
>
> §1º A exigência de índices limitar-se-á à demonstração da capacidade financeira do licitante com vistas aos compromissos que terá que assumir caso lhe seja adjudicado o contrato, vedada a exigência de valores mínimos de faturamento anterior, índices de rentabilidade ou lucratividade. (...)
>
> §5º A comprovação da boa situação financeira da empresa será feita de forma objetiva, através do cálculo de índices contábeis previstos no edital e devidamente justificados no processo administrativo da licitação que tenha dado início ao certame licitatório, vedada a exigência de índices e valores não usualmente adotados para a correta avaliação de situação financeira suficiente ao cumprimento das obrigações decorrentes da licitação.

O instrumento convocatório deve estabelecer claramente os critérios a serem utilizados para a avaliação da situação econômico-financeira do interessado. Não é suficiente apenas exigir a apresentação das demonstrações contábeis. Como existem diversos critérios para definir a situação empresarial, a ausência de definição no instrumento convocatório poderia ocasionar um resultado descabido: ou o conteúdo das demonstrações financeiras seria irrelevante, bastando sua exibição, ou a Administração teria liberdade para determinar o critério caso a caso. Assim, a comprovação da situação econômico-financeira deve ser feita segundo critérios objetivos estabelecidos no instrumento convocatório e sua adoção deve ser justificada na fase interna da licitação. O critério mais empregado é o do estabelecimento de limites aos índices contábeis solicitados no referido instrumento. É relevante enfatizar que é vedado exigências concernentes à rentabilidade, à lucratividade ou ao faturamento do proponente. Assim, e como a Lei não determina os índices a serem adotados, utilizam-se usualmente os índices de Liquidez Geral, Liquidez Corrente e Endividamento, os quais são extraídos do balanço. Convém lembrar que podem ser empregados outros índices para aferir a situação empresarial. Como ilustração:

- Índice de Liquidez Geral (ILG):
ILG = (AC + RLP) / (PC + ELP)

- Índice de Liquidez Corrente (ILC):
ILC = (AC / PC)

- Índice de Endividamento (IE):
IE = (PC + ELP) / (AC + RLP+ AP)

Onde:
AC - ativo circulante;
PC - passivo circulante;
AP - ativo permanente;
RLP - realizável em longo prazo;
ELP - exigível em longo prazo.

e) Capital mínimo ou patrimônio líquido mínimo

Art. 31 (...)

§2º A Administração nas compras para entrega futura e na execução de obras e serviços, poderá estabelecer, no ato convocatório da licitação, a exigência de capital mínimo ou patrimônio líquido mínimo, ou ainda as garantias previstas no §1º do art. 56 desta Lei, como dado objetivo de comprovação da qualificação econômico-financeira dos licitantes e para efeito de garantia ao adimplemento do contrato a ser ulteriormente celebrado. (...)

§3º O capital mínimo ou o valor do patrimônio líquido a que se refere o parágrafo anterior, não poderá exceder a 10% (dez por cento) do valor estimado da contratação, devendo a comprovação ser feita relativamente à data da apresentação da proposta, na forma da lei, admitida a atualização para (...).

No instrumento convocatório pode ser estabelecida a exigência de capital mínimo ou patrimônio líquido mínimo para obras e serviços de engenharia, como comprovação de qualificação econômico-financeira dos participantes na licitação. Visa este dispositivo garantir que os interessados possuam uma estrutura mínima, viável para levar a bom termo o eventual contrato sob sua responsabilidade. O capital mínimo ou o valor do patrimônio líquido a ser fixado no instrumento convocatório não pode exceder a 10% do valor estimado da contratação. Quando em um mesmo instrumento convocatório forem licitados várias obras ou serviços sob forma de lote, o capital mínimo solicitado não pode exceder a 10% da soma dos valores estimados para cada lote em que o proponente pretende participar. Esta comprovação deve ser feita relativamente à data da apresentação das propostas. O capital mínimo, como comprovação de qualificação econômico-financeira, é usualmente o mais empregado. A exigência de capital mínimo ou patrimônio líquido mínimo é desnecessário quando o valor do objeto a ser contratado não for de grande monta.

Deve-se observar que a exigência de capital mínimo só pode ser feita se não forem exigidas as garantias previstas no art. 56, §1º, ou vice-versa.

f) relação de compromissos assumidos pelo proponente

> Art. 31 (...)
>
> §4º Poderá ser exigida, ainda, a relação dos compromissos assumidos pelo licitante que importem diminuição da capacidade operativa ou absorção de disponibilidade financeira, calculada esta em função do patrimônio líquido atualizado e sua capacidade de rotação.

O instrumento convocatório pode exigir também a relação dos compromissos financeiros no que se refere a despesas e créditos a curto, médio e longo prazo, com a finalidade de se estabelecer a sua capacidade financeira e se avaliar a possibilidade de nova contratação.

5.4.2.6 Consórcio de empresas

O instrumento convocatório pode permitir a participação de consórcio de empresas. O consórcio consiste na associação de duas ou mais organizações técnicas, industriais, comerciais, ou mesmo profissionais, tendo como objetivo a execução de um determinado empreendimento. O consórcio se caracteriza por ser temporário, desligando-se os consorciados assim que o objetivo que deu origem à associação é levado a termo. Pode se constituir de duas formas:

- consorciados com atividades semelhantes;
- consorciados com atividades distintas.

No primeiro caso, a associação é resultante de empresas que atuam na mesma área de atividade para conjugação de recursos ou experiências similares.

No segundo caso, a associação é resultante de empresas que atuam em áreas de atividade diferenciadas, objetivando unificar qualificações distintas e inconfundíveis. Este tipo de consórcio ocorre quando a execução do objeto necessita da participação de atividades empresariais distintas. Nestes casos, a vedação de constituição de consórcios acarreta enormes dificuldades de participação de interessados no processo licitatório.

Quando permitida na licitação a participação de consórcio de empresas, devem ser observadas as seguintes regras, conforme o art. 33 da Lei de Licitações:

> Art. 33. Quando permitida na licitação a participação de empresas em consórcio, observar-se-ão as seguintes normas:
>
> I - comprovação do compromisso público ou particular de constituição de consórcio, subscrito pelos consorciados;
>
> II - indicação da empresa responsável pelo consórcio que deverá atender às condições de liderança, obrigatoriamente fixadas no edital;
>
> III - apresentação dos documentos exigidos nos arts. 28 a 31 desta Lei por parte de cada consorciado, admitindo-se, para efeito de qualificação técnica, o somatório dos quantitativos de cada consorciado, e, para efeito de qualificação econômico-financeira, o somatório dos valores de cada consorciado, na proporção de sua respectiva participação, podendo a Administração estabelecer, para o consórcio, um acréscimo de até 30% (trinta por cento) dos valores exigidos para licitante individual, inexigível este acréscimo para os consórcios compostos, em sua totalidade, por micro e pequenas empresas assim definidas em lei;
>
> IV - impedimento de participação de empresa consorciada, na mesma licitação, através de mais de um consórcio ou isoladamente.
>
> V - responsabilidade solidária dos integrantes pelos atos praticados em consórcio, tanto na fase
>
> §1º No consórcio de empresas brasileiras e estrangeiras a liderança caberá, obrigatoriamente, à empresa brasileira, observado o disposto no inciso II deste artigo.
>
> §2º O licitante vencedor fica obrigado a promover, antes da celebração do contrato, a constituição e o registro do consórcio, nos termos do compromisso referido no inciso I deste artigo.

5.4.2.6.1 Comprovação do compromisso público ou particular de constituição de consórcio

No instrumento convocatório, deve constar que a participação de consórcio na licitação está condicionada à comprovação de compromisso público ou particular de constituição de consórcio, subscrito pelos consorciados, registrado em cartório de registro de títulos e documentos. O referido documento deve conter cláusulas que definam:

a) composição do consórcio;
b) objeto do consórcio;
c) indicação da empresa responsável (líder do consórcio), que deverá atender às condições legais de liderança;

d) compromissos e obrigações das empresas consorciadas;
e) compromisso expresso de responsabilidade solidária dos integrantes pelos atos praticados em consórcio;
f) compromisso de que o consórcio não terá sua composição ou constituição alterada ou, sob qualquer forma, modificada até a conclusão e recebimento do objeto contratado;
g) compromissos e obrigações de cada um dos consorciados, individualmente, em relação ao objeto da licitação.

5.4.2.6.2 Empresa líder do consórcio

O instrumento convocatório deve estabelecer regras sobre a liderança do consórcio, cabendo aos interessados definir a sociedade que assumirá essa posição.

5.4.2.6.3 Documentação

O instrumento convocatório deve estabelecer qual a documentação que cada consorciado deve apresentar em cada fase licitatória. No entanto, quando da avaliação, a Comissão de Licitação analisará o conjunto de documentos e não os documentos de cada consorciado de forma isolada, principalmente aqueles referentes à qualificação técnica e econômico-financeira, uma vez que o objetivo da unificação é justamente reunir os requisitos necessários, o que seria difícil de ser alcançado pelas empresas isoladamente. Assim, as exigências previstas no instrumento convocatório devem ser satisfeitas no conjunto. Quando da análise da qualificação técnica, deve constar claramente, no instrumento convocatório, que será procedido o somatório dos quantitativos de cada consorciado. No caso da análise econômico-financeira a avaliação se procederá considerando a média ponderada dos parâmetros que compõe cada índice, considerando-se a proporção de participação de cada empresa na formação do consórcio. Poderá ser estabelecido, para o consórcio, um acréscimo de até 30% dos valores exigidos para licitante individual, inexigível este acréscimo para os consórcios compostos, em sua totalidade, por micro e pequenas empresas assim definidas em Lei.

5.4.2.6.4 Restrição quanto à permissão de participação em consórcio

O instrumento convocatório deve vedar expressamente a participação de empresa consorciada na mesma licitação, através de mais de um consórcio ou isoladamente. Fere vários princípios jurídicos, entre eles o da competitividade, da moralidade, do sigilo e outros.

5.4.2.6.5 Responsabilidade solidária dos consorciados

Os consorciados são considerados como unidade perante a Administração, devendo os mesmos responder juridicamente como unidade.

5.4.2.6.6 Liderança no caso de consórcio entre empresas brasileiras e estrangeiras

No caso de consórcio constituído por empresas brasileiras e estrangeiras, a liderança cabe obrigatoriamente à empresa brasileira. Esta regra, quando se tratar de licitação internacional com recursos de financiamento concedido por organismo multilateral de que o Brasil faça parte, ou por agência estrangeira de cooperação, pode não ser aplicável, dependendo unicamente das condições contratuais firmadas com o respectivo organismo multilateral ou com a agência estrangeira de cooperação.

5.4.2.6.7 Formalização do consórcio

Quando um consórcio for declarado vencedor de uma licitação, o mesmo deve providenciar a sua formalização nos termos da legislação mercantil.

5.4.2.7 Forma de apresentação das propostas

Conforme já mencionado, o instrumento convocatório deve estabelecer os requisitos quanto aos aspectos de conteúdo e forma acerca do procedimento licitatório, bem como normatizar a forma de apresentação de sua proposta (documentação, proposta técnica, se for o caso, e proposta de preços).

5.4.2.7.1 Apresentação dos documentos

Os documentos solicitados no instrumento convocatório devem ser apresentados em original, mediante publicação na imprensa oficial ou cópia autenticada, conforme estatui a Lei de Licitações:

> Art. 32. Os documentos necessários à habilitação poderão ser apresentados em original, por qualquer processo de cópia autenticada por cartório competente ou por servidor da Administração ou publicação em órgão da imprensa oficial.

Admite-se, por outro lado, a apresentação de cópia (autenticada) da publicação na imprensa oficial. A Comissão de Licitação pode autenticar as cópias apresentadas pelo proponente no ato da abertura dos envelopes, desde que nos mesmos estejam inseridas as cópias e os respectivos originais. A falta de autenticação das cópias desqualifica o documento e enseja a inabilitação do respectivo proponente. Quando o instrumento convocatório solicitar a documentação em duas ou mais vias, geralmente a primeira via deve ser apresentada em original/cópia autenticada, sendo que as demais podem ser apresentadas sem autenticação, desde que o respectivo instrumento convocatório não estabeleça o contrário. Se houver indícios de falta de veracidade das informações prestadas pelo proponente, a Comissão de Licitação pode promover diligências no sentido de esclarecê-las, mesmo que o documento esteja autenticado.

5.4.2.7.2 Dispensa de documentos

Para os casos de convite e concurso é facultado ao instrumento convocatório solicitar a apresentação dos documentos, de que tratam os artigos 28 a 31 da Lei nº 8.666/93, no todo ou em parte. É importante esclarecer que o §1º do art. 32 da Lei de Licitações[68] apresenta uma ilegalidade, visto que a dispensa total não pode ser admitida sob hipótese alguma. Não é possível dispensar-se a prova da regularidade para com INSS, para com o FGTS, para o contido no art. 7º, inciso XXXIII, da Constituição,[69] e para com o art. 30, inciso I, da Lei nº 8.666/93.[70] A dispensa de outros documentos deve ser avaliada com cautela para garantir-se a satisfatória execução do contrato

5.4.2.7.3 Apresentação do certificado de registro cadastral

O instrumento convocatório pode estabelecer que a apresentação do Certificado de Registro Cadastral substitui os documentos enumerados nos arts. 28 a 31 da Lei nº 8.666/93:

> Art. 32 (...)
>
> §2º O certificado de registro cadastral a que se refere o §1º do art. 36 substitui os documentos enumerados nos arts. 28 a 31, quanto às informações disponibilizadas em sistema informatizado de consulta direta indicado no edital, obrigando-se a parte a declarar, sob as penalidades legais, a superveniência de fato impeditivo da habilitação.
>
> §3º A documentação referida neste artigo poderá ser substituída por registro cadastral emitido por órgão ou entidade pública, desde que previsto no edital, e o registro tenha sido feito em obediência ao disposto nesta Lei.

Os documentos dispensáveis, desde que as correspondentes informações estejam disponíveis no sistema informatizado, devem estar claramente citados no instrumento convocatório. Por outro lado, é importante ressaltar que o Certificado de Registro Cadastral é válido, desde que tenha sido efetuado em consonância com a Lei nº 8.666/93. Como a substituição da documentação pelo Certificado de Registro Cadastral é simplesmente permitida, o instrumento convocatório, tendo em vista a conveniência administrativa, pode omitir ou mesmo vedar essa substituição, ou ainda exigir adicionalmente requisitos de qualificação técnica e econômico-financeira, principalmente, quando se tratar de licitação que envolve obra ou serviço de engenharia com peculiaridades específicas. Neste caso, apenas a apresentação do Certificado pelo proponente não valida a substituição dos respectivos documentos.

A Lei faculta aos órgãos que não possuam cadastro a possibilidade de disporem de cadastros mantidos por outros órgãos, porém não concede ao interessado, inscrito

---

[68] "Art. 32 (...) §1º A documentação de que tratam os arts. 28 a 31 desta Lei poderá ser dispensada, no todo ou em parte, nos casos de convite, concurso, fornecimento de bens para pronta entrega e leilão."

[69] Não manter em seu quadro de pessoal menores de 18 anos em horário noturno de trabalho ou em serviços perigosos ou insalubres, não mantendo ainda, em qualquer trabalho, menores de 16 anos, salvo na condição de aprendiz, a partir de 14 anos.

[70] Registro ou inscrição na entidade profissional competente, no caso de obras e serviços de engenharia, o CREA.

em determinado cadastro, o direito de exigir o reconhecimento do correspondente certificado pelos outros órgãos.

O SICAF tem como única função a dispensa do Certificado de Registro Cadastral (CRC) e a utilização da consulta *on-line* para verificar as informações que são necessárias. Portanto, não há a necessidade que o CRC esteja inserido no envelope da documentação. Basta que o proponente indique que está cadastrado no SICAF, de forma que a Comissão de Licitação, *on-line*, verifique a situação do referido proponente.

5.4.2.7.4 Empresas estrangeiras que não funcionam no Brasil

As empresas estrangeiras estão sujeitas à legislação do país onde têm sede. Assim, a legislação brasileira não pode disciplinar matéria atinente à constituição e funcionamento de pessoas jurídicas estrangeiras com sede no exterior e que não estão habilitadas a funcionarem no Brasil. Portanto, o interessado em participar da licitação deve apresentar documentos equivalentes aos da lei brasileira, na medida em que a lei estrangeira exija requisitos similares.

Quanto à tradução para o português, não é obrigatório que seja efetuada por tradutor juramentado no Brasil; o STJ reconhece a validade de tradução efetuada por tradutor juramentado estrangeiro. O proponente estrangeiro deve ter um representante legal (procurador) no Brasil com poderes expressos para receber citação e responder administrativa ou judicialmente.

> Art. 32 (...)
>
> §4º As empresas estrangeiras que não funcionem no País, tanto quanto possível, atenderão, nas licitações internacionais, às exigências dos parágrafos anteriores, mediante documentos equivalentes, autenticados pelos respectivos consulados e traduzidos por tradutor juramentado, devendo ter representação legal no Brasil, com poderes expressos para receber citação e responder administrativa ou judicialmente.

5.4.2.7.5 Taxas e emolumentos

No aviso de licitação, bem como no instrumento convocatório, se a Administração assim o desejar, pode fixar um valor em moeda nacional corrente para a aquisição do instrumento convocatório, seus modelos, anexos e demais documentos pertinentes. Este valor deve ser, no máximo, igual ao valor de reprodução dos documentos a serem fornecidos.

> Art. 32 (...)
>
> §5º Não se exigirá, para habilitação de que trata este artigo, prévio recolhimento de taxas ou emolumentos, salvo os referentes a fornecimento do edital, quando solicitado, como os seus elementos constitutivos, limitados ao valor do custo efetivo de reprodução gráfica da documentação fornecida.

5.4.2.7.6 Critérios de julgamento

No instrumento convocatório, devem estar normatizados os critérios de julgamento a serem seguidos pela Comissão de Licitação, não sendo facultado a esta poder discricionário para escolher, no momento do julgamento, o critério que melhor lhe convier. Portanto, no referido instrumento, deve constar o tipo de licitação e as regras de julgamento de forma clara e objetiva, a fim de permitir que os proponentes formulem suas propostas em função do tipo de licitação e das regras estabelecidas.

> Art. 40 (...)
>
> VII - critério para julgamento, com disposições claras e parâmetros objetivos; (...).

No caso do instrumento convocatório não se manifestar a respeito do tipo de licitação e das regras a serem seguidas, ou apresentar dubiedade quanto a esses aspectos, deve ser solicitada à nulidade do processo licitatório por qualquer proponente. A definição do tipo de licitação e o estabelecimento dos critérios de julgamento regulam todo o curso da licitação, afetando, por conseguinte, a elaboração das demais cláusulas do instrumento convocatório. O procedimento licitatório, os critérios de julgamento e o tipo de licitação devem obrigatoriamente ser compatíveis entre si. Assim, uma licitação de técnica e preço deve ser julgada levando-se em conta a ponderação entre a proposta técnica e a proposta de preço. Exemplificando; não é válido e, portanto, implica a nulidade do processo licitatório, se o instrumento convocatório estabelecer que a licitação é do tipo de técnica e preço e, para efeito de julgamento, considere apenas o menor preço.

O julgamento das propostas deve ser realizado observando-se os aspectos inerentes a cada tipo de licitação, a saber:

- Menor preço;
- Melhor técnica;
- Técnica e preço.

a) Menor preço

No caso de obras e de serviços de engenharia o fator preço prepondera sobre os demais, significando que será escolhido como vencedor da licitação o proponente que apresentar o menor preço, desde que atendidos os demais requisitos estabelecidos no instrumento convocatório. Deve-se considerar que a possibilidade de serem estabelecidos requisitos técnicos especiais no instrumento convocatório é totalmente cabível e, se tal ocorrer, devem ser cumpridos pelos proponentes e analisados pela Comissão de Licitação. Os padrões técnico-científicos não são considerados, no julgamento, como critério de seleção de propostas, mas devem ser verificados quanto ao seu atendimento.

Assim, as propostas que não atenderem aos requisitos técnicos mínimos serão desclassificadas, mas as que atenderem esses requisitos serão qualificadas em rigorosa igualdade de condições, sendo vencedora a que apresentar o menor preço.

Art. 45 (...)

§1º (...)

I - a de menor preço – quando o critério de seleção da proposta mais vantajosa para a Administração determinar que será vencedor o licitante que apresentar a proposta de acordo com as especificações do edital ou convite e ofertar o menor preço;

O instrumento convocatório deve determinar que a classificação das propostas dos proponentes habilitados e qualificados segue a ordem crescente dos preços propostos, ou seja, a de menor preço será a primeira colocada (vencedora), a de preço imediatamente superior, a segunda colocada e assim por diante. Deve também prever os critérios de desempate entre dois ou mais proponentes, no caso de ocorrer empate no preço. Os critérios de desempate serão discutidos mais adiante.

Art. 45 (...)

§3º No caso da licitação do tipo menor preço, entre os licitantes considerados qualificados a classificação se dará pela ordem crescente dos preços propostos, prevalecendo, no caso de empate, exclusivamente o critério previsto no parágrafo anterior.

b) melhor técnica e técnica e preço

Este critério de julgamento não pode ser utilizado na licitação de obras e serviços de engenharia, como já comentado anteriormente excetuado os considerados de natureza intelectual. Neste caso, não prepondera o menor preço prevalecendo à proposta que apresentar melhor qualidade técnica. Por outro lado, o instrumento convocatório pode estabelecer padrão técnico mínimo, com a finalidade de eliminar, as propostas que não atenderem aos requisitos mínimos necessários. As propostas remanescentes, que atenderam ao padrão técnico mínimo, são analisadas sob a égide da qualidade técnica sendo-lhes atribuída a respectiva pontuação.

O instrumento convocatório deve estabelecer critérios claros e bem definidos a fim de eliminar o eventual subjetivismo no julgamento. O emprego, pela Administração, dos tipos de licitação melhor técnica ou técnica e preço deve ser analisado meticulosamente e utilizado com a máxima cautela. O instrumento convocatório deve ser elaborado com cuidado, discriminando com muita clareza as exigências técnicas e os critérios de julgamento. Por outro lado, a Comissão de Licitação, responsável pelo julgamento das propostas, deve obrigatoriamente ser integrada por profissionais capacitados e experientes.

A autoridade promotora da licitação deve justificar, expressa e adequadamente, sua opção pelo tipo de licitação.

Art. 46 (...)

§3º Excepcionalmente, os tipos de licitação previstos neste artigo poderão ser adotados, por autorização expressa e mediante justificativa circunstanciada da maior autoridade da Administração promotora constante do ato convocatório, para fornecimento de bens e execução de obras ou prestação de serviços de grande vulto majoritariamente dependentes de tecnologia nitidamente sofisticada e de domínio restrito, atestado por autoridades técnicas de reconhecida qualificação, nos casos em que o objeto pretendido admitir soluções alternativas e variações de execução, com repercussões significativas sobre sua qualidade, produtividade, rendimento e durabilidade concretamente mensuráveis, e estas puderem ser adotadas à livre escolha dos licitantes, na conformidade dos critérios objetivamente fixados no ato convocatório.

b.1) Melhor técnica

Se, após as devidas análises, a Administração verificar, diante das circunstâncias e características técnicas do objeto, que é preponderante a necessidade de selecionar uma proposta exclusivamente pelo critério de qualidade, pode instituir licitação do tipo melhor técnica. Isto significa que a Administração pode determinar que as propostas dos proponentes sejam avaliadas segundo suas qualidades técnicas. O fator preço, neste caso, não é condicionante na seleção da melhor proposta.

Conforme estabelecido no instrumento convocatório, o proponente deve apresentar três envelopes: o primeiro contendo a documentação de habilitação, o segundo envelope contendo a proposta técnica, e o terceiro a proposta de preços.

É obrigado que seja fixado o preço máximo (teto máximo), no instrumento convocatório, que a Administração se propõe a pagar. Os proponentes cujas propostas de preços ultrapassarem o preço máximo estabelecido são sumariamente desclassificados.

Na licitação de melhor técnica, é obrigatória a separação dos documentos relativos à proposta técnica e à proposta de preços. Inicialmente, são abertos os envelopes contendo a documentação (envelope nº 1) a ser analisada pela Comissão de Licitação. As propostas cuja documentação for considerada satisfatória são habilitadas e as que não atenderem aos requisitos do instrumento convocatório serão inabilitadas, sendo que os respectivos envelopes de nº 2 e de nº 3 serão devolvidos mediante documento pertinente. A seguir, são abertos os envelopes nº 2 contendo as propostas técnicas dos proponentes habilitados na primeira fase para serem classificadas segundo critérios objetivos (pontuação) fixados no instrumento convocatório.

> Art. 46 (...)
>
> §1º Nas licitações do tipo "melhor técnica" será adotado o seguinte procedimento claramente explicitado no instrumento convocatório, o qual fixará o preço máximo que a Administração se propõe a pagar:
>
> I - serão abertos os envelopes contendo as propostas técnicas exclusivamente dos licitantes previamente qualificados, e feita então a avaliação e classificação destas propostas de acordo com os critérios pertinentes e adequados ao objeto licitado, definidos com clareza e objetividade no ato convocatório e que considerem a capacitação e a experiência do proponente, a qualidade técnica da proposta, compreendendo metodologia, organização, tecnologias e recursos materiais a serem utilizados nos trabalhos, e a qualificação das equipes técnicas a serem mobilizadas para a sua execução; (...)

Os envelopes nº 3, contendo as propostas de preços daqueles proponentes cujas propostas técnicas foram consideradas tecnicamente aptas, serão abertos, seguindo-se a negociação com o proponente cuja proposta técnica atingiu a maior pontuação.

A Comissão de Licitação procurará obter uma redução da proposta de preço, baseando-se na proposta de menor preço. Se a proposta técnica de maior pontuação for também a proposta de menor preço, nenhuma negociação será necessária.

> Art. 46 (...)
>
> §1º Nas licitações do tipo "melhor técnica" será adotado o seguinte procedimento claramente explicitado no instrumento convocatório, o qual fixará o preço máximo que a Administração se propõe a pagar: (...)
>
> II - uma vez classificadas as propostas técnicas, proceder-se-á à abertura das propostas de preço dos licitantes que tenham atingido a valorização mínima estabelecida no ato convocatório e à negociação das condições propostas, com o proponente melhor classificada, com base nos orçamentos detalhados apresentados e respectivos preços unitários e tendo como referência o limite representado pela proposta de menor preço entre os licitantes que obtiveram a valorização mínima; (...).

Se o proponente, cuja proposta técnica obteve maior pontuação, não aceitar a redução de preços na sua proposta, a Comissão de Licitação a rejeitará, convocando o segundo melhor colocado na proposta técnica, com o qual, se for o caso, negociará também a redução de preços e assim sucessivamente. No caso em que nenhum dos proponentes melhores qualificados na proposta técnica aceitarem a redução de preço, a Administração deve contratar o proponente que apresentou o menor preço.

> Art. 46 (...)
>
> §1º Nas licitações do tipo "melhor técnica" será adotado o seguinte procedimento claramente explicitado no instrumento convocatório, o qual fixará o preço máximo que a Administração se propõe a pagar: (...)
>
> III - no caso de impasse na negociação anterior, procedimento idêntico será adotado, sucessivamente, com os demais proponentes, pela ordem de classificação, até a consecução de acordo para a contratação; (...)

Aos proponentes inabilitados, desqualificados ou desclassificados serão devolvidos os envelopes, inviolados, contendo as propostas técnicas e as propostas de preços respectivamente, conforme o caso.

> Art. 46 (...)
>
> §1º Nas licitações do tipo "melhor técnica" será adotado o seguinte procedimento claramente explicitado no instrumento convocatório, o qual fixará o preço máximo que a Administração se propõe a pagar: (...)
>
> IV - as propostas de preços serão devolvidas intactas aos licitantes que não forem preliminarmente habilitados ou que não obtiverem a valorização mínima estabelecida para a proposta técnica.

b.2) técnica e preço

Se, após as devidas análises e considerando as circunstâncias e características técnicas do objeto, a Administração verificar a necessidade de selecionar uma proposta que envolva alguns requisitos técnicos de qualidade, pode aplicar a licitação do tipo técnica e preço. Desta forma, a Administração pode determinar que as propostas dos proponentes sejam avaliadas segundo suas qualidades técnicas e simultaneamente segundo o preço. Neste caso, deve haver uma ponderação entre a pontuação auferida na proposta técnica e a pontuação obtida na proposta de preços. O fator preço, neste caso, é importante na seleção da proposta mais vantajosa.

No instrumento convocatório, deve constar que o proponente apresentará sua proposta em três envelopes: o primeiro contendo a documentação de habilitação, o segundo envelope contendo a proposta técnica e o terceiro, a proposta de preços.

Quanto ao exame da documentação referente à fase de habilitação preliminar e o das propostas técnicas, o procedimento é semelhante ao da licitação do tipo melhor técnica.

Para avaliação das propostas técnicas, geralmente utiliza-se o índice resultante da razão entre a nota atribuída ao proponente em avaliação e a nota mais alta dentre os proponentes.

No instrumento convocatório, devem estar claramente estabelecidos os critérios a serem adotados para a atribuição das notas concernentes à proposta de preços. Para a avaliação, geralmente utiliza-se o índice resultante da razão entre o valor da proposta mais baixa e o da proposta do proponente em avaliação.

Também deve estar expressamente estabelecido que o vencedor da licitação seja aquele que auferir a melhor média ponderada entre os índices obtidos na proposta técnica e na proposta de preços. A equação matemática e os critérios para a atribuição da média ponderada devem estar explicitados no instrumento convocatório.

> Art. 46 (...)
>
> §2º Nas licitações do tipo "técnica e preço" será adotado, adicionalmente ao inciso I do §1º anterior, o seguinte procedimento claramente explicitado no instrumento convocatório:
>
> I - será feita a avaliação e a valorização das propostas de preços, de acordo com critérios objetivos preestabelecidos no instrumento convocatório;
>
> II - a classificação dos proponentes far-se-á de acordo com a média ponderada das valorizações das propostas técnicas e de preço, de acordo com os pesos preestabelecidos no instrumento convocatório.

5.4.2.7.7 Informações, locais, horários e códigos de acesso dos meios de comunicação à distância

O instrumento convocatório deve abranger todas as informações relativas à licitação. É vedado à Comissão de Licitação tomar decisões ou usar de critérios não estabelecidos no instrumento convocatório, bem como alterar o conteúdo do mesmo.

Os proponentes interessados podem solicitar informações e esclarecimentos a respeito da licitação. É vedada a fixação de datas e horários específicos e determinados para a solicitação de informações e/ou esclarecimentos a fim de evitar que se estabeleçam condições restritivas de participação. As informações e/ou os esclarecimentos prestados pela Administração, que importarem eventualmente em alteração no conteúdo do instrumento convocatório, pode ocasionar a nulidade da licitação.

> Art. 40 (...)
>
> VIII - locais, horários e códigos de acesso dos meios de comunicação à distância em que serão fornecidos elementos, informações e esclarecimentos relativos à licitação e às condições para atendimento das obrigações necessárias ao cumprimento de seu objeto; (...).

5.4.2.7.8 Equivalência no pagamento entre empresas em licitações internacionais

Como já foi visto anteriormente, no caso em que for permitido ao proponente estrangeiro cotar o preço de sua proposta em moeda estrangeira, o proponente brasileiro poderá também formular a sua proposta em moeda estrangeira. Assim como as garantias de pagamento serão igualmente asseguradas, tanto aos proponentes estrangeiros quantos aos proponentes brasileiros.

> Art. 40 (...)
>
> IX - condições equivalentes de pagamento entre empresas brasileiras e estrangeiras, no caso de licitações internacionais;

5.4.2.7.9 Reajuste de preços

O reajuste de preços, instrumento que consiste na atualização dos preços propostos pelo contratado para neutralizar os efeitos do processo inflacionário, é cabível quando houver a possibilidade de se prever a ocorrência de inflação. Prevê a Lei nº 10.192/01, art. 3º:

> Os contratos em que seja parte órgão ou entidade da administração pública direta ou indireta da união, dos estados, do distrito federal e dos municípios, serão reajustados ou corrigidos monetariamente de acordo com as disposições desta lei, e, no que com ela não conflitarem, da Lei nº 8.666, de 21 de junho de 1993.

O critério deve ser escolhido pela Administração em conformidade com a legislação vigente, adotando-se índices escolhidos dentre os disponíveis ao público e calculados geralmente por instituições ligadas ao governo. Deve-se atentar, quando da adoção como data base, para o cálculo do reajustamento de preços, a data limite da apresentação das propostas, conforme institui a Lei 10.192/01, art. 3º, §1º:

A periodicidade anual nos contratos de que trata o caput deste artigo será contada a partir da data limite para apresentação da proposta ou do orçamento a que essa se referir.

É necessário proceder à medição parcial dos serviços na data de aniversário de modo a se identificar claramente quais os serviços que foram executados antes e depois da referida data. Somente os serviços que forem realizados a partir desta data terão direito a reajuste.[71]

5.4.2.7.10 Mobilização e desmobilização de máquinas e equipamentos

O instrumento convocatório deve estabelecer que, na planilha de preços ou de custos, o proponente cote as despesas com deslocamentos de máquinas e equipamentos, quando se tratar de execução de obras ou serviços. O valor limite para essas despesas deve corresponder a um percentual do valor global estimado da obra ou serviço, pela Administração, e deve obrigatoriamente estar fixado no instrumento convocatório. Este valor é parte integrante da proposta de preços, devendo destarte ser considerado quando do julgamento da respectiva proposta pela Comissão de Licitação. Diz o art. 40, inc. XIII, da Lei de Licitações:

> (...) limites para pagamento de instalação e mobilização para execução de obras ou serviços que serão obrigatoriamente previstas em separado das demais parcelas, etapas ou tarefas;

5.4.2.7.11 Condições e forma de pagamento

As condições e forma de pagamento são fatores relevantes que podem afetar diretamente o resultado do processo licitatório, tendo em vista que as propostas de preço são elaboradas, não apenas considerando os aspectos técnicos, mas também a previsão das condições de pagamento.

O descumprimento dos critérios concernentes às condições e forma de pagamento pode desequilibrar a equação econômico-financeira, resultando em prejuízo ao proponente, inclusive com direito ao reequilíbrio econômico-financeiro. Quanto às condições de pagamento, o instrumento convocatório deve estabelecer ainda:

a) A fixação dos prazos, a moeda em que será feita a remuneração, os documentos a serem apresentados etc. O referido instrumento, deve fixar o prazo máximo de pagamento de 30 (trinta) dias, da data de conclusão da parcela ou etapa, condicionado ainda à apresentação correta dos documentos pertinentes. A execução do objeto e os respectivos pagamentos devem obedecer às cláusulas contratuais e seguir rigorosamente o acordado no cronograma

---

[71] O TCU determinou ao DNIT que, sempre que adotasse (em seus procedimentos licitatórios) como data-base para reajustamento de preços o critério "data de apresentação das propostas", realizasse medição parcial dos serviços, exatamente na data de aniversário do contrato, visando identificar, dentro do mês de referência da medição, os serviços que foram executados antes do prazo de reajustamento, distinguindo-os daqueles que, sendo realizados a partir desta data, sofreriam reajuste de preços (item 8.2, tc-004.720/2007-7) (TCU. Acórdão nº 2.324/2007, Plenário. *DOU*, 9 nov. 2007. Seção 1, p. 65).

físico-financeiro, documento integrante do contrato. O valor de cada parcela ou etapa do cronograma físico-financeiro deve ser compatível com a disponibilidade de recursos financeiros.

> Art. 40 (...)
>
> XIV - condições de pagamento, prevendo:
>
> a) prazo de pagamento não superior a trinta dias, contado a partir da data final do período do adimplemento de cada parcela;
>
> b) cronograma de desembolso máximo por período, em conformidade com a disponibilidade de recursos financeiros; (...).

b) As condições e regras de atualização financeira da parcela paga em atraso pelo contratante. Para o cálculo da atualização, toma-se como base o período compreendido entre a data limite em que deveria ser feito o pagamento e a data efetiva do pagamento.

> Art. 40 (...)
>
> XIV - condições de pagamento, prevendo: (...)
>
> c) critério de atualização financeira dos valores a serem pagos, desde a data final do período de adimplemento de cada parcela até a data do efetivo pagamento; (...).

c) As condições de adimplemento e as consequências de inexecução relativas ao contratado, mas também aquelas referentes ao contratante. O contratante tem a obrigação de cumprir as cláusulas contratuais. A infração das mesmas leva o contratante à obrigação de indenizar o contratado por perdas e danos.

> Art. 40 (...)
>
> XIV - condições de pagamento, prevendo: (...)
>
> d) compensações financeiras e penalizações, por eventuais atrasos, e descontos, por eventuais antecipações de pagamentos; (...).

d) Quando for necessária a antecipação de pagamento em face das condições mercadológicas, pode-se impor ao contratado a apresentação de seguro. O valor do seguro deve ser igual ou superior ao valor da antecipação e com validade mínima fixada pelo contratante. As regras quanto à exigência de seguro devem obrigatoriamente ser estabelecidas no instrumento convocatório. Exemplificando: a instalação de um elevador em uma obra. Para cumprir o prazo de execução contratual, o contratado é obrigado a encomendar o equipamento com relativa antecedência. Tratando-se de um produto fabricado sob encomenda, o fabricante e instalador do elevador contratualmente impõem condições de pagamento que incluem, de modo geral, uma entrada e prestações mensais. Assim, se o instrumento convocatório for omisso com relação à possibilidade de antecipação de pagamento, os proponentes certamente incluirão um adicional financeiro referente ao financiamento do bem em sua proposta de preços, fato este desvantajoso para a Administração.

Art. 40 (...)
XIV - condições de pagamento, prevendo: (...)
e) exigência de seguros, quando for o caso.

5.4.2.7.12 Recursos administrativos

No instrumento convocatório, devem estar estabelecidas cláusulas que instruam e normatizem a interposição de recursos em conformidade com a Lei, visto que todo o particular tem o direito de petição. Assim, são inválidas cláusulas limitantes ou que proíbam recursos ou ainda excluam direito de impugnação a atos da Administração.

Art. 40 (...)
XV - instruções e normas para os recursos previstos nesta Lei (...).

5.4.2.7.13 Recebimento do objeto

A entrega do objeto contratado é um dos aspectos mais importantes para a Administração, senão o mais. A aceitação pela Administração de objeto executado e entregue em desacordo com o contratado é inadmissível. Portanto, esta é uma etapa de relevância, que deve ser realizada com cautela de forma a comprovar que o objeto apresenta perfeita adequação à descrição contida no instrumento convocatório e no contrato.

A Lei estabelece que o recebimento de qualquer objeto deve ser realizado em duas etapas: (i) o recebimento provisório e (ii) o recebimento definitivo.

O recebimento provisório dá-se mediante termo circunstanciado em até 15 (quinze dias) da comunicação escrita do contratado da conclusão do objeto. Nesta ocasião, é verificado se o objeto apresenta as condições estabelecidas no instrumento convocatório e no contrato. Constitui um exame prévio, geralmente efetuado por um profissional especializado no ramo ou por uma comissão de recebimento. Se o objeto apresentar inadimplemento contratual, o mesmo pode ser imediatamente recusado ou, se a gravidade for singela, pode ser recebido provisoriamente, desde que estas irregularidades sejam anotadas no respectivo termo de recebimento, devendo a contratada saná-las num prazo prefixado, sob pena do não recebimento definitivo e a imputação de penalidades contratuais. Por outro lado, a ausência de defeitos ou irregularidades não libera o contratado, visto que eventualmente podem surgir defeitos ou irregularidades após o recebimento provisório.

O recebimento definitivo deve ser efetuado no máximo 90 dias após o recebimento provisório, condicionado à eliminação de todos os vícios apontados no recebimento provisório e após a realização de todos os exames necessários ao completo controle de qualidade. O recebimento definitivo é sempre efetuado por uma comissão de recebimento, composta por profissionais capacitados e legalmente instituídos para tal fim.

Portanto, o instrumento convocatório deve estabelecer as regras que nortearão o recebimento provisório e definitivo. Estas regras podem ser mais rigorosas ou extensas do que as previstas normalmente, desde que isso não restrinja a participação de possíveis interessados.

5.4.2.7.14 Outras indicações específicas ou peculiares

O instrumento convocatório pode fixar outros dispositivos, dependendo das condições de cada caso. A implementação de outros dispositivos específicos ou peculiares deve atender aos princípios da licitação.

5.4.3 Anexos ao instrumento convocatório

É obrigatório que sejam apensos ao instrumento convocatório os anexos nos quais constem exigências sobre questões específicas ou definições complementares acerca do objeto da licitação. Alguns anexos são obrigatórios e devem acompanhar o instrumento convocatório, tais como: o projeto básico e/ou executivo; orçamento estimado em planilha, especificações técnicas, memoriais descritivos, caderno de encargos; modelo do contrato a ser firmado entre a Administração e o licitante vencedor e demais documentos pertinentes à licitação.

> Art. 40 (...)
>
> §2º Constituem anexos do edital, dele fazendo parte integrante:
>
> I - o projeto básico e/ou executivo, com todas as suas partes, desenhos, especificações e outros complementos;
>
> II - orçamento estimado em planilhas de quantitativos e preços unitários;
>
> III - a minuta do contrato a ser firmado entre a Administração e o licitante vencedor;
>
> IV - as especificações complementares e as normas de execução pertinentes à licitação.

5.4.4 Exame e aprovação do instrumento convocatório

Como já visto anteriormente, após a elaboração das minutas do instrumento convocatório, dos modelos, anexos e contratos, estes devem ser submetidos à análise da assessoria jurídica com o objetivo de verificar e, se for o caso, corrigir eventuais irregularidades. Se a documentação estiver em ordem e não apresentar irregularidades, não tem sentido invalidar a licitação simplesmente porque não houve a prévia aprovação da assessoria jurídica. O importante é a regularidade dos atos que compõem o instrumento convocatório e não a aprovação, propriamente dita, pela assessoria jurídica. Assim, o descumprimento desta exigência não vicia o procedimento se o instrumento convocatório, modelos, anexos ou contrato não apresentarem irregularidades. No entanto é importante a aprovação prévia do instrumento convocatório pela assessoria jurídica, conforme já mencionado anteriormente.

> Art. 38 (...)
>
> Parágrafo único. As minutas de editais de licitação, bem como as dos contratos, acordos, convênios ou ajustes devem ser previamente examinadas e aprovadas por assessoria jurídica da Administração.

5.4.5 Subscrição do instrumento convocatório

O instrumento convocatório, depois de exauridas todas as formalidades legais impostas pela Lei, deve ser datado, rubricado em cada página e assinado pela autoridade "que o expedir". A via original deve ser inserida nos autos do procedimento administrativo da licitação.

> Art. 40 (...)
>
> §1º O original do edital deverá ser datado, rubricado em todas as folhas e assinado pela autoridade que o expedir, permanecendo no processo de licitação, e dele extraindo-se cópias integrais ou resumidas, para sua divulgação e fornecimento aos interessados.

2ª PARTE - FASE INTERNA - DO PROCESSO
QUADRO SINÓPTICO II

SEQUÊNCIA DO PROCESSO

REQUISITOS PRELIMINARES →
- OBJETO
- PROJETO BÁSICO OU EXECUTIVO
- ORÇAMENTO DETALHADO
- RECURSOS ORÇAMENTÁRIOS

↓

PROCESSO ADMINISTRATIVO →
- PROTOCOLO E NUMERAÇÃO
- INDICAÇÃO DO OBJETO
- INDICAÇÃO DE RECURSOS
- AUTORIZAÇÃO PARA LICITAR

↓

DECISÕES →
- ESCOLHA DA FORMA DE EXECUÇÃO
- ESCOLHA DA MODALIDADE
- ESCOLHA DO REGIME
- ESCOLHA DO TIPO
- SUBDIVISÃO OU FRACIONAMENTO DO OBJETO
- AUDIÊNCIA PÚBLICA
- OBJETO SIMILAR
- GRANDE VULTO
- CAPITAL MÍNIMO
- ÍNDICES ECONÔMICOS

↓

INSTRUMENTO CONVOCATÓRIO →
- ASPECTOS
  - ASPECTOS OBRIGATÓRIOS
  - ASPECTOS PERMITIDOS
  - ASPECTOS VEDADOS
  - ASPECTOS ESPECIAIS
- CONTEÚDO DO INSTRUMENTO
- ANEXOS AO INSTRUMENTO
- EXAME E APROVAÇÃO DO INSTRUMENTO CONVOCATÓRIO
- SUBSCRIÇÃO DO INSTRUMENTO

Capítulo 6

Fase externa ou do procedimento

Essa fase abrange a condução dos procedimentos formais, jurídicos, técnicos, financeiros e administrativos, por parte do instaurador e da Comissão de Licitação, objetivando selecionar a proposta mais vantajosa. Desdobra-se nas etapas abaixo relacionadas e descritas em sequência

1ª etapa – Designação da Comissão Permanente ou Especial através de ato formal, a autoridade competente deve designar os membros da Comissão Permanente ou Especial, responsáveis pela condução do cadastramento.

2ª etapa – Divulgação da licitação, ato pelo qual a Administração torna pública a realização da licitação mediante aviso de licitação nos meios de comunicação escrita.

3ª etapa – Entrega dos elementos instrutores aos interessados na licitação, mediante pagamento ou não, a Pasta Técnica, contendo o instrumento convocatório, projetos, especificações, modelos, anexos e outros documentos pertinentes.

4ª a 8ª etapas – Processamento e julgamento administram a formulação e apresentação de propostas pelos interessados em participar da licitação; verifica se os interessados possuem condições de cumprir as obrigações que pretendem assumir e seleciona a proposta mais vantajosa. O processamento e o julgamento envolvem:

a) impugnação do instrumento convocatório;

b) recebimento dos envelopes e abertura;

c) análise e habilitação;

d) abertura dos envelopes – proposta de preços;

e) julgamento e classificação.

9ª etapa - Recurso administrativo é instrumento pelo qual se permite a revisão dos atos praticados pelo licitador.

10ª etapa – Revogação ou anulação, a revogação é o ato praticado pela autoridade competente se constatado interesse público devidamente justificado; a anulação é o ato praticado pela autoridade se constatada ilegalidade no processo licitatório.

11ª etapa – Destinada à homologação da licitação e à adjudicação ao vencedor da licitação pela autoridade competente.

As etapas acima referidas devem ser conduzidas de forma sequencial, obedecendo ao contido no instrumento convocatório e na legislação vigente. A seguir, encontra-se representada graficamente a ordem cronológica do processamento da fase externa.

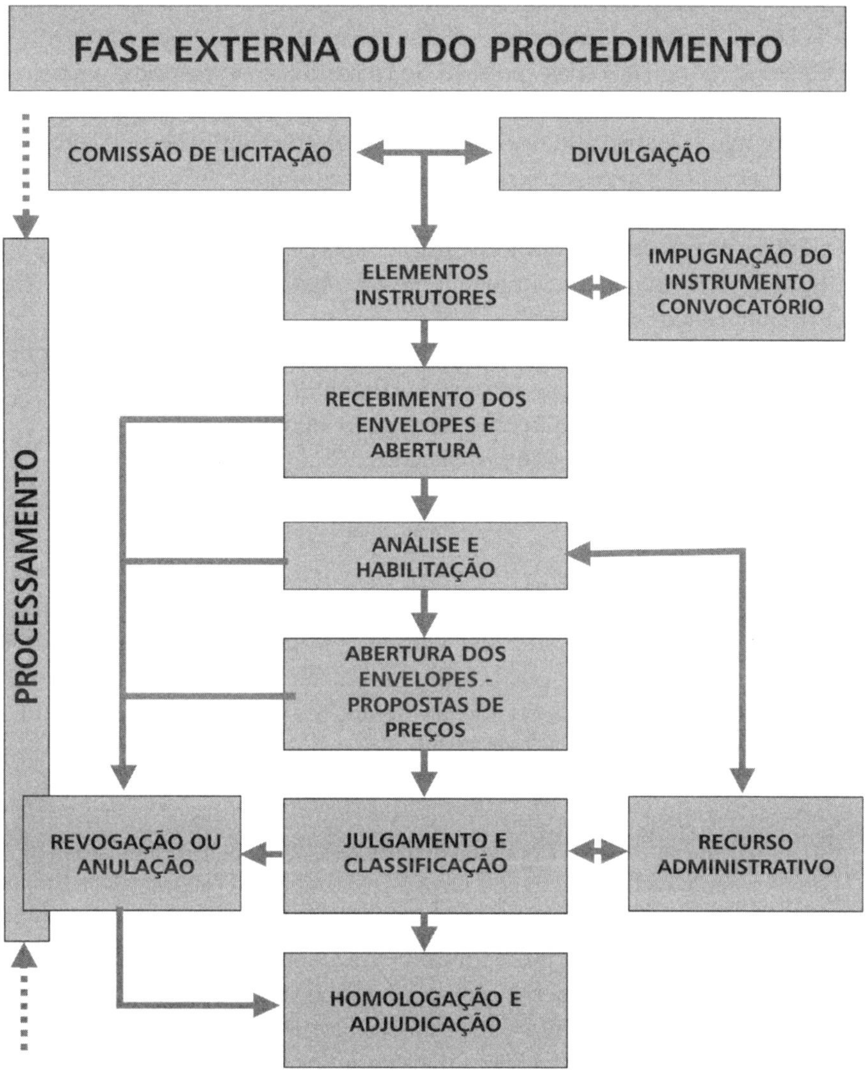

Antes das etapas serem arroladas, é recomendável reafirmar a necessidade de ser juntada a documentação a seguir relacionada, *pari passu* aos autos do processo, conforme detalhado exaustivamente na fase interna da licitação. A juntada da documentação é obrigatória de forma a garantir a legalidade do processo licitatório. A falta ou a juntada de documentos irregulares, com falhas, rasuras ou vícios, acarretará a nulidade da licitação. Portanto, devem ser juntados, durante o procedimento licitatório, entre outros, os seguintes documentos, conforme estatui o art. 38 da Lei nº 8.666/93:

a) original do instrumento convocatório e respectivos anexos;
b) comprovante das publicações do aviso de licitação, na forma do art. 21 da Lei nº 8.666/93, ou da entrega do convite;
c) ato de designação da Comissão de Licitação ou do responsável pelo convite;
d) original das propostas e dos documentos que a instruírem;
e) original das atas, relatórios e deliberações da Comissão de Licitação;
f) original dos pareceres técnicos ou jurídicos emitidos sobre a licitação, dispensa ou inexigibilidade;
g) original dos atos de homologação e adjudicação do objeto da licitação;
h) original dos recursos eventualmente apresentados pelos licitantes e respectivas manifestações e decisões;
i) original do despacho de anulação ou de revogação da licitação, quando for o caso, fundamentado circunstancialmente;
j) termo de contrato ou instrumento equivalente conforme o caso;
k) outros comprovantes de publicações;
l) demais documentos relativos à licitação.

6.1 Designação da comissão permanente ou especial

A autoridade competente deve, através de ato oficial, nomear a Comissão de Licitação que irá conduzir o procedimento licitatório, bem como a Comissão de Cadastramento que produzirá o cadastramento, a alteração ou o cancelamento do particular, conforme estatui a Lei de Licitações:

> Art. 38. (...)
>
> III - ato de designação da Comissão de Licitação, do leiloeiro administrativo ou oficial, ou do responsável pelo convite (...).

A Lei distingue dois tipos de comissões, a Comissão Permanente e a Comissão Especial. A Comissão Permanente, em princípio, é designada para julgar a licitação cujos objetos são singelos e não demandam maior especialização por parte de seus integrantes. No entanto, para os casos mais complexos, que necessitam profissionais especializados para o julgamento da documentação ou das propostas em face das características do objeto, deve ser constituída Comissão Especial.

A Comissão deve ser constituída por no mínimo três membros, conforme estabelece a Lei. Pelo menos dois dos membros habilitados e qualificados devem pertencer ao quadro permanente do instaurador:

> Art. 51. A habilitação preliminar, a inscrição em registro cadastral, a sua alteração ou cancelamento, e as propostas serão processadas e julgadas por comissão permanente ou especial de, no mínimo, 3 (três) membros, sendo pelo menos 2 (dois) deles servidores qualificados pertencentes aos quadros permanentes dos órgãos da Administração responsáveis pela licitação.

Por outro lado, a Lei não fixa o número máximo de elementos para compor uma Comissão. Deve-se atentar, no entanto, que o número de integrantes da Comissão sempre deve ser ímpar, tendo o presidente o poder de desempate. A multiplicidade de membros em uma Comissão reduz evidentemente a arbitrariedade e o subjetivismo, todavia pode incorrer em outras dificuldades como, por exemplo: o sigilo durante o curso do julgamento.

A Administração pode instituir várias comissões de licitação com atribuições distintas, de acordo com que melhor lhe aprouver. Assim, podem ser instituídas comissões que conduzirão as licitações de obras, outras que julgarão somente licitação de bens e assim por diante. Cabe enfatizar que a escolha dos componentes de cada Comissão é de suma relevância para a perfeita condução dos trabalhos. Assim, os componentes da Comissão de Licitação devem ser escolhidos de forma a compatibilizar sua formação profissional com o objeto a ser licitado. Excepcionalmente, pode ser convidado um particular para integrar a Comissão de Licitação, que possua, para tanto, requisitos especiais que justifiquem a sua convocação. É indispensável que os membros escolhidos possuam capacitação técnica para proceder às suas atividades na Comissão de Licitação com competência e presteza. É importante que, ao menos, um dos membros tenha conhecimento jurídico que lhe permita verificar e adequar os atos praticados aos requisitos e condições estabelecidos no instrumento convocatório.

Outro aspecto a ser considerado refere-se à regulamentação legal do exercício das profissões. Somente podem participar da Comissão, profissionais regularmente habilitados e que atendam a determinados requisitos, tornando-se nula a nomeação de membros que não se enquadrem dentro dos parâmetros exigidos. Se este aspecto não for observado, a decisão da Comissão caracteriza exercício irregular da profissão, ensejando-se a nulidade. Por outro lado, mesmo que a licitação e o objeto sejam singelos, a constituição de uma Comissão integrada por membros sem qualificação técnica e profissionalmente não habilitados e capacitados para proceder ao devido julgamento caracteriza abuso e/ou negligência por parte da autoridade competente.

A Comissão de Licitação deve ser constituída até a data da apresentação das propostas, sob pena de nulidade do procedimento. No entanto, é de bom alvitre que a constituição da Comissão de Licitação ocorra no início da fase interna, propiciando aos componentes ou representantes da Comissão acompanhar a elaboração do instrumento convocatório e inteirar-se de seu conteúdo. Se não for possível a indicação dos componentes da Comissão no início da fase interna, então a designação deve se dar como primeiro ato na fase externa.

A designação antecipada da Comissão é importante, visto que as eventuais dúvidas e indagações dos interessados sobre o instrumento convocatório podem ser respondidas imediatamente e com segurança pela Comissão, demonstrando sua aptidão e autoridade, fator positivo ao bom desenvolvimento do certame.

6.1.1 Substituição da comissão por um servidor

No caso de licitação modalidade convite, em que o valor da contratação é de pequena monta, a designação de uma Comissão de Licitação composta por três membros é suficiente. No caso de pequenas unidades administrativas, com exiguidade de pessoal qualificado para este tipo de atividade, a Lei faculta excepcionalmente para a modalidade convite, que o julgamento seja efetuado por um único profissional devidamente qualificado. A Lei de Licitações fixa:

> Art. 51. (...)
>
> §1º No caso de convite, a comissão de licitação, excepcionalmente, nas pequenas unidades administrativas e em face da exigüidade de pessoal disponível, poderá ser substituída por servidor formalmente designado pela autoridade competente.

6.1.2 Comissão de cadastramento

Os interessados que assim o desejarem, ou por força do instrumento convocatório, podem solicitar a inscrição em registro cadastral, assim como pedir sua alteração ou cancelamento. Esta atividade deve ser desenvolvida por uma Comissão, normalmente chamada de comissão de cadastramento. Deve-se tomar cuidado para não confundir Comissão de Licitação com Comissão de Cadastramento. A primeira, com já foi visto, tem função de conduzir o procedimento licitatório; a segunda, a função específica de analisar e julgar a documentação apresentada pelo interessado visando o cadastramento, sua alteração ou cancelamento. Isto posto, é importante mencionar que estas duas comissões são independentes entre si, e cada uma deve atuar no âmbito de sua atribuição. Portanto, a Comissão de Licitação não pode produzir o cadastramento, sua alteração ou cancelamento, assim como a Comissão de Cadastramento não pode conduzir uma licitação. Pode sim ocorrer que um ou outro membro de uma Comissão faça parte da outra, o que, no entanto, é desaconselhável. Os membros da Comissão de Cadastramento devem de um modo geral, pertencer ao quadro permanente do instaurador. Em relação à capacitação dos membros da Comissão de Cadastramento e ao respectivo exercício regular da profissão, deve-se considerar o que já foi comentado anteriormente no item referente à designação da Comissão Permanente ou Especial. A Lei de Licitações estatui:

> Art. 51. (...)
>
> §2º A comissão para julgamento dos pedidos de inscrição em registro cadastral, sua alteração ou cancelamento, será integrada por profissionais legalmente habilitados no caso de obras, serviços ou aquisição de equipamentos.

6.1.3 Responsabilidade solidária dos membros da comissão

Como todos os integrantes da Comissão analisam e julgam em conjunto, devem cumprir os preceitos do instrumento convocatório, da Lei e defender o interesse da Administração. Sendo detectada alguma irregularidade, os membros devem denunciá-la e tomar as providências cabíveis. Mesmo que não haja interpelação de nenhum participante quanto algum fato ilegal ou irregular de conteúdo editalício a Comissão é obrigada a apontar o fato e solicitar a anulação ou retificação, se houver tempo hábil, sob pena de ela ser considerada omissa e responder administrativamente e criminalmente, se for o caso, pela sua omissão. É responsabilidade de cada integrante zelar pela lisura na condução do julgamento, tendo por obrigação opor-se à conduta daqueles integrantes quando viciada. Se o membro for omisso em relação a um ato irregular, será responsável pelo respectivo ato, mesmo alegando posteriormente o desconhecimento do mesmo.

Quando um membro da Comissão de Licitação não concordar com a deliberação dos demais, qualquer que seja o motivo, deve manifestar expressamente seu ponto de vista, justificando, indicando e registrando os motivos de sua discordância no corpo da ata, evitando destarte a responsabilidade solidária. Caso esta atitude não seja acatada pelos demais membros, ele deverá comunicar a ocorrência à autoridade superior. A Lei de Licitações comanda:

> Art. 51. (...)
>
> §3º Os membros das comissões de licitação responderão solidariamente por todos os atos praticados pela comissão, salvo se posição individual divergente estiver devidamente fundamentada e registrada em ata lavrada na reunião em que tiver sido tomada a decisão.

6.1.4 Prazo de investidura dos membros da comissão

No caso de comissões permanentes, a investidura de seus integrantes está limitada a, no máximo, 1 (um) ano. Findo um ano de investidura, o membro deve cessar sua atividade mesmo que a licitação se encontre ainda em andamento. Portanto, a substituição de integrantes é admitida, não sendo obrigatório que os mesmos membros concluam o procedimento licitatório. No entanto, a Lei permite a recondução de alguns membros da Comissão, não permitindo, porém, a recondução da sua totalidade. A Lei de Licitações estabelece:

> Art. 51. (...)
>
> §4º A investidura dos membros das Comissões permanentes não excederá a 1 (um) ano, vedada a recondução da totalidade de seus membros para a mesma comissão no período subseqüente.

6.1.5 Comissão especial quando se tratar de concurso

No caso de concurso, a Comissão de Licitação deve ser designada especialmente para este fim. Será instituída uma Comissão Especial, cujos membros podem ser da Administração ou particulares com reputação ilibada e reconhecido conhecimento da matéria. Assim, de modo geral, aqui também prevalecem os comentários já efetuados anteriormente no que diz respeito à designação da Comissão de Licitação. Fixa a Lei nº 8.666/93:

> Art. 51. (...)
>
> §5º No caso de concurso, o julgamento será feito por uma comissão especial integrada por pessoas de reputação ilibada e reconhecido conhecimento da matéria em exame, servidores públicos ou não.

6.2 Divulgação da licitação

A licitação deve merecer ampla divulgação seguindo, assim, o princípio da publicidade. Essa divulgação, feita geralmente por um documento chamado Aviso de Licitação, deve ser abrangente, irrestrita e ser realizada com antecedência de forma a possibilitar a maior participação possível de interessados.

O aviso é uma sinopse do instrumento convocatório, contendo os elementos mais importantes, de maneira que o leitor tenha uma ideia do que vai ser licitado e sob que condições.

Uma divulgação mal feita ou que apresente irregularidades no que se refere ao instrumento convocatório, vicia o procedimento licitatório, podendo ser arguida a sua nulidade.

Na divulgação, devem se considerados os seguintes tópicos:

a) Conteúdo do aviso de licitação;

b) Forma de publicação;

c) Prazo de publicação;

d) Modificação do instrumento convocatório.

6.2.1 Conteúdo do aviso de licitação

O aviso deve conter indicações suficientes para que os leitores possam avaliar se a licitação é de seu interesse. Deve ainda contemplar informações importantes como à identificação do instaurador, resumo do objeto, datas e prazos, o local onde os interessados possam obter as informações completas e precisas acerca do instrumento convocatório, bem como o local onde possam examinar e adquirir o instrumento convocatório e outros documentos pertinentes. As demais informações e requisitos para participar da licitação serão prestados através do instrumento convocatório. A Lei de Licitações estatui:

> Art. 21. (...)
>
> §1º O aviso publicado conterá a indicação do local em que os interessados poderão ler e obter o texto integral do edital e todas as informações sobre a licitação.

6.2.2 Publicação do aviso de licitação

O aviso de licitação deve ser divulgado conforme o estabelecido na Lei, podendo, no entanto, ser ampliado a critério do instaurador. A divulgação deve ser feita, pelo menos uma vez, pela imprensa diária e uma vez pela Imprensa Oficial Federal, ou

Estadual, ou Municipal. Por outro lado, o instrumento convocatório deve ser afixado na sede do instaurador, em local apropriado e de fácil acesso aos interessados.

A publicidade aplica-se, por Lei, às modalidades de concorrência, tomada de preços, concurso e leilão. Com relação ao convite, a publicidade não é obrigatória, porém entendemos que, para esta modalidade, é interessante a divulgação a fim de evitar licitações desertas. Nesse sentido, a publicação do aviso do convite pela imprensa vem a ser uma solução bastante adequada. Estabelece a Lei de Licitações:

> Art. 21. Os avisos contendo os resumos dos editais das concorrências, das tomadas de preço, dos concursos ou dos leilões, embora realizados no local da repartição interessada, deverão ser publicados com antecedência, no mínimo, por uma vez.

O aviso de licitação deve ser publicado no *Diário Oficial* no local correspondente ao da execução do objeto. Quando o objeto a ser licitado for financiado com recursos federais ou garantias prestadas por instituições federais, a divulgação deve ocorrer no *Diário Oficial da União* e no órgão de imprensa oficial da respectiva unidade federativa onde o instaurador tem sede. No caso em que a licitação seja feita por órgão ou entidade da Administração Pública Estadual ou Municipal ou do Distrito Federal a publicação deverá ser efetuada na imprensa oficial do Estado, ou do Município, se houver ou no jornal que o substitui, ou do Distrito Federal. O não atendimento quanto à publicação no âmbito da imprensa oficial invalida o procedimento licitatório. Impõe a Lei de Licitações:

> Art. 21. (...)
>
> I - no Diário Oficial da União, quando se tratar de licitação feita por órgão ou entidade da Administração Pública Federal, e ainda, quando se tratar de obras financiadas parcial ou totalmente com recursos federais ou garantidas por instituições federais;
>
> II - no Diário Oficial do Estado, ou do Distrito Federal, quando se tratar respectivamente de licitação feita por órgão ou entidade da Administração Pública Estadual ou Municipal, ou do Distrito Federal.

Por outro lado, o aviso de licitação, também, deve ser obrigatoriamente publicado por uma vez, no mínimo, em jornal diário de grande circulação no estado e em um jornal de circulação na região ou município onde será executado o objeto. É permitido à Administração valer-se de outros meios para ampliar a divulgação sobre a licitação a ser realizada como, por exemplo: revistas especializadas no ramo, boletins de informação, entidades de classe e outros.

> Art. 21. (...)
>
> III - em jornal diário de grande circulação no estado e também, se houver, em jornal de circulação no município ou na região onde será realizada a obra, prestado o serviço, fornecido, alienado ou alugado o bem, podendo, ainda, a Administração, conforme o vulto da licitação, utilizar-se de outros meios de divulgação para ampliar a área de competição.

Do conhecimento da realização da licitação até a conclusão da elaboração da proposta e sua apresentação no dia determinado no instrumento convocatório, demanda um prazo que é fixado por Lei e este é contado a partir da publicação do aviso até a data de entrega das propostas. Este prazo, dependendo da modalidade a ser adotada, é tanto maior quanto mais complexa for a elaboração da proposta. Cabe ressaltar que a Lei estabelece o prazo mínimo, podendo a Administração ampliá-lo quando for necessário.

O prazo mínimo de divulgação é contado a partir da última publicação do aviso em jornal diário ou jornal oficial, prevalecendo a data daquela que ocorrer por último e a data de apresentação e entrega das propostas fixadas no instrumento convocatório. No caso de convite, o prazo é contado a partir da data do recebimento do convite pela empresa convidada, prevalecendo a data daquela que receber por último, e a data de apresentação e entrega das propostas fixadas no instrumento convocatório. O prazo de divulgação para as modalidades concorrência, tomada de preços, concurso e leilão são contados sempre em dias corridos. No caso em que a data da última publicação ocorrer no dia anterior a um dia inútil, o prazo será contado a partir do primeiro dia útil subsequente. No caso do convite, o prazo entre o recebimento do convite pelas empresas convidadas e a data de apresentação das propostas, fixada no instrumento convocatório, é contado em dias úteis (cinco dias). Neste caso, se a data do último recebimento ocorrer no dia anterior há um dia inútil o prazo será contado a partir do primeiro dia útil imediatamente posterior.

Por outro lado, se o instrumento convocatório estabelecer como obrigatório algum evento ou reunião com data anterior à data da entrega das propostas, o prazo de apresentação das propostas deve ser contado a partir da data em que ocorreu o evento ou reunião.

É importante ressaltar que, a partir da primeira publicação ou encaminhamento dos convites, toda a documentação licitatória (instrumento convocatório, modelos, anexos, projetos, especificações etc.) deve estar efetivamente disponível. Caso contrário, o prazo de publicação ou convite às empresas deve ser renovado, procedendo-se nova abertura de prazo, de modo que o prazo legal, entre a nova data e a apresentação das propostas, seja cumprido. A Lei de Licitações fixa:

> Art. 21. (...)
>
> §3º Os prazos estabelecidos no parágrafo anterior serão contados a partir da última publicação do edital resumido ou da expedição do convite, ou ainda da efetiva disponibilidade do edital ou do convite e respectivos anexos, prevalecendo a data que ocorrer mais tarde.

Na contagem do prazo, excluir-se-á a data de começo incluir-se-á data de término do prazo. O cômputo do prazo será efetuado a partir do primeiro dia útil da última publicação do aviso ou do último recebimento do convite pela empresa convidada. Se a data prevista para a realização de algum ato for declarada feriado ou ponto facultativo, aquele ato deve ser realizado no primeiro dia útil subsequente. A Lei de Licitações estabelece:

> Art. 110. Na contagem dos prazos estabelecidos nesta lei, excluir-se-á o dia do início e incluir-se-á o do vencimento, e considerar-se-ão os dias consecutivos, exceto quando for explicitamente disposto em contrário.
>
> Parágrafo único. Só se iniciam e vencem os prazos referidos neste artigo em dia de expediente no órgão ou na entidade.

6.3 Entrega dos elementos instrutores

Todos os elementos e documentos integrantes do instrumento convocatório, denominados elementos instrutores, devem ser arrolados no referido instrumento. O arrolamento, no instrumento convocatório, dos elementos instrutores ressalva a Comissão de Licitação de futuras impugnações ou recursos por parte dos interessados, na tentativa de alegar desconhecimento ou falta de fornecimento de determinados elementos ou documentos pertinentes à licitação.

6.3.1 Custo dos elementos instrutores

Os interessados na licitação, mediante o recolhimento de uma taxa fixada pela Administração, têm o direito de receber o instrumento convocatório, seus modelos, anexos, modelo de contrato, projeto básico ou executivo, planilha de preços, especificações técnicas, memoriais descritivos etc. para lhes permitir a preparação de suas propostas. Usualmente, não é cobrada taxa quando se trata de licitação modalidade convite. A taxa deve refletir somente o custo de reprodução gráfica dos elementos instrutores. Não é permitido sob hipótese alguma exigir, no instrumento convocatório, a comprovação do seu recolhimento para fins de habilitação.

No aviso de licitação e no instrumento convocatório, é interessante constar que o interessado, com sede fora da sede do instaurador, possa adquirir todos os documentos licitatórios, conforme o especificado no instrumento convocatório, e solicitar sua remessa por outros meios, evitando, destarte, deslocamentos desnecessários. A Lei de Licitações comanda:

> Art. 32. (...)
>
> §5º Não se exigirá, para habilitação prévio recolhimento de taxas ou emolumentos, salvo os referentes a fornecimento do edital, quando solicitado, como os seus elementos constitutivos, limitados ao valor do custo efetivo de reprodução gráfica da documentação fornecida.

6.4 Impugnação do instrumento convocatório

A Lei nº 8.666/93 faculta a qualquer cidadão o direito de impugnar o instrumento convocatório via administrativa, se verificar qualquer indício de vício no referido instrumento. Assim, qualquer interessado na licitação pode questionar o conteúdo do instrumento convocatório. O instaurador deve verificar imediatamente a legalidade do instrumento convocatório e, sendo constada alguma irregularidade, deve tomar as devidas providências no sentido de saná-la. O instaurador não pode recusar a investigação sob a alegação de que o impugnante não está interessado em participar da licitação ou não possui os requisitos mínimos de habilitação.

Qualquer interessado tem o prazo de cinco dias úteis antes da data fixada para o recebimento das propostas para encaminhar e demonstrar eventual irregularidade no instrumento convocatório. A Comissão de Licitação deve responder à impugnação em até três dias úteis.

> Art. 41. (...)
>
> §1º Qualquer cidadão é parte legítima para impugnar edital de licitação por irregularidade na aplicação desta lei, devendo protocolar o pedido até 5 (cinco) dias úteis antes da data fixada para a abertura dos envelopes de habilitação, devendo a Administração julgar e responder à impugnação em até 3 (três) dias úteis, sem prejuízo da faculdade prevista no §1º do art. 113.

Por outro lado, qualquer interessado que pretenda participar na licitação tem o direito de impugnar o instrumento convocatório até o segundo dia útil anterior ao primeiro ato formal da licitação. Decorrido o referido prazo, decai o direito de impugnação.

> Art. 41. (...)
>
> §2º Decairá do direito de impugnar os termos do edital de licitação perante a Administração o licitante que não o fizer até o segundo dia útil que anteceder a abertura dos envelopes de habilitação em concorrência, a abertura dos envelopes com as propostas em convite, tomada de preços ou concurso, ou a realização de leilão, as falhas ou irregularidades que viciariam esse edital, hipótese em que tal comunicação não terá efeito de recurso.

É permitido a qualquer interessado na licitação formular impugnação ao instrumento convocatório e simultaneamente apresentar a sua proposta. O proponente pode, em princípio, discordar do instrumento convocatório e, mesmo assim, apresentar sua proposta. É errôneo supor o contrário. O interessado deve formular a sua impugnação tempestivamente, sob pena de decair o direito de impugnação. Assim, podem ocorrer duas situações:

a) O proponente formula sua impugnação, mas simultaneamente atende à exigência impugnada. Nesse caso, mesmo negada a impugnação, o direito de participar na licitação é mantido;
b) O proponente formula sua impugnação, mas não atende à exigência impugnada. Nesse caso, o proponente tem o direito de continuar a participar da licitação até que seja promulgado o resultado da impugnação. Se a sua impugnação for indeferida e o requisito impugnado não tenha sido atendido, o proponente será excluído do certame.

Art. 41. (...)

§3º A impugnação feita tempestivamente pelo licitante não o impedirá de participar do processo licitatório até o trânsito em julgado da decisão a ela pertinente.

6.5 Recebimento dos envelopes e abertura

O instrumento convocatório deve estabelecer o local, a data e o horário para apresentação pelo proponente de sua proposta.

6.5.1 Recebimento dos envelopes

A entrega das propostas pode ocorrer de duas formas:

a) Pelos proponentes diretamente à Comissão de Licitação na reunião de recebimento e abertura dos documentos;

b) Pelos proponentes no protocolo da repartição do instaurador. O recebimento das propostas dar-se-á até a data e hora limites fixados pelo instrumento convocatório mediante protocolo ou recibo no qual conste impreterivelmente dia, mês, hora e nome da repartição receptora das propostas. Depois de expirado o prazo de entrega das propostas, o protocolo repassará todas as propostas à Comissão de Licitação que, em reunião pública, procederá à abertura dos envelopes no horário estabelecido no instrumento convocatório.

Se o proponente não entregar suas propostas à Comissão de Licitação ou ao protocolo no prazo limite fixado no instrumento convocatório, as mesmas devem ser sumariamente rejeitadas. A Comissão de Licitação não dispõe de discricionariedade para alterar qualquer requisito estabelecido no instrumento convocatório inclusive o relativo à entrega das propostas. No entanto, cabe à Comissão de Licitação o direito de recusar o recebimento de propostas que não cumpriram as exigências formais, como por exemplo: apresentação de documentos fora do respectivo envelope, apresentação dos documentos e propostas de preços não inseridos nos respectivos envelopes etc. Após o recebimento, pela Comissão de Licitação, das propostas formuladas pelos proponentes interessados, os envelopes contendo a documentação, os envelopes contendo a proposta técnica, quando for o caso, e os envelopes contendo a proposta de preços devem ser rubricados por todos os membros da Comissão antes de sua abertura, juntamente com os proponentes que assim o desejarem. Os envelopes contendo a proposta técnica, quando for o caso, e os envelopes contendo a proposta de preços, devidamente inviolados serão guardados em local próprio e seguro. A rubrica tem como finalidade controlar a identidade entre os envelopes apresentados e aqueles que sequencialmente serão objeto de análise por parte da Comissão.

Estas formalidades visam assegurar a originalidade dos envelopes a serem abertos nas fases seguintes, ou seja, se são os mesmos que foram entregues quando da apresentação das propostas. Qualquer dúvida quanto à originalidade e/ou identidade dos envelopes é relevante. A apresentação de qualquer irregularidade acarreta a inabilitação do proponente. Se, no entanto, for verificado que o proponente não teve qualquer influência na violação ou substituição dos envelopes, a irregularidade atinge todo o procedimento licitatório e, neste caso, deve-se anular a licitação.

Somente podem participar ativamente da reunião, ou seja, interpelar, impugnar, assinar atas ou participar de qualquer outro ato formal, o interessado que for integrante da diretoria ou direção da empresa, comprovado mediante documento, ou se o representante do interessado apresentar procuração ou carta de credenciamento com poderes para tal fim.

Durante a entrega das propostas, qualquer fato importante ou ato irregular cometido pela Comissão ou por outro proponente deve ser objeto de protesto e registrado em ata.

6.5.2 Abertura dos envelopes contendo a documentação

A abertura dos envelopes contendo a documentação deve ser efetuada sempre em sessão pública. Após a abertura dos envelopes contendo a documentação os mesmos deverão estar numerados em ordem crescente e rubricados pelo representante legal, por imposição de requisito do instrumento convocatório. Depois de verificada a numeração e rubrica, todos os documentos serão rubricados por todos os membros integrantes da Comissão de Licitação e pelos proponentes presentes. Somente após a rubrica, os documentos estarão disponíveis para análise, quer por parte dos proponentes, quer por parte da Comissão de Licitação.

Se a tarefa de rubricar os documentos for cansativa, principalmente no caso de licitações com grande quantidade de documentos, os proponentes, com aquiescência da Comissão de Licitação, podem escolher alguns representantes ou grupos de representantes para efetuarem a referida tarefa, desde que esta decisão seja acatada por unanimidade pelos presentes e devidamente registrada em ata. A Lei de Licitações estatui:

> Art. 43. (...)
>
> §1º A abertura dos envelopes contendo a documentação para habilitação será realizada sempre em ato público previamente designado, do qual se lavrará ata circunstanciada, assinada pelas licitantes presentes e pela Comissão.
>
> §2º Todos os documentos e propostas serão rubricados pelas licitantes presentes e pela Comissão.

6.6 Análise e habilitação dos proponentes

As mesmas regras estabelecidas em Lei para a modalidade concorrência são aplicáveis também às demais modalidades comuns ou especiais, com as devidas ressalvas. Elas podem sofrer incrementos se o instaurador achar conveniente, porém nunca podem ser reduzidas.

É importante esclarecer que no assunto "Habilitação" a seguir descrito, não estão inseridos os requisitos da Lei Complementar nº 123/06. Às condições de "Habilitação" envolvendo a Lei Complementar nº 123/06 estão delineadas, em separado, na seção 1.3.4.4, do Capítulo 1 deste trabalho.

6.6.1 Verificação da documentação e promoção de diligência

A Comissão de Licitação, em observância aos princípios básicos, tem sempre por obrigação proceder a uma análise minuciosa e detalhada dos documentos apresentados pelos proponentes, independentemente da fase em que se encontra o procedimento licitatório. Não é válido somente o exame formal, ou seja, não é satisfatória a simples apresentação dos documentos exigidos no instrumento convocatório. É dever da Comissão de Licitação verificar, além da regularidade formal dos documentos, sua autenticidade e seu conteúdo. No caso das demonstrações financeiras, não basta a apresentação dos documentos exigidos, mas devendo-se verificar também se essas demonstrações foram elaboradas segundo os princípios contábeis. Se o instrumento convocatório exigir determinados índices financeiros, a Comissão deve obrigatoriamente verificar, com base nos documentos apresentados pelo proponente, se foram atendidas às condições mínimas determinadas no referido instrumento. A simples comparação entre os índices apresentados pelo proponente e os exigidos no instrumento convocatório não é suficiente, pois os mesmos podem sofrer manipulações.

A documentação relativa à qualificação técnica deve ser analisada com extremo cuidado. Se os integrantes da Comissão de Licitação tiverem dificuldades na análise dos referidos documentos, podem convidar ou requisitar técnicos que disponham da capacitação necessária. Convém ressaltar que a decisão final sempre cabe à Comissão de Licitação, pautada no instrumento convocatório, não aos técnicos convidados ou requisitados.

Se achar conveniente, a Comissão de Licitação pode avaliar *in loco* as instalações dos proponentes, máquinas e equipamentos etc. O resultado das diligências, devidamente documentado (por escrito e com fotografias se possível), permitirá à Comissão de Licitação manifestar-se com clareza e exatidão, em documento escrito próprio, ata ou relatório, a respeito da habilitação ou inabilitação do proponente.

A Comissão de Licitação deve elaborar um edital de habilitação ou qualificação no qual estejam relacionados os proponentes habilitados ou inabilitados com os respectivos motivos. Este deverá ser exposto em local apropriado, de fácil acesso aos proponentes ou divulgado em sessão pública, ou enviado aos proponentes e publicado na imprensa.

Se, após todos os proponentes participantes da licitação tomarem ciência do resultado da habilitação, algum se sentir prejudicado, o mesmo tem o direito de interpor recurso administrativo perante a Comissão de Licitação. A fase de habilitação somente estará concluída quando:

- todos os proponentes desistirem da faculdade de recorrer;
- não houver interposição de recurso e o respectivo prazo já tenha decorrido;
- os recursos eventualmente interpostos já tiverem sido julgados.

Uma vez exauridas as possibilidades acima expostas, considera-se encerrada a fase de habilitação. Conforme a Lei de Licitações:

> Art. 43 (...)
>
> IV - verificação da conformidade de cada proposta com os requisitos do edital e (...).
>
> §3º É facultada à Comissão ou autoridade superior, em qualquer fase da licitação, a promoção de diligência destinada a esclarecer ou a complementar a instrução do processo, vedada a inclusão posterior de documento ou informação que deveria constar originariamente da proposta.

6.6.2 Inabilitação e vedação de participação nas demais fases

Se, na análise da documentação, a Comissão de Licitação constatar que o proponente não atendeu a todos os requisitos estabelecidos no instrumento convocatório ou apresentou falhas na documentação, o referido proponente é inabilitado e excluído das fases seguintes da licitação, salvo se mediante interposição de recurso administrativo, a Comissão de Licitação reconsiderar sua decisão e decidir habilitá-lo.

> Art. 41. (...)
>
> §4º A inabilitação do licitante importa preclusão do seu direito de participar das fases subseqüentes.

6.6.3 Desistência

É vedado, por força de Lei, ao proponente desistir ou renunciar da licitação após a conclusão da fase de habilitação. Isto quer dizer que o proponente não pode retirar a sua proposta ou comunicar que não tem mais interesse em participar da licitação após a conclusão da fase de habilitação. No entanto, por motivo justo superveniente aceito pela Comissão de Licitação, o mesmo poderá ser dispensado do certame, perdendo, no entanto, o direito à devolução da garantia de manutenção de proposta, que porventura tenha sido exigida no instrumento convocatório. A Lei de Licitações estatui:

> Art. 43. (...)
>
> §6º Após a fase de habilitação, não cabe desistência de proposta, salvo por motivo justo decorrente de fato superveniente e aceito pela Comissão.

6.7 Abertura das propostas de preços

Uma vez concluída a fase de habilitação, a Comissão de Licitação comunicará a todos os proponentes, habilitados ou inabilitados, o local, data e hora onde se realizará a sessão pública na qual será efetuada a devolução dos envelopes dos proponentes inabilitados e a abertura dos envelopes contendo as propostas de preços.

6.7.1 Abertura dos envelopes contendo as propostas de preços e devolução dos envelopes dos proponentes inabilitados

Aberta a sessão, a Comissão de Licitação deve, em primeiro ato e juntamente com os proponentes, verificar se todos os envelopes fechados, que contêm as rubricas apostas na data de sua entrega, estão em perfeito estado, ou seja, fechados e invioladosos como se encontravam na ocasião de sua entrega à Comissão de Licitação. Constatado que todos os envelopes não sofreram nenhuma violação, a Comissão de Licitação procederá à devolução dos envelopes contendo a proposta de preços dos proponentes inabilitados mediante protocolo ou recibo. Se algum proponente não estiver presente na sessão, o envelope deve ser devolvido por remessa postal, após a homologação e contratação do objeto da licitação.

A seguir, a Comissão de Licitação deve proceder à abertura dos envelopes contendo as propostas de preços, numerando, se necessário, as páginas e rubricando os respectivos documentos. Estes devem ser examinados e rubricados pelos proponentes, que assim o desejarem. Em comum acordo entre a Comissão de Licitação e os proponentes presentes, pode ser adotada para a aposição das rubricas a mesma sistemática utilizada para a rubrica dos documentos de habilitação. Abertos os envelopes contendo as propostas de preços e após a numeração, rubrica e exame dos documentos pelos proponentes presentes, a Comissão de Licitação dará prazo para eventual manifestação escrita ou falada por parte dos proponentes. A Comissão de Licitação encerrará a sessão comunicando que o julgamento será efetuado em sessão fechada e que o respectivo resultado será divulgado mediante edital de classificação a ser encaminhado aos proponentes, afixado na sede do instaurador em local apropriado e divulgado na imprensa oficial.

Será lavrada ata circunstanciada da sessão, a ser devidamente assinada pelos membros da Comissão de Licitação e pelos proponentes que assim o desejarem. De acordo com a Lei nº 8.666/93:

> Art. 43. (...)
>
> §1º A abertura dos envelopes contendo as propostas será realizada sempre em ato público previamente designado, do qual se lavrará ata circunstanciada, assinada pelas licitantes presentes e pela Comissão.

6.7.2 Possibilidade de inabilitação após abertura das propostas de preços

Uma vez concluída a fase de habilitação e procedida à abertura dos envelopes contendo as propostas, é vedada a desclassificação de qualquer proponente por motivo relacionado à habilitação, ou seja, as decisões anteriormente tomadas não podem ser revistas, a menos que algum fato superveniente chegue ao conhecimento da Comissão de Licitação durante ou após o julgamento das propostas de preços.

Art. 43 (...)

§5º Ultrapassada a fase de habilitação dos concorrentes (incisos I e II) e abertas as propostas (inciso III), não cabe desclassificá-los, por motivo relacionado com habilitação, salvo em razão de fatos supervenientes ou só conhecidos após o julgamento.

6.8 Julgamento e classificação das propostas de preços

Após o encerramento da sessão de abertura dos envelopes contendo as propostas de preços, a Comissão de Licitação deve se reunir a fim de proceder ao exame, julgamento e classificação dos proponentes.

A Comissão de Licitação deve obrigatoriamente registrar todos os fatos e deliberações ocorridas durante a reunião de julgamento em ata própria ou em relatório de julgamento.

É importante esclarecer que no assunto "Julgamento", a seguir descrito, não estão inseridos os requisitos da Lei Complementar nº 123/06. Às condições de "Julgamento" envolvendo a Lei Complementar nº 123/06 estão delineadas em separado na seção 1.3.4.3 do Capítulo 1 deste trabalho.

6.8.1 Promover diligência

O instrumento convocatório deve estabelecer que a Comissão de Licitação tem o poder de solicitar aos proponentes os esclarecimentos ou as complementações que achar conveniente, estando, no entanto, vedada a solicitação para inclusão de documentos ou informações que deveriam constar originalmente da proposta, conforme dita o art. 43, §3º, da Lei de Licitações:

> (...) é facultada à Comissão ou autoridade superior, em qualquer fase da licitação, a promoção de diligência destinada a esclarecer ou a complementar a instrução do processo, vedada a inclusão posterior de documento ou informação que deveria constar originariamente da proposta.

As solicitações eventualmente formuladas pela Comissão de Licitação devem ser devidamente documentadas e inseridas no processo licitatório.

6.8.2 Análise das propostas e dos preços

A Comissão de Licitação inicialmente fará a análise formal da documentação e verificará se todos os documentos foram apresentados em conformidade com o disposto no instrumento convocatório, de acordo com o art. 43, inciso IV, da Lei de Licitações:

> (...) verificação da conformidade de cada proposta com os requisitos do edital e, conforme o caso, com os preços correntes no mercado ou fixados por órgão oficial competente, ou ainda com os constantes do sistema de registro de preços, os quais deverão ser

devidamente registrados na ata de julgamento, promovendo-se a desclassificação das propostas desconformes ou incompatíveis.

As propostas que não cumprirem o estabelecido no instrumento convocatório devem ser desclassificadas. Por outro lado, as propostas elaboradas em conformidade com o constante no instrumento convocatório e segundo seus critérios serão avaliadas com a finalidade de determinar qual a proposta de preço mais vantajosa. À Comissão de Licitação compete também verificar se os preços apresentados são compatíveis com os praticados no mercado.

Todas as atividades ligadas ao julgamento devem ser detalhadamente registradas em ata ou no relatório de julgamento.

6.8.3 Julgamento das propostas de preços

O instrumento convocatório deve estabelecer claramente os critérios de julgamento e classificação das propostas de preços para que os interessados possam elaborar suas propostas adequadamente e dentro de uma previsibilidade lógica de julgamento. A Comissão de Licitação, quando do julgamento das propostas de preços, deve ser objetiva (princípio do julgamento objetivo) e levar em conta o interesse público. Todos os dispositivos contidos no instrumento convocatório devem ser observados pela Comissão de Licitação, não sendo admissível, a pretexto de selecionar a melhor proposta, que as garantias e os interesses dos demais proponentes sejam aviltados.

Assim, a Comissão de Licitação, em estrita obediência aos critérios estabelecidos no instrumento convocatório, preservando a objetividade e a imparcialidade, promoverá o julgamento das propostas e as classificará em ordem crescente de valores, ou seja, a primeira será aquela que apresentar menor preço, a segunda a que apresentar preço imediatamente superior e assim por diante, sendo considerada vencedora da licitação a primeira colocada, isto é, aquela que apresentou maior vantagem (menor preço) para o instaurador. Fixa a Lei de Licitações:

> Art. 43. (...)
>
> V - julgamento e classificação das propostas de acordo com os critérios de avaliação constantes do edital; (...).
>
> Art. 44. No julgamento das propostas, a comissão levará em consideração os critérios objetivos definidos no edital ou convite, os quais não devem contrariar as normas e princípios estabelecidos por esta Lei.
>
> Art. 45. O julgamento das propostas será objetivo, devendo a Comissão de Licitação ou o responsável pelo convite realizá-lo em conformidade com os tipos de licitação, os critérios previamente estabelecidos no ato convocatório e de acordo com os fatores exclusivamente nele referidos, de maneira a possibilitar sua aferição pelos licitantes e pelos órgãos de controle.

6.8.4 Critérios subjetivos, secretos ou sigilosos

Se o instrumento convocatório estabelecer critérios ou condições de julgamento impróprio que indubitavelmente beneficiem algum proponente, o respectivo instrumento apresenta vício. A Lei de Licitações veda expressamente a fixação de critérios ou fatores ocultos ou sigilosos, de acordo com o art. 44, §1º:

> (...) é vedada a utilização de quaisquer elementos, critério ou fator sigiloso, secreto, subjetivo ou reservado que possa ainda que indiretamente elidir o princípio da igualdade entre os licitantes.

6.8.5 Oferta de vantagem não prevista no instrumento convocatório

As propostas somente podem ser avaliadas e julgadas em consonância com os critérios e condições estabelecidas no instrumento convocatório. Qualquer outra vantagem oferecida por proponente e não prevista no respectivo instrumento deve ser sumariamente rejeitada de, de acordo com o estatuído no art. 44, §2º, da Lei de Licitações:

> (...) não se considerará qualquer oferta de vantagem não prevista no edital ou no convite, inclusive financiamentos subsidiados ou a fundo perdido, nem preço ou vantagem baseada nas ofertas dos demais licitantes.

Pode ocorrer que alguma vantagem venha a ser considerada, mesmo que não conste dos critérios ou condições de julgamento, estabelecidos no instrumento convocatório, ou seja, quando determinado fator estiver implícito na sistemática de avaliação. Por exemplo, quando a oferta se der sob forma de preço líquido, isto é, o proponente oferta o objeto por um determinado preço e concede na mesma proposta um "desconto". Porém, se a vantagem constituir-se de outro objeto ou condições distintas das fixadas, então esta proposta deve ser desclassificada.

Por outro lado, qualquer proposta que, na sua formulação, condicione a sua oferta ao conteúdo da oferta dos demais proponentes deve ser desclassificada.

6.8.6 Preços simbólicos, irrisórios ou nulos, inclusive mão de obra estrangeira ou importações

O instrumento convocatório deve estabelecer claramente que as propostas de preços que apresentarem preço global ou unitário simbólico, irrisório ou de valor zero devem ser desclassificadas. Assim, ocorrendo tal fato, a Comissão de Licitação deve excluir da licitação as propostas que apresentarem preços muito aquém dos considerados razoáveis, que inviabilizem a execução do objeto. Deve-se sempre ter em vista que a licitação tem como objetivo escolher a proposta mais vantajosa (de menor preço), mas economicamente exequível

Pode, no entanto ocorrer que alguma proposta apresente preços unitários de um ou mais serviços simbólicos, irrisórios ou de valor zero, incompatíveis com os preços dos insumos de mercado. Isto posto, cabe inicialmente verificar, quais são os preços unitários simbólicos, irrisórios ou de valor zero que são responsáveis pelo baixo valor global da proposta do proponente. A seguir, deve-se investigar na composição dos preços unitários dos respectivos serviços quais insumos estão com os preços muito reduzidos. Abre-se, então, oportunidade ao proponente de esclarecer e justificar tal fato. Caso, o proponente comprove física e documentalmente: que aqueles insumos são de sua propriedade; que possuem as mesmas características técnicas exigidas nas especificações técnicas, memoriais descritivos ou outros; que ele renuncia a remuneração parcial ou total daqueles insumos que apresentam preços muito reduzidos, a Comissão de Licitação, após diligência, deve acatar os preços unitários dos serviços e desconsiderar a hipótese de inexequibilidade da proposta, em conformidade com o art. 44, §3º:

> Não se admitirá proposta que apresente preços global ou unitário simbólicos, irrisórios ou de valor zero, incompatíveis com os preços dos insumos e salários de mercado, acrescidos dos respectivos encargos, ainda que o ato convocatório da licitação não tenha estabelecido limites mínimos, exceto quando se referirem a materiais e instalações de propriedade do próprio licitante, para os quais ele renuncie a parcela ou à totalidade da remuneração.

No mesmo sentido:

> [O TCU] determinou à CEASA/MG que, em futuros procedimentos licitatórios onde houvesse casos de propostas aparentemente inexeqüíveis (cf. inciso II, art. 48 da Lei nº 8.666/93, que dispõe acerca da obrigatoriedade de demonstração de que o preço sugerido torna inexeqüível o objeto da licitação), franqueasse à licitante interessada a oportunidade de comprovar a viabilidade de sua oferta (item 1.2, TC-014.879/2005-7).[72]

6.8.7 Desclassificação das propostas

O instrumento convocatório, como já mencionado diversas vezes, deve estabelecer as condições, requisitos e critérios para a análise da habilitação dos proponentes e para o julgamento das respectivas propostas de preços. Anteriormente, foi objeto de comentários a inabilitação dos proponentes que não atenderem aos requisitos estabelecidos. Estão também sujeitas à desclassificação as propostas de preços que não observarem os requisitos formais e de conteúdo previstos no instrumento convocatório e na Lei. Portanto, serão desclassificadas as propostas de preços, conforme o art. 48 da Lei nº 8.666/93, que não atenderem ao(s):

6.8.7.1 Requisitos do instrumento convocatório

As propostas de preços devem ser analisadas sob o ponto de vista formal e de conteúdo, com base nas disposições fixadas no instrumento convocatório. Assim, do

[72] TCU. Acórdão nº 566/2007, 2ª Câmara. *DOU*, 5 abr. 2007. Seção 1, p. 103.

ponto de vista formal, a Comissão de Licitação deve verificar, em primeira instância, se a proposta obedeceu ao disposto no referido instrumento, ou seja, se houve observância do que for obrigatório, se tal ocorreu a proposta deverá ser desclassificada conforme estatui o art. 48: "Serão desclassificadas: I - as propostas que não atendam às exigências do ato convocatório da licitação".

No entanto, tal exigência não deve ser cumprida sumariamente, uma vez que as propostas devem ser analisadas com cuidado, pois determinadas falhas são irrelevantes (por exemplo: falta de uma rubrica em uma página da proposta), e, nestes casos, a desclassificação não representa nenhuma vantagem para a Administração.

Do ponto de vista do conteúdo, a proposta de preço também pode apresentar defeitos que levam à desclassificação. Os requisitos de conteúdo abrangem:

a) a seriedade e a exequibilidade da proposta; e

b) os específicos.

Os requisitos de conteúdo relativos à seriedade e à exequibilidade da proposta consistem na formulação objetiva, consistente e séria do proponente, sem deixar margem a subterfúgios, e na viabilidade da execução da proposta.

Os requisitos de conteúdo específicos dependem do que o proponente prevê, segundo as peculiaridades da licitação. Numa licitação complexa, os requisitos serão mais específicos e mais rigorosos.

6.8.7.2 Valor máximo

O instrumento convocatório pode fixar um valor máximo, muitas vezes denominado de teto máximo. Representa o valor máximo admissível que pode ser cotado sem que a proposta seja desclassificada, ou seja, qualquer proposta que ultrapassar este valor limite será sumariamente desclassificada, conforme reza o art. 48:

> Serão desclassificadas (...)
>
> II - propostas com valor global superior ao limite estabelecido ou (...).

Por outro lado, não é obrigatório que o instrumento convocatório fixe um limite máximo para as propostas de preços. Todavia, é importantíssimo verificar a constituição e a legislação vigente no estado e município onde ocorrerá a execução do objeto, visto que, dependendo do local, a constituição, legislação ou outros instrumentos legais impõem à obrigatoriedade de fixar o limite máximo no instrumento convocatório. A Comissão de Licitação deve examinar se os preços são os vigentes no mercado, ou fixados por órgão oficiais, ou constantes do sistema de registro de preços. No caso dos preços propostos serem superiores àqueles mencionados acima, a proposta deve ser desclassificada.

É importante considerar em que condição a Administração irá efetuar a remuneração da prestação. Se o pagamento não for à vista, não pode se caracterizar como excessivo o preço que ultrapassar ao preço vigente no mercado que consigne condições diversas de pagamento.

6.8.7.3 Propostas com preços manifestamente inexequíveis e garantia adicional

O instrumento convocatório deve estabelecer a obrigatoriedade de o proponente apresentar informações a respeito da formulação de sua proposta, para que a Comissão de Licitação possa efetuar um exame mais minucioso dos respectivos preços.

Se constatado que o proponente apresentou preços irrisórios, a sua proposta deve ser desclassificada. A Lei nº 8.666/93, no art. 48, §1º, fixou critérios para aferição dos preços inexequíveis quando se tratar de obras e serviços de engenharia. Estes critérios serão vistos a seguir.

Caso o preço proposto apresentar indício de inexequibilidade, em face da aplicação do disposto no art. 48, inciso II, §1º, da Lei nº 8.666/93, não se deve proceder à desclassificação sumária do proponente. Como já visto anteriormente, deve a Comissão oportunizar ao proponente o esclarecimento sobre a composição dos seus preços. Caso ele comprove a exequibilidade do valor apresentado, não se cogita a desclassificação da sua proposta.

6.8.7.3.1 Determinação de propostas com preços manifestamente inexequíveis

No instrumento convocatório, deve ser estabelecida claramente a regra para determinar se existe inícios de inexequibilidade de preços. Para aplicar a regra, que só é válida para licitações do tipo menor preço, considera-se o valor orçado pela Administração e a média aritmética das propostas cujos valores são superiores a 50% do valor orçado pela Administração. As propostas que apresentarem valores inferiores a 70% do preço orçado pela Administração ou inferiores a 70% da média aritmética são consideradas inexequíveis e, por conseguinte, deverão ser desclassificadas. Estabelece a Lei de Licitações no art. 48, §1º:

> (...) Para os efeitos do disposto no inciso II consideram-se manifestamente inexeqüíveis, no caso de licitações de menor preço para obras e serviços de engenharia, as propostas cujos valores sejam inferiores a 70% (setenta por cento) do menor dos seguintes valores:
>
> a) média aritmética dos valores das propostas superiores a 50% (cinqüenta por cento) do valor orçado pela Administração, ou
>
> b) valor orçado pela Administração.

Exemplo:

Consideremos que, no orçamento básico da Administração, o valor máximo admissível e as propostas de preços dos proponentes correspondam a:

- valor máximo admissível: R$120.000,00
- valor da proposta A: R$130.000,00
- valor da proposta B: R$120.000,00

- valor da proposta C: R$110.000,00
- valor da proposta D: R$90.000,00
- valor da proposta E: R$60.000,00
- valor da proposta F: R$50.000,00.

Análise de existência de indício de inexequibilidade das propostas:

1. A proposta "A", cujo valor é R$130.000,00, é desclassificada por ultrapassar o valor máximo admissível R$120.000,00;
2. Calcula-se o valor correspondente a 50% do valor máximo admissível pela Administração, que no caso é R$60.000,00 (0,50 x R$120.000,00);
3. A proposta "F", cujo valor é R$50.000,00, não será considerada para o cálculo da média aritmética por estar abaixo de R$60.000,00;
4. Para o cálculo da média aritmética são consideradas apenas as propostas "B", "C", "D" e "E" correspondentes à R$120.000,00, R$110.000,00, R$90.000,00 e R$60.000,00, respectivamente. Portanto, o valor da média é R$95.000,00.
5. A proposta que apresenta indícios de inexequível é a de valor inferior a:
   a) 70% do orçamento/teto (0,70 x R$120.000,00): R$84.000,00; ou
   b) 70% da média aritmética (0,70 x R$95.000,00): R$66.500,00.
   Entre os dois valores, prevalece o mais baixo, ou seja, R$66.500,00.
6. Apresentam indícios de inexequibilidade as propostas "E" e "F", R$60.000,00 e R$50.000,00 respectivamente, por apresentarem preços inferiores a R$66.500,00.
7. Antes de declarar que as propostas "E" e "F", R$60.000,00 e R$50.000,00 respectivamente, são inexequíveis, deve-se investigar se elas de fato podem assim ser consideradas. O procedimento que deve ser adotado é o já visto anteriormente.
   Repetindo: pode, ocorrer que alguma proposta apresente preços unitários de um ou mais serviços simbólicos, irrisórios ou de valor zero, incompatíveis com os preços dos insumos de mercado. Isto posto, cabe inicialmente verificar, quais são os preços unitários simbólicos, irrisórios ou de valor zero que são responsáveis pelo baixo valor global da proposta do proponente. A seguir investigar na composição dos preços unitários dos respectivos serviços quais insumos estão com os preços muito reduzidos. Abre-se, então, oportunidade ao proponente de esclarecer e justificar tal fato. Caso, o proponente comprove física e documentalmente: que aqueles insumos são de sua propriedade; que possuem as mesmas características técnicas exigidas nas especificações técnicas, memoriais descritivos ou outros; que ele renuncia a remuneração parcial ou total daqueles insumos que apresentam preços muito reduzidos, a Comissão de Licitação, após diligência, deve acatar os preços unitários dos serviços e desconsiderar a hipótese de inexequibilidade da proposta.
8. Adota-se o disposto no item 7 para a proposta "F" cujo valor é de R$50.000,00. Caso exista justificativa classifica-se a referida proposta, desde que atenda os demais requisitos estabelecidos no instrumento convocatório. Não existindo justificativa a proposta "F" é desclassificada.
9. Adota-se para a proposta "E" a mesma sistemática adotada para a proposta "F".

10. Se as propostas "F" e "E" foram aceitas o vencedor da licitação é o proponente "F", o segundo colocado é o proponente "E", o terceiro colocado é o proponente "D", e assim por diante.
11. Se a proposta "F" não foi aceita, porém a proposta "E" foi aceita, então o vencedor será o proponente "E", o segundo colocado o proponente "D", e assim por diante.
12. Se a proposta "F" foi aceita, porém a proposta "E" não foi aceita, então o vencedor será o proponente "F" e o segundo colocado o proponente "D", e assim por diante.
13. Se ambas as propostas "E" e "F" não forem aceitas o proponente vencedor é o que apresentou a proposta "D", de valor igual a R$90.000,00 e o segundo colocado o proponente que apresentou a proposta "C", e assim por diante.

6.8.7.3.2 Garantia adicional

O instrumento convocatório também deve estabelecer garantia adicional contra o risco de proposta de valor reduzido. Se o valor da proposta for inferior a: 80% do menor valor entre a média aritmética dos valores das propostas superiores a 50% do valor orçado pela Administração ou 80% do valor orçado pela Administração, o proponente deverá, na assinatura do contrato, apresentar garantia adicional igual à diferença entre o menor valor (70% da média aritmética dos valores das propostas superiores a 50% do valor orçado pela Administração, e 70% do valor orçado pela Administração) e o valor da correspondente proposta.

No caso em que o instrumento convocatório contiver cláusula de obrigatoriedade de prestação de garantia, o proponente deverá prestar garantia (5% ou 10%, conforme o caso) do valor contratual, conforme o fixado no instrumento convocatório, e mais 100% do valor da diferença entre o valor obtido pela regra e o valor da proposta. Determina a Lei de Licitações no art. 48, §2º:

> Dos licitantes classificados na forma do parágrafo anterior cujo valor global da proposta for inferior a 80% (oitenta por cento) do menor valor a que se referem as alíneas "a" e "b", será exigida, para a assinatura do contrato, prestação de garantia adicional, dentre as modalidades previstas no parágrafo 1º do art. 56, igual a diferença entre o valor resultante do parágrafo anterior e o valor da correspondente proposta.

Vejamos o exemplo anterior, e considerando que os proponentes "E" e "F" foram desclassificados:

- valor máximo admissível: R$120.000,00
- valor da média aritmética: R$95.000,00.
- valor da proposta vencedora "D": R$90.000,00;

1. A proposta que apresenta indícios de inexequível é a de valor inferior a R$66.500,00.
2. Cálculo do limite de 80% dos valores:
   c) do orçamento/teto (0,80 x 120.000,00): R$96.000,00; ou

d) da média aritmética (0,80 x 95.000,00): R$76.000,00.

Entre os dois valores, prevalece o mais baixo, ou seja, R$76.000,00.

3. O valor da proposta vencedora R$90.000,00 é maior que o menor valor do item 2, R$76.000,00.

Portanto, não é necessário prestar garantia adicional.

Vejamos o mesmo exemplo e considerando que o proponente "F" foi desclassificado:

- valor máximo admissível: R$120.000,00
- valor da média aritmética: R$95.000,00.
- valor da proposta vencedora "E": R$60.000,00;
- garantia de execução: 5%

1. A proposta que apresenta indícios de inexequível é a de valor inferior a R$66.500,00.
2. Cálculo do limite de 80% dos valores:

c) do orçamento/teto (0,80 x 120.000,00): R$96.000,00; ou

d) da média aritmética (0,80 x 95.000,00): R$76.000,00.

Entre os dois valores, prevalece o mais baixo, ou seja, R$76.000,00.

3. O valor da proposta vencedora "E" é igual a R$60.000,00 e é menor que o menor valor do item 2, R$76.000,00, devendo o proponente prestar garantia adicional.
4. Valor da garantia adicional:

Menor valor do item 2, R$76.000,00, menos o valor da correspondente proposta, R$60.000,00:

R$76.000,00 - R$60.000,00 = R$16.000,00

Logo, o proponente deverá prestar garantia adicional no valor de R$16.000,00.

6.8.7.4 Proibição da consideração da atualização monetária como valor no julgamento

Quando do julgamento das propostas de preços, não se deve considerar a concepção de atualização monetária compensatória de inflação, visto que ela não caracteriza elevação nem modificação do valor da proposta, conforme preceitua o art. 7º, §7º:

> Não será ainda computado como valor da obra ou serviço, para fins de julgamento das propostas de preços, a atualização monetária das obrigações de pagamento, desde a data final de cada período de aferição até a do respectivo pagamento, que será calculada pelos mesmos critérios estabelecidos obrigatoriamente no ato convocatório.

Com a estabilização monetária, esta questão ficou totalmente prejudicada.

6.8.8 Empate

Em igualdade de condições, o desempate deve levar em conta os critérios referidos no art. 3º, §2º da Lei nº 8.666/93:

> No caso de empate entre duas ou mais propostas, e após obedecido o disposto no §2º do art. 3º desta Lei, a classificação se fará, obrigatoriamente, por sorteio, em ato público, para o qual todos os licitantes serão convocados, vedado qualquer outro processo.

Portanto o desempate será decidido mediante sorteio, ficando vedada a utilização de qualquer outro critério ou procedimento. O sorteio deve ser realizado em solenidade pública, amplamente divulgada. O prazo de antecedência da divulgação não deve ser inferior a cinco dias úteis — prazo mínimo previsto na Lei para interposição de recursos. Devem ser adotadas cautelas que assegurem a imparcialidade do resultado, permitindo-se ampla fiscalização por parte dos interessados.

6.8.9 Classificação final e publicação do resultado

A Comissão de Licitação deve elaborar ata ou relatório de julgamento e classificação das propostas. As decisões serão necessariamente fundamentadas e formalizadas em documento próprio, ata ou relatório. A ata ou o relatório deverá conter as decisões tomadas pela Comissão de Licitação, com a indicação dos proponentes classificados e os desclassificados e os respectivos fatos que levaram a tais resultados. À Comissão cabe elaborar um edital de classificação em que conste a relação dos proponentes classificados e os desclassificados com as devidas justificativas. O edital de classificação deve ser exposto em local apropriado, de fácil acesso aos proponentes, divulgado em sessão pública ou enviado aos interessados e publicado na imprensa oficial.

Cabe esclarecer que a Comissão deve, somente, listar em ordem de mérito a classificação das propostas (do menor para o maior) indicando o primeiro colocado, o segundo colocado, e assim por diante. Não é de competência da Comissão indicar quem é o vencedor, quem alcançou o segundo lugar e assim por diante. Isto cabe exclusivamente à autoridade superior, quando da homologação da licitação e respectiva adjudicação.

6.9 Recursos administrativos

É assegurado pela Constituição Federal o direito de petição como instrumento de defesa dos direitos pessoais, especialmente contra atos administrativos inválidos. Além disso, a Constituição assegura a publicidade dos atos administrativos e o direito ao contraditório e à ampla defesa. Não cabe restringir a manifestação do interessado unicamente ao momento posterior à decisão. Não existe apenas o direito de recorrer contra a decisão desfavorável *a posteriori*. Sempre que uma futura decisão puder afetar os interesses de um particular, a Administração deve ouvi-lo previamente e convidá-lo a participar da colheita das provas.

6.9.1 Prazo recursal

Divulgado o resultado, abre-se o prazo recursal, tanto na fase de habilitação quanto na fase de classificação, de cinco dias úteis, computados a partir da data da sessão ou da intimação aos interessados.

Se tiver sido convocada reunião para conhecimento do resultado, o termo inicial do prazo recursal será contado a partir dela. Se não, o curso do prazo se iniciar-se-á a partir da data em que os proponentes tomarem conhecimento do resultado.

O art. 109 da Lei de Licitações prevê:

> Art. 109. Dos atos da Administração decorrentes da aplicação desta Lei cabem:
>
> I - recurso, no prazo de 5 (cinco) dias úteis a contar da intimação do ato ou da lavratura da ata, nos casos de:
>
> a) habilitação ou inabilitação do licitante;
>
> b) julgamento das propostas;
>
> c) anulação ou revogação da licitação;
>
> d) indeferimento do pedido de inscrição em registro cadastral, sua alteração ou cancelamento;
>
> e) rescisão do contrato, a que se refere o inciso I do art. 79 desta Lei.
>
> f) aplicação das penas de advertência, suspensão temporária ou de multa; (...).

6.9.2 Representação, comunicação aos proponentes e efeito suspensivo

O recurso contra a decisão de habilitação é dotado de efeito suspensivo. Por isso, somente terá continuidade o procedimento licitatório após decididos os recursos. Cabe recurso não apenas contra a decisão que inabilita o proponente, como também contra aquele que o habilita. Por se tratar de uma competição, cada proponente tem interesse na exclusão dos demais. É plenamente admissível a hipótese de um proponente inabilitado interpor recurso, não apenas visando reverter a decisão contra si, desfavorável, mas também para obter a inabilitação de competidores habilitados.

Nada impede a renúncia ao direito de recorrer, que poderá ser formalizada na própria oportunidade de divulgação dos resultados. Muitas vezes, inexiste disposição dos proponentes em interpor recurso. Para agilizar o prosseguimento da licitação, todos os participantes podem renunciar à faculdade de recorrer. Se for interposto recurso administrativo, este deverá ser comunicado aos demais proponentes para impugná-lo no prazo de cinco dias úteis, conforme reza o art. 109 da Lei de Licitações:

> Art. 109. (...)
>
> II - representação, no prazo de 5 (cinco) dias úteis da intimação da decisão relacionada com o objeto da licitação ou do contrato, de que não caiba recurso hierárquico;
>
> III - pedido de reconsideração, de decisão de Ministro de Estado, ou Secretário Estadual ou Municipal, conforme o caso, na hipótese do §4º do art. 87 desta Lei, no prazo de 10 (dez) dias úteis da intimação do ato.
>
> §1º A intimação dos atos referidos no inciso I, alíneas "a", "b", "c" e "e" deste artigo, excluídos os relativos à advertência e multa de mora, e no inciso III, será feita mediante publicação na imprensa oficial, salvo, para os casos previstos nas alíneas "a" e 'b", se presentes os prepostos dos licitantes no ato em que foi adotada a decisão, quando poderá ser feita por comunicação direta aos interessados e lavrada em ata.

§2º O recurso previsto nas alíneas "a" e "b" do inciso I deste artigo terá efeito suspensivo, podendo a autoridade competente, motivadamente e presentes razões de interesse público, atribuir ao recurso interposto eficácia suspensiva aos demais recursos.

§3º Interposto o recurso, será comunicado aos demais licitantes que poderão impugná-lo no prazo de 5 (cinco) dias úteis.

6.9.3 Outros dispositivos

Cabem, ainda conforme a Lei de Licitações, os seguintes dispositivos do art. 109:

Art. 109. (...)

§4º O recurso será dirigido à autoridade superior, por intermédio da que praticou o ato recorrido, a qual poderá reconsiderar sua decisão, no prazo de 5 (cinco) dias úteis, ou, nesse mesmo prazo, fazê-lo subir, devidamente informado, devendo, neste caso, a decisão ser proferida dentro do prazo de 5 (cinco) dias úteis, contado do recebimento do recurso, sob pena de responsabilidade.

§5º Nenhum prazo de recurso, representação ou pedido de reconsideração se inicia ou corre sem que os autos do processo estejam com vista franqueada ao interessado.

§6º Em se tratando de licitações efetuadas na modalidade de carta convite os prazos estabelecidos nos incisos I e II e no §3º deste artigo serão de dois dias úteis.

6.10 Revogação ou anulação

Existe uma diferença fundamental entre a revogação e a anulação do ato administrativo.

A revogação consiste no desfazimento do ato, geralmente proveniente de interesse público.

A anulação corresponde ao reconhecimento pela própria Administração da ilegalidade do ato administrativo, desfazendo o ato e seus efeitos.

6.10.1 Revogação

Na revogação, o cancelamento da licitação não provém de ilegalidade e somente é possível se o ato administrativo for válido e perfeito. A revogação se fundamenta na conveniência do ato no que se refere ao interesse público. Se, após concluída a licitação, a Administração concluir que o interesse público poderia ser melhor atendido por outro caminho, poderá promover o cancelamento da licitação. A Administração pode desfazer seus próprios atos a qualquer tempo, quando o achar conveniente. No entanto, não se admite que a Administração julgue ser inadequada a mesma situação que fora considerada conveniente anteriormente. Nesse sentido, a Lei determina que a revogação dependerá da ocorrência de "fato superveniente devidamente comprovado", conforme estabelece o art. 49:

> A autoridade competente para a aprovação do procedimento somente poderá revogar a licitação por razões de interesse público decorrente de fato superveniente devidamente comprovado, pertinente e suficiente para justificar tal conduta (...).

Uma vez revogada a licitação ela não poderá ser licitada novamente, a não ser mediante justificativa fundamentada por fato superveniente devidamente comprovado (rejeição de todas as proponentes classificadas a executarem o objeto nas mesmas condições do proponente classificado em primeiro lugar que negou a assinar o contrato) ou por alteração do objeto. A revogação somente será válida quando formalizada em ato motivado.

6.10.2 Anulação

A nulidade é resultante de uma ilegalidade contida no instrumento convocatório ou no procedimento licitatório. Pode-se distinguir os vícios de acordo com a sua gravidade:

a) *Ofensa ao dispositivo legal* – se incapaz de acarretar lesão ao interesse público ou particular. Assim, por exemplo, a ausência de rubrica nas páginas do instrumento convocatório configura irregularidade. A simples irregularidade não produz reflexos sobre a validade da licitação;

b) *Anulabilidade* – quando houver infringência aos dispositivos legais concernentes ao interesse privado dos participantes na licitação. Nesta circunstância, o vício apenas será pronunciável mediante provocação do interessado. No seu silêncio ou omissão, a pronúncia do vício se inviabiliza, sendo acobertada por uma espécie de preclusão administrativa;

c) *Nulidade propriamente dita* – caracteriza-se pela infringência aos dispositivos legais concernentes ao interesse público. Não se admite a prática de atos contra dispositivos legais. Por isso, a autoridade administrativa tem o dever de invalidar seus próprios atos quando se revelarem viciados.

Muitas vezes a nulidade é revelada e pronunciada somente em momento muito posterior à sua ocorrência. É comum o vício estar presente no instrumento convocatório e a licitação ter continuidade até a finalização do procedimento, quando então vem à tona. Por vezes, o vício apenas é descoberto pela autoridade superior no instante da homologação. Em outros casos, o vício é apurado somente depois de efetivada a contratação. O decurso do tempo é irrelevante e não transforma o ato inválido em válido. Permanece, porém, o dever de declarar o vício e desfazer todos os atos subsequentes. Estabelece a Lei de Licitações, no art. 49:

> A autoridade competente (...), devendo anulá-la por ilegalidade, de ofício ou por provocação de terceiros, mediante parecer escrito e devidamente fundamentado.

No caso de cancelamento do processo licitatório, tanto no caso de revogação quanto no caso de anulação, aplicam-se as garantias do contraditório e da ampla defesa. A anulação somente será válida quando formalizada em ato motivado. O renomado Professor Cláudio Brandão de Oliveira destaca:

O ato de anulação deve ser motivado, expondo à Administração as razões de fato e de direito que justifiquem a extinção do procedimento administrativo. Se a anulação ocorreu por culpa da Administração, os licitantes que dela participaram, com boa-fé, devem ser indenizados dos prejuízos eventualmente apurados.

6.11 Homologação e adjudicação

6.11.1 Homologação

A homologação é o reconhecimento da validade de todo o procedimento licitatório, desde a elaboração do instrumento convocatório até o resultado final do certame e da conveniência pela autoridade superior.

A homologação envolve duas etapas distintas, uma no plano da legalidade, outra no da conveniência. Primeiramente, examinam-se os atos praticados para verificar sua submissão à Lei e ao instrumento convocatório. Verificando a ocorrência de nulidade, proveniente de ilegalidade, a autoridade superior deve tomar as providências necessárias para eliminar o vício, quando possível. A autoridade superior não pode modificar ou alterar o resultado proferido pela Comissão de Licitação. Apurado vício na classificação das propostas, a autoridade superior não poderá decretar nulidade de toda a licitação, mas reabrir a oportunidade para a Comissão de Licitação efetivar nova classificação. Concluindo pela validade dos atos integrantes do procedimento licitatório, a autoridade superior analisará a conveniência acerca da licitação. Se for o caso, mediante decisão fundamentada, pode revogar a licitação. Se reconhecer a validade dos atos praticados e a conveniência da licitação, a autoridade superior deve homologar o resultado.

6.11.2 Adjudicação

A adjudicação é o ato formal da autoridade máxima do instaurador que, encerrando o procedimento licitatório, atribui o objeto da licitação ao vencedor. Não compete à Comissão de Licitação atribuir o objeto da licitação ao vencedor. A Comissão de Licitação apenas seleciona a proposta que achar mais vantajosa, de acordo com os critérios estabelecidos no instrumento convocatório. A adjudicação somente pode ser efetivada pela autoridade máxima do instaurador, de acordo com o art. 43, inciso VI:

> (...) deliberação da autoridade competente quanto à homologação e adjudicação do objeto da licitação.

A homologação antecede a adjudicação. A homologação deriva da análise global e completa dos trabalhos da autoridade responsável pela licitação, enquanto a adjudicação concentra-se no resultado da licitação.

6.12 Encerramento da licitação

Após a homologação e adjudicação nada mais resta a deliberar sobre a licitação, pois a mesma está encerrada. Aqui também se encerram as atividades da Comissão de Licitação.

2ª PARTE - FASE EXTERNA - DO PROCEDIMENTO
QUADRO SINÓPTICO III

SEQUÊNCIA DO PROCEDIMENTO

COMISSÃO DE LICITAÇÃO	- COMISSÃO PERMANENTE - COMISSÃO ESPECIAL - OUTRAS DISPOSIÇÕES
DIVULGAÇÃO DA LICITAÇÃO	- IMPRENSA DIÁRIA - IMPRENSA OFICIAL - IMPRENSA ESPECIALIZADA
ELEMENTOS INSTRUTORES	- AVISO DE LICITAÇÃO - INSTRUMENTO CONVOCATÓRIO - MODELOS E ANEXOS
IMPUGNAÇÃO DO INSTRUMENTO CONVOCATÓRIO	- PETIÇÃO
RECEBIMENTO DOS ENVELOPES E ABERTURA	- ENTREGA À COMISSÃO - ENTREGA NO PROTOCOLO - ABERTURA DOS ENVELOPES - DOCUMENTAÇÃO
ANÁLISE E HABILITAÇÃO	- ANÁLISE DA DOCUMENTAÇÃO - HABILITAÇÃO OU INABILITAÇÃO - DIVULGAÇÃO DO RESULTADO
ABERTURA DOS ENVELOPES PROPOSTA DE PREÇOS	- DEVOLUÇÃO - PROPOSTA DE PREÇOS - INABILITADAS - ABERTURA DOS ENVELOPES - PROPOSTA DE PREÇOS
JULGAMENTO E CLASSIFICAÇÃO	- JULGAMENTO - DIVULGAÇÃO DO RESULTADO
RECURSOS ADMINISTRATIVOS	- PETIÇÃO - PRAZO DE INTERPOSIÇÃO
REVOGAÇÃO OU ANULAÇÃO	- INTERESSE PÚBLICO - ILEGALIDADE NO INSTRUMENTO CONVOCATÓRIO - ILEGALIDADE NO PROCEDIMENTO LICITATÓRIO
HOMOLOGAÇÃO E ADJUDICAÇÃO	- AUTORIDADE COMPETENTE

Legislação

Lei nº 5.194, de 24 de dezembro de 1966
(*DOU*, 27.12.1946; retificação *DOU*, 4.1.1967)

Regula o exercício das profissões de Engenheiro, Arquiteto e Engenheiro-Agrônomo, e dá outras providências.

O PRESIDENTE DA REPÚBLICA, faço saber que o CONGRESSO NACIONAL decreta e eu sanciono a seguinte Lei:

O CONGRESSO NACIONAL DECRETA:

TÍTULO I
Do Exercício Profissional da Engenharia, da Arquitetura e da Agronomia

CAPÍTULO I
Das Atividades Profissionais

SEÇÃO I
Caracterização e Exercício das Profissões

Art. 1º As profissões de engenheiro, arquiteto e engenheiro-agrônomo são caracterizadas pelas realizações de interêsse social e humano que importem na realização dos seguintes empreendimentos:

a) aproveitamento e utilização de recursos naturais;

b) meios de locomoção e comunicações;

c) edificações, serviços e equipamentos urbanos, rurais e regionais, nos seus aspectos técnicos e artísticos;

d) instalações e meios de acesso a costas, cursos e massas de água e extensões terrestres;

e) desenvolvimento industrial e agropecuário.

Art. 2º O exercício, no País, da profissão de engenheiro, arquiteto ou engenheiro-agrônomo, observadas as condições de capacidade e demais exigências legais, é assegurado:

a) aos que possuam, devidamente registrado, diploma de faculdade ou escola superior de engenharia, arquitetura ou agronomia, oficiais ou reconhecidas, existentes no País;

b) aos que possuam, devidamente revalidado e registrado no País, diploma de faculdade ou escola estrangeira de ensino superior de engenharia, arquitetura ou agronomia, bem como os que tenham êsse exercício amparado por convênios internacionais de intercâmbio;

c) aos estrangeiros contratados que, a critério dos Conselhos Federal e Regionais de Engenharia, Arquitetura e Agronomia, considerados a escassez de profissionais de determinada especialidade e o interêsse nacional, tenham seus títulos registrados temporàriamente.

Parágrafo único. O exercício das atividades de engenheiro, arquiteto e engenheiro-agrônomo é garantido, obedecidos os limites das respectivas licenças e excluídas as expedidas, a título precário, até a publicação desta Lei, aos que, nesta data, estejam registrados nos Conselhos Regionais.

SEÇÃO II
Do uso do Título Profissional

Art. 3º São reservadas exclusivamente aos profissionais referidos nesta Lei as denominações de engenheiro, arquiteto ou engenheiro-agrônomo, acrescidas obrigatòriamente, das características de sua formação básica.

Parágrafo único. As qualificações de que trata êste artigo poderão ser acompanhadas de designações outras referentes a cursos de especialização, aperfeiçoamento e pós-graduação.

Art. 4º As qualificações de engenheiro, arquiteto ou engenheiro-agrônomo só podem ser acrescidas à denominação de pessoa jurídica composta exclusivamente de profissionais que possuam tais títulos.

Art. 5º Só poderá ter em sua denominação as palavras engenharia, arquitetura ou agronomia a firma comercial ou industrial cuja diretoria fôr composta, em sua maioria, de profissionais registrados nos Conselhos Regionais.

SEÇÃO III
Do exercício ilegal da profissão

Art. 6º Exerce ilegalmente a profissão de engenheiro, arquiteto ou engenheiro-agrônomo:

a) a pessoa física ou jurídica que realizar atos ou prestar serviços público ou privado reservados aos profissionais de que trata esta lei e que não possua registro nos Conselhos Regionais;

b) o profissional que se incumbir de atividades estranhas às atribuições discriminadas em seu registro;

c) o profissional que emprestar seu nome a pessoas, firmas, organizações ou emprêsas executoras de obras e serviços sem sua real participação nos trabalhos delas;

d) o profissional que, suspenso de seu exercício, continue em atividade;

e) a firma, organização ou sociedade que, na qualidade de pessoa jurídica, exercer atribuições reservadas aos profissionais da engenharia, da arquitetura e da agronomia, com infringência do disposto no parágrafo único do Ed. extra 8º desta lei.

SEÇÃO IV

Atribuições profissionais e coordenação de suas atividades

Art. 7º As atividades e atribuições profissionais do engenheiro, do arquiteto e do engenheiro-agrônomo consistem em:

a) desempenho de cargos, funções e comissões em entidades estatais, paraestatais, autárquicas, de economia mista e privada;

b) planejamento ou projeto, em geral, de regiões, zonas, cidades, obras, estruturas, transportes, explorações de recursos naturais e desenvolvimento da produção industrial e agropecuária;

c) estudos, projetos, análises, avaliações, vistorias, perícias, pareceres e divulgação técnica;

d) ensino, pesquisas, experimentação e ensaios;

e) fiscalização de obras e serviços técnicos;

f) direção de obras e serviços técnicos;

g) execução de obras e serviços técnicos;

h) produção técnica especializada, industrial ou agro-pecuária.

Parágrafo único. Os engenheiros, arquitetos e engenheiros-agrônomos poderão exercer qualquer outra atividade que, por sua natureza, se inclua no âmbito de suas profissões.

Art. 8º As atividades e atribuições enunciadas nas alíneas a, b, c, d, e e f do artigo anterior são da competência de pessoas físicas, para tanto legalmente habilitadas.

Parágrafo único. As pessoas jurídicas e organizações estatais só poderão exercer as atividades discriminadas nos Ed. extra 7º, com excessão das contidas na alínea "a", com a participação efetiva e autoria declarada de profissional legalmente habilitado e registrado pelo Conselho Regional, assegurados os direitos que esta lei lhe confere.

Art. 9º As atividades enunciadas nas alíneas g e h do Ed. extra 7º, observados os preceitos desta lei, poderão ser exercidas, indistintamente, por profissionais ou por pessoas jurídicas.

Art. 10. Cabe às Congregações das escolas e faculdades de engenharia, arquitetura e agronomia indicar, ao Conselho Federal, em função dos títulos apreciados através da formação profissional, em têrmos genéricos, as características dos profissionais por ela diplomados.

Art. 11. O Conselho Federal organizará e manterá atualizada a relação dos títulos concedidos pelas escolas e faculdades, bem como seus cursos e currículos, com a indicação das suas características.

Art. 12. Na União, nos Estados e nos Municípios, nas entidades autárquicas, paraestatais e de economia mista, os cargos e funções que exijam conhecimentos de engenharia, arquitetura e agronomia, relacionados conforme o disposto na alínea "g" do Ed. extra 27, sòmente poderão ser exercidos por profissionais habilitados de acôrdo com esta lei.

Art. 13. Os estudos, plantas, projetos, laudos e qualquer outro trabalho de engenharia, de arquitetura e de agronomia, quer público, quer particular, sòmente poderão ser submetidos ao julgamento das autoridades competentes e só terão valor jurídico quando seus autores forem profissionais habilitados de acôrdo com esta lei.

Art. 14. Nos trabalhos gráficos, especificações, orçamentos, pareceres, laudos e atos judiciais ou administrativos, é obrigatória além da assinatura, precedida do nome da emprêsa, sociedade, instituição ou firma a que interessarem, a menção explícita do título do profissional que os subscrever e do número da carteira referida no Ed. extra 56.

Art. 15. São nulos de pleno direito os contratos referentes a qualquer ramo da engenharia, arquitetura ou da agronomia, inclusive a elaboração de projeto, direção ou execução de obras, quando firmados por entidade pública ou particular com pessoa física ou jurídica não legalmente habilitada a praticar a atividade nos têrmos desta lei.

Art. 16. Enquanto durar a execução de obras, instalações e serviços de qualquer natureza, é obrigatória a colocação e manutenção de placas visíveis e legíveis ao público, contendo o nome do autor e co-autores do projeto, em todos os seus aspectos técnicos e artísticos, assim como os dos responsáveis pela execução dos trabalhos.

CAPÍTULO II

Da responsabilidade e autoria

Art. 17. Os direitos de autoria de um plano ou projeto de engenharia, arquitetura ou agronomia, respeitadas as relações contratuais expressas entre o autor e outros interessados, são do profissional que os elaborar.

Parágrafo único. Cabem ao profissional que os tenha elaborado os prêmios ou distinções honoríficas concedidas a projetos, planos, obras ou serviços técnicos.

Art. 18. As alterações do projeto ou plano original só poderão ser feitas pelo profissional que o tenha elaborado.

Parágrafo único. Estando impedido ou recusando-se o autor do projeto ou plano original a prestar sua colaboração profissional, comprovada a solicitação, as alterações ou modificações dêles poderão ser feitas por outro profissional habilitado, a quem caberá a responsabilidade pelo projeto ou plano modificado.

Art. 19. Quando a concepção geral que caracteriza um plano ou, projeto fôr elaborada em conjunto por profissionais legalmente habilitados, todos serão considerados co-autores do projeto, com os direitos e deveres correspondentes.

Art. 20. Os profissionais ou organizações de técnicos especializados que colaborarem numa parte do projeto, deverão ser mencionados explicitamente como autores da parte que lhes tiver sido confiada, tornando-se mister que todos os documentos, como plantas, desenhos, cálculos, pareceres, relatórios, análises, normas, especificações e outros documentos relativos ao projeto, sejam por êles assinados.

Parágrafo único. A responsabilidade técnica pela ampliação, prosseguimento ou conclusão de qualquer empreendimento de engenharia, arquitetura ou agronomia caberá ao profissional ou entidade registrada que aceitar êsse encargo, sendo-lhe, também, atribuída a responsabilidade das obras, devendo o Conselho Federal dotar resolução quanto às responsabilidades das partes já executadas ou concluídas por outros profissionais.

Art. 21. Sempre que o autor do projeto convocar, para o desempenho do seu encargo, o concurso de profissionais da organização de profissionais, especializados e legalmente habilitados, serão êstes havidos como co-responsáveis na parte que lhes diga respeito.

Art. 22. Ao autor do projeto ou a seus prepostos é assegurado o direito de acompanhar a execução da obra, de modo a garantir a sua realização de acôrdo com as condições, especificações e demais pormenores técnicos nêle estabelecidos.

Parágrafo único. Terão o direito assegurado neste artigo, ao autor do projeto, na parte que lhes diga respeito, os profissionais especializados que participarem, como co-responsáveis, na sua elaboração.

Art. 23. Os Conselhos Regionais criarão registros de autoria de planos e projetos, para salvaguarda dos direitos autorais dos profissionais que o desejarem.

TÍTULO II
Da fiscalização do exercício das profissões

CAPÍTULO I
Dos órgãos fiscalizadores

Art. 24. A aplicação do que dispõe esta lei e a fiscalização do exercício das profissões nela referidas serão, para a necessária harmonia e unidade de ação reguladas pelo Conselho Federal de Engenharia, Arquitetura e Agronomia (CONFEA). (*Redação dada pelo Decreto Lei nº 620, de 1969*)

Art. 25. Mantidos os já existentes, o Conselho Federal de Engenharia, Arquitetura e Agronomia promoverá a instalação, nos Estados, Distrito Federal e Territórios Federais, dos Conselhos Regionais necessários à execução desta lei, podendo, a ação de qualquer dêles, estender-se a mais de um Estado.

§1º A proposta de criação de novos Conselhos Regionais será feita pela maioria das entidades de classe e escolas ou faculdades com sede na nova Região, cabendo aos Conselhos atingidos pela iniciativa opinar e encaminhar a proposta à aprovação do Conselho Federal.

§2º Cada unidade da Federação só poderá ficar na jurisdição de um Conselho Regional.

§3º A sede dos Conselhos Regionais será no Distrito Federal, em capital de Estado ou de Território Federal.

CAPÍTULO II
Do Conselho Federal de Engenharia, Arquitetura e Agronomia

SEÇÃO I
Da instituição do Conselho e suas atribuições

Art. 26. O Conselho Federal de Engenharia, Arquitetura e Agronomia, (CONFEA), é a instância superior da fiscalização do exercício profissional da engenharia, da arquitetura e da agronomia.

Art. 27. São atribuições do Conselho Federal:

a) organizar o seu regimento interno e estabelecer normas gerais para os regimentos dos Conselhos Regionais;

b) homologar os regimentos internos organizados pelos Conselhos Regionais;

c) examinar e decidir em última instância os assuntos relativos no exercício das profissões de engenharia, arquitetura e agronomia, podendo anular qualquer ato que não estiver de acôrdo com a presente lei;

d) tomar conhecimento e dirimir quaisquer dúvidas suscitadas nos Conselhos Regionais;

e) julgar em última instância os recursos sôbre registros, decisões e penalidades impostas pelos Conselhos Regionais;

f) baixar e fazer publicar as resoluções previstas para regulamentação e execução da presente lei, e, ouvidos os Conselhos Regionais, resolver os casos omissos;

g) relacionar os cargos e funções dos serviços estatais, paraestatais, autárquicos e de economia mista, para cujo exercício seja necessário o título de engenheiro, arquiteto ou engenheiro-agrônomo;

h) incorporar ao seu balancete de receita e despesa os dos Conselhos Regionais;

i) enviar aos Conselhos Regionais cópia do expediente encaminhado ao Tribunal de Contas, até 30 (trinta) dias após a remessa;

j) publicar anualmente a relação de títulos, cursos e escolas de ensino superior, assim como, periòdicamente, relação de profissionais habilitados;

k) fixar, ouvido o respectivo Conselho Regional, as condições para que as entidades de classe da região tenham nêle direito a representação;

l) promover, pelo menos uma vez por ano, as reuniões de representantes dos Conselhos Federal e Regionais previstas no Ed. extra 53 desta lei;

m) examinar e aprovar a proporção das representações dos grupos profissionais nos Conselhos Regionais;

n) julgar, em grau de recurso, as infrações do Código de Ética Profissional do engenheiro, arquiteto e engenheiro-agrônomo, elaborado pelas entidades de classe;

o) aprovar ou não as propostas de criação de novos Conselhos Regionais;

p) fixar e alterar as anuidades, emolumentos e taxas a pagar pelos profissionais e pessoas jurídicas referidos no Ed. extra 63.

q) autorizar o presidente a adquirir, onerar ou, mediante licitação, alienar bens imóveis. (*Redação dada pela Lei nº 6.619, de 1978*)

Parágrafo único. Nas questões relativas a atribuições profissionais, decisão do Conselho Federal só será tomada com mínimo de 12 (doze) votos favoráveis.

Art. 28. Constituem renda do Conselho Federal: (*Redação dada pela Lei nº 6.619, de 1978*)

I - quinze por cento do produto da arrecadação prevista nos itens I a V do art. 35; (*Incluído pela Lei nº 6.619, de 1978*)

II - doações, legados, juros e receitas patrimoniais; (*Incluído pela Lei nº 6.619, de 1978*)

III - subvenções; (*Incluído pela Lei nº 6.619, de 1978*)

IV - outros rendimentos eventuais. (*Incluído pela Lei nº 6.619, de 1978*)

SEÇÃO II

Da composição e organização

Art. 29. O Conselho Federal será constituído por 18 (dezoito) membros, brasileiros, diplomados em Engenharia, Arquitetura ou Agronomia, habilitados de acôrdo com esta lei, obedecida a seguinte composição:

a) 15 (quinze) representantes de grupos profissionais, sendo 9 (nove) engenheiros representantes de modalidades de engenharia estabelecida em têrmos genéricos pelo Conselho Federal, no mínimo de 3 (três) modalidades, de maneira a corresponderem às formações técnicas constantes dos registros nêle existentes; 3 (três) arquitetos e 3 (três) engenheiros-agrônomos;

b) 1 (um) representante das escolas de engenharia, 1 (um) representante das escolas de arquitetura e 1 (um) representante das escolas de agronomia.

§1º Cada membro do Conselho Federal terá 1 (um) suplente.

§2º O presidente do Conselho Federal será eleito, por maioria absoluta, dentre os seus membros.

§3º A vaga do representante nomeado presidente do Conselho será preenchida por seu suplente.

Art. 30. Os representantes dos grupos profissionais referidos na alínea "a" do Ed. extra 29 e seus suplentes serão eleitos pelas respectivas entidades de classe registradas nas regiões, em assembléias especialmente convocadas para êste fim pelos Conselhos Regionais, cabendo a cada região indicar, em forma de rodízio, um membro do Conselho Federal.

Parágrafo único. Os representantes das entidades de classe nas assembléias referidas neste artigo serão por elas eleitos, na forma dos respectivos estatutos.

Art. 31. Os representantes das escolas ou faculdades e seus suplentes serão eleitos por maioria absoluta de votos em assembléia dos delegados de cada grupo profissional, designados pelas respectivas Congregações.

Art. 32. Os mandatos dos membros do Conselho Federal e do Presidente serão de 3 (três) anos.

Parágrafo único. O Conselho Federal se renovará anualmente pelo têrço de seus membros.

CAPÍTULO III

Dos Conselhos Regionais de Engenharia, Arquitetura e Agronomia

SEÇÃO I

Da instituição dos Conselhos Regionais e suas atribuições

Art. 33. Os Conselhos Regionais de Engenharia, Arquitetura e Agronomia (CREA) são órgãos de fiscalização do exercício das profissões de engenharia, arquitetura e agronomia, em suas regiões.

Art. 34. São atribuições dos Conselhos Regionais:

a) elaborar e alterar seu regimento interno, submetendo-o à homologação do Conselho Federal.

b) criar as Câmaras Especializadas atendendo às condições de maior eficiência da fiscalização estabelecida na presente lei;

c) examinar reclamações e representações acêrca de registros;

d) julgar e decidir, em grau de recurso, os processos de infração da presente lei e do Código de Ética, enviados pelas Câmaras Especializadas;

e) julgar em grau de recurso, os processos de imposição de penalidades e multas;

f) organizar o sistema de fiscalização do exercício das profissões reguladas pela presente lei;

g) publicar relatórios de seus trabalhos e relações dos profissionais e firmas registrados;

h) examinar os requerimentos e processos de registro em geral, expedindo as carteiras profissionais ou documentos de registro;

i) sugerir ao Conselho Federal médias necessárias à regularidade dos serviços e à fiscalização do exercício das profissões reguladas nesta lei;

j) agir, com a colaboração das sociedades de classe e das escolas ou faculdades de engenharia, arquitetura e agronomia, nos assuntos relacionados com a presente lei;

k) cumprir e fazer cumprir a presente lei, as resoluções baixadas pelo Conselho Federal, bem como expedir atos que para isso julguem necessários;

l) criar inspetorias e nomear inspetores especiais para maior eficiência da fiscalização;

m) deliberar sôbre assuntos de interêsse geral e administrativo e sôbre os casos comuns a duas ou mais especializações profissionais;

n) julgar, decidir ou dirimir as questões da atribuição ou competência, das Câmaras Especializadas referidas no artigo 45, quando não possuir o Conselho Regional número suficiente de profissionais do mesmo grupo para constituir a respectiva Câmara, como estabelece o artigo 48;

o) organizar, disciplinar e manter atualizado o registro dos profissionais e pessoas jurídicas que, nos têrmos desta lei, se inscrevam para exercer atividades de engenharia, arquitetura ou agronomia, na Região;

p) organizar e manter atualizado o registro das entidades de classe referidas no artigo 62 e das escolas e faculdades que, de acôrdo com esta lei, devam participar da eleição de representantes destinada a compor o Conselho Regional e o Conselho Federal;

q) organizar, regulamentar e manter o registro de projetos e planos a que se refere o artigo 23;

r) registrar as tabelas básicas de honorários profissionais elaboradas pelos órgãos de classe.

s) autorizar o presidente a adquirir, onerar ou, mediante licitação, alienar bens imóveis. (*Incluída pela Lei nº 6.619, de 1978*)

Art. 35. Constituem renda dos Conselhos Regionais: (*Redação dada pela Lei nº 6.619, de 1978*)

I - anuidades cobradas de profissionais e pessoas jurídicas; (*Incluído pela Lei nº 6.619, de 1978*)

II - taxas de expedição de carteiras profissionais e documentos diversos; (*Incluído pela Lei nº 6.619, de 1978*)

III - emolumentos sobre registros, vistos e outros procedimentos; (*Incluído pela Lei nº 6.619, de 1978*)

IV - quatro quintos da arrecadação da taxa instituída pela Lei nº 6.496, de 7 de dezembro de 1977; (*Incluído pela Lei nº 6.619, de 1978*)

V - multas aplicadas de conformidade com esta Lei e com a Lei nº 6.496, de 7 de dezembro de 1977; (*Incluído pela Lei nº 6.619, de 1978*)

VI - doações, legados, juros e receitas patrimoniais; (*Incluído pela Lei nº 6.619, de 1978*)

VII - subvenções; (*Incluído pela Lei nº 6.619, de 1978*)

VIII - outros rendimentos eventuais. (*Incluído pela Lei nº 6.619, de 1978*)

Art. 36. Os Conselhos Regionais recolherão ao Conselho Federal, até o dia trinta do mês subsequente ao da arrecadação, a quota de participação estabelecida no item I do art. 28. (*Redação dada pela Lei nº 6.619, de 1978*)

Parágrafo único. Os Conselhos Regionais poderão destinar parte de sua renda líquida, proveniente da arrecadação das multas, a medidas que objetivem o aperfeiçoamento técnico e cultura do engenheiro, do arquiteto e do engenheiro-agrônomo. (*Incluído pela Lei nº 6.619, de 1978*)

SEÇÃO II
Da composição e organização

Os Conselhos Regionais serão constituídos de brasileiros diplomados em curso superior, legalmente habilitados de acôrdo com a presente lei, obedecida a seguinte composição:

a) um presidente, eleito por maioria absoluta pelos membros do Conselho, com mandato de 3 (três) anos;

b) um representante de cada escola ou faculdade de engenharia, arquitetura e agronomia com sede na Região;

c) representantes diretos das entidades de classe de engenheiro, arquiteto e engenheiro-agrônomo, registradas na Região de conformidade com o artigo 62.

Parágrafo único. Cada membro do Conselho terá um suplente.

Art. 38. Os representantes das escolas e faculdades e seus respectivos suplentes serão indicados por suas congregações.

Art. 39. Os representantes das entidades de classe e respectivos suplentes serão eleitos por aquelas entidades na forma de seus Estatutos.

Art. 40. O número de conselheiros representativos das entidades de classe será fixado nos respectivos Conselhos Regionais, assegurados o mínimo de um representante por entidade de classe e a proporcionalidade entre os representantes das diferentes categorias profissionais.

Art. 41. A proporcionalidade dos representantes de cada categoria profissional será estabelecida em face dos números totais dos registros no Conselho Regional, de engenheiros das modalidades genéricas previstas na alínea "a" do artigo 29, de arquitetos e de engenheiros-agrônomos, que houver em cada região, cabendo a cada entidade de classe registrada no Conselho Regional um número de representantes proporcional à quantidade de seus associados, assegurando o mínimo de um representante por entidade.

Parágrafo único. A proporcionalidade de que trata êste artigo será submetida à prévia aprovação do Conselho Federal.

Art. 42. Os Conselhos Regionais funcionarão em pleno e, para os assuntos específicos, organizados em Câmaras Especializadas correspondentes às seguintes categorias profissionais: engenharia nas modalidades correspondentes às formações técnicas referidas na alínea a do Ed. extra 29, arquitetura e agronomia.

Art. 43. O mandato dos conselheiros regionais será de 3 (três) anos e se renovará, anualmente pelo têrço de seus membros.

Art. 44. Cada Conselho Regional terá inspetorias, para fins de fiscalização, nas cidades ou zonas onde se fizerem necessárias.

CAPÍTULO IV
Das Câmaras Especializadas

SEÇÃO I
Da Instituição das Câmaras e suas atribuições

Art. 45. As Câmaras Especializadas são os órgãos dos Conselhos Regionais encarregados de julgar e decidir sôbre os assuntos de fiscalização pertinentes às respectivas especializações profissionais e infrações do Código de Ética.

Art. 46. São atribuições das Câmaras Especializadas:

a) julgar os casos de infração da presente lei, no âmbito de sua competência profissional específica;

b) julgar as infrações do Código de Ética;

c) aplicar as penalidades e multas previstas;

d) apreciar e julgar os pedidos de registro de profissionais, das firmas, das entidades de direito público, das entidades de classe e das escolas ou faculdades na Região;

e) elaborar as normas para a fiscalização das respectivas especializações profissionais;

f) opinar sôbre os assuntos de interêsse comum de duas ou mais especializações profissionais, encaminhando-os ao Conselho Regional.

SEÇÃO II

Da Composição e organização

Art. 47. As Câmaras Especializadas serão constituídas pelos conselheiros regionais.

Parágrafo único. Em cada Câmara Especializada haverá um membro, eleito pelo Conselho Regional, representando as demais categorias profissionais.

Art. 48. Será constituída Câmara Especializada desde que entre os conselheiros regionais haja um mínimo de 3 (três) do mesmo profissional.

CAPÍTULO V

Generalidades

Art. 49. Aos Presidentes dos Conselhos Federal e Regionais, compete, além da direção do respectivo Conselho, sua representação em juízo.

Art. 50. O conselheiro federal ou regional que durante 1 (um) ano faltar, sem licença prévia, a 6 (seis) sessões, consecutivas ou não, perderá automàticamente o mandato passando este a ser exercido, em caráter efetivo, pelo respectivo suplente.

Art. 51. O mandato dos Presidentes e dos conselheiros será honorífico.

Art. 52. O exercício da função de membro dos Conselhos por espaço de tempo não inferior a dois têrços do respectivo mandato será considerado serviço relevante prestado à Nação.

§1º O Conselho Federal concederá aos que se acharem nas condições dêsse artigo o certificado de serviço relevante, independentemente de requerimento do interessado, dentro de 12 (doze) meses contados a partir da comunicação dos Conselhos.

§2º Será considerado como serviço público efetivo, para efeito de aposentadoria e disponibilidade, o tempo de serviço como Presidente ou Conselheiro, vedada, porém, a contagem comutativa com tempo exercido em cargo público.

Ed. extra 53. Os representantes dos Conselhos Federal e Regionais reunir-se-ão pelo menos uma vez por ano para, conjuntamente, estudar e estabelecer providências que assegurem ou aperfeiçoem a aplicação da presente lei, devendo o Conselho Federal remeter aos Conselhos Regionais, com a devida antecedência, o temário respectivo.

Art. 54. (Revogado pelo Decreto Lei nº 620, de 1969)

TÍTULO III

Do registro e fiscalização profissional

CAPÍTULO I

Do registro dos profissionais

Art. 55. Os profissionais habilitados na forma estabelecida nesta lei só poderão exercer a profissão após o registro no Conselho Regional, sob cuja jurisdição se achar o local de sua atividade.

Art. 56. Aos profissionais registrados de acôrdo com esta lei será fornecida carteira profissional, conforme modelo, adotado pelo Conselho Federal, contendo o número do registro, a natureza do título, especializações e todos os elementos necessários à sua identificação.

§1º A expedição da carteira a que se refere o presente artigo fica sujeita à taxa que fôr arbitrada pelo Conselho Federal.

§2º A carteira profissional, para os efeitos desta lei, substituirá o diploma, valerá como documento de identidade e terá fé pública.

§3º Para emissão da carteira profissional os Conselhos Regionais deverão exigir do interessado a prova de habilitação profissional e de identidade, bem como outros elementos julgados convenientes, de acôrdo com instruções baixadas pelo Conselho Federal.

Art. 57. Os diplomados por escolas ou faculdades de engenharia, arquitetura ou agronomia, oficiais ou reconhecidas, cujos diplomas não tenham sido registrados, mas estejam em processamento na repartição federal competente, poderão exercer as respectivas profissões mediante registro provisório no Conselho Regional.

Art. 58. Se o profissional, firma ou organização, registrado em qualquer Conselho Regional, exercer atividade em outra Região, ficará obrigado a visar, nela, o seu registro.

CAPÍTULO II

Do registro de firmas e entidades

Art. 59. As firmas, sociedades, associações, companhias, cooperativas e empresas em geral, que se organizem para executar obras ou serviços relacionados na forma estabelecida nesta lei, só poderão iniciar suas atividades depois de promoverem o competente registro nos Conselhos Regionais, bem como o dos profissionais do seu quadro técnico.

§1º O registro de firmas, sociedades, associações, companhias, cooperativas e emprêsas em geral só será concedido se sua denominação fôr realmente condizente com sua finalidade e qualificação de seus componentes.

§2º As entidades estatais, paraestatais, autárquicas e de economia mista que tenham atividade na engenharia, na arquitetura ou na agronomia, ou se utilizem dos trabalhos de profissionais dessas categorias, são obrigadas, sem quaisquer ônus, a fornecer aos Conselhos Regionais todos os elementos necessários à verificação e fiscalização da presente lei.

§3º O Conselho Federal estabelecerá, em resoluções, os requisitos que as firmas ou demais organizações previstas neste artigo deverão preencher para o seu registro.

Art. 60. Toda e qualquer firma ou organização que, embora não enquadrada no artigo anterior tenha alguma seção ligada ao exercício profissional da engenharia, arquitetura e agronomia, na forma estabelecida nesta lei, é obrigada a requerer o seu registro e a anotação dos profissionais, legalmente habilitados, delas encarregados.

Art. 61. Quando os serviços forem executados em lugares distantes da sede da entidade, deverá esta manter, junto a cada um dos serviços, um profissional devidamente habilitado naquela jurisdição.

Art. 62. Os membros dos Conselhos Regionais só poderão ser eleitos pelas entidades de classe que estiverem prèviamente registradas no Conselho em cuja jurisdição tenham sede.

§1º Para obterem registro, as entidades referidas neste artigo deverão estar legalizadas, ter objetivo definido permanente, contar no mínimo trinta associados engenheiros, arquitetos ou engenheiros-agrônomos e satisfazer as exigências que forem estabelecidas pelo Conselho Regional.

§2º Quando a entidade reunir associados engenheiros, arquitetos e engenheiros-agrônomos, em conjunto, o limite mínimo referido no parágrafo anterior deverá ser de sessenta.

CAPÍTULO III
Das anuidades, emolumentos e taxas

Art. 63. Os profissionais e pessoas jurídicas registrados de conformidade com o que preceitua a presente lei são obrigados ao pagamento de uma anuidade ao Conselho Regional, a cuja jurisdição pertencerem.

§1º A anuidade a que se refere este artigo será devida a partir de 1º de janeiro de cada ano. (Redação dada pela Lei nº 6.619, de 1978)

§2º O pagamento da anuidade após 31 de março terá o acréscimo de vinte por cento, a título de mora, quando efetuado no mesmo exercício. (Redação dada pela Lei nº 6.619, de 1978)

§3º A anuidade paga após o exercício respectivo terá o seu valor atualizado para o vigente à época do pagamento, acrescido de vinte por cento, a título de mora. (Redação dada pela Lei nº 6.619, de 1978)

Art. 64. Será automàticamente cancelado o registro do profissional ou da pessoa jurídica que deixar de efetuar o pagamento da anuidade, a que estiver sujeito, durante 2 (dois) anos consecutivos sem prejuízo da obrigatoriedade do pagamento da dívida.

Parágrafo único. O profissional ou pessoa jurídica que tiver seu registro cancelado nos têrmos dêste artigo, se desenvolver qualquer atividade regulada nesta lei, estará exercendo ilegalmente a profissão, podendo reabilitar-se mediante novo registro, satisfeitas, além das anuidades em débito, as multas que lhe tenham sido impostas e os demais emolumentos e taxas regulamentares.

Art. 65. Tôda vez que o profissional diplomado apresentar a um Conselho Regional sua carteira para o competente "visto" e registro, deverá fazer, prova de ter pago a sua anuidade na Região de origem ou naquela onde passar a residir.

Art. 66. O pagamento da anuidade devida por profissional ou pessoa jurídica sòmente será aceito após verificada a ausência, de quaisquer débitos concernentes a multas, emolumentos, taxas ou anuidades de exercícios anteriores.

Art. 67. Embora legalmente registrado, só será considerado no legítimo exercício da profissão e atividades de que trata a presente lei o profissional ou pessoa jurídica que esteja em dia com o pagamento da respectiva anuidade.

Art. 68. As autoridades administrativas e judiciárias, as repartições estatais, paraestatais, autárquicas ou de economia mista não receberão estudos, projetos, laudos, perícias, arbitramentos e quaisquer outros trabalhos, sem que os autores, profissionais ou pessoas jurídicas; façam prova de estar em dia com o pagamento da respectiva anuidade.

Art. 69. Só poderão ser admitidos nas concorrências públicas para obras ou serviços técnicos e para concursos de projetos, profissionais e pessoas jurídicas que apresentarem prova de quitação de débito ou visto do Conselho Regional da jurisdição onde a obra, o serviço técnico ou projeto deva ser executado.

Art. 70. O Conselho Federal baixará resoluções estabelecendo o Regimento de Custas e, periòdicamente, quando julgar oportuno, promoverá sua revisão.

TÍTULO IV
Das penalidades

Art. 71. As penalidades aplicáveis por infração da presente lei são as seguintes, de acôrdo com a gravidade da falta:

a) advertência reservada;

b) censura pública;

c) multa;

d) suspensão temporária do exercício profissional;

e) cancelamento definitivo do registro.

Parágrafo único. As penalidades para cada grupo profissional serão impostas pelas respectivas Câmaras Especializadas ou, na falta destas, pelos Conselhos Regionais.

Art. 72. As penas de advertência reservada e de censura pública são aplicáveis aos profissionais que deixarem de cumprir disposições do Código de Ética, tendo em vista a gravidade da falta e os casos de reincidência, a critério das respectivas Câmaras Especializas.

Art. 73. As multas são estipuladas em função do maior valor de referência fixado pelo Poder Executivo e terão os seguintes valores, desprezadas as frações de um cruzeiro: (*Redação dada pela Lei nº 6.619, de 1978*)

a) de um a três décimos do valor de referência, aos infratores dos arts. 17 e 58 e das disposições para as quais não haja indicação expressa de penalidade; (*Redação dada pela Lei nº 6.619, de 1978*)

b) de três a seis décimos do valor de referência, às pessoas físicas, por infração da alínea b do art. 6º, dos arts. 13, 14 e 55 ou do parágrafo único do art. 64; (*Redação dada pela Lei nº 6.619, de 1978*)

c) de meio a um valor de referência, às pessoas jurídicas, por infração dos arts. 13, 14, 59 e 60, e parágrafo único do art. 64; (*Redação dada pela Lei nº 6.619, de 1978*)

d) de meio a um valor de referência, às pessoas físicas, por infração das alíneas a, c e d do art. 6º; (*Redação dada pela Lei nº 6.619, de 1978*)

e) de meio a três valores de referência, às pessoas jurídicas, por infração do art. 6º. (Redação dada pela Lei nº 6.619, de 1978)

Parágrafo único. As multas referidas neste artigo serão aplicadas em dôbro nos casos de reincidência.

Art. 74. Nos casos de nova reincidência das infrações previstas no artigo anterior, alíneas "c", "d" e "e", será imposta, a critério das Câmaras Especializadas, suspensão temporária do exercício profissional, por prazos variáveis de 6 (seis) meses a 2 (dois) anos e, pelos Conselhos Regionais em pleno, de 2 (dois) a 5 (cinco) anos.

Art. 75. O cancelamento do registro será efetuado por má conduta pública e escândalos praticados pelo profissional ou sua condenação definitiva por crime considerado infamante.

Art. 76. As pessoas não habilitadas que exercerem as profissões reguladas nesta lei, independentemente da multa estabelecida, estão sujeitas às penalidades previstas na Lei de Contravenções Penais.

Art. 77. São competentes para lavrar autos de infração das disposições a que se refere a presente lei, os funcionários designados para êsse fim pelos Conselhos Regionais de Engenharia, Arquitetura e Agronomia nas respectivas Regiões.

Art. 78. Das penalidades impostas pelas Câmaras especializadas, poderá o interessado, dentro do prazo de 60 (sessenta) dias, contados da data da notificação, interpor recurso que terá efeito suspensivo, para o Conselho Regional e, no mesmo prazo, dêste para o Conselho Federal.

§1º Não se efetuando o pagamento das multas, amigavelmente, estas serão cobradas por via executiva.

§2º Os autos de infração, depois de julgados definitivamente contra o infrator, constituem títulos de dívida líquida e certa.

Art. 79. O profissional punido por falta de registro não poderá obter a carteira profissional, sem antes efetuar o pagamento das multas em que houver incorrido.

TÍTULO V
Das disposições gerais

Art. 80. O Conselho Federal de Engenharia e Arquitetura e Agronomia constitui serviço público federal descentralizado sob forma autárquica, gozando os seus bens, rendas e serviços, bem como os dos CREAs, que lhe são subordinados, de imunidade tributária (art. 20, inciso III, alínea "a" e seu §1º, da Constituição do Brasil). (Redação dada pelo Decreto Lei nº 620, de 1969)

Art. 81. Nenhum profissional poderá exercer funções eletivas em Conselhos por mais de dois períodos sucessivos.

Art 82. As remunerações iniciais dos engenheiros, arquitetos e engenheiros-agrônomos, qualquer que seja a fonte pagadora, não poderão ser inferiores a 6 (seis) vêzes o salário-mínimo da respectiva região.

Art. 83. (*Revogado pela Lei nº 8.666,de 21.6.93*)

Art. 84. O graduado por estabelecimento de ensino agrícola, ou industrial de grau médio, oficial ou reconhecido, cujo diploma ou certificado esteja registrado nas repartições competentes, só poderá exercer suas funções ou atividades após registro nos Conselhos Regionais.

Parágrafo único. As atribuições do graduado referido neste artigo serão regulamentadas pelo Conselho Federal, tendo em vista seus currículos e graus de escolaridade.

Art. 85. As entidades que contratarem profissionais nos têrmos da alínea "c" do artigo 2º são obrigadas a manter, junto a êles, um assistente brasileiro do ramo profissional respectivo.

TÍTULO VI
Das disposições transitórias

Art. 86. São assegurados aos atuais profissionais de engenharia, arquitetura e agronomia e aos que se encontrem matriculados nas escolas respectivas, na data da publicação desta lei, os direitos até então usufruídos e que venham de qualquer forma a ser atingidos por suas disposições.

Parágrafo único. Fica estabelecidos o prazo de 12 (doze) meses, a contar da publicação desta lei, para os interessados promoverem a devida anotação nos registros dos Conselhos Regionais.

Art. 87. Os membros atuais dos Conselhos Federal e Regionais completarão os mandatos para os quais foram eleitos.

Parágrafo único. Os atuais presidentes dos Conselhos Federal e Regionais completarão seus mandatos, ficando o presidente do primeiro dêsses Conselhos com o caráter de membro do mesmo.

Art. 88. O Conselho Federal baixará resoluções, dentro de 60 (sessenta) dias a partir da data da presente lei, destinadas a completar a composição dos Conselhos Federal e Regionais.

Art. 89. Na constituição do primeiro Conselho Federal após a publicação desta lei serão escolhidos por meio de sorteio as Regiões e os grupos profissionais que as representarão.

Art. 90. Os Conselhos Federal e Regionais, completados na forma desta lei, terão o prazo de 180 (cento e oitenta) dias, após a posse, para elaborar seus regimentos internos, vigorando, até a expiração dêste prazo, os regulamentos e resoluções vigentes no que não colidam com os dispositivos da presente lei.

Art. 91. Esta Lei entra em vigor na data de sua publicação.

Art. 92. Revogam-se as disposições em contrário.

Brasília, 24 de dezembro de 1966; 145º da Independência e 78º da República.

H. CASTELLO BRANCO
L. G. do Nascimento e Silva

Lei nº 5.194, de 24 de dezembro de 1966
(*DOU*, 24.4.1967)

Partes mantidas pelo Congresso Nacional, após veto presidencial, do projeto que se transformou na Lei nº 5.194, de 24 de dezembro de 1966, que regula o exercício das profissões de Engenheiro, Arquiteto e Engenheiro-Agronômo e dá outras providências.

O PRESIDENTE DA REPÚBLICA:

Faço saber que o CONGRESSO NACIONAL manteve e eu promulgo, nos têrmos da parte final do §3º do artigo 62, da Constituição Federal os seguintes dispositivos da Lei 5.194, de 24 de dezembro de 1966:

"Art 52 (...)

§2º Será considerado como serviço público efetivo, para efeito de aposentadoria e disponibilidade, o tempo de serviço como Presidente ou Conselheiro, vedada, porém, a contagem comutativa com tempo exercido em cargo público. (...)

Art 82. As remunerações iniciais dos engenheiros, arquitetos e engenheiros-agrônomos, qualquer que seja a fonte pagadora, não poderão ser inferiores a 6 (seis) vêzes o salário-mínimo da respectiva região."

Brasília, 20 de abril de 1967; 146º da Independência e 79º da República.

A. COSTA E SILVA

Lei nº 6.496, de 7 de dezembro de 1977

(*DOU*, 9.12.1977)

Institui a "Anotação de Responsabilidade Técnica" na prestação de serviços de engenharia, de arquitetura e agronomia; autoriza a criação, pelo Conselho Federal de Engenharia, Arquitetura e Agronomia – CONFEA, de uma Mútua de Assistência Profissional; e dá outras providências.

O PRESIDENTE DA REPÚBLICA, faço saber que o CONGRESSO NACIONAL decreta e eu sanciono a seguinte Lei:

Art. 1º Todo contrato, escrito ou verbal, para a execução de obras ou prestação de quaisquer serviços profissionais referentes à Engenharia, à Arquitetura e à Agronomia fica sujeito à "Anotação de Responsabilidade Técnica" (ART).

Art. 2º A ART define para os efeitos legais os responsáveis técnicos pelo empreendimento de engenharia, arquitetura e agronomia.

§1º A ART será efetuada pelo profissional ou pela empresa no Conselho Regional de Engenharia, Arquitetura e Agronomia (CREA), de acordo com Resolução própria do Conselho Federal de Engenharia, Arquitetura e Agronomia (CONFEA).

§2º O CONFEA fixará os critérios e os valores das taxas da ART *ad referendum* do Ministro do Trabalho.

Art. 3º A falta da ART sujeitará o profissional ou a empresa à multa prevista na alínea "a" do art. 73 da Lei nº 5.194, de 24 de dezembro de 1966, e demais cominações legais.

Art. 4º O CONFEA fica autorizado a criar, nas condições estabelecidas nesta Lei, uma Mútua de Assistência dos Profissionais da Engenharia, Arquitetura e Agronomia, sob sua fiscalização, registrados nos CREAs.

§1º A Mútua, vinculada diretamente ao CONFEA, terá personalidade jurídica e patrimônio próprios, sede em Brasília e representações junto aos CREAs.

§2º O Regimento da Mútua será submetido à aprovação do Ministro do Trabalho, pelo CONFEA.

Art. 5º A Mútua será administrada por uma Diretoria Executiva, composta de 5 (cinco) membros, sendo 3 (três) indicados pelo CONFEA e 2 (dois) pelos CREAs, na forma a ser fixada no Regimento.

Art. 6º O Regimento determinará as modalidades da indicação e as funções de cada membro da Diretoria Executiva, bem como o modo de substituição, em seus impedimentos e faltas, cabendo ao CONFEA a indicação do Diretor-Presidente e, aos outros Diretores a escolha, entre si, dos ocupantes das demais funções.

Art. 7º Os mandatos da Diretoria Executiva terão duração de 3 (três) anos, sendo gratuito o exercício das funções correspondentes.

Art. 8º Os membros da Diretoria Executiva somente poderão ser destituídos por decisão do CONFEA, tomada em reunião secreta, especialmente convocada para esse fim, e por maioria de 2/3 (dois terços) dos membros do Plenário.

Art. 9º Os membros da Diretoria tomarão posse perante o CONFEA.

Art. 10. O patrimônio da Mútua será aplicado em títulos dos Governos Federal e Estaduais ou por eles garantidos, Carteiras de Poupança, garantidas pelo Banco Nacional da Habitação (BNH), Obrigações do Tesouro Nacional, imóveis e outras aplicações facultadas por lei, para órgãos da mesma natureza.

Parágrafo único. Para aquisição e alienação de imóveis, haverá prévia autorização do Ministro do Trabalho.

Art. 11. Constituirão rendas da Mútua:

I - 1/5 (um quinto) da taxa de ART;

II - uma contribuição dos associados, cobrada anual ou parceladamente e recolhida, simultaneamente, com a devida aos CREAS;

III - doações, legados e quaisquer valores adventícios, bem como outras fontes de renda eventualmente instituídas em lei;

IV - outros rendimentos patrimoniais.

§1º A inscrição do profissional na Mútua dar-se-á com o pagamento da primeira contribuição, quando será preenchida pelo profissional sua ficha de Cadastro Geral, e atualizada nos pagamentos subseqüentes, nos moldes a serem estabelecidos por Resolução do CONFEA.

§2º A inscrição na Mútua é pessoal e independente de inscrição profissional e os benefícios só poderão ser pagos após decorrido 1 (um) ano do pagamento da primeira contribuição.

Art. 12. A Mútua, na forma do Regimento, e de acordo com suas disponibilidades, assegurará os seguintes benefícios e prestações:

I - auxílios pecuniários, temporários e reembolsáveis, aos associados comprovadamente necessitados, por falta eventual de trabalho ou invalidez ocasional;

II - pecúlio aos cônjuges supérstites e filhos menores dos associados;

III - bolsas de estudo aos filhos de associados carentes de recursos ou a candidatos a escolas de Engenharia, de Arquitetura ou de Agronomia, nas mesmas condições de carência;

IV - assistência médica, hospitalar e dentária, aos associados e seus dependentes, sem caráter obrigatório, desde que reembolsável, ainda que parcialmente;

V - facilidades na aquisição, por parte dos inscritos, de equipamentos e livros úteis ou necessários ao desempenho de suas atividades profissionais;

VI - auxílio funeral.

§1º A Mútua poderá financiar, exclusivamente para seus associados, planos de férias no país e/ou de seguros de vida, acidentes ou outros, mediante contratação.

§2º Visando à satisfação do mercado de trabalho e à racionalização dos benefícios contidos no item I deste artigo, a Mútua poderá manter serviços de colocação de mão-de-obra de profissionais, seus associados.

§3º O valor pecuniário das prestações assistenciais variará até o limite máximo constante da tabela a ser aprovada pelo CONFEA, nunca superior à do Instituto Nacional de Previdência Social (INPS).

§4º O auxílio mensal será concedido, em dinheiro, por períodos não superiores a 12 (doze) meses, desde que comprovada a evidente necessidade para a sobrevivência do associado ou de sua família.

§5º As bolsas serão sempre reembolsáveis ao fim do curso, com juros e correção monetária, fixados pelo CONFEA.

§6º A ajuda farmacêutica, sempre reembolsável, ainda que parcialmente, poderá ser concedida, em caráter excepcional, desde que comprovada a impossibilidade momentânea de o associado arcar com o ônus decorrente.

§7º Os benefícios serão concedidos proporcionalmente às necessidades do assistido e, os pecúlios, em razão das contribuições do associado.

§8º A Mútua poderá estabelecer convênios com entidades previdenciárias, assistenciais, de seguros e outros facultados por lei, para atendimento do disposto neste artigo.

Art. 13. Ao CONFEA incumbirá, na forma do Regimento:

I - a supervisão do funcionamento da Mútua;

II - a fiscalização e aprovação do Balanço, Balancete, Orçamento e da prestação de contas da Diretoria Executiva da Mútua;

III - a elaboração e aprovação do Regimento da Mútua;

IV - a indicação de 3 (três) membros da Diretoria Executiva;

V - a fixação da remuneração do pessoal empregado pela Mútua;

VI - a indicação do Diretor-Presidente da Mútua;

VII - a fixação, no Regimento, da contribuição prevista no item II do art. 11;

VIII - a solução dos casos omissos ou das divergências na aplicação desta Lei.

Art. 14. Aos CREAs, e na forma do que for estabelecido no Regimento, incumbirá:

I - recolher à Tesouraria da Mútua, mensalmente, a arrecadação da taxa e contribuição previstas nos itens I e II do art. 11 da presente Lei;

II - indicar os dois membros da Diretoria Executiva, na forma a ser fixada pelo Regimento.

Art. 15. Qualquer irregularidade na arrecadação, na concessão de benefícios ou no funcionamento da Mútua, ensejará a intervenção do CONFEA, para restabelecer a normalidade, ou do Ministro do Trabalho, quando se fizer necessária.

Art. 16. No caso de dissolução da Mútua, seus bens, valores e obrigações serão assimilados pelo CONFEA, ressalvados os direitos dos associados.

Parágrafo único. O CONFEA e os CREAs responderão, solidariamente, pelo déficit ou dívida da Mútua, na hipótese de sua insolvência.

Art. 17. De qualquer ato da Diretoria Executiva da Mútua caberá recurso, com efeito suspensivo, ao CONFEA.

Art. 18. De toda e qualquer decisão do CONFEA referente à organização, administração e fiscalização da Mútua caberá recurso, com efeito suspensivo, ao Ministro do Trabalho.

Art. 19. Os empregados do CONFEA, dos CREAs e da própria Mútua poderão nela se inscrever, mediante condições estabelecidas no Regimento, para obtenção dos benefícios previstos nesta Lei.

Art. 20. Esta Lei entrará em vigor na data de sua publicação, revogadas as disposições em contrário.

Brasília, em 7 de dezembro de 1977; 156º da Independência e 89º da República.

ERNESTO GEISEL
Arnaldo Prieto

Lei Complementar nº 123, de 14 de dezembro de 2006 (parcial)
(Rep. *DOU*, 31.1.2009)

Institui o Estatuto Nacional da Microempresa e da Empresa de Pequeno Porte; altera dispositivos das Leis nºs 8.212 e 8.213, ambas de 24 de julho de 1991, da Consolidação das Leis do Trabalho – CLT, aprovada pelo Decreto-Lei nº 5.452, de 1º de maio de 1943, da Lei nº 10.189, de 14 de fevereiro de 2001, da Lei Complementar nº 63, de 11 de janeiro de 1990; e revoga as Leis nºs 9.317, de 5 de dezembro de 1996, e 9.841, de 5 de outubro de 1999.

O PRESIDENTE DA REPÚBLICA Faço saber que o Congresso Nacional decreta e eu sanciono a seguinte Lei Complementar:

(...)

CAPÍTULO V
Do Acesso aos Mercados

SEÇÃO ÚNICA
Das Aquisições Públicas

Art. 42. Nas licitações públicas, a comprovação de regularidade fiscal das microempresas e empresas de pequeno porte somente será exigida para efeito de assinatura do contrato.

Art. 43. As microempresas e empresas de pequeno porte, por ocasião da participação em certames licitatórios, deverão apresentar toda a documentação exigida para efeito de comprovação de regularidade fiscal, mesmo que esta apresente alguma restrição.

§1º Havendo alguma restrição na comprovação da regularidade fiscal, será assegurado o prazo de 2 (dois) dias úteis, cujo termo inicial corresponderá ao momento em que o proponente for declarado o vencedor do certame, prorrogáveis por igual período, a critério da Administração Pública, para a regularização da documentação, pagamento ou parcelamento do débito, e emissão de eventuais certidões negativas ou positivas com efeito de certidão negativa.

§2º A não-regularização da documentação, no prazo previsto no §1º deste artigo, implicará decadência do direito à contratação, sem prejuízo das sanções previstas no art. 81 da Lei nº 8.666, de 21 de junho de 1993, sendo facultado à Administração convocar os licitantes remanescentes, na ordem de classificação, para a assinatura do contrato, ou revogar a licitação.

Art. 44. Nas licitações será assegurada, como critério de desempate, preferência de contratação para as microempresas e empresas de pequeno porte.

§1º Entende-se por empate aquelas situações em que as propostas apresentadas pelas microempresas e empresas de pequeno porte sejam iguais ou até 10% (dez por cento) superiores à proposta mais bem classificada.

§2º Na modalidade de pregão, o intervalo percentual estabelecido no §1º deste artigo será de até 5% (cinco por cento) superior ao melhor preço.

Art. 45. Para efeito do disposto no art. 44 desta Lei Complementar, ocorrendo o empate, proceder-se-á da seguinte forma:

I - a microempresa ou empresa de pequeno porte mais bem classificada poderá apresentar proposta de preço inferior àquela considerada vencedora do certame, situação em que será adjudicado em seu favor o objeto licitado;

II - não ocorrendo a contratação da microempresa ou empresa de pequeno porte, na forma do inciso I do *caput* deste artigo, serão convocadas as remanescentes que porventura se enquadrem na hipótese dos §§1º e 2º do art. 44 desta Lei Complementar, na ordem classificatória, para o exercício do mesmo direito;

III - no caso de equivalência dos valores apresentados pelas microempresas e empresas de pequeno porte que se encontrem nos intervalos estabelecidos nos §§1º e 2º do art. 44 desta Lei Complementar, será realizado sorteio entre elas para que se identifique aquela que primeiro poderá apresentar melhor oferta.

§1º Na hipótese da não-contratação nos termos previstos no *caput* deste artigo, o objeto licitado será adjudicado em favor da proposta originalmente vencedora do certame.

§2º O disposto neste artigo somente se aplicará quando a melhor oferta inicial não tiver sido apresentada por microempresa ou empresa de pequeno porte.

§3º No caso de pregão, a microempresa ou empresa de pequeno porte mais bem classificada será convocada para apresentar nova proposta no prazo máximo de 5 (cinco) minutos após o encerramento dos lances, sob pena de preclusão.

Art. 46. A microempresa e a empresa de pequeno porte titular de direitos creditórios decorrentes de empenhos liquidados por órgãos e entidades da União, Estados, Distrito Federal e Município não pagos em até 30 (trinta) dias contados da data de liquidação poderão emitir cédula de crédito microempresarial.

Parágrafo único. A cédula de crédito microempresarial é título de crédito regido, subsidiariamente, pela legislação prevista para as cédulas de crédito comercial, tendo como lastro o empenho do poder público, cabendo ao Poder Executivo sua regulamentação no prazo de 180 (cento e oitenta) dias a contar da publicação desta Lei Complementar.

Art. 47. Nas contratações públicas da União, dos Estados e dos Municípios, poderá ser concedido tratamento diferenciado e simplificado para as microempresas e empresas de pequeno porte objetivando a promoção do desenvolvimento econômico e social no âmbito municipal e regional, a ampliação da eficiência das políticas públicas e o incentivo à inovação tecnológica, desde que previsto e regulamentado na legislação do respectivo ente.

Art. 48. Para o cumprimento do disposto no art. 47 desta Lei Complementar, a administração pública poderá realizar processo licitatório:

I - destinado exclusivamente à participação de microempresas e empresas de pequeno porte nas contratações cujo valor seja de até R$80.000,00 (oitenta mil reais);

II - em que seja exigida dos licitantes a subcontratação de microempresa ou de empresa de pequeno porte, desde que o percentual máximo do objeto a ser subcontratado não exceda a 30% (trinta por cento) do total licitado;

III - em que se estabeleça cota de até 25% (vinte e cinco por cento) do objeto para a contratação de microempresas e empresas de pequeno porte, em certames para a aquisição de bens e serviços de natureza divisível.

§1º O valor licitado por meio do disposto neste artigo não poderá exceder a 25% (vinte e cinco por cento) do total licitado em cada ano civil.

§2º Na hipótese do inciso II do *caput* deste artigo, os empenhos e pagamentos do órgão ou entidade da administração pública poderão ser destinados diretamente às microempresas e empresas de pequeno porte subcontratadas.

Art. 49. Não se aplica o disposto nos arts. 47 e 48 desta Lei Complementar quando:

I - os critérios de tratamento diferenciado e simplificado para as microempresas e empresas de pequeno porte não forem expressamente previstos no instrumento convocatório;

II - não houver um mínimo de 3 (três) fornecedores competitivos enquadrados como microempresas ou empresas de pequeno porte sediados local ou regionalmente e capazes de cumprir as exigências estabelecidas no instrumento convocatório;

III - o tratamento diferenciado e simplificado para as microempresas e empresas de pequeno porte não for vantajoso para a administração pública ou representar prejuízo ao conjunto ou complexo do objeto a ser contratado;

IV - a licitação for dispensável ou inexigível, nos termos dos arts. 24 e 25 da Lei no 8.666, de 21 de junho de 1993.

(...)

Brasília, 14 de dezembro de 2006; 185o da Independência e 118º da República.

LUIZ INÁCIO LULA DA SILVA
Guido Mantega
Luiz Marinho
Luiz Fernando Furlan
Dilma Rousseff

Instrução Normativa nº 01, de 19 de janeiro de 2010

Secretaria de Logística e Tecnologia da Informação

Dispõe sobre os critérios de sustentabilidade ambiental na aquisição de bens, contratação de serviços ou obras pela Administração Pública Federal direta, autárquica e fundacional e dá outras providências.

O SECRETÁRIO DE LOGÍSTICA E TECNOLOGIA DA INFORMAÇÃO DO MINISTÉRIO DO PLANEJAMENTO, ORÇAMENTO E GESTÃO, no uso das atribuições que lhe confere o art. 28 do Anexo I ao Decreto nº 7.063, de 13 de janeiro de 2010, e tendo em vista o disposto na Lei nº 8.666, de 21 de junho de 1993, no art. 2º, incisos I e V, da Lei nº 6.938, de 31 de agosto de 1981, e nos arts. 170, inciso VI, e 225 da Constituição, resolve:

Capítulo I
DAS DISPOSIÇÕES GERAIS

Art. 1º Nos termos do art. 3º da Lei nº 8.666, de 21 de junho de 1993, as especificações para a aquisição de bens, contratação de serviços e obras por parte dos órgãos e entidades da administração pública federal direta, autárquica e fundacional deverão conter critérios de sustentabilidade ambiental, considerando os processos de extração ou fabricação, utilização e descarte dos produtos e matérias-primas.

Art. 2º Para o cumprimento do disposto nesta Instrução Normativa, o instrumento convocatório deverá formular as exigências de natureza ambiental de forma a não frustrar a competitividade.

Art. 3º Nas licitações que utilizem como critério de julgamento o tipo melhor técnica ou técnica e preço, deverão ser estabelecidos no edital critérios objetivos de sustentabilidade ambiental para a avaliação e classificação das propostas.

Capítulo II
DAS OBRAS PÚBLICAS SUSTENTÁVEIS

Art. 4º Nos termos do art. 12 da Lei nº 8.666, de 1993, as especificações e demais exigências do projeto básico ou executivo, para contratação de obras e serviços de engenharia, devem ser elaborados visando à economia da manutenção e operacionalização da edificação, a redução do consumo de energia e água, bem como a utilização de tecnologias e materiais que reduzam o impacto ambiental, tais como:

I - uso de equipamentos de climatização mecânica, ou de novas tecnologias de resfriamento do ar, que utilizem energia elétrica, apenas nos ambientes aonde for indispensável;

II - automação da iluminação do prédio, projeto de iluminação, interruptores, iluminação ambiental, iluminação tarefa, uso de sensores de presença;

III - uso exclusivo de lâmpadas fluorescentes compactas ou tubulares de alto rendimento e de luminárias eficientes;

IV - energia solar, ou outra energia limpa para aquecimento de água;

V - sistema de medição individualizado de consumo de água e energia;

VI - sistema de reuso de água e de tratamento de efluentes gerados;

VII - aproveitamento da água da chuva, agregando ao sistema hidráulico elementos que possibilitem a captação, transporte, armazenamento e seu aproveitamento;

VIII - utilização de materiais que sejam reciclados, reutilizados e biodegradáveis, e que reduzam a necessidade de manutenção; e

IX - comprovação da origem da madeira a ser utilizada na execução da obra ou serviço.

§1º Deve ser priorizado o emprego de mão-de-obra, materiais, tecnologias e matérias-primas de origem local para execução, conservação e operação das obras públicas.

§2º O Projeto de Gerenciamento de Resíduo de Construção Civil – PGRCC, nas condições determinadas pelo Conselho Nacional do Meio Ambiente – CONAMA, através da Resolução nº 307, de 5 de julho de 2002, deverá ser estruturado em conformidade com o modelo especificado pelos órgãos competentes.

§3º Os instrumentos convocatórios e contratos de obras e serviços de engenharia deverão exigir o uso obrigatório de agregados reciclados nas obras contratadas, sempre que existir a oferta de agregados reciclados, capacidade de suprimento e custo inferior em relação aos agregados naturais, bem como o fiel cumprimento do PGRCC, sob pena de multa, estabelecendo, para efeitos de fiscalização, que todos os resíduos removidos deverão estar acompanhados de Controle de Transporte de Resíduos, em conformidade com as normas da Agência Brasileira de Normas Técnicas – ABNT, ABNT NBR nºs 15.112, 15.113, 15.114, 15.115 e 15.116, de 2004, disponibilizando campo específico na planilha de composição dos custos.

§4º No projeto básico ou executivo para contratação de obras e serviços de engenharia, devem ser observadas as normas do Instituto Nacional de Metrologia, Normalização e Qualidade Industrial – INMETRO e as normas ISO nº 14.000 da Organização Internacional para a Padronização (*International Organization for Standardization*).

§5º Quando a contratação envolver a utilização de bens e a empresa for detentora da norma ISO 14000, o instrumento convocatório, além de estabelecer diretrizes sobre a área de gestão ambiental dentro de empresas de bens, deverá exigir a comprovação de que o licitante adota práticas de desfazimento sustentável ou reciclagem dos bens que forem inservíveis para o processo de reutilização.

Capítulo III
DOS BENS E SERVIÇOS

Art. 5º Os órgãos e entidades da Administração Pública Federal direta, autárquica e fundacional, quando da aquisição de bens, poderão exigir os seguintes critérios de sustentabilidade ambiental:

I - que os bens sejam constituídos, no todo ou em parte, por material reciclado, atóxico, biodegradável, conforme ABNT NBR – 15448-1 e 15448-2;

II - que sejam observados os requisitos ambientais para a obtenção de certificação do Instituto Nacional de Metrologia, Normalização e Qualidade Industrial – INMETRO como produtos sustentáveis ou de menor impacto ambiental em relação aos seus similares;

III - que os bens devam ser, preferencialmente, acondicionados em embalagem individual adequada, com o menor volume possível, que utilize materiais recicláveis, de forma a garantir a máxima proteção durante o transporte e o armazenamento; e

IV - que os bens não contenham substâncias perigosas em concentração acima da recomendada na diretiva RoHS (*Restriction of Certain Hazardous Substances*), tais como mercúrio (Hg), chumbo (Pb), cromo hexavalente (Cr(VI)), cádmio (Cd), bifenil-polibromados (PBBs), éteres difenil-polibromados (PBDEs).

§1º A comprovação do disposto neste artigo poderá ser feita mediante apresentação de certificação emitida por instituição pública oficial ou instituição credenciada, ou por qualquer outro meio de prova que ateste que o bem fornecido cumpre com as exigências do edital.

§2º O edital poderá estabelecer que, selecionada a proposta, antes da assinatura do contrato, em caso de inexistência de certificação que ateste a adequação, o órgão ou entidade contratante poderá realizar diligências para verificar a adequação do produto às exigências do ato convocatório, correndo as despesas por conta da licitante selecionada. O edital ainda deve prever que, caso não se confirme a adequação do produto, a proposta selecionada será desclassificada.

Art. 6º Os editais para a contratação de serviços deverão prever que as empresas contratadas adotarão as seguintes práticas de sustentabilidade na execução dos serviços, quando couber:

I - use produtos de limpeza e conservação de superfícies e objetos inanimados que obedeçam às classificações e especificações determinadas pela ANVISA;

II - adote medidas para evitar o desperdício de água tratada, conforme instituído no Decreto nº 48.138, de 8 de outubro de 2003;

III - Observe a Resolução CONAMA nº 20, de 7 de dezembro de 1994, quanto aos equipamentos de limpeza que gerem ruído no seu funcionamento;

IV - forneça aos empregados os equipamentos de segurança que se fizerem necessários, para a execução de serviços;

V - realize um programa interno de treinamento de seus empregados, nos três primeiros meses de execução contratual, para redução de consumo de energia elétrica, de consumo de água e redução de produção de resíduos sólidos, observadas as normas ambientais vigentes;

VI - realize a separação dos resíduos recicláveis descartados pelos órgãos e entidades da Administração Pública Federal direta, autárquica e fundacional, na fonte geradora, e a sua destinação às associações e cooperativas dos catadores de materiais recicláveis, que será procedida pela coleta seletiva do papel para reciclagem, quando couber, nos termos da IN/MARE nº 6, de 3 de novembro de 1995 e do Decreto nº 5.940, de 25 de outubro de 2006;

VII - respeite as Normas Brasileiras – NBR publicadas pela Associação Brasileira de Normas Técnicas sobre resíduos sólidos; e

VIII - preveja a destinação ambiental adequada das pilhas e baterias usadas ou inservíveis, segundo disposto na Resolução CONAMA nº 257, de 30 de junho de 1999.

Parágrafo único. O disposto neste artigo não impede que os órgãos ou entidades contratantes estabeleçam, nos editais e contratos, a exigência de observância de outras práticas de sustentabilidade ambiental, desde que justificadamente.

Art. 7º Os órgãos e entidades da Administração Pública Federal direta, autárquica e fundacional deverão disponibilizar os bens considerados ociosos, e que não tenham previsão de utilização ou alienação, para doação a outros órgãos e entidades públicas de qualquer esfera da federação, respeitado o disposto no Decreto nº 99.658, de 30 de outubro de 1990, e suas alterações, fazendo publicar a relação dos bens no fórum de que trata o art. 9º.

§1º Antes de iniciar um processo de aquisição, os órgãos e entidades da Administração Pública Federal direta, autárquica e fundacional deverão verificar a disponibilidade e a vantagem de reutilização de bens, por meio de consulta ao fórum eletrônico de materiais ociosos.

§2º Os bens de informática e automação considerados ociosos deverão obedecer à política de inclusão digital do Governo Federal, conforme estabelecido em regulamentação específica.

Capítulo IV
DISPOSIÇÕES FINAIS

Art. 8º A Secretaria de Logística e Tecnologia da Informação – SLTI, do Ministério do Planejamento, Orçamento e Gestão, disponibilizará um espaço específico no Comprasnet para realizar divulgação de:

I - listas dos bens, serviços e obras contratados com base em requisitos de sustentabilidade ambiental pelos órgãos e entidades da administração pública federal;

II - bolsa de produtos inservíveis;

III - banco de editais sustentáveis;

IV - boas práticas de sustentabilidade ambiental;

V - ações de capacitação conscientização ambiental;

VI - divulgação de programas e eventos nacionais e internacionais; e

VII - divulgação de planos de sustentabilidade ambiental das contratações dos órgãos e entidades da administração pública federal.

Art. 9º O portal eletrônico de contratações públicas do Governo Federal – Comprasnet passará a divulgar dados sobre planos e práticas de sustentabilidade ambiental na Administração Pública Federal, contendo ainda um fórum eletrônico de divulgação materiais ociosos para doação a outros órgãos e entidades da Administração Pública.

Art. 10. Os órgãos e entidades da Administração Pública Federal direta, autárquica e fundacional, quando da formalização, renovação ou aditamento de convênios ou instrumentos congêneres, ou ainda de contratos de financiamento com recursos da União, ou com recursos de terceiros tomados com o aval da União, deverão inserir cláusula que determine à parte ou partícipe a observância do disposto nos arts. 2º a 6º desta Instrução Normativa, no que couber.

Art. 11. Esta Instrução Normativa entra em vigor trinta dias após a data da sua publicação.

ROGÉRIO SANTANNA DOS SANTOS
Secretário

Resolução nº 218, de 29 de junho de 1973
(*DOU*, 31 jul. 1973)

Discrimina atividades das diferentes modalidades profissionais da Engenharia, Arquitetura e Agronomia.

O **Conselho Federal de Engenharia, Arquitetura e Agronomia**, usando das atribuições que lhe conferem as letras "d" e "f", parágrafo único do art. 27 da Lei nº 5.194, de 24 dez. 1966,

CONSIDERANDO que o art. 7º da Lei nº 5.194/66 refere-se às atividades profissionais do engenheiro, do arquiteto e do engenheiro agrônomo, em termos genéricos,

CONSIDERANDO a necessidade de discriminar atividades das diferentes modalidades profissionais da Engenharia, Arquitetura e Agronomia em nível superior e em nível médio, para fins da fiscalização de seu exercício profissional, e atendendo ao disposto na alínea "b" do art. 6º e parágrafo único do art. 84 da Lei nº 5.194, de 24 dez. 1966,

RESOLVE:

Art. 1º Para efeito de fiscalização do exercício profissional correspondente às diferentes modalidades da Engenharia, Arquitetura e Agronomia em nível superior e em nível médio, ficam designadas as seguintes atividades:

Atividade 01 - Supervisão, coordenação e orientação técnica;

Atividade 02 - Estudo, planejamento, projeto e especificação;

Atividade 03 - Estudo de viabilidade técnico-econômica;

Atividade 04 - Assistência, assessoria e consultoria;

Atividade 05 - Direção de obra e serviço técnico;

Atividade 06 - Vistoria, perícia, avaliação, arbitramento, laudo e parecer técnico;

Atividade 07 - Desempenho de cargo e função técnica;

Atividade 08 - Ensino, pesquisa, análise, experimentação, ensaio e divulgação técnica, extensão;

Atividade 09 - Elaboração de orçamento;

Atividade 10 - Padronização, mensuração e controle de qualidade;

Atividade 11 - Execução de obra e serviço técnico;

Atividade 12 - Fiscalização de obra e serviço técnico;

Atividade 13 - Produção técnica e especializada;

Atividade 14 - Condução de trabalho técnico;

Atividade 15 - Condução de equipe de instalação, montagem, operação, reparo ou manutenção;

Atividade 16 - Execução de instalação, montagem e reparo;

Atividade 17 - Operação e manutenção de equipamento e instalação;

Atividade 18 - Execução de desenho técnico.

Art. 2º Compete ao ARQUITETO ou ENGENHEIRO ARQUITETO:

I - o desempenho das atividades 01 a 18 do art. 1º desta Resolução, referentes a edificações, conjuntos arquitetônicos e monumentos, arquitetura paisagística e de interiores; planejamento físico, local, urbano e regional; seus serviços afins e correlatos.

Art. 3º Compete ao ENGENHEIRO AERONÁUTICO:

I - o desempenho das atividades 01 a 18 do art. 1º desta Resolução, referentes a aeronaves, seus sistemas e seus componentes; máquinas, motores e equipamentos; instalações industriais e mecânicas relacionadas à modalidade; infra-estrutura aeronáutica; operação, tráfego e serviços de comunicação de transporte aéreo; seus serviços afins e correlatos;

Art. 4º Compete ao ENGENHEIRO AGRIMENSOR:

I - o desempenho das atividades 01 a 12 e 14 a 18 do art. 1º desta Resolução, referente a levantamentos topográficos, batimétricos, geodésicos e aerofotogramétricos; locação de:

a) loteamentos;

b) sistemas de saneamento, irrigação e drenagem;

c) traçados de cidades;

d) estradas; seus serviços afins e correlatos.

II - o desempenho das atividades 06 a 12 e 14 a 18 do art. 1º desta Resolução, referente a arruamentos, estradas e obras hidráulicas; seus serviços afins e correlatos.

Art. 5º Compete ao ENGENHEIRO AGRÔNOMO:

I - o desempenho das atividades 01 a 18 do art. 1º desta Resolução, referentes a engenharia rural; construções para fins rurais e suas instalações complementares; irrigação e drenagem para fins agrícolas; fitotecnia e zootecnia; melhoramento animal e vegetal; recursos naturais renováveis; ecologia, agrometeorologia; defesa sanitária; química agrícola; alimentos; tecnologia de transformação (açúcar, amidos, óleos, laticínios, vinhos e destilados); beneficiamento e conservação dos produtos animais e vegetais; zimotecnia; agropecuária; edafologia; fertilizantes e corretivos; processo de cultura e de utilização de solo; microbiologia agrícola; biometria; parques e jardins; mecanização na agricultura; implementos agrícolas; nutrição animal; agrostologia; bromatologia e rações; economia rural e crédito rural; seus serviços afins e correlatos.

Art. 6º Compete ao ENGENHEIRO CARTÓGRAFO ou ao ENGENHEIRO DE GEODÉSIA E TOPOGRAFIA ou ao ENGENHEIRO GEÓGRAFO:

I - o desempenho das atividades 01 a 12 e 14 a 18 do art. 1º desta Resolução, referentes a levantamentos topográficos, batimétricos, geodésicos e aerofotogramétricos; elaboração de cartas geográficas; seus serviços afins e correlatos.

Art. 7º Compete ao ENGENHEIRO CIVIL ou ao ENGENHEIRO DE FORTIFICAÇÃO e CONSTRUÇÃO:

I - o desempenho das atividades 01 a 18 do art. 1º desta Resolução, referentes a edificações, estradas, pistas de rolamentos e aeroportos; sistema de transportes, de abastecimento de água e de saneamento; portos, rios, canais, barragens e diques; drenagem e irrigação; pontes e grandes estruturas; seus serviços afins e correlatos.

Art. 8º Compete ao ENGENHEIRO ELETRICISTA ou ao ENGENHEIRO ELETRICISTA, MODALIDADE ELETROTÉCNICA:

I - o desempenho das atividades 01 a 18 do art. 1º desta Resolução, referentes à geração, transmissão, distribuição e utilização da energia elétrica; equipamentos, materiais e máquinas elétricas; sistemas de medição e controle elétricos; seus serviços afins e correlatos.

Art. 9º Compete ao ENGENHEIRO ELETRÔNICO ou ao ENGENHEIRO ELETRICISTA, MODALIDADE ELETRÔNICA ou ao ENGENHEIRO DE COMUNICAÇÃO:

I - o desempenho das atividades 01 a 18 do art. 1º desta Resolução, referentes a materiais elétricos e eletrônicos; equipamentos eletrônicos em geral; sistemas de comunicação e telecomunicações; sistemas de medição e controle elétrico e eletrônico; seus serviços afins e correlatos.

Art. 10. Compete ao ENGENHEIRO FLORESTAL:

I - o desempenho das atividades 01 a 18 do art. 1º desta Resolução, referentes a engenharia rural; construções para fins florestais e suas instalações complementares, silvimetria e inventário florestal; melhoramento florestal; recursos naturais renováveis; ecologia, climatologia, defesa sanitária florestal; produtos florestais, sua tecnologia e sua industrialização; edafologia; processos de utilização de solo e de floresta; ordenamento e manejo florestal; mecanização na floresta; implementos florestais; economia e crédito rural para fins florestais; seus serviços afins e correlatos.

Art. 11. Compete ao ENGENHEIRO GEÓLOGO ou GEÓLOGO:

I - o desempenho das atividades de que trata a Lei nº 4.076, de 23 jun. 1962.

Art. 12. Compete ao ENGENHEIRO MECÂNICO ou ao ENGENHEIRO MECÂNICO E DE AUTOMÓVEIS ou ao ENGENHEIRO MECÂNICO E DE ARMAMENTO ou ao ENGENHEIRO DE AUTOMÓVEIS ou ao ENGENHEIRO INDUSTRIAL MODALIDADE MECÂNICA:

I - o desempenho das atividades 01 a 18 do art. 1º desta Resolução, referentes a processos mecânicos, máquinas em geral; instalações industriais e mecânicas; equipamentos mecânicos e eletro-mecânicos; veículos automotores; sistemas de produção de transmissão e de utilização do calor; sistemas de refrigeração e de ar condicionado; seus serviços afins e correlatos.

Art. 13. Compete ao ENGENHEIRO METALURGISTA ou ao ENGENHEIRO INDUSTRIAL E DE METALURGIA ou ENGENHEIRO INDUSTRIAL MODALIDADE METALURGIA:

I - o desempenho das atividades 01 a 18 do art. 1º desta Resolução, referentes a processos metalúrgicos, instalações e equipamentos destinados à indústria metalúrgica, beneficiamento de minérios; produtos metalúrgicos; seus serviços afins e correlatos.

Art. 14. Compete ao ENGENHEIRO DE MINAS:

I - o desempenho das atividades 01 a 18 do art. 1º desta Resolução, referentes à prospecção e à pesquisa mineral; lavra de minas; captação de água subterrânea; beneficiamento de minérios e abertura de vias subterrâneas; seus serviços afins e correlatos.

Art. 15. Compete ao ENGENHEIRO NAVAL:

I - o desempenho das atividades 01 a 18 do art. 1º desta Resolução, referentes a embarcações e seus componentes; máquinas, motores e equipamentos; instalações industriais e mecânicas relacionadas à modalidade; diques e porta-batéis; operação, tráfego e serviços de comunicação de transporte hidroviário; seus serviços afins e correlatos.

Art. 16. Compete ao ENGENHEIRO DE PETRÓLEO:

I - o desempenho das atividades 01 a 18 do art. 1º desta Resolução referentes a dimensionamento, avaliação e exploração de jazidas petrolíferas, transporte e industrialização do petróleo; seus serviços afins e correlatos.

Art. 17. Compete ao ENGENHEIRO QUÍMICO ou ao ENGENHEIRO INDUSTRIAL MODALIDADE QUÍMICA:

I - desempenho das atividades 01 a 18 do art. 1º desta Resolução, referentes à indústria química e petroquímica e de alimentos; produtos químicos; tratamento de água e instalações de tratamento de água industrial e de rejeitos industriais; seus serviços afins e correlatos.

Art. 18. Compete ao ENGENHEIRO SANITARISTA:

I - o desempenho das atividades 01 a 18 do art. 1º desta Resolução, referentes a controle sanitário do ambiente; captação e distribuição de água; tratamento de água, esgoto e resíduos; controle de poluição; drenagem; higiene e conforto de ambiente; seus serviços afins e correlatos.

Art. 19. Compete ao ENGENHEIRO TECNÓLOGO DE ALIMENTOS:

I - o desempenho das atividades 01 a 18 do art. 1º desta Resolução, referentes à indústria de alimentos; acondicionamento, preservação, distribuição, transporte e abastecimento de produtos alimentares; seus serviços afins e correlatos.

Art. 20. Compete ao ENGENHEIRO TÊXTIL:

I - o desempenho das atividades 01 a 18 do art. 1º desta Resolução, referentes à indústria têxtil; produtos têxteis, seus serviços afins e correlatos.

Art. 21. Compete ao URBANISTA:

I - o desempenho das atividades 01 a 12 e 14 a 18 do art. 1º desta Resolução, referentes a desenvolvimento urbano e regional, paisagismo e trânsito; seus serviços afins e correlatos.

Art. 22. Compete ao ENGENHEIRO DE OPERAÇÃO:

I - o desempenho das atividades 09 a 18 do art. 1º desta Resolução, circunscritas ao âmbito das respectivas modalidades profissionais;

II - as relacionadas nos números 06 a 08 do art. 1º desta Resolução, desde que enquadradas no desempenho das atividades referidas no item I deste artigo.

Art. 23. Compete ao TÉCNICO DE NÍVEL SUPERIOR ou TECNÓLOGO:

I - o desempenho das atividades 09 a 18 do art. 1º desta Resolução, circunscritas ao âmbito das respectivas modalidades profissionais;

II - as relacionadas nos números 06 a 08 do art. 1º desta Resolução, desde que enquadradas no desempenho das atividades referidas no item I deste artigo.

Art. 24. Compete ao TÉCNICO DE GRAU MÉDIO:

I - o desempenho das atividades 14 a 18 do art. 1º desta Resolução, circunscritas ao âmbito das respectivas modalidades profissionais;

II - as relacionadas nos números 07 a 12 do art. 1º desta Resolução, desde que enquadradas no desempenho das atividades referidas no item I deste artigo.

Art. 25. Nenhum profissional poderá desempenhar atividades além daquelas que lhe competem, pelas características de seu currículo escolar, consideradas em cada caso, apenas, as disciplinas que contribuem para a graduação profissional, salvo outras que lhe sejam acrescidas em curso de pós-graduação, na mesma modalidade.

Parágrafo único. Serão discriminadas no registro profissional as atividades constantes desta Resolução.

Art. 26. Ao já diplomado aplicar-se-á um dos seguintes critérios:

I - àquele que estiver registrado, é reconhecida a competência concedida em seu registro, salvo se as resultantes desta Resolução forem mais amplas, obedecido neste caso, o disposto no artigo 25 desta Resolução.

II - àquele que ainda não estiver registrado, é reconhecida a competência resultante dos critérios em vigor antes da vigência desta Resolução, com a ressalva do inciso I deste artigo.

Parágrafo único. Ao aluno matriculado até à data da presente Resolução, aplicar-se-á, quando diplomado, o critério do item II deste artigo.

Art. 27. A presente Resolução entra em vigor na data de sua publicação.

Art. 28. Revogam-se as Resoluções de nº 4, 26, 30, 43, 49, 51, 53, 55, 56, 57, 58, 59, 67, 68, 71, 72, 74, 76, 78, 79, 80, 81, 82, 89, 95, 96, 108, 111, 113, 120, 121, 124, 130, 132, 135, 139, 145, 147, 157, 178, 184, 185, 186, 197, 199, 208 e 212 e as demais disposições em contrário.

Rio de Janeiro, 29 jun. 1973.

Prof. FAUSTO AITA GAI
Presidente

Eng.CLÓVIS GONÇALVES DOS SANTOS
1º Secretário

Resolução nº 221, de 29 de agosto de 1974
(*DOU*, 13 set. 1974)

Dispõe sobre o acompanhamento pelo autor, ou pelos autores ou co-autores, do projeto de execução da obra respectiva de Engenharia, Arquitetura ou Agronomia.

O **Conselho Federal de Engenharia, Arquitetura e Agronomia**, no uso da atribuição que lhe confere a letra "f" do art. 27 da Lei nº 5.194, de 24 dez. 1966,

CONSIDERANDO que o art. 22 e seu parágrafo único da mencionada Lei, regulamentados pela Resolução nº 213, de 10 nov. 1972, asseguram ao autor, autores ou co-autores do projeto o direito de acompanhar a execução da obra respectiva;

CONSIDERANDO que é direito do autor, autores ou co-autores do projeto acompanhar a execução da obra, inclusive para permitir introdução de modificações,

RESOLVE:

Art. 1º Ao autor, autores ou co-autores do projeto é assegurado o direito de acompanhar a execução da obra respectiva de Engenharia, Arquitetura ou Agronomia, de modo que, a seu término, possam ser emitidas declarações de que a mesma foi realizada de acordo com o projeto ou com as alterações aprovadas pelas partes interessadas.

Art. 2º As condições em que se desenvolverá o acompanhamento da obra deverão ser tratadas previamente pelas partes interessadas.

Parágrafo único. A inexistência de entendimento entre as partes interessadas exonera o autor, autores ou co-autores do projeto, de sua responsabilidade, quanto à fidelidade da execução da obra, não excetuada, porém, a responsabilidade quanto a erro técnico no projeto por eles elaborado.

Art. 3º Cabe ao autor, autores ou co-autores do projeto a instituição de equipes que, de acordo com as características da obra, se tornem necessárias a seu acompanhamento.

Art. 4º A presente Resolução entra em vigor na data de sua publicação.

Art. 5º Revogam-se as disposições em contrário.

Rio de Janeiro, 29 ago. 1974.

Prof. FAUSTO AITA GAI
Presidente

Arq. LUIZ CALHEIROS CRUZ
2º Secretário

Resolução nº 282, de 24 de agosto de 1983
(*DOU*, 1º set. 1983)

Dispõe sobre o uso obrigatório do título profissional e número da Carteira do CREA nos documentos de caráter técnico e técnico-científico.

O **Conselho Federal de Engenharia, Arquitetura e Agronomia**, em sua Sessão Ordinária nº 1.145, realizada em 19 ago. 1983, usando das atribuições que lhe confere o art. 27, letra "f", da Lei nº 5.194, de 24 dez. 1966,

CONSIDERANDO o disposto no §23 do art. 153 da Constituição do Brasil, onde se fundamenta a Lei nº 5.194/66, da qual decorre a competência do Conselho Federal de Engenharia, Arquitetura e Agronomia para assegurar à sociedade os benefícios do desenvolvimento da ciência e tecnologia atribuídos aos trabalhos dos profissionais cujo exercício é fiscalizado pelo Sistema CONFEA/CREAs,

CONSIDERANDO o disposto nos arts. 13 e 14 da Lei nº 5.194/66, relativo à menção explícita do título profissional e número da Carteira do CREA em todos os trabalhos de Engenharia, Arquitetura e Agronomia,

CONSIDERANDO, finalmente, o disposto na Lei nº 6.496, de 7 dez. 1977, no que diz respeito à Anotação de Responsabilidade Técnica (ART) e Acervo Técnico dos profissionais da Engenharia, Arquitetura e Agronomia,

RESOLVE:

Art. 1º É obrigatória a menção do título profissional e número da Carteira Profissional em todos os trabalhos gráficos que envolvam conhecimentos de Engenharia, Arquitetura e Agronomia, afins e correlatos, de caráter técnico-científico a seguir discriminados:

I - publicações, inclusive em diários e periódicos de divulgação específica ou ordinária;

II - livros, monografias, artigos e outros documentos relativos à matéria de ensino;

III - laudos e/ou pareceres referentes a avaliações, vistorias, consultorias, auditorias e perícias judiciais ou extrajudiciais;

IV - orçamentos e especificações para quaisquer fins;

V - laudos, atestados, certificados, resultados ou relatórios relativos à fiscalização de obras ou serviços, ensaios, análises, experimentos, pesquisas, prospecções, padronizações, mensurações e controle de qualidade, receituário técnico;

VI - planejamentos, programas, planos, anteprojetos e projetos;

VII - pareceres sobre estudos de previabilidade e de viabilidade técnico-econômica;

VIII - documentos de caráter técnico que integrem processos licitatórios;

IX - anúncios publicitários relativos à oferta de trabalhos técnicos de profissionais, em órgãos de divulgação ou qualquer tipo de propaganda;

X - outros trabalhos técnicos não especificados nos itens anteriores.

Art. 2º Os infratores da presente Resolução estão sujeitos às penalidades previstas na alínea "c" do art. 73 da Lei nº 5.194, de 24 dez. 1966, e demais cominações legais.

Art. 3º A presente Resolução entrará em vigor na data de sua publicação.

Art. 4º Revogam-se as disposições em contrário.

Brasília, 24 ago. 1983.

ONOFRE BRAGA DE FARIA
Presidente

EDVAN PASSOS TENÓRIO

Resolução nº 336, de 27 de outubro de 1989
(*DOU*, 16 nov. 1989)

Dispõe sobre o registro de pessoas jurídicas nos Conselhos Regionais de Engenharia, Arquitetura e Agronomia.

O **Conselho Federal de Engenharia, Arquitetura e Agronomia**, no uso da atribuição que lhe confere a letra "f" do art. 27, combinado com o estabelecido no §3º do art. 59 da Lei nº 5.194, de 24 dez. 1966,

CONSIDERANDO que, face ao disposto nos artigos 59 e 60 da citada Lei, a pessoa jurídica que se organize para prestar ou executar serviços ou obras de Engenharia, Arquitetura ou Agronomia, ou que mantenha seção ligada ao exercício de uma dessas profissões, está sujeita à fiscalização profissional pelos Conselhos Regionais,

CONSIDERANDO o disposto nos artigos 1º, 2º e 3º da Lei nº 6.496/77,

CONSIDERANDO o disposto na Lei nº 6.839/80,

CONSIDERANDO que as Leis nº 4.076/62, 6.664/79 e 6.835/80 incluíram Geólogos, Geógrafos e Meteorologistas no âmbito da fiscalização do Sistema CONFEA/CREAs, respectivamente,

CONSIDERANDO que cabe aos Conselhos Regionais, na forma do disposto nas letras "h" e "o" do art. 34 da Lei nº 5.194/66, de 24 dez. 1966, processar, organizar, disciplinar e manter atualizado o registro de pessoas jurídicas, em suas jurisdições,

CONSIDERANDO o decidido pelos acórdãos do Supremo Tribunal Federal, proferidos nos Recursos Extraordinários nº 105.052, 107.751 e 108.864, bem como nos Embargos opostos no Recurso Extraordinário nº 107.751,

RESOLVE:

Art. 1º A pessoa jurídica que se constitua para prestar ou executar serviços e/ou obras ou que exerça qualquer atividade ligada ao exercício profissional da Engenharia, Arquitetura, Agronomia, Geologia, Geografia ou Meteorologia enquadra-se, para efeito de registro, em uma das seguintes classes:

CLASSE A - De prestação de serviços, execução de obras ou serviços ou desenvolvimento de atividades reservadas aos profissionais da Engenharia, Arquitetura, Agronomia, Geologia, Geografia ou Meteorologia;

CLASSE B - De produção técnica especializada, industrial ou agropecuária, cuja atividade básica ou preponderante necessite do conhecimento técnico inerente aos profissionais da Engenharia, Arquitetura, Agronomia, Geologia, Geografia ou Meteorologia;

CLASSE C - De qualquer outra atividade que mantenha seção, que preste ou execute para si ou para terceiros serviços, obras ou desenvolva atividades ligadas às áreas de Engenharia, Arquitetura, Agronomia, Geologia, Geografia ou Meteorologia.

§1º As empresas públicas e sociedades de economia mista serão enquadradas, para o registro, nas classes estabelecidas neste artigo, conforme a atividade desenvolvida.

§2º Uma pessoa jurídica pode ser enquadrada simultaneamente em mais de uma das classes relacionadas neste artigo.

§3º As pessoas jurídicas enquadradas na classe "C" deverão proceder ao registro da seção técnica mantida na mesma.

Art. 2º Os órgãos da administração direta, as autarquias e as fundações de direito público, que tenham atividades na Engenharia, Arquitetura, Agronomia, Geologia, Geografia ou Meteorologia ou se utilizem dos trabalhos dessas categorias, deverão, sem qualquer ônus para os CREAs, fornecer todos os elementos necessários à verificação e fiscalização do exercício profissional.

Art. 3º O registro de pessoa jurídica é ato obrigatório de inscrição no Conselho Regional de Engenharia, Arquitetura e Agronomia onde ela inicia suas atividades profissionais no campo técnico da Engenharia, Arquitetura, Agronomia, Geologia, Geografia ou Meteorologia.

§1º O registro de pessoa jurídica enquadrada nas classes de que trata o art. 1º será efetivado após análise e aprovação da documentação constante do art. 8º, pagamento das taxas devidas e da anuidade do ano do registro, bem como da constatação da regularidade junto ao CREA de todos os profissionais do quadro técnico da empresa e/ou seção que exerça atividades nas áreas discriminadas no *caput* do artigo.

§2º A pessoa jurídica enquadrada na classe "C", para efeito de registro, estará sujeita ao pagamento de anuidade diferenciada fixada em Resolução que disciplina as anuidades e taxas.

Art. 4º A pessoa jurídica enquadrada em qualquer uma das classes do Art. 1º só terá condições legais para o início da sua atividade técnico-profissional, após ter o seu registro efetivado no Conselho Regional de Engenharia, Arquitetura e Agronomia.

Parágrafo único. A pessoa jurídica que não requerer o seu registro, no prazo de 60 (sessenta) dias a contar do arquivamento de seus atos constitutivos nos órgãos competentes, será notificada para que, em 30 (trinta) dias, promova a sua regularização perante o CREA, sob pena da competente autuação por exercício ilegal da profissão.

Art. 5º A atividade da pessoa jurídica, em região diferente daquela em que se encontra registrada, obriga ao visto do registro na nova região.

§1º O visto exigido neste artigo pode ser concedido para atividade parcial dos objetivos sociais da requerente, com validade a ela restrito.

§2º No caso em que a atividade exceda de 180 (cento e oitenta) dias, fica a pessoa jurídica, a sua agência, filial ou sucursal, obrigada a proceder ao seu registro na nova região.

Art. 6º A pessoa jurídica, para efeito da presente Resolução, que requer registro ou visto em qualquer Conselho Regional, deve apresentar responsável técnico que mantenha residência em local que, a critério do CREA, torne praticável a sua participação efetiva nas atividades que a pessoa jurídica pretenda exercer na jurisdição do respectivo órgão regional.

Art. 7º Os Conselhos Regionais, atendendo às peculiridades de cada região, e de acordo com as condições das atividades neles desenvolvidas pelas pessoas jurídicas, poderão, através de atos próprios, fixar casos de dispensa de registro.

Art. 8º O requerimento de registro deve ser instruído com os seguintes elementos:

I - Instrumento de constituição da pessoa jurídica, devidamente arquivado, registrado em órgão competente, bem como suas modificações subseqüentes até a data da solicitação do Registro no CREA.

II - Indicação do ou dos responsáveis técnicos pelas diversas atividades profissionais, bem como dos demais profissionais integrantes do quadro técnico da pessoa jurídica.

III - Prova do vínculo dos profissionais referidos no item anterior com a pessoa jurídica, através de documentação hábil, quando não fizerem parte do contrato social.

IV - Comprovante de solicitação da ART de cargos e funções de todos os profissionais do quadro técnico da pessoa jurídica.

Art. 9º Só será concedido registro à pessoa jurídica cuja denominação for condizente com suas finalidades e quando seu ou seus responsáveis técnicos tiverem atribuições coerentes com os objetivos sociais da mesma.

Art. 10. As pessoas jurídicas registradas na forma desta Resolução, sempre que efetuarem alterações nos seus objetivos, no seu quadro técnico ou na atividade de seus profissionais, deverão, no prazo de 30 (trinta) dias, comunicar ao CREA.

Parágrafo único. Serão efetivadas novas ARTs, caso haja alterações nas atividades dos profissionais do seu quadro técnico.

Art. 11. Somente ao profissional habilitado é facultado constituir-se em firma individual para a prestação de serviços profissionais, ou execução de obras, desde que proceda o registro no CREA, nos moldes desta Resolução.

Art. 12. A responsabilidade técnica por qualquer atividade exercida no campo da Engenharia, Arquitetura, Agronomia, Geologia, Geografia ou Meteorologia é sempre do profissional dela encarregado, não podendo, em hipótese nenhuma, ser assumida pela pessoa jurídica.

Art. 13. Só será concedido registro à pessoa jurídica na plenitude de seus objetivos sociais de sua ou dos objetivos de suas seções técnicas, se os profissionais do seu quadro técnico cobrirem todas as atividades a serem exercitadas.

Parágrafo único. O registro será concedido com restrições das atividades não cobertas pelas atribuições dos profissionais, até que a pessoa jurídica altere seus objetivos ou contrate outros profissionais com atribuições capazes de suprir aqueles objetivos.

Art. 14. As qualificações de Engenheiro, Arquiteto, Engenheiro Agrônomo, Geólogo, Geógrafo, ou Meteorologista só poderão constar da razão social ou denominação de pessoa jurídica, se estas forem compostas exclusivamente por profissionais que possuam aqueles títulos.

Art. 15. As palavras Engenharia, Arquitetura, Agronomia, Geologia, Geografia e Meteorologia só poderão constar em denominação ou razão social de pessoas jurídicas, cuja direção for composta, na sua maioria, de profissionais habilitados.

Art. 16. O registro de pessoas jurídicas deverá ser alterado quando:

I - Ocorrer qualquer alteração em seu instrumento constitutivo;

II - Houver a baixa da responsabilidade técnica do(s) profissional(is) dela encarregado(s).

Parágrafo único. Será procedida simples averbação no registro quando houver alteração que não implique mudança dos objetivos sociais, da Direção da pessoa jurídica, da denominação ou razão social ou da responsabilidade técnica.

Art. 17. A responsabilidade técnica de qualquer profissional por pessoa jurídica fica extinta, devendo o registro ser alterado, a partir do momento em que:

I - for requerido ao Conselho Regional, por escrito, pelo profissional ou pela pessoa jurídica, o cancelamento desse encargo;

II - for o profissional suspenso do exercício da profissão;

III - mudar o profissional de residência para local que, a juízo do Conselho Regional, torne impraticável o exercício dessa função;

IV - tiver o profissional o seu registro cancelado;

V - ocorram outras condições que, a critério do CREA, possam impedir a efetiva prestação da assistência técnica.

§1º A pessoa jurídica deve, no prazo de 10 (dez) dias, promover a substituição do responsável técnico.

§2º Quando o cancelamento da responsabilidade técnica for de iniciativa da pessoa jurídica, deve esta, no seu requerimento, indicar o novo responsável técnico, preenchendo os requisitos previstos nesta Resolução, e os documentos pertinentes.

§3º A baixa de responsabilidade técnica requerida pelo profissional só pode ser deferida na ausência de quaisquer obrigações pendentes em seu nome, relativas ao pedido, junto ao Conselho Regional.

Art. 18. Um profissional pode ser responsável técnico por uma única pessoa jurídica, além da sua firma individual, quando estas forem enquadradas por seu objetivo social no art. 59 da Lei nº 5.194/66 e caracterizadas nas classes A, B e C do art. 1º desta Resolução.

Parágrafo único. Em casos excepcionais, desde que haja compatibilização de tempo e área de atuação, poderá ser permitido ao profissional, a critério do Plenário do Conselho Regional, ser o responsável técnico por até 03 (três) pessoas jurídicas, além da sua firma individual.

Art. 19. A infração a qualquer dispositivo desta Resolução sujeita o infrator às penalidades previstas no art. 73 da Lei nº 5.194/66, sem prejuízo de outras sanções cabíveis.

Art. 20. A presente Resolução entrará em vigor na data de sua publicação.

Art. 21. Revogam-se a Resolução nº 247/77 e demais disposições em contrário.

Brasília, 27 out. 1989.

FREDERICO V. M. BUSSINGER
Presidente

SÉRGIO SILVA DOS SANTOS
1º Secretário

Resolução nº 361, de 10 de dezembro de 1991

(*DOU*, 12 dez. 1991)

Dispõe sobre a conceituação de Projeto Básico em Consultoria de Engenharia, Arquitetura e Agronomia.

O **Conselho Federal de Engenharia, Arquitetura e Agronomia**, no uso da atribuição que lhe confere o art. 27, alínea "f", da Lei nº 5.194, de 24 dez. 1966,

CONSIDERANDO que é atribuição do Conselho Federal de Engenharia, Arquitetura e Agronomia orientar as atividades de Engenharia, Arquitetura e Agronomia e afins, no sentido do desenvolvimento do exercício das profissões da área tecnológica, em benefício da sociedade, nas atividades exercidas no território brasileiro;

CONSIDERANDO que o Decreto-Lei nº 2.300, de 21 nov. 1986, determina, em seu art. 6º, que "as obras e os serviços só podem ser licitados, quando houver Projeto Básico aprovado pela autoridade competente" e que o mesmo diploma legal conceitua, em seu art. 5º, inciso VII, o projeto básico como sendo "o conjunto de elementos que defina a obra ou serviço, ou o complexo de obras ou serviços objeto da licitação, e que possibilite a estimativa de seu custo final e prazo de execução";

CONSIDERANDO a necessidade de serem evitadas controvérsias quanto à exata extensão do Projeto Básico, quando da aplicação dos dispositivos legais antes citados,

RESOLVE:

Art. 1º O Projeto Básico é o conjunto de elementos que define a obra, o serviço ou o complexo de obras e serviços que compõem o empreendimento, de tal modo que suas características básicas e desempenho almejado estejam perfeitamente definidos, possibilitando a estimativa de seu custo e prazo de execução.

Art. 2º O Projeto Básico é uma fase perfeitamente definida de um conjunto mais abrangente de estudos e projetos, precedido por estudos preliminares, anteprojeto, estudos de viabilidade técnica, econômica e avaliação de impacto ambiental, e sucedido pela fase de projeto executivo ou detalhamento.

§1º As fases do projeto citadas neste artigo podem ou não ser objeto de um único contrato, em função do porte da obra.

§2º A qualidade do projeto deverá ser assegurada em cada uma das fases, bem como a responsabilidade técnica de seus autores.

Art. 3º As principais características de um Projeto Básico são:

a) desenvolvimento da alternativa escolhida como sendo viável, técnica, econômica e ambientalmente, e que atenda aos critérios de conveniência de seu proprietário e da sociedade;

b) fornecer uma visão global da obra e identificar seus elementos constituintes de forma precisa;

c) especificar o desempenho esperado da obra;

d) adotar soluções técnicas, quer para conjunto, quer para suas partes, devendo ser suportadas por memórias de cálculo e de acordo com critérios de projeto pré-estabelecidos de modo a evitar e/ou minimizar reformulações e/ou ajustes acentuados, durante sua fase de execução;

e) identificar e especificar, sem omissões, os tipos de serviços a executar, os materiais e equipamentos a incorporar à obra;

f) definir as quantidades e os custos de serviços e fornecimentos com precisão compatível com o tipo e porte da obra, de tal forma a ensejar a determinação do custo global da obra com precisão de mais ou menos 15% (quinze por cento);

g) fornecer subsídios suficientes para a montagem do plano de gestão da obra;

h) considerar, para uma boa execução, métodos construtivos compatíveis e adequados ao porte da obra;

i) detalhar os programas ambientais, compativelmente com o porte da obra, de modo a assegurar sua implantação de forma harmônica com os interesses regionais.

Art. 4º O responsável técnico pelo órgão ou empresa pública ou privada, contratante da obra ou serviço, definirá, obedecendo às conceituações contidas nesta Resolução, os tipos de Projeto Básico que estão presentes em cada empreendimento objeto de licitação ou contratação.

§1º O nível de detalhamento dos elementos construtivos de cada tipo de Projeto Básico, tais como desenhos, memórias descritivas, normas de medições e pagamento, cronograma físico, financeiro, planilhas de quantidades e orçamentos, plano gerencial e, quando cabível, especificações técnicas de equipamentos a serem incorporados à obra, devem ser tais que informem e descrevam com clareza, precisão e concisão o conjunto da obra e cada uma de suas partes.

§2º Sempre que o porte da obra o permitir, o Projeto Básico, obrigatoriamente, deverá iniciar-se pelo estabelecimento dos CRITÉRIOS DE PROJETO, de modo a fixar diretrizes de conduta técnica e gerencial.

Art. 5º Poderá ser dispensado o Projeto Básico com as características descritas nos artigos anteriores, para os empreendimentos realizados nas seguintes situações:

I - nos casos de guerra ou graves perturbações da ordem;

II - nos casos de obras ou serviços de pequeno porte, isolados e sem complexidade técnica de gerenciamento e execução;

III - nos casos de emergência, quando caracterizada a urgência de atendimento de situação que possa ocasionar prejuízo ou comprometer a segurança de pessoas, obras, serviços, equipamentos e outros bens, públicos e privados.

Parágrafo único. O responsável técnico do órgão contratante deverá justificar a urgência para o atendimento dos casos de emergência, referida neste artigo, emitindo respectivo laudo técnico com Anotação de Responsabilidade Técnica – ART.

Art. 6º As normas e conceituações constantes desta Resolução deverão ser aplicadas na contratação das obras e serviços da administração direta e indireta, das empresas de economia mista e fundações dos Governos Federal, Estadual e Municipal, assim como das obras e serviços realizados mediante a utilização de empréstimos ou incentivo fiscal aplicados por banco ou agência financeira oficiais e os executados para fins de cumprimento de concessão de serviços públicos de qualquer esfera governamental.

Art. 7º Os autores do Projeto Básico, sejam eles contratados ou pertencentes ao quadro técnico do órgão contratante, deverão providenciar a Anotação de Responsabilidade Técnica – ART, instituída pela Lei Federal nº 6.496, de 7 dez. 1977, e regulamentada através de Resoluções específicas do Conselho Federal de Engenharia, Arquitetura e Agronomia – CONFEA.

Art. 8º As empresas privadas deverão adotar os procedimentos conceituados nesta Resolução.

Art. 9º Esta Resolução entrará em vigor na data de sua publicação.

Brasília, 10 dez. 1991.

FREDERICO V. M. BUSSINGER
Presidente

MARCUS VINÍCIUS DE OLIVEIRA
1º Secretário

Resolução nº 413, de 27 de junho de 1997
(*DOU*, 21 jul. 1997)

Dispõe sobre o visto em registro de pessoa jurídica.

O **Conselho Federal de Engenharia, Arquitetura e Agronomia**, no uso das atribuições que lhe confere a letra "f" do art. 27, da Lei nº 5.194, de 24 dez. 1966,

CONSIDERANDO que a pessoa jurídica registrada em qualquer Conselho Regional, quando for exercer atividades em caráter temporário na jurisdição de outro Regional, ficará obrigada a visar nele o seu registro,

CONSIDERANDO que cabe aos Conselhos Regionais, na forma do disposto nas letras "h" e "o" do art. 34 da mencionada Lei, processar, organizar, disciplinar e manter atualizado o registro de pessoas jurídicas em suas jurisdições,

RESOLVE:

Art. 1º Será concedido visto ao registro da pessoa jurídica originário de outro Conselho Regional, para os seguintes efeitos e prazos de validade:

I - execução de obras ou prestação de serviços.

Prazo: não superior a 180 (cento e oitenta) dias;

II - participação em licitações.

Prazo: até a validade da certidão de registro.

§1º O visto para efeito do item I deste artigo poderá ser concedido para atividades parciais do objeto social da pessoa jurídica, quando assim requerido.

§2º O visto concedido para efeito do item II deste artigo dispensa o cumprimento das exigências contidas no art. 3º desta Resolução.

Art. 2º O requerimento do visto deverá indicar, expressamente, a finalidade para a qual está sendo solicitado, na forma do artigo anterior, e ser instruído com a certidão do registro no Conselho Regional de origem.

Art. 3º O responsável técnico da pessoa jurídica, para cada atividade a ser exercida na nova Região, deve estar registrado ou com o respectivo registro visado no Conselho Regional onde for requerido o visto.

§1º Os responsáveis técnicos pelas diferentes atividades, apresentados pela pessoa jurídica, devem comprovar residência em local que, a critério do CREA, torna praticável sua participação efetiva nas atividades que a pessoa jurídica pretenda exercer na jurisdição do respectivo órgão regional;

§2º Sempre que ocorrer substituição de responsável técnico, a pessoa jurídica deve comunicar o fato ao Conselho Regional onde mantém o visto, observando o conteúdo deste artigo.

Art. 4º O visto concedido pelo Conselho Regional deverá explicitar claramente, no original e na cópia da certidão, o seguinte:

I - No caso do item I do art. 1º: "Válido para exercer as atividades abaixo, com os respectivos responsáveis técnicos, na jurisdição deste CREA".

II - No caso do item II do art. 1º: "Válido somente para participação em licitações na jurisdição deste CREA".

Art. 5º O visto referido no item II do artigo anterior, não tem validade para a execução de obras ou prestação de serviços, cumprindo à pessoa jurídica, para esse efeito, atender aos requisitos exigidos no art. 3º, mediante solicitação de "visto" para finalidades previstas no item I do art. 1º desta Resolução.

Art. 6º O prazo de validade do visto não poderá exceder ao da certidão de registro.

Art. 7º O prazo de validade de 180 (cento e oitenta) dias referido no item I do art. 1º é improrrogável.

Art. 8º Poderá ser concedido novo "visto", nos seguintes casos:

I - para a finalidade descrita no item I do art. 1º:

a) como complemento do prazo de 180 (cento e oitenta) dias, caso a limitação contida no art. 6º desta Resolução impeça sua concessão integral, mediante apresentação de nova certidão de registro;

b) após 180 (cento e oitenta) dias do encerramento das atividades da pessoa jurídica na jurisdição do Regional.

II - para a finalidade descrita no item II do art. 1º, mediante apresentação de nova certidão.

Art. 9º Para visar o registro, as pessoas jurídicas ficam obrigadas ao pagamento de taxa de visto estabelecida pelo Conselho Federal em Resolução própria.

Art. 10. A presente Resolução entra em vigor na data de sua publicação.

Art. 11. Revogam-se a Resolução nº 265, do CONFEA, de 15 de dezembro de 1979 e demais disposições em contrário.

Brasília (DF), 27 de junho de 1997.

Esdras Magalhães dos Santos Filho
Presidente

Marcos Túlio de Melo
Vice-Presidente

Resolução nº 1.010, de 22 de agosto de 2005
(*DOU*, 30 ago. 2005)[73]

Dispõe sobre a regulamentação da atribuição de títulos profissionais, atividades, competências e caracterização do âmbito de atuação dos profissionais inseridos no Sistema CONFEA/CREA, para efeito de fiscalização do exercício profissional.

O **Conselho Federal de Engenharia, Arquitetura e Agronomia – CONFEA**, no uso das atribuições que lhe confere a alínea "f" do art. 27 da Lei nº 5.194, de 24 dez. 1966, e

Considerando a Lei nº 5.194, de 24 dez. 1966, que regula o exercício das profissões de engenheiro, de arquiteto e de engenheiro agrônomo,

Considerando a Lei nº 4.076, de 23 jun. 1962, que regula o exercício da profissão de geólogo,

Considerando a Lei nº 6.664, de 26 jun. 1979, que disciplina a profissão de geógrafo,

Considerando a Lei nº 6.835, de 14 out. 1980, que dispõe sobre o exercício da profissão de meteorologista,

Considerando o Decreto nº 23.196, de 12 out. 1933, que regula o exercício da profissão agronômica,

Considerando o Decreto nº 23.569, de 11 dez. 1933, que regula o exercício das profissões de engenheiro, de arquiteto e de agrimensor,

Considerando o Decreto-Lei nº 8.620, de 10 jan. 1946, que dispõe sobre a regulamentação do exercício das profissões de engenheiro, de arquiteto e de agrimensor, regida pelo Decreto nº 23.569, de 1933,

Considerando a Lei nº 4.643, de 31 maio 1965, que determina a inclusão da especialização de engenheiro florestal na enumeração do art. 16 do Decreto-Lei nº 8.620, de 1946,

Considerando a Lei nº 5.524, de 5 nov. 1968, que dispõe sobre a profissão de técnico industrial e agrícola de nível médio,

Considerando o Decreto nº 90.922, de 6 fev. 1985, que regulamenta a Lei nº 5.524, de 1968, modificado pelo Decreto nº 4.560, de 30 dez. 2002,

Considerando a Lei nº 7.410, de 27 nov. 1985, que dispõe sobre a especialização de engenheiros e arquitetos em Engenharia de Segurança do Trabalho,

Considerando o Decreto nº 92.530, de 9 abr. 1986, que regulamenta a Lei nº 7.410, de 1985,

Considerando a Lei nº 7.270, de 10 dez. 1984, que apresenta disposições referentes ao exercício da atividade de perícia técnica,

Considerando a Lei nº 9.394, de 20 dez. 1996, que estabelece as diretrizes e bases da educação nacional,

Considerando o Decreto nº 5.154, de 23 jul. 2004, que regulamenta o §2º do art. 36 e os arts. 39 a 41 da Lei nº 9.394, de 1996,

Considerando a Lei nº 9.131, de 24 nov. 1985, que altera dispositivos da Lei nº 4.024, de 20 de dezembro de 1961,

RESOLVE:

Art. 1º Estabelecer normas, estruturadas dentro de uma concepção matricial, para a atribuição de títulos profissionais, atividades e competências no âmbito da atuação profissional, para efeito de fiscalização do exercício das profissões inseridas no Sistema CONFEA/CREA.

Parágrafo único. As profissões inseridas no Sistema CONFEA/CREA são as de engenheiro, de arquiteto e urbanista, de engenheiro agrônomo, de geólogo, de geógrafo, de meteorologista, de tecnólogo e de técnico.

CAPÍTULO I
Das atribuições de títulos profissionais

Art. 2º Para efeito da fiscalização do exercício das profissões objeto desta Resolução, são adotadas as seguintes definições:

I - atribuição: ato geral de consignar direitos e responsabilidades dentro do ordenamento jurídico que rege a comunidade;

II - atribuição profissional: ato específico de consignar direitos e responsabilidades para o exercício da profissão, em reconhecimento de competências e habilidades derivadas de formação profissional obtida em cursos regulares;

[73] Retificações do inciso X do art. 2º e do §4º do art. 10 publicadas no *DOU* de 21 set. 2005. Anexos I e II publicados no *DOU* de 15 dez. 2005 e republicados no *DOU* de 19 dez. 2006. Nova redação do art. 16 e inclusão do Anexo III, aprovados pela Resolução nº 1.016, de 25.8.2006, publicada no *DOU* de 4 set. 2006.

III - título profissional: título atribuído pelo Sistema CONFEA/CREA a portador de diploma expedido por instituições de ensino para egressos de cursos regulares, correlacionado com o(s) respectivo(s) campo(s) de atuação profissional, em função do perfil de formação do egresso, e do projeto pedagógico do curso;

IV - atividade profissional: ação característica da profissão, exercida regularmente;

V - campo de atuação profissional: área em que o profissional exerce sua profissão, em função de competências adquiridas na sua formação;

VI - formação profissional: processo de aquisição de competências e habilidades para o exercício responsável da profissão;

VII - competência profissional: capacidade de utilização de conhecimentos, habilidades e atitudes necessários ao desempenho de atividades em campos profissionais específicos, obedecendo a padrões de qualidade e produtividade;

VIII - modalidade profissional: conjunto de campos de atuação profissional da Engenharia correspondentes a formações básicas afins, estabelecido em termos genéricos pelo CONFEA;

IX - categoria (ou grupo) profissional: cada uma das três profissões regulamentadas na Lei nº 5.194 de 1966; e

X - curso regular: curso técnico ou de graduação reconhecido, de pós-graduação credenciado, ou de pós-graduação senso lato considerado válido, em consonância com as disposições legais que disciplinam o sistema educacional, e devidamente registrado no Sistema CONFEA/CREA.

Art. 3º Para efeito da regulamentação da atribuição de títulos, atividades e competências para os diplomados no âmbito das profissões inseridas no Sistema CONFEA/CREA, consideram-se nesta Resolução os seguintes níveis de formação profissional, quando couber:

I - técnico;

II - graduação superior tecnológica;

III - graduação superior plena;

IV - pós-graduação no senso lato (especialização); e

V - pós-graduação no senso estrito (mestrado ou doutorado).

Art. 4º Será obedecida a seguinte sistematização para a atribuição de títulos profissionais e designações de especialistas, em correlação com os respectivos perfis e níveis de formação, e projetos pedagógicos dos cursos, no âmbito do respectivo campo de atuação profissional, de formação ou especialização:

I - para o diplomado em curso de formação profissional técnica, será atribuído o título de técnico;

II - para o diplomado em curso de graduação superior tecnológica, será atribuído o título de tecnólogo;

III - para o diplomado em curso de graduação superior plena, será atribuído o título de engenheiro, de arquiteto e urbanista, de engenheiro agrônomo, de geólogo, de geógrafo ou de meteorologista, conforme a sua formação;

IV - para o técnico ou tecnólogo portador de certificado de curso de especialização será acrescida ao título profissional atribuído inicialmente a designação de especializado no âmbito do curso;

V - para os profissionais mencionados nos incisos II e III do art. 3º desta Resolução, portadores de certificado de curso de formação profissional pós-graduada no senso lato, será acrescida ao título profissional atribuído inicialmente a designação de especialista;

VI - para o portador de certificado de curso de formação profissional pós-graduada no senso lato em Engenharia de Segurança do Trabalho, será acrescida ao título profissional atribuído inicialmente a designação de engenheiro de segurança do trabalho; e

VII - para os profissionais mencionados nos incisos II e III do art. 3º desta Resolução, diplomados em curso de formação profissional pós-graduada no senso estrito, será acrescida ao título profissional atribuído inicialmente a designação de mestre ou doutor na respectiva área de concentração de seu mestrado ou doutorado.

§1º Os títulos profissionais serão atribuídos em conformidade com a Tabela de Títulos Profissionais do Sistema CONFEA/CREA, estabelecida em resolução específica do CONFEA, atualizada periodicamente, e com observância do disposto nos arts. 7º, 8º, 9º, 10 e 11 e seus parágrafos, desta Resolução.

§2º O título de engenheiro será obrigatoriamente acrescido de denominação que caracterize a sua formação profissional básica no âmbito do(s) respectivo(s) campo(s) de atuação profissional da categoria, podendo abranger simultaneamente diferentes âmbitos de campos.

§3º As designações de especialista, mestre ou doutor só poderão ser acrescidas ao título profissional de graduados em nível superior previamente registrados no Sistema CONFEA/CREA.

CAPÍTULO II
Das atribuições para o desempenho de atividades no âmbito das competências profissionais

Art. 5º Para efeito de fiscalização do exercício profissional dos diplomados no âmbito das profissões inseridas no Sistema CONFEA/CREA, em todos os seus respectivos níveis de formação, ficam designadas as seguintes atividades, que poderão ser atribuídas de forma integral ou parcial, em seu conjunto ou separadamente, observadas as disposições gerais e limitações estabelecidas nos arts. 7º, 8º, 9º, 10 e 11 e seus parágrafos, desta Resolução:

Atividade 01 - Gestão, supervisão, coordenação, orientação técnica;

Atividade 02 - Coleta de dados, estudo, planejamento, projeto, especificação;

Atividade 03 - Estudo de viabilidade técnico-econômica e ambiental;

Atividade 04 - Assistência, assessoria, consultoria;

Atividade 05 - Direção de obra ou serviço técnico;

Atividade 06 - Vistoria, perícia, avaliação, monitoramento, laudo, parecer técnico, auditoria, arbitragem;

Atividade 07 - Desempenho de cargo ou função técnica;

Atividade 08 - Treinamento, ensino, pesquisa, desenvolvimento, análise, experimentação, ensaio, divulgação técnica, extensão;

Atividade 09 - Elaboração de orçamento;

Atividade 10 - Padronização, mensuração, controle de qualidade;

Atividade 11 - Execução de obra ou serviço técnico;

Atividade 12 - Fiscalização de obra ou serviço técnico;

Atividade 13 - Produção técnica e especializada;

Atividade 14 - Condução de serviço técnico;

Atividade 15 - Condução de equipe de instalação, montagem, operação, reparo ou manutenção;

Atividade 16 - Execução de instalação, montagem, operação, reparo ou manutenção;

Atividade 17 - Operação, manutenção de equipamento ou instalação; e

Atividade 18 - Execução de desenho técnico.

Parágrafo único. As definições das atividades referidas no *caput* deste artigo encontram-se no glossário constante do Anexo I desta Resolução.

Art. 6º Aos profissionais dos vários níveis de formação das profissões inseridas no Sistema CONFEA/CREA é dada atribuição para o desempenho integral ou parcial das atividades estabelecidas no artigo anterior, circunscritas ao âmbito do(s) respectivo(s) campo(s) profissional(ais), observadas as disposições gerais estabelecidas nos arts. 7º, 8º, 9º, 10 e 11 e seus parágrafos, desta Resolução, a sistematização dos campos de atuação profissional estabelecida no Anexo II, e as seguintes disposições:

I - ao técnico, ao tecnólogo, ao engenheiro, ao arquiteto e urbanista, ao engenheiro agrônomo, ao geólogo, ao geógrafo, e ao meteorologista compete o desempenho de atividades no(s) seu(s) respectivo(s) campo(s) profissional(ais), circunscritos ao âmbito da sua respectiva formação e especialização profissional; e

II - ao engenheiro, ao arquiteto e urbanista, ao engenheiro agrônomo, ao geólogo, ao geógrafo, ao meteorologista e ao tecnólogo, com diploma de mestre ou doutor compete o desempenho de atividades estendidas ao âmbito das respectivas áreas de concentração do seu mestrado ou doutorado.

CAPÍTULO III
Do registro dos profissionais

Seção I
Da atribuição inicial

Art. 7º A atribuição inicial de títulos profissionais, atividades e competências para os diplomados nos respectivos níveis de formação, nos campos de atuação profissional abrangidos pelas diferentes profissões inseridas no Sistema CONFEA/CREA, será efetuada mediante registro e expedição de carteira de identidade profissional no CREA, e a respectiva anotação no Sistema de Informações CONFEA/CREA – SIC.

Art. 8º O CREA, atendendo ao que estabelecem os arts. 10 e 11 da Lei nº 5.194, de 1966, deverá anotar as características da formação do profissional, com a correspondente atribuição inicial de título, atividades e competências para o exercício profissional, levando em consideração as disposições dos artigos anteriores e do Anexo II desta Resolução.

§1º O registro dos profissionais no CREA e a respectiva atribuição inicial de título profissional, atividades e competências serão procedidos de acordo com critérios a serem estabelecidos pelo CONFEA para a padronização dos procedimentos, e dependerão de análise e decisão favorável da(s) câmara(s) especializada(s) do CREA, correlacionada(s) com o respectivo âmbito do(s) campos(s) de atuação profissional.

§2º A atribuição inicial de título profissional, atividades e competências decorrerá, rigorosamente, da análise do perfil profissional do diplomado, de seu currículo integralizado e do projeto pedagógico do curso regular, em consonância com as respectivas diretrizes curriculares nacionais.

Seção II
Da extensão da atribuição inicial

Art. 9º A extensão da atribuição inicial fica restrita ao âmbito da mesma categoria profissional.

Art. 10. A extensão da atribuição inicial de título profissional, atividades e competências na categoria profissional Engenharia, em qualquer dos respectivos níveis de formação profissional será concedida pelo CREA em que o profissional requereu a extensão, observadas as seguintes disposições:

I - no caso em que a extensão da atribuição inicial se mantiver na mesma modalidade profissional, o procedimento dar-se-á como estabelecido no *caput* deste artigo, e dependerá de decisão favorável da respectiva câmara especializada; e

II - no caso em que a extensão da atribuição inicial não se mantiver na mesma modalidade, o procedimento dar-se-á como estabelecido no *caput* deste artigo, e dependerá de decisão favorável das câmaras especializadas das modalidades envolvidas.

§1º A extensão da atribuição inicial decorrerá da análise dos perfis da formação profissional adicional obtida formalmente, mediante cursos comprovadamente regulares, cursados após a diplomação, devendo haver decisão favorável da(s) câmara(s) especializada(s) envolvida(s).

§2º No caso de não haver câmara especializada no âmbito do campo de atuação profissional do interessado, ou câmara inerente à extensão de atribuição pretendida, a decisão caberá ao Plenário do CREA.

§3º A extensão da atribuição inicial aos técnicos portadores de certificados de curso de especialização será considerada dentro dos mesmos critérios do *caput* deste artigo e seus incisos.

§4º A extensão da atribuição inicial aos portadores de certificados de formação profissional adicional obtida no nível de formação pós-graduada no senso lato, expedidos por curso regular registrado no Sistema CONFEA/CREA, será considerada dentro dos mesmos critérios do *caput* deste artigo e seus incisos.

§5º Nos casos previstos nos §§3º e 4º, será exigida a prévia comprovação do cumprimento das exigências estabelecidas pelo sistema educacional para a validade dos respectivos cursos.

Seção III

Da sistematização dos campos de atuação profissional

Art. 11. Para a atribuição de títulos profissionais, atividades e competências será observada a sistematização dos campos de atuação profissional e dos níveis de formação profissional mencionados no art. 3º desta Resolução, e consideradas as especificidades de cada campo de atuação profissional e nível de formação das várias profissões integrantes do Sistema CONFEA/CREA, apresentadas no Anexo II.

§1º A sistematização mencionada no *caput* deste artigo, constante do Anexo II, tem características que deverão ser consideradas, no que couber, em conexão com os perfis profissionais, estruturas curriculares e projetos pedagógicos, em consonância com as diretrizes curriculares nacionais dos cursos que levem à diplomação ou concessão de certificados nos vários níveis profissionais, e deverá ser revista periodicamente, com a decisão favorável das câmaras especializadas, do Plenário dos CREAs e aprovação pelo Plenário do CONFEA com voto favorável de no mínimo dois terços do total de seus membros.

§2º Para a atribuição inicial de títulos profissionais, atividades e competências para os profissionais diplomados no nível técnico e para os diplomados no nível superior em Geologia, em Geografia e em Meteorologia prevalecerão as disposições estabelecidas nas respectivas legislações específicas.

CAPÍTULO IV

Das disposições gerais

Art. 12. Ao profissional já diplomado aplicar-se-á um dos seguintes critérios:

I - ao que estiver registrado será permitida a extensão da atribuição inicial de título profissional, atividades e competências, em conformidade com o estabelecido nos arts. 9º e 10 e seus parágrafos, desta Resolução; ou

II - ao que ainda não estiver registrado, será concedida a atribuição inicial de título profissional, atividades e competências, em conformidade com os critérios em vigor antes da vigência desta Resolução, sendo-lhe permitida a extensão da mesma em conformidade com o estabelecido nos arts. 9º e 10 e seus parágrafos, desta Resolução.

Art. 13. Ao aluno matriculado em curso comprovadamente regular, anteriormente à entrada em vigor desta Resolução, é permitida a opção pelo registro em conformidade com as disposições então vigentes.

Art. 14. Questões levantadas no âmbito dos Creas relativas a atribuições de títulos profissionais, atividades e competências serão decididas pelo CONFEA em conformidade com o disposto no parágrafo único do art. 27 da Lei nº 5.194, de 1966.

Art. 15. O CONFEA, no prazo de até cento e vinte dias a contar da data de publicação desta Resolução, deverá apreciar e aprovar os Anexos I e II nela referidos.

Art. 16. Esta resolução entra em vigor a partir de 1º de julho de 2007. (*Redação dada pela Resolução nº 1.016, de 25 de agosto de 2006*)

Brasília, 22 de agosto de 2005.

Eng. Wilson Lang
Presidente

Resolução nº 1.016, de 25 de agosto de 2006

(*DOU*, 4 set. 2006)

Altera a redação dos arts. 11, 15 e 19 da Resolução nº 1.007, de 5 de dezembro de 2003, do art. 16 da Resolução nº 1.010, de 22 de agosto de 2005, inclui o Anexo III na Resolução nº 1.010, de 2005, e dá outras providências.

O **Conselho Federal de Engenharia, Arquitetura e Agronomia – CONFEA**, no uso das atribuições que lhe confere o art. 27, alínea "f" da Lei nº 5.194, de 24 dez. 1966, e

Considerando que a Resolução nº 1.007, de 5 dez. 2003, dispõe sobre o registro de profissionais, aprova os modelos e os critérios para expedição de carteira de identidade profissional e dá outras providências,

Considerando que a Resolução nº 1.010, de 22 ago. 2005, estabeleceu nova sistemática para a atribuição de títulos, atividades e competências profissionais aos portadores de diploma ou de certificado de conclusão de cursos regulares oferecidos pelas instituições de ensino no âmbito das profissões inseridas no Sistema CONFEA/CREA,

Considerando que a Resolução nº 1.010, de 2005, determinou que o estabelecimento dos critérios para a padronização dos procedimentos seria, obrigatoriamente, expedido pelo CONFEA em, no máximo, trezentos e sessenta e cinco dias a partir da data da publicação da resolução,

Considerando a necessidade de dilatação do prazo para entrada em vigor da Resolução nº 1.010, de 2005, em função do recadastramento dos profissionais registrados nos Conselhos Regionais de Engenharia, Arquitetura e Agronomia – CREAs, regulamentado pela Resolução nº 494, de 26 de julho de 2006,

RESOLVE:

Art. 1º Os arts. 11, 15 e 19 da Resolução nº 1.007, de 5 de dezembro de 2003, passam a vigorar com a seguinte redação: "A câmara especializada competente atribuirá o título, as atividades e as competências profissionais em função da análise da qualificação acadêmica do portador de diploma ou certificado, de acordo com os procedimentos e os critérios estabelecidos em resolução específica".

Art. 2º O art. 16 da Resolução nº 1.010, de 22 de agosto de 2005, passa a vigorar com a seguinte redação: "Art. 16. Esta resolução entra em vigor a partir de 1º de julho de 2007".

Art. 3º Fica incluído como anexo III da Resolução nº 1.010, de 22 de agosto de 2005, o Regulamento para o Cadastramento das Instituições de Ensino e de seus Cursos e para a Atribuição de Títulos, Atividades e Competências Profissionais.

Art. 4º Para efeito da atribuição inicial de título, atividades e competências profissionais ao egresso de curso regular, que nele tenha se matriculado posteriormente à data de entrada em vigor da Resolução nº 1.010, de 2005, fica vedada a utilização das Resoluções nos 218, de 29 de junho de 1973; 235, de 9 de outubro de 1975; 241, de 31 de julho de 1976; 256, de 27 de maio de 1978; 262, de 28 de julho de 1979; 278, de 27 de maio de 1983; 279, de 15 de junho de 1983; 288, de 7 de dezembro de 1983; 308, de 21 de março de 1986; 310, de 23 de julho de 1986; 313, de 26 de setembro de 1986; 345, de 27 de julho de 1990; 359, de 31 de julho de 1991; 380, de 17 de dezembro de 1993; 427, de 5 de março dc 1999; 447, de 22 de setembro de 2000; 492, de 30 de junho de 2006, e 493, de 30 de junho de 2006 e demais normativos baixados pelo CONFEA que dispõem sobre atribuição profissional.

Art. 5º Esta Resolução entra em vigor na data de sua publicação.

Brasília, 25 de agosto de 2006.

Eng. Civ. Marcos Túlio de Melo
Presidente

Resolução nº 1.025, de 30 de outubro de 2009
(*DOU*, 31 dez. 2009)

Dispõe sobre a Anotação de Responsabilidade Técnica e o Acervo Técnico Profissional, e dá outras providências.

O **Conselho Federal de Engenharia, Arquitetura e Agronomia – CONFEA**, no uso das atribuições que lhe confere a alínea "f" do art. 27 da Lei nº 5.194, de 24 dez. 1966, e

Considerando os arts. 8º, 12, 19, 20, 21, 59 e 67 da Lei nº 5.194, de 1966, que regula o exercício das profissões de Engenheiro, Arquiteto e Engenheiro-Agrônomo, e dá outras providências,

Considerando os arts. 1º, 2º e 3º da Lei nº 6.496, de 7 dez. 1977, que institui a Anotação de Responsabilidade Técnica na execução de obras e na prestação de serviços de Engenharia, Arquitetura e Agronomia,

Considerando os arts. 30 e 72 da Lei nº 8.666, de 21 jun. 1993, que regulamenta o art. 37, inciso XXI, da Constituição Federal, institui normas para licitações e contratos da Administração Pública e dá outras providências,

Considerando o art. 11, §1º, do Decreto nº 5.296, de 2 dez. 2004, que regulamenta as Leis nºs 10.048, de 8 nov. 2000, que dá prioridade de atendimento às pessoas que especifica, e 10.098, de 19 dez. 2000, que estabelece normas gerais e critérios básicos para a promoção da acessibilidade das pessoas portadoras de deficiência ou com mobilidade reduzida, e dá outras providências,

Considerando a Lei nº 5.700, de 1º jan. 1971, que dispõe sobre a forma de registro e a apresentação dos símbolos nacionais e dá outras providências,

Considerando a Lei nº 8.078, de 11 set. 1990, que dispõe sobre a proteção do consumidor e dá outras providências,

Considerando a Lei nº 9.307, de 23 set. 1996, que dispõe sobre a arbitragem,

Considerando o Decreto nº 6.932, de 11 ago. 2009, que dispõe sobre a simplificação do atendimento público prestado ao cidadão, ratifica a dispensa do reconhecimento de firma em documentos produzidos no Brasil, institui a "Carta de Serviços ao Cidadão" e dá outras providências,

RESOLVE:

Art. 1º Fixar os procedimentos necessários ao registro, baixa, cancelamento e anulação da Anotação de Responsabilidade Técnica – ART, ao registro do atestado emitido por pessoa física e jurídica contratante e à emissão da Certidão de Acervo Técnico – CAT, bem como aprovar os modelos de ART e de CAT, o Requerimento de ART e Acervo Técnico e os dados mínimos para registro do atestado que constituem os Anexos I, II, III e IV desta resolução, respectivamente.

CAPÍTULO I
Da Anotação de Responsabilidade Técnica

Art. 2º A ART é o instrumento que define, para os efeitos legais, os responsáveis técnicos pela execução de obras ou prestação de serviços relativos às profissões abrangidas pelo Sistema CONFEA/CREA.

Art. 3º Todo contrato escrito ou verbal para execução de obras ou prestação de serviços relativos às profissões abrangidas pelo Sistema CONFEA/CREA fica sujeito ao registro da ART no CREA em cuja circunscrição for exercida a respectiva atividade.

Parágrafo único. O disposto no *caput* deste artigo também se aplica ao vínculo de profissional, tanto a pessoa jurídica de direito público quanto de direito privado, para o desempenho de cargo ou função técnica que envolva atividades para as quais sejam necessários habilitação legal e conhecimentos técnicos nas profissões abrangidas pelo Sistema CONFEA/CREA.

Seção I
Do Registro da ART

Art. 4º O registro da ART efetiva-se após o seu cadastro no sistema eletrônico do CREA e o recolhimento do valor correspondente.

§1º O início da atividade profissional sem o recolhimento do valor da ART ensejará as sanções legais cabíveis.

§2º Após o recolhimento do valor correspondente, os dados da ART serão automaticamente anotados no Sistema de Informações CONFEA/CREA – SIC.

§3º O SIC mencionado no parágrafo anterior é o banco de dados que consolida as informações de interesse nacional registradas no Sistema CONFEA/CREA.

Art. 5º O cadastro da ART será efetivado pelo profissional de acordo com o disposto nesta resolução, mediante preenchimento de formulário eletrônico, conforme o Anexo I, e senha pessoal e intransferível fornecida após assinatura de termo de responsabilidade.

Art. 6º A guarda da via assinada da ART será de responsabilidade do profissional e do contratante, com o objetivo de documentar o vínculo contratual.

Art. 7º O responsável técnico deverá manter uma via da ART no local da obra ou serviço.

Art. 8º É vedado ao profissional com o registro cancelado, suspenso ou interrompido registrar ART.

Art. 9º Quanto à tipificação, a ART pode ser classificada em:

I - ART de obra ou serviço, relativa à execução de obras ou prestação de serviços inerentes às profissões abrangidas pelo Sistema CONFEA/CREA;

II - ART de obra ou serviço de rotina, denominada ART múltipla, que especifica vários contratos referentes à execução de obras ou à prestação de serviços em determinado período; e

III - ART de cargo ou função, relativa ao vínculo com pessoa jurídica para desempenho de cargo ou função técnica.

Art. 10. Quanto à forma de registro, a ART pode ser classificada em:

I - ART complementar, anotação de responsabilidade técnica do mesmo profissional que, vinculada a uma ART inicial, complementa os dados anotados nos seguintes casos:

a) for realizada alteração contratual que ampliar o objeto, o valor do contrato ou a atividade técnica contratada, ou prorrogar o prazo de execução; ou

b) houver a necessidade de detalhar as atividades técnicas, desde que não impliquem a modificação da caracterização do objeto ou da atividade técnica contratada.

II - ART de substituição, anotação de responsabilidade técnica do mesmo profissional que, vinculada a uma ART inicial, substitui os dados anotados nos casos em que:

a) houver a necessidade de corrigir dados que impliquem a modificação da caracterização do objeto ou da atividade técnica contratada; ou

b) houver a necessidade de corrigir erro de preenchimento de ART.

Art. 11. Quanto à participação técnica, a ART de obra ou serviço pode ser classificada da seguinte forma:

I - ART individual, que indica que a atividade, objeto do contrato, é desenvolvida por um único profissional;

II - ART de coautoria, que indica que uma atividade técnica caracterizada como intelectual, objeto de contrato único, é desenvolvida em conjunto por mais de um profissional de mesma competência;

III - ART de corresponsabilidade, que indica que uma atividade técnica caracterizada como executiva, objeto de contrato único, é desenvolvida em conjunto por mais de um profissional de mesma competência; e

IV - ART de equipe, que indica que diversas atividades complementares, objetos de contrato único, são desenvolvidas em conjunto por mais de um profissional com competências diferenciadas.

Art. 12. Para efeito desta resolução, todas as ARTs referentes a determinado empreendimento, registradas pelos profissionais em função de execução de outras atividades técnicas citadas no contrato inicial, aditivo contratual, substituição de responsável técnico ou contratação ou subcontratação de outros serviços, devem ser vinculadas à ART inicialmente registrada, com o objetivo de identificar a rede de responsabilidades técnicas da obra ou serviço.

Seção II
Da Baixa da ART

Art. 13. Para os efeitos legais, somente será considerada concluída a participação do profissional em determinada atividade técnica a partir da data da baixa da ART correspondente.

Parágrafo único. A baixa da ART não exime o profissional ou a pessoa jurídica contratada das responsabilidades administrativa, civil ou penal, conforme o caso.

Art. 14. O término da atividade técnica desenvolvida obriga à baixa da ART de execução de obra, prestação de serviço ou desempenho de cargo ou função.

Art. 15. Para efeito desta resolução, a ART deve ser baixada em função de algum dos seguintes motivos:

I - conclusão da obra ou serviço, quando do término das atividades técnicas descritas na ART; ou

II - interrupção da obra ou serviço, quando da não conclusão das atividades técnicas descritas na ART, de acordo com os seguintes casos:

a) rescisão contratual;

b) substituição do responsável técnico; ou

c) paralisação da obra e serviço.

Art. 16. A baixa da ART deve ser requerida ao CREA pelo profissional por meio eletrônico e instruída com o motivo, as atividades concluídas e, nos casos de baixa em que seja caracterizada a não conclusão das atividades técnicas, a fase em que a obra ou serviço se encontrar.

Art. 17. A baixa de ART pode ser requerida ao CREA pelo contratante ou pela pessoa jurídica contratada por meio de formulário próprio, conforme o Anexo III, desde que instruída com informações suficientes que comprovem a inércia do profissional em requerê-la.

§1º No caso previsto no *caput* deste artigo, o CREA notificará o profissional para manifestar-se sobre o requerimento de baixa no prazo de dez dias corridos.

§2º O CREA analisará o requerimento de baixa após a manifestação do profissional ou esgotado o prazo previsto para sua manifestação.

Art. 18. O CREA manifestar-se-á sobre o requerimento de baixa de ART por não conclusão das atividades técnicas após efetuar análise do pedido e eventual verificação das informações apresentadas.

§1º O requerimento será deferido somente se for verificada sua compatibilidade com o disposto nesta resolução.

§2º Compete ao CREA, quando necessário, solicitar documentos, efetuar diligências ou adotar outras providências necessárias ao caso para averiguar as informações apresentadas.

§3º Em caso de dúvida, o processo será encaminhado à câmara especializada competente para apreciação.

Art. 19. Deverá ser objeto de baixa automática pelo CREA:

I - a ART que indicar profissional que tenha falecido ou que teve o seu registro cancelado ou suspenso após a anotação da responsabilidade técnica; e

II - a ART que indicar profissional que deixou de constar do quadro técnico da pessoa jurídica contratada.

Parágrafo único. A baixa da ART por falecimento do profissional será processada administrativamente pelo CREA mediante apresentação de cópia de documento hábil ou de informações acerca do óbito.

Art. 20. Após a baixa da ART, o motivo, as atividades técnicas concluídas e a data da solicitação serão automaticamente anotados no SIC.

§1º No caso de rescisão contratual ou falecimento do profissional, deverá ser anotada no SIC a data do distrato ou do óbito.

§2º No caso em que seja apresentado documento comprobatório, também será anotada no SIC a data da conclusão da obra ou serviço.

Seção III

Do Cancelamento da ART

Art. 21. O cancelamento da ART ocorrerá quando:

I - nenhuma das atividades técnicas descritas na ART forem executadas; ou

II - o contrato não for executado.

Art. 22. O cancelamento da ART deve ser requerido ao CREA pelo profissional, pela pessoa jurídica contratada ou pelo contratante, e ser instruído com o motivo da solicitação.

Art. 23. A câmara especializada competente decidirá acerca do processo administrativo de cancelamento da ART.

§1º Compete ao CREA averiguar as informações apresentadas e adotar as providências necessárias ao caso.

§2º No caso em que a atividade técnica descrita na ART caracterizar assunto de interesse comum a duas ou mais especializações profissionais, o processo será apreciado pelas câmaras especializadas competentes e, em caso de divergência, encaminhado ao Plenário do CREA para decisão.

§3º O CREA deverá comunicar ao profissional, à pessoa jurídica contratada e ao contratante o cancelamento da ART.

Art. 24. Após o cancelamento da ART, o motivo e a data de cancelamento serão automaticamente anotados no SIC.

Seção IV

Da Nulidade da ART

Art. 25. A nulidade da ART ocorrerá quando:

I - for verificada lacuna no preenchimento, erro ou inexatidão insanáveis de qualquer dado da ART;

II - for verificada incompatibilidade entre as atividades desenvolvidas e as atribuições profissionais do responsável técnico à época do registro da ART;

III - for verificado que o profissional emprestou seu nome a pessoas físicas ou jurídicas sem sua real participação nas atividades técnicas descritas na ART, após decisão transitada em julgado;

IV - for caracterizada outra forma de exercício ilegal da profissão;

V - for caracterizada a apropriação de atividade técnica desenvolvida por outro profissional habilitado; ou

VI - for indeferido o requerimento de regularização da obra ou serviço a ela relacionado.

Art. 26. A câmara especializada relacionada à atividade desenvolvida decidirá acerca do processo administrativo de anulação da ART.

§1º No caso da constatação de lacuna no preenchimento, erro ou inexatidão dos dados da ART, preliminarmente o CREA notificará o profissional e a pessoa jurídica contratada para proceder às correções necessárias no prazo de dez dias corridos, contados da data do recebimento da notificação.

§2º No caso em que a atividade técnica descrita na ART caracterizar assunto de interesse comum a duas ou mais especializações profissionais, o processo será apreciado pelas câmaras especializadas competentes e, em caso de divergência, encaminhado ao Plenário do CREA para decisão.

§3º O CREA deverá comunicar ao profissional, à pessoa jurídica contratada e ao contratante os motivos que levaram à anulação da ART.

Art. 27. Após a anulação da ART, o motivo e a data da decisão que a anulou serão automaticamente anotados no SIC.

Seção V

Da ART de Obra ou Serviço

Art. 28. A ART relativa à execução de obra ou prestação de serviço deve ser registrada antes do início da respectiva atividade técnica, de acordo com as informações constantes do contrato firmado entre as partes.

§1º No caso de obras públicas, a ART pode ser registrada em até dez dias após a liberação da ordem de serviço ou após a assinatura do contrato ou de documento equivalente, desde que não esteja caracterizado o início da atividade.

§2º É vedado o registro da ART relativa à execução de obra ou à prestação de serviço concluído, cuja atividade técnica tenha sido iniciada após a data de entrada em vigor desta resolução.

Art. 29. A coautoria ou a corresponsabilidade por atividade técnica, bem como o trabalho em equipe para execução de obra ou prestação de serviço obriga ao registro de ART, vinculada à ART primeiramente registrada.

Art. 30. A subcontratação ou a subempreitada de parte ou da totalidade da obra ou do serviço obriga ao registro de ART, da seguinte forma:

I - o profissional da pessoa jurídica inicialmente contratada deve registrar ART de gestão, direção, supervisão ou coordenação do serviço subcontratado, conforme o caso; e

II - o profissional da pessoa jurídica subcontratada deve registrar ART de obra ou serviço relativa à atividade que lhe foi subcontratada, vinculada à ART de gestão, supervisão, direção ou coordenação do contratante.

Parágrafo único. No caso em que a ART tenha sido registrada indicando atividades que posteriormente foram subcontratadas, compete ao profissional substituí-la para adequação ao disposto no inciso I deste artigo.

Art. 31. A substituição, a qualquer tempo, de um ou mais responsáveis técnicos pela execução da obra ou prestação do serviço obriga ao registro de nova ART, vinculada à ART anteriormente registrada.

Art. 32. Compete ao profissional cadastrar a ART de obra ou serviço no sistema eletrônico e efetuar o recolhimento do valor relativo ao registro no CREA em cuja circunscrição for exercida a atividade, nos seguintes casos:

I - quando o profissional for contratado como autônomo diretamente por pessoa física ou jurídica; ou

II - quando o profissional for o proprietário do empreendimento ou empresário.

Art. 33. Compete ao profissional cadastrar a ART de obra ou serviço no sistema eletrônico e à pessoa jurídica contratada efetuar o recolhimento do valor relativo ao registro no CREA em cuja circunscrição for exercida a atividade, quando o responsável técnico desenvolver atividades técnicas em nome da pessoa jurídica com a qual mantenha vínculo.

Seção VI

Da ART de Obra ou Serviço de Rotina

Art. 34. Caso não deseje registrar diversas ARTs específicas, é facultado ao profissional que execute obras ou preste serviços de rotina anotar a responsabilidade técnica pelas atividades desenvolvidas por meio da ART múltipla.

Parágrafo único. O disposto no *caput* deste artigo também se aplica ao serviço de rotina executado por profissional integrante do quadro técnico de pessoa jurídica.

Art. 35. Para efeito desta resolução, a atividade técnica relacionada à obra ou ao serviço de rotina pode ser caracterizada como aquela que é executada em grande quantidade ou de forma repetitiva e continuada.

Parágrafo único. Poderá ser objeto de ART múltipla contrato cuja prestação do serviço seja caracterizada como periódica.

Art. 36. As atividades técnicas relacionadas a obra ou serviço de rotina que poderão ser registradas via ART múltipla serão objeto de relação unificada.

§1º A câmara especializada manifestar-se-á sempre que surgirem outras atividades que possam ser registradas por meio de ART múltipla.

§2º Aprovada pela câmara especializada, a proposta será levada ao Plenário para apreciação.

§3º Após aprovação pelo Plenário do CREA, a proposta será encaminhada ao CONFEA para apreciação e atualização da relação correspondente.

Art. 37. A ART múltipla deve relacionar as atividades referentes às obras e aos serviços de rotina contratados ou desenvolvidos no mês calendário.

Art. 38. A ART múltipla deve ser registrada até o décimo dia útil do mês subsequente à execução da obra ou prestação do serviço de rotina, no CREA em cuja circunscrição for exercida a atividade.

Art. 39. É vedado o registro de atividade que tenha sido concluída em data anterior ou iniciada posteriormente ao período do mês de referência a que corresponde a ART múltipla.

Art. 40. Compete ao profissional cadastrar a ART múltipla no sistema eletrônico e efetuar o recolhimento do valor relativo ao registro no CREA em cuja circunscrição for exercida a atividade, nos seguintes casos:

I - quando o profissional for contratado como autônomo diretamente por pessoa física ou jurídica; ou

II - quando o profissional for o proprietário do empreendimento ou empresário.

Art. 41. Compete ao profissional cadastrar a ART múltipla no sistema eletrônico e à pessoa jurídica efetuar o recolhimento do valor relativo ao registro no CREA da circunscrição onde for exercida a atividade, quando o responsável técnico desenvolver atividades em nome da pessoa jurídica com a qual mantenha vínculo.

Parágrafo único. O disposto no *caput* deste artigo também se aplica ao registro da ART múltipla de execução de obra ou prestação de serviço de rotina desenvolvido por profissional integrante do quadro técnico de pessoa jurídica de direito público.

Seção VII

Da ART de Obra ou Serviço que Abrange Circunscrições de Diversos CREAs

Art. 42. A ART relativa à execução de obras ou à prestação de serviços que abranjam circunscrições de diversos CREAs deve ser registrada antes do início da respectiva atividade técnica, de acordo com as informações constantes do contrato firmado entre as partes, da seguinte forma:

I - a ART referente à execução de obras ou à prestação serviços que abranjam mais de uma unidade da federação pode ser registrada em qualquer dos CREAs onde for realizada a atividade;

II - a ART referente à prestação de serviço cujo objeto encontra-se em outra unidade da federação pode ser registrada no CREA desta circunscrição ou no CREA onde for realizada a atividade profissional; ou

III - a ART referente à execução de obras ou à prestação de serviços executados remotamente a partir de um centro de operações deve ser registrada no CREA em cuja circunscrição se localizar o centro de operações.

Seção VIII

Da ART de Cargo ou Função

Art. 43. O vínculo para desempenho de cargo ou função técnica, tanto com pessoa jurídica de direito público quanto de direito privado, obriga à anotação de responsabilidade técnica no CREA em cuja circunscrição for exercida a atividade.

§1º A ART relativa ao desempenho de cargo ou função deve ser registrada após assinatura do contrato ou publicação do ato administrativo de nomeação ou designação, de acordo com as informações constantes do documento comprobatório de vínculo do profissional com a pessoa jurídica.

§2º Somente a alteração do cargo, da função ou da circunscrição onde for exercida a atividade obriga ao registro de nova ART.

§3º É vedado o registro da ART de cargo ou função extinta, cujo vínculo contratual tenha sido iniciado após a data de entrada em vigor desta resolução.

Art. 44. O registro da ART de cargo ou função de profissional integrante do quadro técnico da pessoa jurídica não exime o registro de ART de execução de obra ou prestação de serviço — específica ou múltipla.

Art. 45. O registro da ART de cargo ou função somente será efetivado após a apresentação no CREA da comprovação do vínculo contratual.

Parágrafo único. Para efeito desta resolução, o vínculo entre o profissional e a pessoa jurídica pode ser comprovado por meio de contrato de trabalho anotado na Carteira de Trabalho e Previdência Social – CTPS, contrato de prestação de serviço, livro ou ficha de registro de empregado, contrato social, ata de assembléia ou ato administrativo de nomeação ou designação do qual constem a indicação do cargo ou função técnica, o início e a descrição das atividades a serem desenvolvidas pelo profissional.

Art. 46. Compete ao profissional cadastrar a ART de cargo ou função no sistema eletrônico e à pessoa jurídica efetuar o recolhimento do valor relativo ao registro no CREA da circunscrição onde for exercida a atividade.

CAPÍTULO II
Do Acervo Técnico Profissional

Art. 47. O acervo técnico é o conjunto das atividades desenvolvidas ao longo da vida do profissional compatíveis com suas atribuições e registradas no CREA por meio de anotações de responsabilidade técnica.

Parágrafo único. Constituirão o acervo técnico do profissional as atividades finalizadas cujas ARTs correspondentes atendam às seguintes condições:

I - tenham sido baixadas; ou

II - não tenham sido baixadas, mas tenha sido apresentado atestado que comprove a execução de parte das atividades nela consignadas.

Art. 48. A capacidade técnico-profissional de uma pessoa jurídica é representada pelo conjunto dos acervos técnicos dos profissionais integrantes de seu quadro técnico.

Parágrafo único. A capacidade técnico-profissional de uma pessoa jurídica varia em função da alteração dos acervos técnicos dos profissionais integrantes de seu quadro técnico.

Seção I
Da Emissão de Certidão de Acervo Técnico

Art. 49. A Certidão de Acervo Técnico – CAT é o instrumento que certifica, para os efeitos legais, que consta dos assentamentos do CREA a anotação da responsabilidade técnica pelas atividades consignadas no acervo técnico do profissional.

Art. 50. A CAT deve ser requerida ao CREA pelo profissional por meio de formulário próprio, conforme o Anexo III, com indicação do período ou especificação do número das ARTs que constarão da certidão.

Parágrafo único. No caso de o profissional especificar ART de obra ou serviço em andamento, o requerimento deve ser instruído com atestado que comprove a efetiva participação do profissional na execução da obra ou prestação do serviço, caracterizando, explicitamente, o período e as atividades ou as etapas finalizadas.

Art. 51. O CREA manifestar-se-á sobre a emissão da CAT após efetuar a análise do requerimento e a verificação das informações apresentadas.

§1º O requerimento será deferido somente se for verificada sua compatibilidade com o disposto nesta resolução.

§2º Compete ao CREA, quando necessário e mediante justificativa, solicitar outros documentos ou efetuar diligências para averiguar as informações apresentadas.

Art. 52. A CAT, emitida em nome do profissional conforme o Anexo II, deve conter as seguintes informações:

I - identificação do responsável técnico;

II - dados das ARTs;

III - observações ou ressalvas, quando for o caso;

IV - local e data de expedição; e

V - autenticação digital.

Parágrafo único. A CAT poderá ser emitida pela Internet desde que atendidas as exigências de análise de documentação relativa ao caso especifico.

Art. 53. A CAT é válida em todo o território nacional.

§1º A CAT perderá a validade no caso de modificação dos dados técnicos qualitativos e quantitativos nela contidos, bem como de alteração da situação do registro da ART.

§2º A validade da CAT deve ser conferida no site do CREA ou do CONFEA.

Art. 54. É vedada a emissão de CAT ao profissional que possuir débito relativo a anuidade, multas e preços de serviços junto ao Sistema CONFEA/CREA, excetuando-se aqueles cuja exigibilidade encontrar-se suspensa em razão de recurso.

Art. 55. É vedada a emissão de CAT em nome da pessoa jurídica.

Parágrafo único. A CAT constituirá prova da capacidade técnico-profissional da pessoa jurídica somente se o responsável técnico indicado estiver a ela vinculado como integrante de seu quadro técnico.

Art. 56. A CAT deve conter número de controle para consulta acerca da autenticidade e da validade do documento.

Parágrafo único. Após a emissão da CAT, os dados para sua validação serão automaticamente transmitidos ao SIC.

Seção II
Do Registro de Atestado

Art. 57. É facultado ao profissional requerer o registro de atestado fornecido por pessoa física ou jurídica de direito público ou privado contratante com o objetivo de fazer prova de aptidão para desempenho de atividade pertinente e compatível em características, quantidades e prazos.

Parágrafo único. O atestado é a declaração fornecida pela contratante da obra ou serviço, pessoa física ou jurídica de direito público ou privado, que atesta a execução de obra ou a prestação de serviço e identifica seus elementos quantitativos e qualitativos, o local e o período de execução, os responsáveis técnicos envolvidos e as atividades técnicas executadas.

Art. 58. As informações acerca da execução da obra ou prestação de serviço, bem como os dados técnicos qualitativos e quantitativos do atestado devem ser declarados por profissional que possua habilitação nas profissões abrangidas pelo Sistema CONFEA/CREA.

Parágrafo único. No caso em que a contratante não possua em seu quadro técnico profissional habilitado, o atestado deverá ser objeto de laudo técnico.

Art. 59. O registro de atestado deve ser requerido ao CREA pelo profissional por meio de formulário, conforme o Anexo III, e instruído com original e cópia, ou com duas cópias autenticadas, do documento fornecido pelo contratante.

§1º Para efeito desta resolução, somente será objeto de registro pelo CREA o atestado emitido sem rasuras ou adulteração, e que apresentar os dados mínimos indicados no Anexo IV.

§2º O requerimento deverá conter declaração do profissional corroborando a veracidade das informações relativas à descrição das atividades constantes das ARTs especificadas e à existência de subcontratos ou subempreitadas.

§3º Será arquivada no CREA uma das vias do atestado apresentado.

Art. 60. O atestado que referenciar serviços que foram parcialmente concluídos deve explicitar o período e as etapas executadas.

Art. 61. O atestado que referenciar serviços subcontratados ou subempreitados deve estar acompanhado de documentos hábeis que comprovem a anuência do contratante original ou que comprovem a efetiva participação do profissional na execução da obra ou prestação do serviço, tais como trabalhos técnicos, correspondências, diário de obras ou documento equivalente.

Art. 62. No caso de obra própria, o atestado deve estar acompanhado de documento público que comprove a conclusão da obra ou serviço expedido pela prefeitura, por agência reguladora ou por órgão ambiental, entre outros.

Art. 63. O CREA manifestar-se-á sobre o registro do atestado após efetuar a análise do requerimento e a verificação dos dados do atestado em face daqueles constantes dos assentamentos do CREA relativos às ARTs registradas.

§1º O requerimento será deferido somente se for verificada sua compatibilidade com o disposto nesta resolução.

§2º Compete ao CREA, quando necessário e mediante justificativa, solicitar outros documentos ou efetuar diligências para averiguar as informações apresentadas.

§3º Em caso de dúvida, o processo será encaminhado à câmara especializada competente para apreciação.

§4º Em caso de dúvida quando a atividade técnica descrita na ART caracterizar assunto de interesse comum a duas ou mais especializações profissionais, o processo será apreciado pelas câmaras especializadas competentes e, em caso de divergência, encaminhado ao Plenário do CREA para decisão.

Art. 64. O registro de atestado será efetivado por meio de sua vinculação à CAT, que especificará somente as ARTs a ele correspondentes.

§1º A veracidade e a exatidão das informações constantes do atestado são de responsabilidade do seu emitente.

§2º A CAT à qual o atestado está vinculado é o documento que comprova o registro do atestado no CREA.

§3º A CAT apresentará informações ou ressalvas pertinentes em função da verificação do registro do profissional e da pessoa jurídica à época da execução da obra ou da prestação do serviço, bem como dos dados do atestado em face daqueles constantes dos assentamentos do CREA relativos às ARTs registradas.

§4º O atestado registrado constituirá prova da capacidade técnico-profissional da pessoa jurídica somente se o responsável técnico indicado estiver ou venha ser a ela vinculado como integrante de seu quadro técnico por meio de declaração entregue no momento da habilitação ou da entrega das propostas.

Seção III

Da Inclusão ao Acervo Técnico de Atividade Desenvolvida no Exterior

Art. 65. É facultado ao profissional, brasileiro ou estrangeiro, registrado no CREA, que executou obra, prestou serviços ou desempenhou cargo ou função no exterior, requerer a inclusão desta atividade ao seu acervo técnico por meio do registro da ART correspondente, desde que tenha sido realizada após sua diplomação em curso técnico de nível médio ou de nível superior nas profissões abrangidas pelo Sistema CONFEA/CREA.

Parágrafo único. O profissional terá o prazo de um ano para requerer a inclusão ao acervo técnico de atividade desenvolvida no exterior, contados da data de registro no CREA ou de sua reativação após entrada no país.

Art. 66. A inclusão ao acervo técnico de atividade desenvolvida no exterior deve ser requerida ao CREA por meio de formulário, conforme o Anexo III, e instruída com cópia dos seguintes documentos:

I - formulário da ART, assinado pelo responsável técnico e pelo contratante, indicando o nível de participação e as atividades desenvolvidas pelo profissional; e

II - documento hábil que comprove a efetiva participação do profissional na execução da obra ou prestação do serviço, indicando explicitamente o período, o nível de atuação e as atividades desenvolvidas, tais como trabalhos técnicos, correspondências, diário de obras, livro de ordem, atestado emitido pelo contratante ou documento equivalente.

§1º O CREA dispensará a assinatura do contratante na ART caso seja apresentada cópia do contrato ou de documento equivalente que comprove a relação jurídica entre as partes.

§2º Os documentos em língua estrangeira, legalizados pela autoridade consular brasileira, devem ser traduzidos para o vernáculo por tradutor público juramentado.

Art. 67. O requerimento de inclusão ao acervo técnico será analisado para verificação da documentação apresentada, das atribuições do profissional e da atividade descrita, em função da legislação brasileira em vigor à época de sua execução.

Parágrafo único. Compete ao CREA, quando necessário e mediante justificativa, solicitar outros documentos para averiguar as informações apresentadas.

Art. 68. A câmara especializada competente decidirá sobre o requerimento de registro da ART após a verificação das informações apresentadas.

§1º O requerimento será deferido somente se for verificada sua compatibilidade com o disposto nesta resolução.

§2º Após o deferimento, o profissional será comunicado para efetuar o recolhimento do valor relativo ao registro da ART.

§3º No caso em que a atividade técnica descrita na ART caracterizar assunto de interesse comum a duas ou mais especializações profissionais, o processo será apreciado pelas câmaras especializadas competentes e, em caso de divergência, encaminhado ao Plenário do CREA para decisão.

CAPÍTULO III
Das Disposições Gerais

Art. 69. É facultado ao profissional requerer por meio de fomulário, conforme o Anexo III, certidão que relaciona as ARTs registradas no CREA em função do período ou da situação em que se encontram.

Art. 70. As cópias dos documentos exigidos nesta resolução devem ser autenticadas em cartório ou objeto de conferência atestada por servidor do CREA, desde que apresentados os respectivos originais.

Art. 71. Compete ao CREA, sempre que necessário, averiguar as informações apresentadas e adotar as providências necessárias ao caso.

Art. 72. Os critérios e os procedimentos para regularização de obra ou serviço concluído sem a anotação de responsabilidade técnica serão objeto de resolução específica.

Art. 73. Os valores de registro e de serviços disciplinados nesta resolução serão objeto de legislação específica.

Art. 74. Os Anexos I, II, III e IV serão atualizados anualmente pelo plenário do CONFEA, após deliberação da comissão permanente que tem como atribuição a organização do Sistema.

§1º Para fins de atualização dos Anexos I, II, III e IV, o CREA deve encaminhar ao CONFEA proposta justificada até 30 de maio de cada ano.

§2º O disposto neste artigo também se aplica ao manual de procedimentos para preenchimento da ART, emissão de CAT e registro de atestado.

Art. 75. As tabelas auxiliares relacionadas no manual de procedimentos serão atualizadas rotineiramente a partir de proposta justificada encaminhada pelos CREAs, após deliberação da comissão permanente que tem como atribuição a organização do Sistema.

Parágrafo único. As propostas para atualização das tabelas auxiliares serão analisadas em caráter prioritário pela unidade organizacional do CONFEA responsável pela elaboração de normas e procedimentos.

CAPÍTULO IV
Das Disposições Transitórias

Art. 76. O CREA terá até a data de início da vigência desta resolução para promover a adaptação de suas rotinas administrativas aos novos procedimentos previstos para a anotação de responsabilidade técnica e a composição do acervo técnico, de acordo com as diretrizes fixadas pelo CONFEA.

Parágrafo único. Para atendimento ao disposto no *caput* deste artigo, o CREA deverá adotar as seguintes providências:

I - instituir plano de comunicação para divulgar aos profissionais os procedimentos que serão alterados ou implantados a partir da vigência desta resolução;

II - reformular os atos administrativos que contrariem as novas disposições; e

III - aprovar outros atos administrativos que se façam necessários para o cumprimento desta resolução.

Art. 77. O CREA terá o prazo de doze meses após a entrada em vigor desta resolução para implantar a infraestrutura tecnológica necessária e adaptar seu sistema corporativo aos novos procedimentos eletrônicos previstos para a anotação de responsabilidade técnica e a composição do acervo técnico, de acordo com as diretrizes fixadas pelo CONFEA, quais sejam:

I - registro, baixa, cancelamento e anulação de ART;

II - emissão de certidão de acervo técnico;

III - registro de atestado;

IV - inclusão ao acervo técnico de atividade desenvolvida no exterior;

V - consulta às ARTs registradas e às CATs emitidas; e

VI - anotação no SIC das informações referenciadas nesta resolução.

§1º Até que a implantação da infraestrutura tecnológica e a adaptação do sistema corporativo do CREA se efetivem, os novos procedimentos previstos para o registro e a baixa da ART poderão ser disponibilizados ao profissional por meio de formulário impresso nos moldes dos anexos desta resolução.

§2º Até que a integração ao SIC se efetive, o sistema corporativo do CREA deverá disponibilizar aos interessados serviço de consulta aos documentos eletronicamente registrados e emitidos.

§3º Até que a implantação da infraestrutura tecnológica e a adaptação do sistema corporativo do CREA se efetivem, a CAT poderá ser emitida manualmente e assinada pelo presidente ou por empregado do CREA, desde que conste da certidão referência expressa a esta delegação.

Art. 78. O registro de ART manualmente preenchida somente será efetivado com a apresentação ao CREA da via assinada e do comprovante do pagamento do valor correspondente.

Parágrafo único. Será vedado ao CREA registrar ART manualmente preenchida a partir de 1º de janeiro de 2011, ressalvados casos específicos devidamente justificados e autorizados pelo Plenário do CONFEA.

Art. 79. O profissional terá o prazo de um ano para requerer ao CREA, nos termos da Resolução nº 394, de 17 de março de 1995, a Anotação de Responsabilidade Técnica relativa a obra ou serviço concluído que tenha sido iniciado antes da entrada em vigor desta resolução.

Parágrafo único. O prazo estabelecido no *caput* deste artigo será contado da data de entrada em vigor desta resolução.

Art. 80. Os novos procedimentos previstos para a anotação de responsabilidade técnica serão obrigatórios somente para as ARTs registradas de acordo com os formulários constantes do Anexo I.

Parágrafo único. Os novos procedimentos para análise de acervo técnico serão obrigatórios para todas as ARTs, independentemente da data de registro, ressalvadas aquelas indicadas em requerimento protocolizado no CREA até a data de entrada em vigor desta resolução.

Art. 81. Esta resolução entra em vigor em 1º de janeiro de 2010.

Art. 82. Revogam-se as disposições em contrário das Resoluções nos 430, de 13 de agosto de 1999, e 444, de 14 de abril de 2000, e na íntegra as Resoluções nos 317, de 31 de outubro de 1986, 394, de 17 de março de 1995, 425, de 18 de dezembro de 1998, e 1023, de 30 de maio de 2008, as Decisões Normativas nos 15, de 2 de janeiro de 1985, 58, de 6 de outubro de 1995, e 64, de 30 de abril de 1999, e demais disposições em contrário.

Brasília, 12 de novembro de 2009.

Eng. Civ. Marcos Túlio de Melo
Presidente

Jurisprudência

Súmula nº 157

A elaboração de projeto de engenharia e arquitetura está sujeita, em princípio, ao concurso ou ao procedimento licitatório adequado e obediente a critério seletivo de melhor qualidade ou de melhor técnica, que é o escopo do julgamento, independentemente da consideração de preço, que há de vir balizado no Edital.

Fundamento Legal:
- Constituição, arts. 70, §§1º a 5º, e 72, §5º (Emenda nº 1, de 17.10.1969);
- Decreto-lei nº 199, de 25/02/67, arts. 31, I e V, e 37;
- Decreto-lei nº 200, de 25/02/67, arts. 125, 130, 133 e 144;
- Lei nº 5.194, de 24/12/66, art. 83;
- Parecer L-135, da CGR, in: *DOU*, 27 abr. 1977, p. 4.630-4.633.

Súmula nº 177

A definição precisa e suficiente do objeto licitado constitui regra indispensável da competição, até mesmo como pressuposto do postulado de igualdade entre os licitantes, do qual é subsidiário o princípio da publicidade, que envolve o conhecimento, pelos concorrentes potenciais das condições básicas da licitação, constituindo, na hipótese particular da licitação para compra, a quantidade demandada uma das especificações mínimas e essenciais à definição do objeto do pregão.

Fundamento Legal:
- Constituição, arts. 70, §§1º, 3º e 4º, e 72, §5º;
- Decreto-lei nº 199, de 25/02/67, arts. 31, I, II e V, 37 e 40, I;
- Decreto-lei nº 200, de 25/02/67, arts. 125, 126 e 130, V, VI e VII.

Súmula nº 185

A Lei nº 5.194, de 24.12.1966, e, em especial, o seu art. 22, não atribuem ao autor do projeto o direito subjetivo de ser contratado para os serviços de supervisão da obra respectiva, nem dispensam a licitação para a adjudicação de tais serviços, sendo admissível, sempre que haja recursos suficientes, que se proceda aos trabalhos de supervisão, diretamente ou por delegação a outro órgão público, ou, ainda, fora dessa hipótese, que se inclua, a juízo da Administração e no seu interesse, no objeto das licitações a serem processadas para a elaboração de projetos de obras e serviços de engenharia, com expressa previsão no ato convocatório, a prestação de serviços de supervisão ou acompanhamento da execução, mediante remuneração adicional, aceita como compatível com o porte e a utilidade dos serviços.

Fundamento Legal:

- Constituição, arts. 8º, XVII, "c", parágrafo único, 15, II, 70, §§1º, 3º e 4º, e 72, §5º;
- Decreto-lei nº 199, de 25.2.1967, arts. 31, I, II e V, e 37;
- Decreto-lei nº 200, de 25.2.1967, Título XII;
- Lei nº 4.089, de 13.7.1962, art. 2º;
- Lei nº 5.194, de 24.12.1966, arts. 18, 22 e 83;
- Lei nº 6.946, de 17.9.1981;
- Decreto nº 73.140, de 9.11.1973, arts. 81 a 90;
- Decreto nº 86.025, de 22.5.1981, arts. 21 e 24;
- Enunciados nº 39, 157 e 158 da Súmula de Jurisprudência do TCU, in: *DOU*, 28 dez. 1973 e 14 jan. 1980.

Súmula nº 191

Torna-se, em princípio, indispensável a fixação dos limites de vigência dos contratos administrativos, de forma que o tempo não comprometa as condições originais da avença, não havendo, entretanto, obstáculo jurídico à devolução de prazo, quando a Administração mesma concorre, em virtude da própria natureza do avençado, para interrupção da sua execução pelo contratante.

Fundamento Legal:

- Constituição, arts. 70, §§1º e 3º a 5º, e 72, §5º;
- Decreto-lei nº 199, de 25.2.1967, arts. 31, I, V e VI, e 37;
- Decreto-lei nº 15.783, de 8.11.1922, arts. 775, §1º, "a", 767, parágrafo único, e 777;
- Enunciados nº 68 e 78 da Súmula da Jurisprudência do TCU, in: *DOU*, 16 dez. 1976.

Súmula nº 205

É inadmissível, em princípio, a inclusão, nos contratos administrativos, de cláusula que preveja, para o Poder Público, multa ou indenização, em caso de rescisão.

Fundamento Legal:

- Constituição, arts. 70, §§1º e 3º a 5º, e 72, §5º;
- Decreto-lei nº 199, de 25.2.1967, arts. 31, I, II e V, e 37;
- Decreto nº 15.783, de 8.11.1922, arts. 798 e 802.

Súmula nº 222

As Decisões do Tribunal de Contas da União, relativas à aplicação de normas gerais de licitação, sobre as quais cabe privativamente à União legislar, devem ser acatadas pelos administradores dos Poderes da União, dos Estados, do Distrito Federal e dos Municípios.

Fundamento Legal:

- Constituição Federal, arts. 22, inciso XXVII, 37, *caput* e inciso XXI, 71, inciso II e 73;
- Lei nº 8.443, de 16-07-1992, art. 4º;
- Lei nº 8.666, de 21-06-1993, art. 1º, parágrafo único.

Súmula nº 248

Não se obtendo o número legal mínimo de três propostas aptas à seleção, na licitação sob a modalidade Convite, impõe-se a repetição do ato, com a convocação de outros possíveis interessados, ressalvadas as hipóteses previstas no §7º do art. 22 da Lei nº 8.666/1993.

Fundamento Legal:

- Constituição Federal, art. 37, inciso XXI;
- Lei nº 8.666/1993, art. 22, §§3º e 7º;
- Súmula nº 222 da Jurisprudência do TCU, in: *DOU*, 3 jan. 1995.

Súmula nº 250

A contratação de instituição sem fins lucrativos, com dispensa de licitação, com fulcro no art. 24, inciso XIII, da Lei nº 8.666/93, somente é admitida nas hipóteses em que houver nexo efetivo entre o mencionado dispositivo, a natureza da instituição e o objeto contratado, além de comprovada a compatibilidade com os preços de mercado.

Fundamento Legal:

- Constituição Federal do Brasil, art. 37, inciso XXI;
- Lei nº 8.666, art. 24, inciso XIII.

Decisão nº 292/1998, Plenário

3 - A palavra "atestados", no corpo do §1º, encontra-se no plural porque a licitante tem a liberdade de apresentar tantos atestados quantos julgar necessários para comprovar sua aptidão. (...) Cabe à comissão de licitação, durante o exame da documentação de habilitação, analisar o conteúdo dos atestados e pronunciar-se quanto à suficiência dos mesmos. Assim, a comissão poderá concluir que o somatório dos atestados apresentados por uma única licitante não é suficiente para habilitá-la, pois não comprovam a sua aptidão para o desempenho de atividade pertinente e compatível em características, quantidades e prazos com o objeto da licitação. Da mesma forma, poderá habilitar a empresa que apresente um único atestado, desde que entenda que o mesmo atende às condições exigidas no Edital. (Decisão TCU nº 292/98, *DOU*, n. 104-E, 3 jun. 1998)

Decisão nº 215/1999, Plenário

Nas hipóteses de alterações contratuais consensuais, qualitativas e excepcionalíssimas de contratos de obras e serviços, é facultado à Administração ultrapassar os limites aludidos no item anterior, observados os princípios da finalidade, da razoabilidade e da proporcionalidade, além dos direitos patrimoniais do contratante privado, desde que satisfeitos cumulativamente os seguintes pressupostos:

I - não acarretar para a Administração encargos contratuais superiores aos oriundos de uma eventual rescisão contratual por razões de interesse público, acrescidos aos custos da elaboração de um novo procedimento licitatório;

II - não possibilitar a inexecução contratual, à vista do nível de capacidade técnica e econômico-financeira do contratado;

III - decorrer de fatos supervenientes que impliquem em dificuldades não previstas ou imprevisíveis por ocasião da contratação inicial;

IV - não ocasionar a transfiguração do objeto originalmente contratado em outro de natureza e propósito diversos;

VI - ser necessárias à completa execução do objeto original do contrato, à otimização do cronograma de execução e à antecipação dos benefícios sociais e econômicos decorrentes;

VII - demonstrar-se na motivação do ato que autorizar o aditamento contratual que extrapole os limites legais mencionados na alínea "a" supra que as conseqüências da outra alternativa (a rescisão contratual, seguida de nova licitação e contratação) importam sacrifício insuportável ao interesse público primário (interesse coletivo) a ser atendido pela obra ou serviço, ou seja gravíssima a esse interesse; inclusive quanto à sua urgência e emergência.

Decisão nº 451/2000 Plenário

Não se deve prorrogar contratos após o encerramento de sua vigência uma vez que tal procedimento é absolutamente nulo.

Acórdão nº 2.194/2005, 1ª Câmara

É obrigatório o Diário de Obra ou Livro de Boletim de Ocorrências no canteiro do objeto e seu preenchimento.

Acórdão nº 262/2006, 2ª Câmara

Os administradores de contratos, na ocasião de ocorrências que pudessem ensejar atrasos na execução de obras e, conseqüentemente, futuros termos aditivos de prorrogação dos respectivos contratos, promovessem os registros desses fatos no "Diário de Obra", observando, assim, os ditames do art. 67, §1º, da Lei nº 8.666/93.

Acórdão nº 1.738/2006, Plenário

Não é permitido a realização de medições chamadas "medições de gaveta", relativas à execução de quantitativos não previstos no contrato e que ficam no aguardo da assinatura de aditivo para que possam constar de medição oficial.

Acórdão nº 325/2007, 2ª Câmara

O TCU determinou a prefeitura municipal (...) que procedesse ao registro e recolhimento da anotação de responsabilidade técnica junto ao CREA referente aos projetos básicos de todos os empreendimentos a serem licitados (item 6.1.2, TC-007.001/2005-0). (*DOU*, 16 mar. 2007. Seção 1, p. 164)

Acórdão nº 325/2007, Plenário

O TCU passará a utilizar como referenciais, quando da fiscalização de obras públicas, as seguintes premissas acerca dos componentes de lucros e despesas indiretas (LDI):

a) os tributos IRPJ e CSLL não devem integrar o cálculo do LDI, nem tampouco a planilha de custo direto, por se constituírem em tributos de natureza direta e personalística, que oneram pessoalmente o contratado, não devendo ser repassado à contratante;

b) os itens administração local, instalação de canteiro e acampamento e mobilização e desmobilização, visando maior transparência, devem constar na planilha orçamentária e não no LDI;
c) o gestor público deve exigir dos licitantes o detalhamento da composição do LDI e dos respectivos percentuais praticados (itens 9.1.1, 9.1.2 e 9.1.3, TC-003.478/2006-8). (*DOU*, 16 mar. 2007. Seção 1, p. 122)

Acórdão nº 566/2007, 2ª Câmara

O TCU determinou à CEASA/MG que, em futuros procedimentos licitatórios onde houvesse casos de propostas aparentemente inexeqüíveis (cf. inciso II, art. 48 da Lei nº 8.666/93, que dispõe acerca da obrigatoriedade de demonstração de que o preço sugerido torna inexeqüível o objeto da licitação), franqueasse à licitante interessada a oportunidade de comprovar a viabilidade de sua oferta (item 1.2, TC-014.879/2005-7). (*DOU*, 5 abr. 2007. Seção 1, p. 103)

Acórdão nº 992/2007, 1ª Câmara

O TCU determinou ao SESC/RS que se abstivesse de exigir o visto do CREA do local de realização das licitações de empresas interessadas em participar dos certames, uma vez que tal visto somente deveria ser exigido quando da contratação da vencedora da licitação (item 9.2.1, TC-015.675/2006-0). (*DOU*, 20 abr. 2007. Seção 1, p. 124)

Acórdão nº 1.014/2007, Plenário

O TCU determinou à Petrobras que observasse, como regra, o limite de 25% do valor inicial atualizado do contrato para a alteração dos quantitativos dos itens das planilhas de serviços, elaborando, nos casos excepcionais em que se fizesse necessário ultrapassar esse limite, justificativa fundamentada para tal extrapolação, em que ficasse evidenciado, ainda, que os preços praticados para tais itens da planilha se encontram dentro dos preços de mercado, de forma a garantir que as alterações não constituem "jogo de preços" (item 9.3.1, TC-008.419/2004-3). (*DOU*, 5 jun. 2007. Seção 1, p. 79)

Acórdão nº 1.090/2007, Plenário

O TCU determinou à fundação Ricardo Franco que promovesse a escorreita fiscalização da execução dos contratos firmados, a fim de evitar a execução e conclusão dos serviços após o término de sua vigência (item 9.3.5.2, TC-008.219/2006-9). (*DOU*, 11 jun. 2007. Seção 1, p. 83)

Acórdão nº 1.644/2007, 2ª Câmara

O TCU afirmou que memorial descritivo e especificações técnicas são peças indispensáveis para o acompanhamento de obra e identificação dos tipos de serviços a serem executados e de materiais e equipamentos a incorporar à obra (item 1.54, TC-013.730/2005-6). (*DOU*, 28 jun. 2007. Seção 1, p. 106)

Acórdão nº 1.873/2007, 2ª Câmara

O TCU determinou ao Ministério da Justiça que atentasse para a obrigatoriedade do número mínimo de três propostas válidas para a homologação de licitações sob a modalidade convite, ainda que para tanto fosse necessária a sucessiva repetição do certame, salvo em caso de situações excepcionais expressamente justificadas, a teor do art. 22, §7º, da Lei nº 8.666/1993 (item 9.4.4.2, TC-007.091/2001-5). (*DOU*, 12 jul. 2007. Seção 1, p. 174)

Acórdão nº 2.565/2007, 1ª Câmara

O TCU determinou à Secretaria Nacional de Segurança Pública (SENASP) que se abstivesse de realizar pagamentos antecipados de fornecimento de materiais, de execução de obras e de prestação de serviços, devendo os procedimentos de liquidação de despesa observar os ditames dos arts. 62 e 63 da Lei nº 4.320, de 17.3.1964, exceto quando restasse comprovada a existência de interesse público devidamente demonstrado, houvesse previsão nos documentos formais de adjudicação e fossem exigidas as devidas cautelas e garantias (item 9.2, TC-006.252/2005-6). (*DOU*, 30 ago. 2007. Seção 1, p. 145)

Acórdão nº 1.764/2007, Plenário

O TCU determinou à ELETROSUL que não formalizasse contratos com prazo de vigência indeterminado, conforme o disposto nos arts. 55, inciso IV, e 57, §3º, da Lei nº 8.666/1993 (item 9.4.1, TC-006.390/2006-0). (*DOU*, 31 ago. 2007. Seção 1, p. 112)

Acórdão nº 2.606/2007, 2ª Câmara

O TCU determinou ao Banco do Brasil S/A que observasse, nas licitações que envolvessem a contratação de serviços de engenharia, arquitetura e agronomia, as determinações dos arts. 13 e 14 da lei nº 5.194/1966, bem como do art. 1º, inciso IV, da Resolução CONFEA nº 282, de 24.8.1983, explicitando-as no corpo do instrumento convocatório (item 6.1.2, TC-009.893/2007-1). (*DOU*, 27 set. 2007. Seção 1, p. 94)

Acórdão nº 2.194/2007, Plenário

O TCU determinou ao grupamento de apoio de Brasília (GAP) que, em cumprimento ao disposto no art. 30 da Lei nº 8.666/1993, se abstivesse de exigir, nas licitações, número mínimo de atestados para comprovar aptidão técnica, exceto quando o estabelecimento de um número definido fosse justificado e expressamente considerado necessário à garantia da execução do contrato, à segurança e perfeição da obra ou do serviço, à regularidade do fornecimento ou ao atendimento de qualquer outro interesse público (item 9.2.4, TC-012.077/2005-0). (*DOU*, 19 out. 2007. Seção 1, p. 64)

Acórdão nº 2.251/2007, Plenário

O TCU determinou à Caixa Econômica Federal que adotasse providências necessárias visando à anulação de um pregão eletrônico (e de todos os atos dele decorrentes), excluindo as rubricas do IRPJ e da CSLL nas estimativas de preços dos licitantes (item 9.3.1, TC-023.556/2007-1). (*DOU*, 29 out. 2007. Seção 1, p. 78)

Acórdão nº 2.293/2007, Plenário

O TCU determinou à Fundação Universidade de Brasília que exercesse adequadamente a fiscalização e o acompanhamento dos contratos que celebrasse, conforme art. 67 da lei nº 8.666/1993, e designasse fiscais com competência técnica compatível com as peculiaridades do contrato (item 9.2.10, TC-009.542/2007-6). (*DOU*, 5 nov. 2007. Seção 1, p. 88)

Acórdão nº 2.299/2007, Plenário

O TCU determinou ao DNIT que, nas licitações e execuções de obras, quando da avaliação da qualificação técnica-operacional das empresas licitantes, se abstivesse de estabelecer percentuais mínimos em patamares superiores a 50% dos quantitativos dos itens de maior relevância da obra ou serviço, salvo em casos excepcionais, quando houvesse justificativa tecnicamente fundamentada, em observância ao disposto no art. 37, inciso XXI, da Constituição Federal, c/c os arts. 3º, §1º, inciso I, e 30, inciso II, da lei nº 8.666/1993 (item 9.2.1.1, TC-011.181/2005-3). Chamamos a atenção da comunidade do EGP para as razões de veto do então presidente da república à alínea "b", §1º e §7º, art. 30 da futura Lei nº 8.666/1993, explicitadas na página a seguir: <http://www.planalto.gov.br/ccivil/leis/mensagemveto/anterior98/vep335-l8666-93.pdf>. (*DOU*, 5 nov. 2007. Seção 1, p. 90)

Acórdão nº 2.359/2007, Plenário

O TCU determinou ao DNIT que se abstivesse de limitar a quantidade de atestados ou de certidões de execução de serviços para fins de comprovação de qualificação técnica dos licitantes, excetuada a hipótese em que tal limitação tivesse por finalidade única e exclusiva garantir que a empresa contratada teria o conhecimento técnico e a capacidade operacional inerentes à metodologia construtiva a ser aplicada, sem prejuízo de esclarecer que é vedada a imposição do referido limite quando o seu objetivo for, tão-somente, verificar se os empreendimentos anteriormente realizados pela licitante teriam dimensão semelhante à do objeto do certame (item 9.2.1, TC-009.302/2006-1). (*DOU*, 9 nov. 2007. Seção 1, p. 72)

Acórdão nº 2.324/2007, Plenário

O TCU determinou ao DNIT que, sempre que adotasse (em seus procedimentos licitatórios) como data-base para reajustamento de preços o critério "data de apresentação das propostas", realizasse medição parcial dos serviços, exatamente na data de aniversário do contrato, visando identificar, dentro do mês de referência da medição, os serviços que foram executados antes do prazo de reajustamento, distinguindo-os daqueles que, sendo realizados a partir desta data, sofreriam reajuste de preços (item 8.2, TC-004.720/2007-7). (*DOU*, 9 nov. 2007. Seção 1, p. 65)

Acórdão nº 3.360/2007, 2ª Câmara

O TCU determinou à Petróleo Brasileiro S/A que cumprisse o disposto nos arts. 1º e 2º da Lei nº 6.496/1977, exigindo a Anotação de Responsabilidade Técnica (ART) nas obras e serviços de engenharia, haja vista que sua ausência impossibilitaria a responsabilização do autor do projeto por eventual erro ou falha técnica (item 16.1.10, TC-017.810/2006-5). (*DOU*, 29 nov. 2007. Seção 1, p. 170)

Acórdão nº 3.796/2007, 1ª Câmara

O TCU determinou ao CEFET/BA que fizesse, em todos os processos licitatórios destinados à execução de obras ou serviços de engenharia, o projeto básico e/ou executivo, com todas suas partes, desenhos, especificações e outros necessários, bem como orçamento estimado em planilhas de quantitativos e preços unitários, tudo de conformidade com o disposto nos incisos I e II do §2º do art. 40 da Lei nº 8.666/1993 (item 9.3.7, TC-017.252/2005-4. A título de ilustração, chamamos a atenção da comunidade do EGP para o fato de que o projeto básico, para fins de licitação, deve definir as quantidades e os custos de serviços e fornecimentos com precisão compatível com o tipo e porte da obra, de tal forma a ensejar a determinação do custo global da obra com precisão de mais ou menos 15% (quinze por cento), conforme art. 3º, alínea "f", da Resolução CONFEA nº 361, de 10.12.1991, citado no item 9.2.1.2 TC-008.575/2005-6, Acórdão nº 1.131/2005 - TCU - Plenário). (*DOU*, 5 dez. 2007. Seção 1, p. 145)

Acórdão nº 3.796/2007, 1ª Câmara

O TCU determinou ao CEFET/BA que designasse para compor as comissões permanentes de licitações servidores com reconhecida capacidade de discernimento sobre os mecanismos da legislação pertinente, de modo a evitar a elaboração de atas e pareceres com falhas legais e equívocos de interpretação (item 9.3.9, TC-017.252/2005-4). (*DOU*, 5 dez. 2007. Seção 1, p. 145)

Acórdão nº 3.505/2007, 2ª Câmara

O TCU determinou ao MCT que, ao estabelecer em edital exigência de que o responsável técnico pelo futuro contrato possuísse nível superior, se certificasse de que as atividades que lhe estariam sendo atribuídas não poderiam ser realizadas por profissional de nível técnico, de acordo com as normas das entidades de fiscalização profissional competentes, sob pena de que tal exigência caracterizasse restrição ao caráter competitivo do certame, nos termos do entendimento constante do item 9.3 do Acórdão nº 3.276/2006 - TCU - 2ª Câmara (item 1.2, TC-002.366/2007-5). (*DOU*, 6 dez. 2007. Seção 1, p. 105)

Acórdão nº 291/2008, 2ª Câmara

O TCU determinou ao Ministério da Saúde que, em contratações de obras e serviços de engenharia, verificasse a inscrição da contratada e do profissional responsável junto ao conselho de classe, conforme disposto nos arts. 55 e 59 da Lei nº 5.194/1966, e exigisse a referida Anotação de Responsabilidade Técnica, conforme disposto no art. 1º da Lei nº 6.496/1977 (item 9.8.7, TC-006.129/2004-4). (*DOU*, 3 mar. 2008. Seção 1, p. 111)

Acórdão nº 440/2008, Plenário

O TCU determinou à CHESF que exigisse de todos os participantes que apresentassem propostas de preços com idêntico padrão de itens que compõem o BDI, observando as premissas relativas a esses componentes, nos moldes definidos nos subitens 9.1.1 a 9.1.4 do Acórdão nº 325/2007 - TCU - Plenário, a saber: a) os tributos IRPJ e CSLL não devem integrar o cálculo do LDI (Lucro e Despesas Indiretas), nem tampouco a planilha de custo direto, por se constituírem em tributos de natureza direta e personalística, que oneram pessoalmente o contratado, não devendo ser repassado à contratante; b) os itens Administração Local, Instalação de Canteiro e Acampamento e Mobilização e Desmobilização, visando a maior transparência, devem constar na planilha orçamentária e não no BDI; c) o gestor público deve exigir dos licitantes o detalhamento da composição do BDI e dos respectivos percentuais praticados; d) o gestor deve promover estudos técnicos demonstrando a viabilidade técnica e econômica de se realizar uma licitação independente para a aquisição de equipamentos/ materiais que correspondam a um percentual expressivo das obras, com o objetivo de proceder ao parcelamento do objeto previsto no art. 23, §1º, da Lei nº 8.666/1993; caso fosse comprovada a sua inviabilidade, que aplicasse um LDI reduzido em relação ao percentual adotado para o empreendimento, pois não é adequada a utilização do mesmo LDI de obras civis para a compra daqueles bens (item 9.2.5, TC-012.745/2006-2). (*DOU*, 25 mar. 2008. Seção 1, p. 95)

Acórdão nº 452/2008, Plenário

O TCU determinou à Direção-Geral do Departamento de Polícia Federal que orientasse seus órgãos de perícia contábil a rever seu critério para estabelecer índices mínimos de qualificação econômico-financeira das empresas interessadas em participar de licitações, atentando para que a média aritmética dos índices do setor em um determinado período não deveria ser o único critério adotado, devendo ser levado em consideração, também, as peculiaridades do objeto licitado, de forma que tais índices fossem exigidos nos limites estritamente necessários à demonstração da capacidade financeira do licitante com vistas aos compromissos que terá que assumir (item 9.2, TC-005.437/2006-4). (*DOU*, 25 mar. 2008. Seção 1, p. 99)

Acórdão nº 546/2008, Plenário

O TCU determinou ao DEPEN/MJ que se assegurasse que, em licitações realizadas para a construção de obras penitenciárias envolvendo recursos federais, fossem adotados índices de reajustamento de preços que refletissem a variação dos custos de produção ou dos insumos utilizados em obras de construção civil, abstendo-se de utilizar índices genéricos e que não traduzissem a efetiva variação de custos do setor do bem ou serviço a ser contratado (item 9.2.4.7, TC-019.771/2006-4). (*DOU*, 4 abr. 2008. Seção 1, p. 100)

Acórdão nº 608/2008, Plenário

O TCU determinou a uma prefeitura municipal que, em licitações envolvendo recursos federais, não fosse exigida, como requisito para habilitação das licitantes, a apresentação de certificados de qualidade e outros documentos que não integrassem o rol da documentação estabelecida por lei para a comprovação de capacidade técnica, nos termos do inciso II c/c o §1º, ambos do art. 30 da Lei nº 8.666/1993, abstendo-se especialmente de exigir certificado do Programa Brasileiro de Qualidade e Produtividade de Habitat (PBQPH) - Nível A, aceitando-o, se fosse o caso, como critério de pontuação técnica, apenas (item 9.3.6, TC-029.772/2007-3). (*DOU*, 14 abr. 2008. Seção 1, p. 80)

Acórdão nº 1.425/2008, 1ª Câmara

O TCU determinou à UFAC que dotasse a instituição de setor estruturado para arquivar/controlar, de forma centralizada e de forma organizada, os processos de licitação, dispensas e inexigibilidades, os contratos, com seus respectivos termos aditivos, objetivando facilitar a fiscalização exercida pelos sistemas de controle e o próprio acompanhamento pela Universidade da execução dos contratos firmados, em cumprimento ao disposto nos arts. 38 e 60, *caput*, da Lei nº 8.666/1993 (item 9.3.8, TC-800.082/1998-2). (*DOU*, 9 maio 2008. Seção 1, p. 96)

Acórdão nº 1.458/2008, 2ª Câmara

O TCU determinou à Prefeitura Militar de Brasília – PMB que, nas licitações para execução de obras e serviços, quando adotada a modalidade de execução de empreitada por preço global, fornecesse obrigatoriamente, junto com o edital, todos os elementos e informações necessários para que os licitantes pudessem elaborar suas propostas de preços com total e completo conhecimento do objeto da licitação, em observação ao que dispõe o art. 47, da Lei nº 8.666/1993 (item 9.2.2, TC-029.356/2006-0). (*DOU*, 29 maio 2008. Seção 1, p. 131)

Acórdão nº 1.593/2008, 2ª Câmara

O TCU determinou à DRT/PA que se abstivesse de solicitar propostas de empresas com situação irregular junto ao SICAF, quando da realização de processos licitatórios ou em casos de contratação direta (item 1.4, TC-009.873/2003-6). (*DOU*, 12 jun. 2008. Seção 1, p. 117)

Acórdão nº 1.619/2008, 2ª Câmara

O TCU comunicou ao CREA/MG sobre que irregularidades praticadas por um engenheiro e por uma empresa de engenharia, consistentes na emissão de relatório não condizente com a realidade, relativo a um contrato de repasse, fixando prazo de 90 (noventa) dias para que aquele conselho profissional comunicasse à Corte de Contas sobre as providências adotadas (item 9.6, TC-000.484/2005-3). (*DOU*, 12 jun. 2008. Seção 1, p. 122)

Acórdão nº 1.159/2008, Plenário

O TCU determinou à GRA-MF/MA que exigisse data, assinatura e Anotação de Responsabilidade Técnica (ART) nos projetos básicos de licitações, conforme dispõe o art. 2º, da Lei nº 6.496/1977, dando eficácia jurídica ao documento (item 9.2.7, TC-010.038/2005-2). (*DOU*, 23 jun. 2008. Seção 1, p. 79)

Acórdão nº 1.163/2008, Plenário

O TCU determinou ao Ministério da Justiça que exigisse das empresas contratadas a designação formal de preposto a ser mantido no local dos serviços, para representá-las durante a execução do contrato de prestação de serviços, em atenção ao disposto nos arts. 68 da Lei nº 8.666/1993 e 4º, IV, do Decreto nº 2.271/1997 (item 9.3.5, TC-026.165/2007-2). (*DOU*, 23 jun. 2008. Seção 1, p. 80)

Acórdão nº 12/2010, 2ª Câmara

O TCU determinou ao Serviço Social do Comércio/SESC – Administração Regional/RR para que instrua as comissões de licitação para que observem atentamente os quadros societários das empresas concorrentes em certames licitatórios, através de verificações do contrato social das sociedades, e suas alterações, comparando ainda os endereços e telefones das concorrentes, no sentido de evitar o conluio entre empresas "de fachada" que tenham por objetivo superfaturar os recursos públicos; tal medida vale também para as cotações nos casos de dispensa de licitação (item 1.5.1.2, TC-016.614/2009-3). (*DOU*, 29 jan. 2009. Seção 1, p. 239)

Acórdão nº 758/2009, 2ª Câmara

O TCU determinou à Superintendência Regional do Trabalho e Emprego no Estado do Tocantins (SRTE/TO) para que se abstenha de incluir, em editais de licitação, dentre as condições previstas para a fase de habilitação, exigência de apresentação de certificações de qualidade, a exemplo do Programa Brasileiro de Qualidade e Produtividade do Habitat (PBQP-H), e de outros documentos que não integrem a relação exaustiva constante dos arts. 28 a 33 da Lei nº 8.666/1993, por traduzir condição restritiva à participação de empresas interessadas, contrariando o disposto no art.

37, inciso XXI, da Constituição de 1988 e no art. 3º, §1º, inciso I, da Lei nº 8.666/1993 (item 1.5.1, TC-028.081/2008-8). (*DOU*, 13 mar. 2009. Seção 1, p. 196)

Acórdão nº 1.905/2009, Plenário

O TCU determinou à ELETROSUL S.A. para que: a) admita, em certames licitatórios, que a comprovação do vínculo do profissional pertencente ao quadro permanente das empresas, indicado para fins de comprovação da capacitação técnico-profissional, seja realizada mediante a apresentação de contrato de prestação de serviços, sem vínculo trabalhista e regido pela legislação civil comum, com prazo mínimo de duração determinado, de modo a garantir a permanência do profissional durante a execução da obra ou serviço, admitida a sua substituição por profissionais de experiência equivalente ou superior, desde que aprovada pela Administração, nos termos do §10 do art. 30 da Lei nº 8.666/1993; b) abstenha-se de exigir, nos editais de certames licitatórios, a apresentação de patrimônio líquido mínimo cumulativamente com a prestação da garantia prevista no art. 31, inciso III, da Lei nº 8.666/1993, para fins de comprovação de capacidade econômico-financeira, bem como a prestação de garantia como requisito autônomo de habilitação, vez que tal garantia, quando exigida, integra a qualificação econômico-financeira (itens 9.1.4 e 9.1.5, TC-006.674/2009-8). (*DOU*, 28 ago. 2009. Seção 1, p. 141).

Acórdão nº 2.093/2009, Plenário

O TCU determinou ao DNIT para que faça constar obrigatoriamente em seus editais de licitação para contratação de obras e serviços os critérios de aceitabilidade de preços unitários e global, consoante o disposto no art. 40, *caput* e inciso X, da Lei nº 8.666/1993 e no inciso II, §1º, alíneas "a" e "b", do art. 48 da Lei nº 8.666/1993, cabendo à administração verificar, nos casos considerados inexequíveis a partir do referido critério, a efetiva capacidade de a licitante executar os serviços, no preço oferecido, assegurado o alcance do objetivo da licitação, que é a seleção da proposta mais vantajosa e, por consequência, do interesse público, cuidando para que não sejam eliminadas empresas que apresentem preços unitários abaixo dos limites definidos na Lei, mas que não tenham elevada materialidade no total do contrato (item 9.1.2, TC-005.637/2009-0). (*DOU*, 11 set. 2009. Seção 1, p. 78).

Acórdão nº 5.362/2009, 1ª Câmara

O TCU determinou à Secretaria de Estado da Educação de Sergipe para que formalize termo aditivo quando da retomada de obras paralisadas, caso o prazo inicialmente previsto seja extrapolado, uma vez que a paralisação não significa prorrogação automática da vigência, nos termos do art. 65 da Lei nº 8.666/1993 (item 9.3.1, TC-011.686/2006-5). (*DOU*, 25 set. 2009. Seção 1, p. 100).

Acórdão nº 4.999/2009, 2ª Câmara

O TCU determinou à Coordenação Geral de Logística do Ministério da Justiça para que observe o art. 29, §2º da IN/SLTI-MP nº 2/2008, segundo o qual a inexequibilidade dos valores referentes a itens isolados da planilha de custos, desde que não contrariem instrumentos legais, não caracteriza motivo suficiente para a desclassificação da proposta, assim como o §3º do mesmo artigo, que orienta que se houver indícios de inexequibilidade da proposta de preço, ou em caso da necessidade de esclarecimentos complementares, o órgão poderá efetuar diligências, na forma do §3º do art. 43 da Lei nº 8.666/1993 (item 1.4.1.1,TC-008.291/2009-6). (*DOU*, 2 out. 2009. Seção 1, p. 138)

Acórdão nº 3.051/2009, Plenário

O TCU determinou à Amazonas Distribuidora de Energia S.A. para que se abstenha de utilizar plantas e especificações técnicas padrão, com múltiplas soluções, porquanto, na fase de projeto básico, já deve estar definida a melhor alternativa a ser implantada em cada empreendimento (item 9.1.13.1, TC-006.892/2009-7). (*DOU*, 11 dez. 2009. Seção 1, p. 126).

Acórdão nº 73/2010, Plenário

O TCU determinou a uma prefeitura municipal para que, em certames licitatórios que envolvam recursos federais, passe a admitir, nos instrumentos convocatórios, a possibilidade de comprovação do vínculo do profissional pertencente ao quadro permanente das licitantes, indicado para fins de comprovação da capacitação técnico-profissional, mediante a apresentação de contrato de prestação de serviços, sem vínculo trabalhista e regido pela legislação civil comum, com prazo mínimo de duração determinado, de modo a garantir a permanência do profissional durante a execução da obra ou serviço objeto da licitação, admitida a sua substituição por profissionais de experiência equivalente ou superior, desde que aprovada pela Administração, nos termos do disposto no §10 do art. 30 da Lei nº 8.666/1993 (item 9.2.2, TC-011.129/2009-6). (*DOU*, 29 jan. 2010. Seção 1, p. 182)

Acórdão nº 625/2010, 2ª Câmara

O TCU determinou a uma prefeitura municipal para que, quando da realização de obras públicas custeadas com recursos federais, passe a exigir a Anotação de Responsabilidade Técnica (ART) do responsável pelo projeto, execução e fiscalização da obra de engenharia, nos termos da Lei nº 6.496, de 7.12.1977 (item 9.3.1, TC-004.667/2002-7). (*DOU*, 26 fev. 2010. Seção 1, p. 222)

Acórdão nº 326/2010, Plenário

O TCU determinou a uma prefeitura municipal para que, em licitações custeadas com recursos federais, abstenha-se de incluir, em edital de licitação, exigência de desconto único para todos os preços unitários, por violar o disposto no inciso X do art. 40 da Lei nº 8.666/1993 (item 9.7.2, TC-002.774/2009-5). (*DOU*, 5 mar. 2010. Seção 1, p. 99)

BANDEIRA DE MELLO, Oswaldo Aranha. *Da licitação*. São Paulo: J. Bushatsky, 1978.

BÉNOIT, Francis-Paul. *Le droit administratif français*. Paris: Dalloz, 1968.

BLANCHET, Luiz Alberto. *Licitação*: o edital à luz da nova lei: Lei nº 8.666, de 21 de junho de 1993. Curitiba: Juruá, 1993-1994.

BLANCHET, Luiz Alberto. *Roteiro prático das licitações*: com as inovações da Lei nº 8.883, de 08.06.94. 2. ed. rev. e ampl. Curitiba: Juruá, 1994.

BORGES, Antonio Miguel. *Normas sobre modalidades de licitação*. 2. ed. São Paulo: Resenha Universitária, 1978.

BRÄUNERT, Rolf Dieter Oskar Friedrich. *A prática da licitação*. Curitiba: Grafiven, 2002.

BRÄUNERT, Rolf Dieter Oskar Friedrich. *Como licitar obras e serviços de engenharia*. Belo Horizonte: Fórum, 2009.

BRÄUNERT, Rolf Dieter Oskar Friedrich. *Legislação*: sistema CONFEA/CREA. Curitiba, 2008.

BRÄUNERT, Rolf Dieter Oskar Friedrich. *Obras e serviços de engenharia e o pregão*. Curitiba: NP Ed., 2008.

BRÄUNERT, Rolf Dieter Oskar Friedrich. *Qualificação técnica em procedimentos licitatórios para obras e serviços de engenharia*. Curitiba: JML, 2008.

CONSELHO REGIONAL DE ENGENHARIA, ARQUITETURA E AGRONOMIA DO ESTADO DO PARANÁ – CREA-PR. *Manual do profissional da engenharia, arquitetura e agronomia*. Curitiba, set. 2004. Disponível em: <http://www.crea-pr.org.br/crea2/html/manuais/Manual%20do%20Profissional.pdf>. Acesso em: 20 maio 2010.

CRETELLA JÚNIOR, José. *Das licitações públicas*: comentários à nova Lei federal nº 8.666, de 21 de junho de 1993. Rio de Janeiro: Forense, 1993.

CUBAS, Lilian Izabel. *Guia prático de procedimento licitatório*. Curitiba: Método Consultora Eventos, 1999.

FERNANDES, Jorge Ulisses Jacoby (Org.). *Vade-mécum de licitações e contratos*: legislação selecionada e organizada com jurisprudência, notas e índices. 3. ed. rev. atual. e ampl. Belo Horizonte: Fórum, 2006.

FERNANDES, Jorge Ulisses Jacoby. *Contratação direta sem licitação*: dispensa de licitação, inexigibilidade de licitação, comentários às modalidades de licitação, inclusive o pregão, procedimentos exigidos para a regularidade da contratação direta. 7. ed. rev. e atual. Belo Horizonte: Fórum, 2007.

FERNANDES, Jorge Ulisses Jacoby. Licitação e contratos de obras e serviços de engenharia. *TCM Informativo*, São Paulo, jul./set. 2006.

FORTINI, Cristiana. *Contratos administrativos*: franquia, concessão, permissão e PPP. Belo Horizonte: Del Rey, 2007.

GASPARINI, Diogenes. Requisitos de habilitação na licitação. *BLC – Boletim de Licitações e Contratos*, São Paulo, 1990.

GRAU, Eros Roberto. Licitação: serviços técnicos especializados; firma de notória especialização; conceitos. *Revista de Direito Público*, v. 18, n. 75, p. 237-245, jul./set. 1985.

GUIMARÃES, Edgar. *Contratação direta*. Curitiba: NP Ed., 2008.

GUIMARÃES, Edgar. *Controle das licitações públicas*. São Paulo: Dialética, 2002.

IBRAOP. Orientação técnica do Instituto Brasileiro de Auditoria de Obras Públicas (IBRAOP).

INCOTERMS 2007.

JUSTEN FILHO, Marçal. *Comentários à lei de licitações e contratos administrativos*: de acordo com a Emenda Constitucional nº 19, de 4 de junho de 1998, e com a Lei Federal nº 9.648, de 27 de maio de 1998. 5. ed. rev. e ampl. São Paulo: Dialética, 1998.

JUSTEN FILHO, Marçal. *Comentários à lei de licitações e contratos administrativos*: com comentários à MP 2.026, que disciplina o pregão. 8. ed. São Paulo: Dialética, 2000.

JUSTEN FILHO, Marçal. *Comentários à Lei de Licitações e Contratos Administrativos*. 11. ed. São Paulo: Dialética, 2007.

JUSTEN FILHO, Marçal. *Pregão*: comentários à legislação do pregão comum e eletrônico. São Paulo: Dialética, 2001.

KÜLLER, Maria de Lourdes. Sistema de gestão ambiental para a construção pesada. In: ENCONTRO NACIONAL SOBRE GESTÃO EMPRESARIAL E MEIO AMBIENTE – ENGEMA, 5. São Paulo: FGV; FEA/USP, nov. 2001.

LUNARDI, Ângelo Luiz. *Condições internacionais de compra e venda*: Incoterms 2000. São Paulo: Aduaneiras, 2000.

MEDAUAR, Odete. *A processualidade no direito administrativo*. São Paulo: Revista dos Tribunais, 1993.

MEDAUAR, Odete. *Direito administrativo moderno*. 5. ed. rev. e atual. São Paulo: Revista dos Tribunais, 2001.

MEIRELLES, Hely Lopes. *Licitação e contrato administrativo*. 7. ed. atual. pelo Decreto-Lei nº 2.300/86. São Paulo: Revista dos Tribunais, 1987.

MENDES, Renato Geraldo. *Lei de licitações e contratos anotada*. 3. ed. ampl. rev. e atual. Curitiba: Znt, 1998.

MICHAELIS: moderno dicionário da língua portuguesa. 8. ed. São Paulo: Melhoramentos, 2000.

MOTTA, Carlos Pinto Coelho. Apontamentos ao regulamento licitatório das microempresas e empresas de pequeno porte: Decreto Federal nº 6204/2007. *Revista Zênite de Licitações e Contratos – ILC*, v. 14, n. 166, p. 1179-1204, dez. 2007.

MOTTA, Carlos Pinto Coelho. *Eficácia nas licitações e contratos*: estudos e comentários sobre as leis nº 8.666/93 e nº 8.987/95, com redação dada pela Lei nº 9.648, de 27.5.98. 8. ed. rev. atual. e ampl. Belo Horizonte: Del Rey, 1999.

NIEBUHR, Joel de Menezes. *Pregão*: presencial e eletrônico. 3. ed. rev. e atual. Curitiba: Zênite, 2005.

NIEBUHR, Joel de Menezes. *Princípio da isonomia na licitação pública*. Florianópolis: Obra Jurídica, 2000.

NORMANDO, Fernando. A habilitação na Lei nº 8.666/93. *Boletim de Licitações e Contratos*, v. 9, n. 8, p. 397-404, ago. 1996.

PALAVÉRI, Marcelo. *Pregão nas licitações municipais*. Belo Horizonte: Del Rey, 2005.

PELLEGRINI, Márcia. Pregão: o conceito de bens e serviços comuns. *Boletim de Licitações e Contratos – BLC*, v. 16, n. 6, p. 399-402, jun. 2003.

PEREIRA JUNIOR, Jessé Torres. *Comentários à nova Lei das Licitações Públicas*. Rio de Janeiro: Renovar, 1993.

POMBEIRO, António A. Figueiredo B. *As PPP/PFI*: parcerias público privadas e a sua auditoria. Lisboa: Áreas, 2003.

RIGOLIN, Ivan Barbosa; BOTTINO, Marco Tullio. *Manual prático de licitações*: Lei nº 8.666/93. São Paulo: Saraiva, 1995.

RODRIGUES, Walton Alencar. Tribunal de Contas da União, Lei de Responsabilidade Fiscal e municípios. *Revista do Tribunal de Contas da União*, v. 36, n. 105, p. 7-16, jul./set. 2005.

SANTANA, Jair Eduardo. *Pregão presencial e eletrônico*: manual de implantação, operacionalização e controle. Belo Horizonte: Fórum, 2006.

SANTANA, Jair Eduardo. *Termo de referência*. Curitiba: NP Ed., 2008.

SANTANA, Jair Eduardo; GUIMARÃES, Edgar. *Licitações e o novo estatuto da pequena e microempresa*: reflexos práticos da LC nº 123/06. Belo Horizonte: Fórum, 2007.

SANTOS, José Anacleto Abduch. As licitações e o estatuto da microempresa. *Revista JML de Licitações e Contratos*, v. 1, n. 3, p. 3-20, jun. 2007.

SILVA, Wálteno Marques da (Org.). *Licitações e contratos*: a Lei nº 8.666 e suas inovações. Brasília: Imprensa Nacional, 1993.

SUNDFELD, Carlos Ari. *Licitação e contrato administrativo*: de acordo com as leis nº 8.666/93 e nº 8.883/94. São Paulo: Malheiros, 1994.

VARESCHINI, Julieta Mendes Lopes. *Licitações e contratos no Sistema S*. Curitiba: JML, 2007.

Esta obra foi composta em fonte Garnet, corpo 10,5
e impressa em papel Offset 75g (miolo) e Supremo 250g (capa)
pela Gráfica e Editora O Lutador.
Belo Horizonte/MG, julho de 2010.